JAN BONDESON

LEBENDIG BEGRABEN

GESCHICHTE EINER URANGST

Aus dem Amerikanischen von
Thorsten Schmidt

HOFFMANN UND CAMPE

1. Auflage 2002
Copyright © 2002 by Hoffmann und Campe Verlag, Hamburg
www.hoffmann-und-campe.de
Schutzumschlaggestaltung: Büro Hamburg/Susanne Schwarz
Illustration: Antoine Wirtz,
Musées Royaux des Beaux-Art de Belgique
Satz und Repro: LVD GmbH, Berlin
Druck und Bindung: Clausen & Bosse, Leck
Printed in Germany
ISBN 3-455-09364-7

HOFFMANN
UNDCAMPE

Ein Unternehmen der
GANSKE VERLAGSGRUPPE

INHALT

Ich freue mich sehr über die deutsche Ausgabe meines Buches »Lebendig begraben«. Das Buch, das ursprünglich bei W. W. Norton (New York, London) und 2002 in der ergänzten zweiten Auflage erschienen ist, wurde auf beiden Seiten des Atlantiks vielfach besprochen und weckte das Interesse wissenschaftlicher und populärer Zeitschriften. Viele Rezensenten berichteten über eigene Erfahrungen oder steuerten wertvolle Anregungen bei. Dr. Anthony Daniels berichtete im »Sunday Telegraph«, dass er als Junge in der Nähe eines Friedhofs mit einem sehr eigentümlichen Grab wohnte: einem hohlen Obelisken, in den der Sarg vertikal eingelassen war. Der Verstorbene, der zu Beginn des 19. Jahrhunderts das Zeitliche gesegnet hatte, habe wegen einer besonders großen Angst davor, lebendig begraben zu werden, um diese seltsame Bestattungsform gebeten. Richard Boston wies im »Times Literary Supplement« darauf hin, in Virginia Woolfs »The Voyage Out« (1915) werde ein Arzt gerufen, um durch Aufschneiden der Pulsadern sicherzustellen, dass eine betagte Lady von fünfundachtzig Jahren, die große Angst davor gehabt habe, lebendig begraben zu werden, wirklich tot sei. Dieselbe Angst quälte keinen Geringeren als Auguste Renoir. Er hatte viele Male seine Furcht vor einem vorzeitigen Begräbnis bekundet, und sein Sohn Jean bestand darauf, ein Arzt solle »alles Erforderliche unternehmen«, um dafür zu sorgen, dass Renoir wirklich tot sei. Ein amerikanischer Leser ergänzte die Liste der berühmten Menschen, die sich vor einem vorzeitigen Begräbnis fürchteten, um George Washington: Laut D. S. Freeman aus Washington verfügte der große Mann in seinem Testament, seinen Leichnam drei Tage lang aufzubahren, bevor man ihn beisetze. Der Rezensent der »Times« schrieb in einem Anflug von makabrem Humor, nach der Lektüre von »Lebendig begraben« würden alle Yuppies und Babyboomer dafür Sorge tragen, dass ein Mobiltelefon in die Taschen ihrer Totenhemden gesteckt werde.

Auch viele Zeitschriften, die normalerweise von einer wissenschaftlichen Arbeit zur Geschichte der Medizin keine Notiz nehmen, haben dem Buch ihre Aufmerksamkeit geschenkt: Es wurde in einem Vampir-Magazin und einer Zeitschrift für Menschen mit ungewöhnlichen sexuellen Neigungen ausführlich besprochen. Viele Internet-Sites, einige davon seriös (wie salon.com und wired.com), andere eher sensationsgierig, haben sich ebenfalls mit dem Buch befasst. Ein Leser schrieb in einer Rezension im Internet: »Mann, das ist echt gruselig, stell dir vor, du wirst lebendig begraben! Ich hoffe nur, dass mir das nicht passiert!« Ein anderer war fasziniert von meiner plastischen Beschreibung einer gewissen derben »Lebensprobe« im 18. Jahrhundert. Er meinte, er habe noch nie von einer »Nahtoderfahrung« gehört, die mit den Worten beginne: »Ich hatte das Gefühl, auf ein weißes Licht zuzutreiben ... doch da spürte ich plötzlich den brennenden Schmerz eines glühenden Schürhakens, der in meinen ... gerammt wurde.« Ein dritter Rezensent steuerte einen geschmacklosen Witz bei: »Was würde John F. Kennedy heute tun, wenn er lebendig wäre? Am Sargdeckel kratzen.«

Nach der Veröffentlichung von »Lebendig begraben« wurde ich in über vierzig Rundfunksendungen überall in den Vereinigten Staaten interviewt. Das Thema erhielt unerwartete Aktualität durch die Tatsache, dass nur ein paar Wochen vor dem Erscheinungstermin des Buches im März 2001 eine Frau in einer Leichenhalle im US-Bundesstaat New York aufgewacht war, nachdem man sie nach der Einnahme einer Überdosis Drogen fälschlich für tot erklärt hatte. Wie die meisten dieser merkwürdigen modernen Opfer des durch Arzneimittel hervorgerufenen Scheintods ist sie offenbar vollständig genesen. Doch als ich in einem der amerikanischen Südstaaten in einer Radiosendung zu Gast war, rief ein alter Mann an und erzählte eine viel unheimlichere Geschichte: Während der Weltwirtschaftskrise in den dreißiger Jahren sei sein Großvater dazu gezwungen gewesen, vorübergehend als Totengräber auf dem örtlichen Friedhof zu arbeiten, um Geld zu verdienen. Im Zuge einer geplanten Umstrukturierung half er bei der Exhumierung von Särgen. Er hielt es jedoch nicht lange auf diesem Arbeitsplatz aus und gestand seiner Familie, es sei schrecklich gewesen zu sehen, wie viele der Leichen irrtümlich lebendig begraben worden seien. Er habe Schädel gesehen, deren Stirn vom Stoßen gegen den Sargdeckel eingerissen oder gebrochen gewesen seien, ausgerissene Fingernägel und grauenhaft verzerrte Gesichter, die er nie mehr vergessen könne. Am schlimmsten sei der Anblick der lebendig begrabenen Frauen gewesen, die ihr schönes langes Haar ausgerissen hätten, das um ihre verwesenden Finger gewunden gewesen sei oder büschelweise in ihren krallenartig gekrümmten Skeletthänden gelegen habe ...

EINLEITUNG

Der unerträgliche Druck auf die Lungen – die erstickenden Dämpfe
der feuchten Erde – die haftenden Totengewänder – die starre
Umklammerung der engen Behausung – die Schwärze der absoluten
Nacht – die wie eine See alles überflutende Stille – die unsichtbare,
doch zu fühlende Gegenwart des Eroberers Wurm – all dies, dazu die
Gedanken an die Luft und das Gras da droben, die Erinnerung an
liebe Freunde und Verwandte, die herbeiflögen, uns zu retten, hätten
sie nur von unserem Schicksal erfahren, und das Bewusstsein darum,
dass sie niemals von diesem Schicksal erfahren können – dass unser
hoffnungsloses Geschick das der wirklich Toten ist – diese Erwägungen, wie gesagt, erfüllen das Herz, welches noch immer schlägt,
mit einem Grade von entsetzlichem und unerträglichem Grauen, vor
dem auch die kühnste Fantasie schaudern muss. Nichts kennen wir
auf Erden, das so qualvoll – nichts können wir uns in den Reichen
der untersten Hölle erträumen, das auch nur halb so grässlich wäre.

Edgar Allan Poe, »Lebendig begraben«

»Es gibt gewisse Themen, welche zwar allseits höchstes Interesse beanspruchen, doch aber gar zu grauenvoll sind, um Anliegen der eigentlichen Literatur zu sein.« So beginnt Edgar Allan Poe seine berühmte Horrorgeschichte »Lebendig begraben«,
doch seine Befürchtungen, die Gefühle seiner Leser zu verletzen,
spiegeln sich in seinem Werk selbst keineswegs wider. Die Qualen eines lebendig begrabenen oder eingemauerten Menschen
bilden eines seiner literarischen Lieblingsmotive und ziehen sich
wie ein roter Faden durch viele seiner Erzählungen.[1] Welcher
Poe-Leser kann die Pein des völlig unzutreffend so genannten Fortunato vergessen, der von seinem kaltherzigen, unerbittlichen
Feind Montresor eingemauert wird, wer das Grauen, wenn in
»Berenice« dem ohnmächtigen und doch empfindungsfähigen
vermeintlichen Leichnam die Zähne gezogen werden, wer den
wilden Aufschrei Roderick Ushers, als seine kurz zuvor beerdigte
Schwester in ihrem blutbefleckten Totenhemd und mit sicht-

Eine Illustration von Alfred Kubin zu Edgar Allen Poes Erzählung
»Lebendig Begraben«. Aus der Sammlung des Autors.

baren Spuren eines entsetzlichen Kampfes an ihrem ausgemergelten Körper vor ihm auftaucht: *» Wir haben sie lebendig in die*
Gruft gelegt!«
  Leser dieser Erzählungen mögen sich mit dem Gedanken trös-
ten, Poe habe zweifellos übertrieben: Mitte des 19. Jahrhunderts
können doch gewiss keine Menschen mehr lebendig begraben
worden sein. Man hat spekuliert, Poe sei deshalb von dem Gedanken, lebendig begraben zu werden, besessen gewesen, weil
er einen Hang zur Nekrophilie gehabt habe, oder er habe den
Scheintod lediglich als Metapher für Einsamkeit verwendet – ein
empfindungsfähiger Leichnam, der von seinen herzlosen Mit-
menschen im unergründlichen Grab der Welt lebendig begraben
werde. Psychologen favorisierten die Theorie, er habe sich in
Wirklichkeit in den mütterlichen Schoß zurückgesehnt. An diesen Hypothesen mag durchaus etwas dran sein, doch wie ein
Schriftsteller der zwanziger Jahre des 20. Jahrhunderts ein Sa-
natorium für Schwindsüchtige in den Mittelpunkt seines Romans stellte oder eine Autorin der neunziger Jahre Aids als
Metapher deutete, so knüpfte Poe mit seiner erdichteten Welt
an die Ängste und Obsessionen seiner Zeit an. Die Diskussion
über die Gefahr, lebendig begraben zu werden, die in der Mitte

des 19. Jahrhunderts ihren Höhepunkt erreichte, hat ihn sowohl inspiriert als auch mit Schaudern erfüllt. Zu Poes Zeiten kannte man Dutzende, ja Hunderte realer Fälle von Menschen, die angeblich entweder lebendig begraben oder in letzter Minute vor diesem grässlichen Schicksal errettet worden waren. Berichte über die Schrecken des Scheintods erschienen nicht nur in medizinischen Zeitschriften, sondern auch in populären Zeitungen und Magazinen – in Europa ebenso wie in den Vereinigten Staaten. Im Vergleich zu den Höhenflügen der Fantasie, die einige der seriösen medizinischen Autoren bei der Beschreibung der

Eine Illustration von Alfred Kubin zu Edgar Allen Poes Erzählung »Der Untergang des Hauses Usher«. Aus der Sammlung des Autors.

Gefahr, lebendig begraben zu werden, überkamen, war Poe nichts weiter als ein düsterer Realist. Im Vergleich zu den derb-komischen Visionen, die diese heraufbeschworen, waren seine Bilder eher zartes Pastell.

In seinem 1817 veröffentlichten »Thesaurus of Horror« erzählt der englische Autor John Snart die traurige Geschichte eines gewissen Mr. Cornish, der zweimal Bürgermeister von Bath war.[2] Dieser Herr war allem Anschein nach entschlafen und wurde ordnungsgemäß bestattet, doch nachdem Erde auf den Sarg geschaufelt worden war, drang ein hohles Stöhnen aus der Tiefe. Der Sarg wurde eilends wieder ausgegraben und geöffnet, und man sah, dass der Scheintote sich Knie und Ellenbogen wundgescheuert hatte. Doch das Leben des armen Tropfs war nicht mehr zu retten: In seinem gewohnt salbungsvollen Stil schrieb Snart, er habe »den bitteren Kelch *höchster Pein* bis zur Neige geleert!« Ein anderes Fallbeispiel Snarts handelt von einigen Totengräbern auf dem Friedhof von Bermondsey in Surrey, England, die, aus welchem Grund auch immer, einen Sarg ausgruben. Entsetzt erblickten sie »ein *Meisterwerk des Grauens*!!! – Ein zerrissenes, blutiges Totenhemd! Eine zerschmetterte Stirn! Gebrochene Knie und Ellenbogen! (O Gott!! O Gott!! *Misericordia*!!) Alles! Alles war zu sehen!! Selbst das barbarische Gefängnis des unbelebten Sarges ließ sich *erweichen* und lockerte seinen grausamen Griff, erduldete, dass seine Schrauben herausgerissen wurden, um die *Beisetzung eines Lebendigen* und die blutigen Zeugnisse des *grässlichen Kampfes* zu enthüllen …«

Der deutsche Arzt Michael Benedikt Lessing erzählte zwanzig Jahre später folgende Schauergeschichte[3]: Ein junges schwedisches Mädchen, die einzige Tochter eines begüterten Eisenhüttenbesitzers, war hochschwanger gestorben und wurde auf dem örtlichen Friedhof beigesetzt. Abends hörte der Kirchendiener ein erbärmliches Stöhnen aus dem Grab, das er einige Stunden zuvor mit Erde aufgefüllt hatte. Beim Näherkommen glaubte er die Worte »Gott! Jesus! Gnade!« zu hören. Er war ein höchst abergläubischer Mann und fürchtete sich vor Geistern, und so wagte er es nicht, das Grab näher zu untersuchen, lief nach Hause und zog sich die Bettdecke über den Kopf. Das Mädchen blieb in seinem dunklen Sarg unter der Erde sich selbst überlassen. Erst am nächsten Tag erzählte der Kirchendiener dem Pfarrer von dem Gespenst, das er gehört hatte. Der Geistliche war natürlich entsetzt darüber, dass er so spät informiert wurde, schalt den Kirchendiener für dessen säumige Berichterstattung und ordnete an, den Sarg unverzüglich auszugraben. Als der Sarg geöffnet wurde, stießen alle Anwesenden einen Schrei des Entsetzens aus – das Mädchen hatte in seinem Sarg ein Kind geboren. Zimperlichkeit kann man Dr. Lessing nicht vorwerfen, denn er beschrieb die grausige Szene in allen Einzelheiten: das verwirrte Erwachen in dem engen unterirdischen Gelass, den Schmerz und das Grauen der widernatürlichen Niederkunft und schließlich die Qualen des Mädchens, das sich in dem Sarg, dessen Wände nicht nachgeben, in Blut und Exkrementen windet.

Ein weiterer, nicht weniger schauerlicher Vorfall ereignete sich im Juli 1893 in Whitehaven in Pennsylvania.[4] Die Frau eines Bauern namens Charles Boger war gestorben und wurde, nachdem der Totenschein ordnungsgemäß ausgestellt worden war, beigesetzt. Doch irgendjemand erzählte Boger, seine Frau habe vor ihrer Heirat regelmäßig an hysterischen Anfällen gelitten, und es sei durchaus nicht auszuschließen, dass sie lebendig begraben worden sei. Dieser grauenhafte Gedanke ließ dem armen Mann keine Ruhe und trieb ihn schließlich in den Wahnsinn. Seine Freunde beschlossen, den Sarg seiner Frau zu öffnen, um ihn zu beruhigen, doch der Anblick, der sie erwartete, war alles andere als erfreulich: Der Leichnam lag auf dem Bauch, das Totenhemd war in Fetzen gerissen und die Glasscheibe im Sargdeckel zerbrochen. Der Leib war zerschunden, und die Finger fehlten. Man nahm an, die bedauernswerte Frau habe sie sich im Todeskampf abgenagt. Wir erfahren nicht, wie sich diese grau-

envolle Entdeckung auf das angeschlagene seelische Gleichge-
wicht des armen Mr. Boger auswirkte.

Diese Gruselgeschichten sind nur eine kleine Auswahl aus vielen hundert weiteren gleichen Stils: 1749 überprüfte der französische Arzt Jean-Jacques Bruhier sechsundfünfzig Fälle von
Menschen, die lebendig begraben oder obduziert worden waren, sowie 125 Fälle, die diesem Schicksal um Haaresbreite entronnen waren.[5] 1905 listeten William Tebb und E. P. Vollum die
beeindruckende Anzahl von insgesamt 161 Personen auf, die bei
lebendigem Leib beerdigt, seziert oder einbalsamiert wurden, sowie 222 Personen, die diesem düsteren Tun mit knapper Not entkommen waren.[6] Dr. Franz Hartmann, ein weiterer Panikmacher, dem wir für die reizende Geschichte von Mr. Boger Dank
schulden, behauptete, mehr als siebenhundert Fälle zusammengetragen zu haben.[7] Ausgehend von der Anzahl der Skelette, die
man bei Exhumierungen auf Friedhöfen in sonderbaren, unnatürlichen Stellungen vorfand, spekulierte man, mindestens ein
Zehntel aller Menschen würden beerdigt, ehe sie tot seien. Der
schon erwähnte Dr. Lessing schrieb, wenn Gräber sprechen
könnten, dann würden aus den Särgen unter der Erde geister-
hafte Schreie der Anklage ertönen, gerichtet gegen die leichtsin-
nigen und törichten Verwandten, die es zugelassen hatten, dass
eine Vielzahl noch lebender Menschen bestattet wurde.»Ihr, ihr
tragt die Schuld an diesem endlosen Martyrium!«[8]

1988 hatte ich als junger Arzt erstmals Gelegenheit, Philippe
Ariès' berühmtes Buch »L'Homme devant la mort« zu lesen.[9]
Der immense Wissensreichtum und die enorme Bandbreite dieser wegweisenden Studie beeindruckten mich zutiefst. Besonders
interessant fand ich den eher kurzen Abschnitt über die im 18.
Jahrhundert geführte Debatte über die Todeszeichen und die
Gefahr, lebendig begraben zu werden, und das vor allem deswegen, weil ich damals bereits auf ein paar seltene Schriften aus
dem 19. Jahrhundert zu diesem Thema gestoßen war, die Ariès'

14

Darstellung aus einer anderen Perspektive ergänzten. Ich beschloss, einen Blick in die einschlägige medizinische und soziologische Literatur zu werfen, doch es war nicht leicht, an Informationen zu gelangen. Die dicken modernen Lehrbücher der forensischen Medizin schweigen sich über die schmähliche Vergangenheit der Wissenschaft hinsichtlich der Gewissheit der Todeszeichen aus. Sie gehen einfach über die Tatsache hinweg, dass noch vor weniger als hundertfünfzig Jahren viele Ärzte offen zugaben, sich nicht sicher zu sein, ob ihre Patienten tot oder lebendig seien. Die Medizingeschichte hatte dem nur wenig hinzuzufügen. Nicht einmal die umfangreichsten Lehrbücher wie Professor Roy Porters »The Greatest Benefit to Mankind« gehen auch nur mit einem Wort auf die Debatte über die Unsicherheit der Todeszeichen ein, die im 18. und 19. Jahrhundert tobte. Und selbst ein Fachbuch wie »Death and the Enlightenment« von Dr. J. McManners tut die im 18. Jahrhundert weit verbreitete Angst vor einer verfrühten Beisetzung kurz als eine bizarre Manifestation französischer Hypochondrie ab.[10] Doch die Angst, lebendig begraben zu werden, beschränkte sich keineswegs auf Hypochonder. Sie betraf nicht nur Frankreich, sondern die meisten so genannten Kulturnationen. Sie begann im 18. Jahrhundert und währte das gesamte 19. Jahrhundert hindurch bis weit ins 20. Jahrhundert hinein. Sicher ist es für den Historiker nicht belanglos zu wissen, ob es verlässliche Methoden gab, mit denen festgestellt werden konnte, ob Personen *in extremis* tot waren oder lebten, und zwar nicht nur, weil der Gedanke an bedauerliche »Unfälle« wie die zuvor erwähnten entsetzlich ist, sondern auch, weil die Vorstellung, dass Tausende erfolgreicher, selbstgefälliger Ärzte im 19. Jahrhundert *ihre Fehler lebendig begruben,* den medizinischen Durchbrüchen dieser Epoche einiges von ihrem Glanz nimmt.

Nach mehrjähriger Recherche veröffentlichte ich einen kurzen Aufsatz über Scheintod und lebendig Begrabene in meinem populärwissenschaftlichen Buch »Cabinet of Medical Curiosities«[11]. 1998 nahm ich an einer amerikanischen Fernsehdokumentation mit dem Titel »Buried Alive«[12] teil, und diese Erfahrung veranlasste mich, meine alten Aufzeichnungen durchzusehen und eine Monographie zu diesem Thema zu planen. 1999 und Anfang 2000 verbrachte ich einen großen Teil meiner Freizeit in der British Library und der Library of the Royal Society of Medicine in London. Des Weiteren reiste ich zu Recherchen in die Niederlande, nach Deutschland, Frankreich, Schweden und Dänemark, und später hielt ich mich längere Zeit in den Vereinigten Staaten auf.[13] Dieses Buch ist das erste umfassende Werk, das sich aus der Sicht englischer Forschung mit der Geschichte der Todeszeichen und dem Risiko, lebendig begraben zu werden, befasst.[14] Es berücksichtigt Aspekte der Medizin, Geschichte, Volkskunde und Literatur und beschäftigt sich nicht nur mit einem Land oder einer Epoche, sondern versucht, einen umfassenden interdisziplinären Überblick über das Thema zu geben. War die Furcht der Zeitgenossen Edgar Allen Poes berechtigt, und fanden auf den viktorianischen Friedhöfen Begräbnisse nur »Totscheinender« statt, wie zu jener Zeit viele verantwortungsbewusste medizinische Autoren versicherten, die ihre Behauptungen mit eindrucksvollen Listen gruseliger Fallberichte untermauerten? Ein weiteres offenes Rätsel ist die Frage, welche – medizinischen, theologischen, historischen und soziologischen – Faktoren zu dem plötzlichen Aufwallen der Furcht vor dem Scheintod und dem Lebendigbegrabenwerden in den vierziger Jahren des 18. Jahrhunderts führten. Wie reagierten die Ärzte auf diese Angst, und was unternahmen sie, um die Bestattung von Scheintoten zu verhindern oder um verlässlichere Todeszeichen zu finden? Welche Personen beteiligten sich aktiv an der Kampagne gegen die Bestattung von Scheintoten, die von der Mitte des 18. bis ins frühe 19. Jahrhundert andauerte, und aus welchen Motiven?

Die tief verwurzelte, urtümliche Angst davor, lebendig begraben zu werden, schlummert auch noch in den arrivierten Bürgern heutiger Zeit, und es bedarf nicht viel, sie zu wecken: In Deutschland kam es in den frühen achtziger Jahren zu einer regelrechten Hysterie, nachdem einige bedauerliche »Fehler« bei der Feststellung des Todes in den Zeitungen hochgespielt worden waren.[15] Die Bücher, die in der Folge dieser Massenhysterie publiziert wurden, stimmten inhaltlich und argumentativ weitgehend mit den Werken überein, die in den vierziger Jahren des 18. Jahrhunderts erschienen waren, und die deutsche Ärzteschaft konnte die Berichterstattung in den Medien leicht als Sensationshascherei abtun. Doch die Frage, die diese provokanten Bücher aufwarfen – ob die gängigen Kriterien, nach denen Menschen für tot erklärt wurden, verlässlich seien oder ob man immer noch Gefahr laufe, lebendig zur letzten Ruhe gebettet zu werden –, lässt sich nicht so einfach von der Hand weisen. Denjenigen, die im Selly-Oak-Hospital im englischen Birmingham dabei waren, als der fünfundsechzig Jahre alte Michael McEldowney im Februar 1974 für hirntot erklärt wurde, wäre es in der Tat äußerst unangenehm gewesen, diese Frage zu beantworten.[16] Als Mr. McEldowney auf dem Operationstisch die Nieren entfernt wurden, zuckte sein Fuß, und er begann zu atmen …

Im Gegensatz zu Edgar Allan Poe verspreche ich nicht, dieses Buch werde das Nervenkostüm empfindsamer Gemüter schonen: Kein Thema bleibt ausgespart und kein Gedankengang unerforscht. Ich werde auch nicht die Vorsicht walten lassen, die Shakespeares Hamlet in einer Neuinterpretation eines Autors in den *Transactions of the Royal Humane Society* zeigt (der »Kerker« ist in diesem Fall der Sarg)[17]:

O Leser – Wär mir's nicht untersagt,
Das Innre meines Kerkers zu enthüllen,
So höb ich eine Kunde an, von der
Das kleinste Wort die Seele dir zermalmte,
Dein junges Blut erstarrte, deine Augen
Wie Stern' aus ihren Kreisen schießen machte …

TOTENWUNDER

Wisst Ihr nicht, wie weh das tut,
Wenn man wach im Grabe ruht?

Friederike Kempner, »*Gedichte*«

In der klassischen Antike war das Fehlen des Herzschlags das allgemein anerkannte Anzeichen des Todes.[1] Das Herz war der Sitz des Lebens: das erste Organ, das lebte, und das letzte, das starb. Die Atmung galt lediglich als Regulator für die Herzenswärme. Man wusste zwar, dass das Gehirn Verstand und Wahrnehmungsvermögen beeinflusste, doch galt dennoch die Auffassung, die Gehirnaktivität hänge von der Funktionsfähigkeit des Herzens ab. Aristoteles lehrte, der Mensch sei eine untrennbare Einheit aus Körper und Seele; ohne Körper könne die Seele nicht existieren, und der Tod des Körpers bedeute auch den Tod der Seele. Für ihn bestand die Seele aus drei Teilen mit unterschiedlichen Aktivitäten: Die vegetative Seele steuere die körperliche Lebenskraft, die animalische Seele Bewegung und Wahrnehmungsvermögen und die rationale Seele, auch Verstand genannt, die höheren geistigen Fähigkeiten. Die rationale Seele, so Aristoteles, könne sterben, ohne dass die Vitalität des Körpers dadurch in Mitleidenschaft gezogen würde – Tiere könnten ihr ganzes Leben ohne rationale Seele auskommen. Der Tod der vegetativen Seele führe jedoch immer zum körperlichen Tod. Man weiß verhältnismäßig wenig darüber, nach welchen Kriterien der Tod in der Antike festgestellt wurde. Angesichts der Tatsache, dass der Herztätigkeit als Unterscheidungskriterium zwischen Leben und Tod eine so überragende Bedeutung beigemessen wurde, sollte man annehmen, das Fühlen des Pulses habe eine zentrale Rolle gespielt. Reglosigkeit, Kälte und einsetzende Verwesung waren wahrscheinlich ebenfalls wichtige Aspekte. Wenn der Mediziner der Antike von »Zeichen des Todes« sprach, dann meinte er die von Hippokrates in seinem »Prognostikon« angeführten körperlichen Hinweise darauf, dass der Tod eingetreten war. Die Arbeit des Arztes wurde damit als beendet betrachtet. Nach Hippokrates' medizinischer Ethik sollte ein Arzt dann das Ableben des Patienten verkünden, sein Honorar einfordern und sich von dem Fall zurückziehen. Die tatsächliche Feststellung des Todes wurde den Laien überlassen, die den Verstorbenen gepflegt hatten, also in der Regel den Angehörigen.

Dass die Kriterien für den Tod bisweilen unzuverlässig waren, haben, so scheint es, bereits in der Antike manche Fachleute gewusst. Das siebte Buch von Plinius' »Naturalis historia« enthält einen Abschnitt über die Todeszeichen, die von den Römern anerkannt wurden.[2] Plinius schrieb betrübt, es gebe zwar unzählige Indikatoren für den Tod, doch keine sicheren Anzeichen der Gesundheit. Ungeachtet ihrer großen Anzahl seien diese Todeszeichen jedoch nicht immer verlässlich. Der Konsul Acilius Aviola und der Prätor Lucius Lamia waren erschütternderweise beide auf ihren brennenden Scheiterhaufen erwacht, nachdem sie für tot erklärt worden waren. Die Anwesenden konnten keinen der beiden vor dem grauenhaften Tod retten. Einem anderen ehrbaren Römer, Gaius Aelius Tubero, gelang es – glücklicherweise, ehe es zu spät war –, Lebenszeichen von sich zu geben, als er bereits auf dem Scheiterhaufen lag. Plinius erwähnte auch mehrere Fälle, bei denen Menschen auf einer Totenbahre zur Bestattung getragen wurden, dann jedoch zu Fuß zurückkehrten. Er schloss daraus: »So ist die conditio humana, und so unsicher ist das Urteil des Menschen, dass er nicht einmal den Tod feststellen kann.« Plutarch berichtet von einem Mann, der in einen Abgrund gestürzt war und drei Tage lang reglos dagelegen hatte, bis er just zu dem Zeitpunkt das Bewusstsein zurückerlangte, als seine Freunde ihn zu Grabe trugen. In Platons »Politeia« (»Der Staat«) findet sich die Geschichte eines armenischen Soldaten namens Er, der in der Schlacht fiel. Zehn Tage später kehrten die überlebenden Soldaten zurück, um den Toten zu begraben, und stellten erstaunt fest, dass Ers Körper im Gegensatz zu allen anderen getöteten Kameraden keine Verwesungserscheinungen zeigte. Doch dies entkräftete keineswegs ihre Überzeugung, er sei tot, und sie legten ihn auf einen Scheiterhaufen, wo er zur großen Überraschung aller Anwesenden ins Leben zurückkehrte und gerettet wurde. Der höchst einflussreiche griechische Arzt Galen riet bei bestimmten Syndromen wie Hysterie, Asphyxie, Koma und Katalepsie zu großer Vorsicht, da bei diesen die Lebenszeichen wochenlang gleichsam abgeschaltet sein könnten, ohne dass dies die Genesungschancen beeinträchtige. In seinem Werk »De locis affectis« kommentierte er einen Fallbericht des Herakleides aus Pontos über eine Frau, die wegen einer »erstickten Gebärmutter« in Ohnmacht gefallen und dreißig Tage lang ohne wahrnehmbaren Puls oder Atmung gewesen war, bevor sie das Bewusstsein wiedererlangte. Galen wusste auch von mehreren Personen, die vor übermäßiger Freude oder Kummer gestorben, dann aber wieder zu sich gekommen waren. Überdies erachtete er es als unklug, Personen, die an einer Alkohol- oder Schlafmittelvergiftung gestorben waren, vorschnell dem Grab zu übereignen. Der einflussreiche römische Arzt Aulus Cornelius Celsus schloss sich dieser Ansicht in seinem Werk »De medicina« an und erläuterte, die ärztliche Kunst beruhe auf Mutmaßungen, und die Todeszeichen seien nicht immer völlig verlässlich.[3] Als Beweis gab er die Geschichte des Asklepiades aus Prusa wieder, der festgestellt hatte, dass der in einem Trauerzug getragene »Leichnam« gar nicht wirklich tot gewesen war. Doch er schrieb auch, ein Zeichen sollte nicht verworfen werden, wenn es bei nur einem von tausend Fällen trüge und sich bei den anderen 999 Patienten bewähre. Diese Kontroverse wird in der Debatte über die Ungewissheit der Todeszeichen immer wieder auftauchen. Celsus wusste von Fällen, in denen Ärzte eine düstere Prognose gestellt und ihre Patienten aufgegeben hatten, nur um später zu erleben, dass diese ohne ihre Hilfe genesen waren. Wie er schrieb, kursierte sogar das Gerücht, dass manche Personen Lebenszeichen gezeigt hätten, als sie zu ihrer Beisetzung getragen wurden. Es gibt eine Handschrift mit Reden, zugeschrieben Marcus Fabius Quintilian, aber wahrscheinlich aus der Feder eines späteren römischen Autors stammend, die einige interessante Beobachtungen über aufgeschobene Beisetzungen im alten Rom enthält.[4] Dort heißt es: »Aus welchem Grund, glaubt ihr, hat man sich diese aufgeschobenen Bestattungen wohl ausgedacht? Oder welchem Grund ist es zuzuschreiben, dass der düstere Prunk von Leichenbegängnissen stets von Wehklagen und gellendem Geschrei begleitet wird? Keinem anderem als dem, dass wir gesehen haben, wie Menschen ins Leben zurückkehrten, als man sie gerade als Tote ins Grab legen wollte.«

Einige aufschlussreiche Informationen darüber, wie die alten Griechen und Römer die Verlässlichkeit (beziehungsweise Unzuverlässigkeit) der Verfahren beurteilten, anhand derer Personen für tot erklärt wurden, finden sich in so manchen altgriechischen und arabischen Romanen und Erzählungen.[5] In dem griechischen Roman »Apollonios, Prinz von Tyros«, dessen Autor unbekannt ist, findet ein Arzt einen im Wasser treibenden Sarg mit dem Leichnam einer jungen Frau. In dem Sarg liegt eine kleine Summe Geld mit der Notiz, die Hälfte davon möge dazu verwendet werden, einen angemessenen Scheiterhaufen für die Tote zu errichten, und die andere Hälfte solle demjenigen als Entlohnung dienen, der den Sarg finde. Der Arzt ordnet die Feuerbestattung an, doch da gelingt es einem seiner Schüler, den vermeintlichen Leichnam zum Leben zu erwecken, indem er ihn mit Salbe und Öl einreibt. Die Frau sagt nach ihrem Erwachen:

»Herr Doktor, bitte berühren Sie mich nicht auf ungebührliche Weise, denn ich bin die Gemahlin eines Königs und die Tochter eines Königs.« Es stellt sich heraus, dass sie die Gattin des Prinzen Apollonios von Tyros ist und irrtümlicherweise auf See bestattet wurde. Ein ebenso unrealistischer wie glücklicher Umstand, dass der Sarg nicht in den Wellen versank.

In einer mittelalterlichen arabischen Erzählung isst ein Bäcker ein riesiges Mahl aus Aprikosen und warmem Brot und fällt kurz danach leblos zu Boden. Der Dorfarzt stellt »Tod durch Völlerei« fest, doch glücklicherweise kommt gerade der berühmte Doktor Yabrudi vorbei, als der Begräbniszug auf dem Weg zum Friedhof ist. Yabrudi untersucht den Bäcker und möchte genau wissen, was dessen Tod herbeigeführt hat. Er rührt ein starkes Abführmittel an, das bald die gewünschte Wirkung herbeiführt: Nach einer eruptiven Entleerung der Gedärme kommt der gefräßige Bäcker wieder zu sich und kann zu Fuß zu seinem Laden zurückkehren.

Ein sehr langlebiges und bedeutendes literarisches Motiv, das sich wie ein roter Faden durch dieses Buch ziehen wird, ist das der Heldin, die lebendig begraben, dann jedoch von einem Räuber gerettet wird.[6] Die erste Verkörperung dieser Legendengestalt findet sich in dem Roman »Chaireas und Kallirhoë« von Chariton aus Aphrodisias, einem griechischen Schriftsteller, der zwischen dem ersten und zweiten Jahrhundert n. Chr. wirkte. Eines Tages bringt die Heldin Kallirhoë ihren eifersüchtigen Gemahl Chaireas so in Rage, dass er sie ungalanterweise heftig in den Magen tritt, worauf sie ohnmächtig zusammenbricht. Alles deutet darauf hin, dass sie tot ist, und sie wird umgehend in einer Gruft bestattet. Die arme Kallirhoë erwacht jedoch im Grab, befreit sich von ihrem Leichentuch und schreit: »Ich lebe! Helft mir!« Doch keiner hört sie, und sie bricht in Wehklagen aus: »Weh mir Unglücklicher! Ich wurde lebendig begraben ohne eigene Schuld, und ich werde einen sehr langsamen Tod sterben!« Doch ein paar Piraten haben beschlossen, die Gruft aufzubrechen und zu plündern; sie retten Kallirrhoë und verkaufen sie später als Sklavin. Dasselbe Thema erscheint in dem Roman »Ephesische Geschichten« des Xenophon von Ephesos, eines griechischen Autors, der etwa zur gleichen Zeit lebte. Die Heldin Anthia soll einen gewissen Perilaos heiraten, doch dieses Schicksal erscheint ihr schlimmer als der Tod, und so beschafft sie sich Gift von einem Arzt, das sie am Morgen des Tages, an dem die Hochzeit stattfinden soll, einnimmt. Doch der Arzt fühlt sich dem Eid des Hippokrates verpflichtet, er will keine aktive Beihilfe zum Selbstmord leisten, und so hat er ihr statt des Giftes ein Schlafmittel gegeben. Weniger löblich ist allerdings, dass er niemandem davon erzählt hat, und als Anthia erwacht, liegt sie im Grab. In diesem Augenblick dringt jedoch eine Bande von Grabräubern in die Gruft ein, um den wertvollen Schmuck zu stehlen, mit dem sie beigesetzt worden ist. So entrinnt sie ihrem Gefängnis unbeschadet und wird später mit ihrem Gemahl vereint. Aus diesen Geschichten geht eindeutig hervor, dass die Angst, nach einer Fehldiagnose lebendig begraben zu werden und im Grab zu erwachen, sehr tief sitzt. Wer die Geschichte von der lebendig begrabenen Kallirrhoë und ihrer herzzerreißenden Wehklage in der finsteren, einsamen Gruft vernahm, wurden gewiss von einem Gruselschauer gepackt.

Ein Großteil des medizinischen Wissens der Antike geriet im Mittelalter in Vergessenheit, und aus dieser Epoche gibt es weniger Quellen, die sich auf die Todeszeichen und die Angst vor dem Scheintod beziehen.[7] Eine bemerkenswerte Anekdote berichtet, dass König Ludwig IX. (»der Heilige«) von Frankreich 1244 an einer Form von Enteritis erkrankte: Der ständige Durchfall schwächte ihn ernstlich, und seine Ärzte hielten ihn für tot. Doch als für den vermeintlich toten König die Messe gelesen wurde, rührte er sich und gab noch einige weitere Lebenszeichen von sich. Ludwig IX. genas vollständig, und als Dank für diese, wie er es sah, göttliche Intervention rüstete er einen Kreuzzug nach Ägypten aus, den er selbst anführte.[8] Eine andere seltsame

Geschichte ungewissen Ursprungs (und von zweifelhaftem Wahrheitsgehalt) erzählt, dass dem deutschen Mystiker Thomas à Kempis, der 1471 starb, die Heiligsprechung verweigert wurde, weil man bei der Öffnung des Sargs Holzsplitter aus dem Sargdeckel unter seinen Fingernägeln fand. Wenn er würdig gewesen wäre, ein Heiliger zu werden, hätte er sich dann so verzweifelt bemüht, das Zusammentreffen mit seinem Schöpfer hinauszuschieben?[9] Die Tatsache, dass im 14. Jahrhundert einige englische Aristokraten wie Elizabeth de Burgh und John, Herzog von Lancaster, Vermächtnisse mit der Verfügung aufsetzten, ihr Leichnam möge mehrere Wochen über der Erde verbleiben, ohne einbalsamiert zu werden, schreiben einige Historiker der Angst vor einem vorzeitigen Begräbnis zu, doch wurde dies in keiner der besagten Verfügungen ausdrücklich als Motiv für den ungewöhnlichen Aufschubswunsch benannt.[10] Es wurde auch behauptet, die Ungewissheit über den Augenblick des Todes und die Angst, lebendig zu Grabe getragen zu werden, seien der Grund dafür gewesen, dass sich manche mittelalterlichen Beerdigungen so lange hinzogen, und der religiöse Brauch, eine Kerze an den Mund der Person in extremis zu halten, sei eine einfache Todesprobe gewesen, da Atem die Flamme zum Flackern brächte.[11] Wie zahlreiche Ausgrabungen auf frühchristlichen Friedhöfen zeigen, wurden die Toten in der Regel so beigesetzt, dass entweder die Arme seitlich am Körper und die Hände am Becken lagen oder die Arme über der Brust gekreuzt waren.[12] Doch man hat sowohl in Dänemark als auch in England Skelette in schauerlich verrenkten Stellungen gefunden[13], was darauf hindeutet, dass die betreffenden Personen entweder getötet und mit dem Gesicht nach unten ins Grab geworfen oder aber versehentlich beziehungsweise zur Bestrafung lebendig begraben wurden.[14]

Das 17. Jahrhundert war eine Epoche, in der die Medizin in einer vielfältigen Subkultur aus heidnischen Mythen, religiösen

Legenden und Volksaberglauben versank. Der Tod wurde als Zustand definiert, in dem das Leben erloschen war und die Seele den Körper verlassen hatte. Ein Mensch war entweder tot oder lebendig, und die Vorstellung, dass das Sterben ein *Prozess* sein könnte, war den Menschen völlig fremd. Der Tod galt als ein vollkommen übernatürliches, unerklärliches Phänomen, das einer rationalen Betrachtung nicht zugänglich war. Man betonte die Ähnlichkeit zwischen Tod und Schlaf: In beiden Zuständen befinde sich die Seele außerhalb des Körpers und könne daher mit Gott in Verbindung treten. Eine weitere wichtige Beobachtung betraf Mumien, denen man noch eine gewisse Lebendigkeit zusprach, solange die Einbalsamierung sie vor der Verwesung bewahrte. Leben war damit in der Natur ein Ausnahmefall: eine mystische Kraft, die durch künstliche Mittel in einem Leichnam erhalten werden konnte. Gelehrte im 17. Jahrhundert, die das Phänomen des Todes näher untersuchten, trugen Beobachtungen zusammen, die sich auf den toten Körper bezogen. Sie neigten vielfach eher zu dem volkstümlichen Aberglauben, der Leichnam berge noch ein gewisses Maß an Lebendigkeit und Empfindungsvermögen in sich, als zu dem christlichen Dogma, die Vereinigung von Körper und Seele bedeute Leben und ihre Trennung Tod.

Damals drehte sich eine Fülle skurriler Anekdoten, Legenden und volkstümlicher Sagen um Tote. Warum begann der Leichnam eines Ermordeten stark zu bluten, sobald der Mörder den Raum betrat, und warum war unmittelbar vor dem Tod eines Papstes immer ein geisterhaftes Knochenklappern aus dem Grab von Papst Silvester II. zu vernehmen? Warum wuchsen bei manchen Leichen Haare und Nägel nach dem Tod weiter, und warum brachen bei manchen sogar neue Zähne durch? Wer ist glücklicher, die Toten oder die Lebenden, und werden alle Menschen, selbst die abscheulichsten Ungeheuer, im Himmel wieder zum Leben erweckt? Dies sind einige der Fragen, die in Dr. Heinrich Kornmanns kuriosem Buch »De miraculis mortuorum« angesprochen werden, einer Abhandlung über die Wunder der Toten, die erstmals 1610 erschien.[15] Zwischen den Abschnitten über Heilige, die nicht verwesen, schreiende Leichname, sprechende Totenschädel und hüpfende Gespenster findet sich in Kornmanns Buch ein kurzer Vermerk über einen gewissen Kardinal Andreas, der in Rom verstarb und in einer Kathedrale beigesetzt werden sollte, wo der Papst und zahlreiche Kleriker an einer Messe zu seinem Gedenken teilnahmen. Doch während der Messe stöhnte der Kardinal und setzte sich in seinem Sarg auf. Man hielt dies für ein Wunder und schrieb es dem Wirken des heiligen Hieronymus zu, dem sich der Kardinal eng verbunden fühlte. In einer anderen Fußnote wird der Tod von Erzbischof Geron von Köln beschrieben, der in einem Grab seiner eigenen Kathedrale scheintot beigesetzt wurde und auf die beklagenswerteste Weise sein Leben aushauchte. Sein trauriges Schicksal galt als ebenso wunderbar wie die zuvor erwähnten Phänomene.

Eine andere Sicht der Totenwunder findet sich in der Abhandlung des deutschen Arztes Christian Friedrich Garmann mit dem gleichlautenden Titel »De miraculis mortuorum«[16]. Wie viele andere Ärzte und Wissenschaftler des 17. Jahrhunderts war er sehr gelehrt und zog es vor, zahllose Zitate aus der klassischen Literatur und aus antiken Fundgruben kurioser medizinischer Anekdoten zusammenzutragen, als sich auf eigene Beobachtungen oder die von Zeitgenossen zu verlassen. Die erste Ausgabe von Garmanns Buch erschien 1670, doch er trug weiterhin eifrig Totenwunder zusammen, sodass sich die letzte Fassung seines Buches, die 1709 nach seinem Tod veröffentlicht wurde, zu einem enzyklopädischen Werk von mehr als zwölfhundert Seiten auswuchs. Es ist ein umfassendes Lexikon zum Thema unterirdische Leichenwelt in Beobachtungen, Ansichten und Aberglauben des 16. und 17. Jahrhunderts.

Den lebendigen Toten widmet Garmann in seinem Buch sogar noch breiteren Raum.[17] Garmann führt Beispiele von Leichen an, die wuchsen, sich bewegten, lachten oder weinten, von Leichen, deren Mimik sich veränderte, und sogar von Toten, deren Herzen weiterschlugen. Er schildert Fälle lebender Säuglinge, die mittels Kaiserschnitt von einer toten Mutter entbunden worden seien, woraus sich schließen lasse, dass Leichen gebären könnten. Er berichtet auch von zahlreichen Beobachtungen, die sich auf Leichen mit erigiertem Penis beziehen. Wenn etwa gefallene Soldaten nach einer Schlacht entkleidet würden, habe man, so Garmann, bei erstaunlich vielen den Eindruck, das Gefecht habe im Schlafzimmer stattgefunden. Die letzten fünfundvierzig Seiten seines Buches behandeln das wunderbare Schicksal von Leichen, die wieder zum Leben erwachten beziehungsweise auferstanden. Garmann hatte von einem gewissen Zoroaster gelesen, der sich zwölf Tage, nachdem man ihn für tot erklärt hatte, auf dem Scheiterhaufen zu regen begann, und von einem Jungen, der, wie ein Dr. Valvasor schilderte, wieder zum Leben erwachte, als sein Sarg ins Grab gesenkt wurde. Der Gelehrte Velschius erzählte eine zu jener Zeit weithin bekannte Geschichte: Als Grabräuber den Sarg einer kurz zuvor in Köln bestatteten Frau ausgraben, kommt sie wieder zu sich, als die Räuber ihr einen Finger mit einem wertvollen Ring abschneiden. Dieselbe Geschichte erzählte man sich von einer Frau aus Böhmen. Doch Garmann zieht daraus nicht etwa den Schluss, für tot gehaltene Personen sollten womöglich gründlicher untersucht werden, um die Bestattung von Scheintoten zu verhindern; vielmehr interpretiert er die Vorfälle als wundersame Auferstehungen und nicht als Rettungen aus dem Grab.

Ein anderes unheimliches Phänomen war die *masticatio mortuorum*, die Fähigkeit von Leichen, ihre Leichentücher oder gar ihre eigenen Finger und Arme abzunagen. Garmann widmete diesem Thema ein ganzes Kapitel: Typischerweise sei ein Stöhnen aus dem Grab zu vernehmen, das von lautem Schmatzen und Kauen begleitet werde. Eine bestattete Frau habe ihre Hände aufgegessen und ein Mann seinen halben Körper verzehrt. Es stehe außer Frage, dass diese lärmenden Leichen in Wirklichkeit noch am Leben seien, und Garmann berief sich auf Beobachtungen von Leuten, die die fraglichen Särge ausgegraben und mit eigenen Augen gesehen hätten, dass dessen stöhnender, schmatzender Insasse zu einem abstoßenden Häufchen Fäulnis geschrumpft sei. Die *masticatio mortuorum* galt als böses Omen, als Warnung vor einer bevorstehenden Hungersnot oder Epidemie. 1734 veröffentlichte der deutsche Arzt Michael Ranft ein ganzes »Tractat von dem Kauen und Schmatzen der Todten in den Gräbern«. Er stimmte mit Garmann darin überein, dass es sich dabei um ein übernatürliches Phänomen handle, das die Medizin nicht erklären könne.[18]

Konzeption und Prüfung der Todeszeichen blieben von Celsus' Zeiten bis in die Mitte des 17. Jahrhunderts weitgehend unverändert: Die zentralen Kriterien waren Herzschlag und Puls, doch es gab auch verschiedene, sehr einfache Tests, um Atmung und Wahrnehmung zu prüfen. Zu vielen Menschen kam im Endstadium ihrer Krankheit weder ein Arzt, noch wurden sie nach ihrem Tod medizinisch untersucht; die praktische Prüfung der Todeszeichen blieb daher oft Laien überlassen. Manche Ärzte des 16. und 17. Jahrhunderts waren sich der Gefahren übereilter Bestattungen bewusst. Schon der ehrwürdige Ordinarius für Anatomie und Chirurgie Salmuth hatte in dieser Angelegenheit zur Vorsicht geraten; insbesondere die Leichen von Frauen, die ja bekanntermaßen eine nervöse, hysterische Veranlagung hätten, sollten drei Tage über der Erde verbleiben, bevor man sie beerdige. Petrus Forestus, ein anderer Arzt des 16. Jahrhunderts, war derselben Meinung. Er habe von Fällen gehört, in denen Frauen, die »während eines hysterischen Anfalls beerdigt worden waren«, in ihren Gräbern wiedererwacht seien.[19] 1670 wiesen die beiden Deutschen Theodorus Kirchmaier und Christophorus Nottnagel darauf hin, wie schwierig es sei, den wirklichen Tod vom Scheintod zu unterscheiden. Daher sei anzuraten, im Zweifelsfalle die Bestattung um einige Tage aufzuschieben.[20] Das Aussetzen von Herzschlag und Atmung sowie Kälte und

Empfindungslosigkeit seien trügerische Todeszeichen, die mit Vorsicht beurteilt werden sollten. Die beiden hätten mit einem Mann aus Wittenberg namens August Schwenske gesprochen, der als Dreijähriger für tot erklärt, dann jedoch gerettet worden war und nun ein erwachsener Mann und Vater sei. Sie zitierten beifällig die Ansichten einiger gelehrter Zeitgenossen: Amatus Lusitanus habe ein Mädchen aus Ferrara gesehen, das man nach einem Gehirnschlag für tot gehalten habe, doch ihre Mutter sei so aufgelöst gewesen, dass sie eine Beerdigung nicht zugelassen habe. Am dritten Tag nach dem Schlaganfall (wahrscheinlich handelte es sich um einen lang anhaltenden epileptischen Anfall) habe das Mädchen das Bewusstsein zurückerlangt. Der berühmteste Fall eines lebendig Begrabenen betrifft den Soldaten François de Civille, der dreimal für tot erklärt und ebenso viele Male aus dem Grab gerettet worden sein soll. Er war durch Kaiserschnitt von einer toten Mutter entbunden worden, die man exhumiert hatte. Nachdem er Rittmeister beim Heer geworden war, wurde er später bei der Schlacht von Rouen 1563 schwer verwundet und in einem Massengrab auf dem Schlachtfeld beigesetzt. Sein Knecht, der seinen Herrn in einem standesgemäßeren Grab bestatten wollte, stellte fest, dass dieser gar nicht tot war. Während François de Civille von seinen Verwundungen genas, drang ein Trupp feindlicher Soldaten ins Haus ein und warf den Rekonvaleszenten in eine Mistkuhle, in der er weitere drei Tage begraben lag, bis man ihn ein drittes Mal hervorholte und wieder gesund pflegte. Laut der Grabsteininschrift in Mailand wurde François de Civille auf dem Friedhof jener Stadt schließlich endgültig beerdigt. Er war im Alter von hundertfünf Jahren an Schüttelfrost gestorben, »während er der Dame seines Herzens die ganze Nacht über ein Ständchen hielt«.

Giovanni Maria Lancisi, der erste Leibarzt von Papst Clemens IX., hatte einmal miterlebt, wie sich ein vermeintlicher Leichnam bei der Totenmesse in einer römischen Kirche in seinem Sarg aufrichtete, ein Vorfall, der ihn die gängigen Kriterien anzweifeln ließ, nach denen Menschen für tot erklärt wurden. In einer 1707 veröffentlichten Abhandlung über den plötzlichen Tod wies er darauf hin, dass Irrtümer wie dieser nicht auf die Unzulänglichkeit der Heilkunst zurückzuführen seien, sondern auf die Fahrlässigkeit bestimmter Ärzte, die ihre Patienten zu früh den Leichenträgern überließen.[21] Er führte eine beeindruckende Zahl von Versuchen an, die immer dann angewendet werden sollten, wenn man nicht sicher war, ob das Leben erloschen war: Riechsalze, Niespulver, Wollbüschel, die in die Nasenlöcher gesteckt werden sollten, und ein trockener Spiegel, den man vor den Mund halten sollte, um die Atmung zu prüfen, sowie einen vollen Becher Wasser, der man der fraglichen Leiche auf die Brust stellen sollte, um festzustellen, ob sich das Zwerchfell bewegte. Zwar sei der fehlende Pulsschlag das wichtigste Todeszeichen, doch solle der Arzt Acht geben, dass er nicht versehentlich seinen eigenen Puls fühle und daraufhin einen Leichnam für noch lebend erkläre.

In England findet sich der erste schriftliche Beleg dafür, dass die Todeszeichen und die Gefahr, lebendig begraben zu werden, ein Anlass zur Sorge waren, in Sir Francis Bacons »Historia vitae et mortis«.[22] Bacon wusste, dass der berühmte Philosoph John Duns Scotus unter rätselhaften Anfällen gelitten hatte, in denen er plötzlich in eine totenähnliche Starre gefallen war. Bei einem Aufenthalt in Köln wurde er nach einem Anfall für tot erklärt und begraben, doch dann tauchte sein Diener auf und sagte, der arme Mann sei wahrscheinlich lebendig unter die Erde gebracht worden. Er, der Diener, habe die Anweisung erhalten, dies um jeden Preis zu verhindern, doch habe er einen Umweg gemacht und sei zu spät eingetroffen. Als Duns Scotus' Sarg exhumiert wurde, sah man, dass die Hände des Leichnams zerschunden und die Finger abgenagt waren, woraus man schloss, dass die Befürchtungen des Dieners nur allzu berechtigt gewesen waren. Viele Jahre lang war auf Duns Scotus' Grab eine Tafel mit einer lateinischen Inschrift angebracht, die übersetzt wie folgt lautete:

Gedenke, o Reisender, dieses Mannes Ableben,
Denn hier liegt John Scot, einmal bestattet,
Aber zweimal gestorben; wir sind jetzt klüger
Und noch am Leben, die damals so irrten.

Die medizinische und wissenschaftliche Literatur des 17. Jahrhunderts enthält nur wenige weitere Zeugnisse dafür, dass die Engländer jener Zeit Angst davor gehabt hätten, lebendig begraben zu werden. Eine dieser Schriften, »The Most Lamentable and Deplorable Accident«, erzählt die traurige Geschichte von Lawrence Cawthorn, einem Metzger in Newgate Market in London, der 1661 plötzlich erkrankte.[23] Seine niederträchtige Wirtin, die es auf seine Habseligkeiten abgesehen hatte, sorgte dafür, dass er schleunigst unter die Erde kam. Doch in der Kapelle, in der Cawthorn beigesetzt werden sollte, wurden die Trauernden, die von ihm Abschied nehmen wollten, von einem erstickten Schrei und einem rasenden Kratzen an den Sargwänden in Angst und Schrecken versetzt. Als der Sarg schließlich geöffnet wurde, bot sich den Anwesenden ein entsetzlicher Anblick: Das Leichentuch war in Fetzen gerissen, die Augen waren grässlich geschwollen, und »das Gehirn war aus dem Kopf geschlagen«. Der Autor folgerte daraus: »Unter allen Qualen, die dem Menschen widerfahren können, ist die Erfahrung, lebendig begraben zu werden, die schrecklichste und diejenige, vor der die Natur am meisten zurückschaudert.« Die habsüchtige Wirtin wurde angeklagt, den Metzger vorsätzlich lebendig ins Grab gebracht zu haben. Laut einer anderen Schrift mit dem Titel »A Full and True Relation of a Maid Living in Newgate Street« waren die Rettungsversuche auch im Fall eines sechzehnjährigen Mädchens vergeblich, aus dessen Grab vier Tage nach seiner Beerdigung auf einem Londoner Friedhof ein Stöhnen und Weinen zu hören war.[24] Doch keine dieser Beschreibungen aus dem 17. Jahrhundert kam ohne moralistische Lehre aus: Das Mädchen sei, so heißt es, von seiner Herrschaft so entsetzlich misshandelt worden, dass es den Himmel angefleht habe, es wolle lieber lebendig begraben sein, als in solchem Elend zu leben. Der Allmächtige habe nicht lange gezögert und ihr diesen unbesonnenen Wunsch erfüllt.

Viel unheimlicher und auch wahrheitsgetreuer als diese beiden Schriften war die 1674 veröffentlichte Geschichte »News from Basing-Stoak«, die den vielleicht berühmtesten Fall einer lebendig begrabenen Person schildert.[25] Madam Blunden, gebürtig aus Basingstoke und nicht sehr schmeichelhaft beschrieben als »feiste, plumpe Frau, die gern Brandy trank«, fühlte sich eines Abends unpässlich und bestellte beim Apotheker Mohnwasser. Sie trank fast alles aus und fiel in eine totenähnliche Starre. Ihre Bediensteten holten den Apotheker, der den Opiumsud zubereitet hatte, und nachdem er den Rest in der Flasche inspiziert hatte, erklärte er, sie habe genug getrunken, um achtundvierzig Stunden nicht mehr aufzuwachen, und würde demzufolge nie mehr ins Leben zurückkehren. Madam Blundens Verwandte und ihr Gesinde ließen sich von dieser fragwürdigen Schlussfolgerung seitens des einfältigen Apothekers überzeugen. Ihr Gatte, der wohlhabende Mälzer William Blunden, ein einflussreicher Bürger Basingstokes, wollte das Begräbnis bis zu seiner Rückkehr aus London verschieben, doch Madam Blundens massiger Körper verströmte einen so durchdringenden Fäulnisgeruch, dass ihre Verwandten einstimmig beschlossen, sie am Tag nach ihrem vermeintlichen Ableben beerdigen zu lassen. Als der Sarg zwischen zwei Stühlen abgesetzt wurde, hörte man einen der Sargträger scherzen, Madam Blundens Sarg sei wohl zu kurz geraten, er habe genau gesehen, wie sie sich hin und her wälze, weil sie nicht bequem liegen könne. Der Mann wurde wegen seiner Pietätlosigkeit gerügt.

Zwei Tage nach dem Begräbnis hörten ein paar Schuljungen, die auf dem Friedhof in der Nähe der Heiliggeistkapelle spielten, eine hohle Stimme aus der Erde nahe Madam Blundens Grab. Als sie näher kamen, vernahmen sie »angstvolles Gestöhn und grässliches Geschrei« und immer wieder ein flehentliches »Holt mich aus meinem Grab!« Die erschrockenen Jungen liefen zu ihrem Lehrer, doch der gefühllose Pädagoge hatte nicht Besseres zu tun, als ihnen Vorhaltungen zu machen und ein paar von ihnen zu verprügeln, weil sie offenkundig logen. Am Morgen danach waren die Jungen erneut auf dem Friedhof und hörten dieselbe Geisterstimme aus der Erde. Diesmal griff der Lehrer nicht zu seiner Birkenrute, sondern vermutete beklommen, dass wohl doch etwas an dieser ungewöhnlichen Geschichte sei. Er bat den Kirchendiener, Madam Blundens Grab öffnen zu lassen, doch dieser weigerte sich, ohne Genehmigung der Kirchenvorsteher aktiv zu werden. Diese trafen sich noch am selben Nachmittag und besprachen die Angelegenheit ausführlich. Erst am Abend wurde Madam Blunden endlich exhumiert. Da ihr Körper erbärmlich zugerichtet war, nahm man an, sie habe sich diese Verletzungen während des schrecklichen Kampfes unter der Erde selbst zugefügt. Obwohl keine Lebenszeichen mehr festgestellt werden konnten, stellten die Kirchenvorsteher ein paar Wachen auf, die das Grab die Nacht über im Auge behalten sollten. Es war jedoch eine regnerische Nacht, und besagte Wächter schlossen den Sarg und gingen nach Hause. Am nächsten Morgen sah man, dass Madam Blunden ein weiteres Mal erwacht war: Das Totenhemd war heruntergerissen, und sie hatte die Haut an mehreren Stellen aufgekratzt und sich den Mund blutig geschlagen. Man rief einen Arzt, doch er konnte nur noch bestätigen, dass alles Leben aus ihrem Körper gewichen war, diesmal für immer. Natürlich kam es nach dieser wohl einmaligen Gräueltat zu einer gerichtlichen Untersuchung, und mehrere Personen wurden für den Tod der Frau verantwortlich gemacht. Doch als ein Arzt aus der Stadt (vielleicht derselbe törichte Apotheker, der das Mohnwasser abgefüllt hatte) unter Eid aussagte, er habe einen Spiegel an Madam Blundens Mund gehalten und keinerlei Atem erkennen können, ließ man alle Verdächtigen laufen. Die Stadt Basingstoke musste jedoch für diese Fahrlässigkeit ein hohes Bußgeld zahlen.

1819 stellte der Pastor Joseph Jefferson in Basingstoke Nachforschungen an, um herauszufinden, ob sich noch irgendeine lebende Person an das grässliche Schicksal von Madam Blunden erinnerte.[26] Zwei alte Damen entsannen sich, unter den Schuljungen, die in die Geschichte verwickelt waren, seien auch Vorfahren von ihnen gewesen. Beide hätten immer erzählt, dass sie ein Geräusch aus der Gruft gehört hätten und dass die Abschürfungen auf Madam Blundens Gesicht und die Feuchtigkeit im Sarg die Leute zu dem Schluss verleitet hätten, sie sei lebendig begraben worden. Mrs. Paris, der örtlichen Hebamme, wurde vorgeworfen, sie habe Mr. Blunden dazu angestachelt, seine Frau übereilt beerdigen zu lassen. Die Dienstmagd Ann Runnegar, die ihrer Herrin das verhängnisvolle Mohnwasser gereicht hatte, war aufgrund des schrecklichen Ereignisses wahnsinnig geworden. Die alte Heiliggeistkapelle in Basingstoke war bereits zu Jeffersons Zeiten eine Ruine, doch sie steht noch immer. Man weiß, dass Madam Blunden schließlich auf dem Friedhof von Liten nahe der Kapelle bestattet wurde. 1896 besuchte William Tebb, der sich für eine Reform des Bestattungswesens einsetzte, die Blunden-Gruft. Er konnte sie ausfindig machen, obwohl die Inschrift auf dem Grabstein völlig unkenntlich war.[27] Als ich im September 1999 selbst zu diesen interessanten alten Grabruinen pilgerte, hatte ich in dieser Hinsicht weniger Glück, da die Inschriften auf allen noch verbliebenen älteren Grabsteinen unleserlich geworden waren. Aufschlussreich ist, dass sich in dieser Gegend noch immer die volkstümliche Legende hält, vor langer Zeit sei auf dem Friedhof eine Frau lebendig begraben worden, und dort spuke es.

Aus den medizinischen Werken des 17. Jahrhunderts, die sich mit der Unsicherheit der Todeszeichen befassen, lässt sich leicht zitieren, doch es ist schwieriger zu beurteilen, wie sich die wissenschaftliche und gleichzeitig uninspirierte Diskussion in jenen verstaubten Bänden auf das Verhalten von Laien auswirkte. Immerhin verfügen wir über einige aussagekräftige Daten aus Frankreich, die wir der Analyse alter Testamente verdanken.[28] Schließlich war es für Menschen, die Angst davor hatten, lebendig begraben zu werden, ganz natürlich, eine Klausel in ihr Testament aufzunehmen, um sich gegen dieses grässliche Schicksal zu schützen. Das früheste Beispiel hierfür findet sich in dem auf den 1. März 1684 datierten Testament der Prinzessin Elisabeth von Orléans, die ausdrücklich verlangt, man solle sie erst vierundzwanzig Stunden nach ihrem Ableben in ein Leichentuch hüllen und danach ihre Fußsohlen zweimal mit einem Rasiermesser einritzen. Das Testament des Pastors Jean Poitevin von 1705 enthielt sogar noch konkretere Handlungsanweisungen: Er wünschte, dass man sich zu der von Gott gewählten Stunde seiner Heimrufung ins himmlische Königreich gründlich seines Leichnams annehme. Es sollte auf jeden Fall mittels der zuverlässigsten Todesproben (dazu macht er selbst keine Vorschläge) sorgfältig bestimmt werden, ob er wirklich tot sei. Dies nicht, wie er betonte, weil er besonders am Leben hänge, sondern weil er von Menschen gelesen habe, die lebendig zur letzten Ruhe gebettet worden seien. Auch wisse er, dass dieses Schicksal einen seiner Vorfahren ereilt habe. Doch nur in wenigen Testamenten wurde die Angst davor, lebendig begraben zu werden, ausdrücklich erwähnt. Bei der Analyse von eintausend zwischen 1710 und 1725 verfassten Testamenten aus Paris fand man in lediglich zwei dieser Dokumente Klauseln, die eine vorzeitige Bestattung verhüten sollten: Eine Bürgerin ersuchte ebenfalls darum, man möge ihr vor dem Begräbnis die Fußsohlen einschneiden, und die Witwe eines Marquis bat darum, man möge bis zur Beisetzung vierundzwanzig Stunden verstreichen lassen und außerdem ihre Brust öffnen, um den Herzstillstand zu überprüfen.[29]

Im 17. Jahrhundert waren sich viele Ärzte der Gefahr bewusst, dass ihnen leicht tödliche Fehler unterlaufen konnten, wenn sie Menschen während Pest- oder Choleraepidemien für tot erklärten. Die Seuchen jener Zeit lösten chaotische Zustände aus: Sie forderten einen schier unglaublichen Tribut an Menschenleben, und die Obrigkeit versuchte die Ausbreitung der Krankheit oft dadurch einzudämmen, dass sie die Opfer eilends beerdigen ließ. Diese Bedingungen ließen es nicht zu, dass man alle Leichen (beziehungsweise Scheintoten), die in eines der Massengräber geworfen wurden, sorgfältig untersuchte. Simon Goulart berichtet in seiner Chronik, die Menschen seien, als die Stadt Dijon 1558 von der Pest verwüstet wurde, so schnell gestorben, dass sie statt in persönlichen Gräbern in Pestgruben bestattet werden mussten. Der vermeintliche Leichnam einer Frau namens Nicole Tentillet wurde in eine dieser Gruben geworfen. Am nächsten Morgen erwachte sie und wollte hinausklettern, doch das Gewicht der Leichen über ihr hielt sie nieder. Vier Tage später brachten die Totengräber weitere Leichen und entdeckten glücklicherweise Madame Tentillet in ihrer schrecklichen Lage. Sie wurde nach Hause gebracht, wo sie vollständig genas.[30] Der einflussreiche päpstliche Leibarzt Paolo Zacchia sah 1656 in Rom einen jungen Mann, der zweimal als vermeintliches Pestopfer für tot erklärt worden war, doch beide Male wieder gesund wurde. Zacchia vermutete, während der Seuche seien mehrere Menschen irrtümlich lebendig begraben worden. Er empfahl, in Zweifelsfällen vor der Bestattung das Einsetzen der Verwesung und die Geruchsentwicklung abzuwarten.[31] In seinem Traktat über die Pest schloss sich der niederländische Arzt Isbrand van Diemerbroeck diesem Rat an. Er hatte einst einen Bauern namens Pierre Petit aus dem Dorf Bommel nicht weit von Nijmegen getroffen, der bei einer Pestepidemie für tot erklärt worden war, jedoch nach mehreren Tagen in totenähnlicher Starre sein Bewusstsein wiedererlangt hatte. Van Diemerbroeck schrieb, sehr wahrscheinlich seien bei Pestepidemien Menschen lebendig begraben worden,

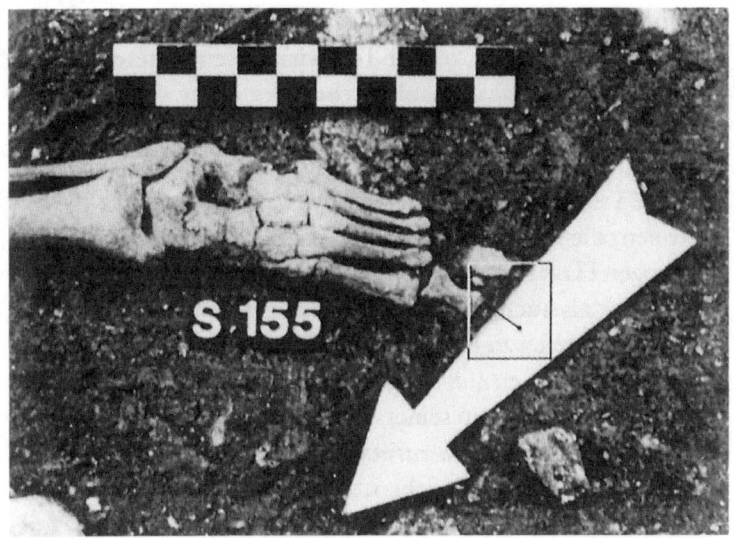

Die Fotografie belegt, dass während der Pestepidemie in Marseille im Jahr 1722 der Tod dadurch überprüft wurde, dass man eine Nadel in den großen Zeh trieb. Aus dem Artikel von Leonetti u.a. im »Journal of Forensic Sciences« 42 (1997), S.744–748, Nachdruck mit freundlicher Genehmigung.

vor allem deswegen, weil es üblich gewesen sei, die Opfer nur wenige Stunden nach ihrem Tod zu bestatten.[32]

Die große Pest von Marseille wütete von 1720 bis 1722 und forderte etwa fünfzigtausend Opfer, die Hälfte der Stadtbevölkerung.[33] Die Straßen waren von Leichen übersät, und überall in der Stadt wurden Massengräber ausgehoben. Eines davon, in der Nähe des Observanzklosters, wurde 1994 beim Bau einer Wohnsiedlung freigelegt. Die Ausgrabung förderte eine merkwürdige Entdeckung zu Tage: Bei zwei der Leichen fand man eine gut zweieinhalb Zentimeter lange Bronzenadel direkt am großen Zeh, eine Position, die darauf hindeutet, dass sie absichtlich unter den Zehennagel getrieben worden war.[34] Sowohl Zacchia als auch Lancisi hatten in den zuvor genannten Büchern empfohlen, eine Nadel unter den Zehennagel einer Leiche zu stechen, um zu prüfen, ob der Tod wirklich eingetreten sei. Die Nadeln sind der erste archäologische Beleg dafür, dass diese Methode tatsächlich angewandt wurde.

In England grassierte während der Pestepidemien von 1604 und 1665 eine ähnliche Angst vor verfrühten Begräbnissen.[35] Personen, die man verdächtigte, Nutznießer der Krankheit zu sein, zogen Hass und Argwohn auf sich, und man bezichtigte sowohl Ärzte als auch Pfleger, Menschen getötet oder vorsätzlich lebendig begraben zu haben. Bei der Seuche von 1665 ließen die Leichenträger einen für tot gehaltenen Metzger aus Newgate Market versehentlich in seinem Zimmer liegen. In der Nacht erlangte er das Bewusstsein zurück, kam die Treppe herunter und klagte einem kleinen Mädchen, ihm sei kalt.[36] Eine andere Geschichte berichtet von einem armen einfältigen Dudelsackspieler, der auf der Straße umgekippt war, nachdem er in einem Pub zu viel getrunken hatte. Als am nächsten Tag der Leichenkarren kam, um einen Toten im Nachbarhaus abzuholen, nahmen die Männer den leblosen Körper des Musikanten gleich mit, da sie ihn für eine Pestleiche hielten. In einer Version der Geschichte verkündet der Dudelsackspieler seine Wiederauferstehung, indem er sein Instrument spielt! Doch Daniel Defoe sprach mit einem der Männer, die den Leichenkarren gefahren hatten, und fand die Wahrheit heraus. Der bewusstlose, unter einem Leichenhaufen begrabene Wicht war plötzlich wieder zu sich gekommen und hatte gerufen: »He! Wo bin ich?«, als man den Karren an der Pestgrube in Mount Mill entlud. Die Männer erschraken, weil sie glaubten, er sei ein Geist, doch einer von ihnen sagte: »Hör mal, du bist hier auf dem Totenkarren, und wir werden dich beerdigen!« Der einfältige Dudelsackspieler erwiderte: »Aber ich bin doch gar nicht tot, oder?«, was die Männer zum Lachen brachte.[37] Der Dichter William Austin sprach mit den folgenden Zeilen vielen aus dem Herzen:[38]

Sie lassen klug die Gräber für die Toten offen,
denn manche werden allzu früh *zu Bett gelegt*.

Einer kehrte aus der Trance zurück, nach heftigem Ringen,
Inmitten eines Bergs von *Toten* schreit er ums *Leben*.
Der andre erwacht als eine fest geschnürte *Jungfer*,
Oder als eine *Taschenuhr* in engem Futteral.
Zugleich erschaudernd vor *Pein* und *Furcht*,
Klagt er vor denen, die weder sprechen noch hören.

DIE FRAU MIT DEM RING UND
DER LÜSTERNE MÖNCH

> Als man zallt MCCCLVII Jahr,
> Alhier zu Collen ein groß sterben war.
> Umb vier uhren im nachmittag
> Ein wunder ding das da geschach.
> Ein erbar Fraw, Richmuth genant,
> In den fünfzehn Geschlechtern hoch bekannt …

So beginnt ein Gedicht, das der Kölner Kupferstecher Johann Bussenmacher 1604 veröffentlichte, über eine weitere wundersame Rettung vor einer verfrühten Bestattung, die Geschichte der Frau Richmodis von Aducht.[1] Am Neumarkt, einem altehrwürdigen Platz in der Kölner Altstadt, lebte die Patrizierfamilie von Aducht: Menginus und seine Gattin Richmodis.[2] Ihr Haus war unter dem Namen »In der Papageien« bekannt, da dort ein Schild mit dem Familienwappen, drei gekrönten Papageien, zur Schau gestellt wurde. Im Jahre 1357, so die Legende, wurde Frau Richmodis unpässlich und starb nach kurzer Krankheit. Sie wurde mit großem Pomp beerdigt. Ihr Gatte ließ einen wertvollen Goldring an ihrem Finger:

> Von der Adoicht dises Ihr herkunfft war,
> In der Papegeien Ihr wonung hatt offenbar.
> Diese stirbt, wie sie vermeinet haben,
> Und als man sie nun soll begraben,
> Durch lieb des Ehstandts ohn verdriess
> Ihr Man Ihr den Trewrink am finger liess …

Ausgerüstet mit einem Spaten, einem Brecheisen und einer Laterne, machten der Totengräber und sein Knecht sich auf, ihren

Sarg auszugraben. Sie zerrten ihn aus dem Grab und brachen den Deckel auf. Doch da richtete sich die Frau im Sarg auf, und die beiden frevlerischen Grabräuber ergriffen die Flucht:

Damit man sie zu dem grab hintrug.
Der Doten Gräber dess nam achtung gnug,
des Abends spaet mit seinem knecht
Der schantzen waar sie namen eben recht.
Die Lade sie gruben aus der Erden
Und hofften, Ihnen solt der Ringk so werden.
Damit der knecht den deckel auffbricht,
Alsbald sich da die Fraw auffricht,
Vor schrecken die beide da lauffen gehen,
Und laessen der Frawen die Lutern da stehen ...

Nachdem Frau Richmodis ihrem Grab glücklich entronnen war, nahm sie die Laterne des Totengräbers und fand dank des Lichts den Weg zum Haus ihrer Familie am Neumarkt. Sie klopfte wieder und wieder an die Tür, bis schließlich ein Diener kam und öffnete. Man rief nach Herrn von Aduoht, der sie sogleich an Stimme und Ring erkannte:

Mit welcher sie heim geht und die Schell thut trecken,
Damit sie den Man und das gsind thut wecken.
Der Man sie bej der stimm und dem Ring erkant,
Gieng bald hin, liess sie hnein zu hant,
Mit fewr und kost that er sie erquicken.
Zu frischer gesundtheit ward sie sich schicken ...

Frau Richmodis übersteht dieses Abenteuer unbeschadet, und sie dankt Gott für ihre Errettung. Später bekommt sie drei Söhne, die Geistliche werden.

Drei junger Söhne hernach sie trug,
Dess sie Got nicht kundt dancken gnug.
Welcher drej sich in Geistliche Orden begaben,
Und thaten Got unseren Herren allzeit loben.

Die Geschichte der Richmodis von Aducht ist mit Sicherheit sehr alt. In der Koelhoffschen Chronik der Stadt Köln aus dem Jahr 1499 wird erwähnt, eine scheintote Frau sei hier beerdigt und von einem Totengräber, der ihren Ring stehlen wollte, noch lebend ausgegraben worden. Das denkwürdige Ereignis soll sich im Jahre 1400 zugetragen haben, und es wird zwar das Haus zum Papageien am Neumarkt erwähnt, nicht aber der Name Richmodis von Aducht. Die nächste schriftliche Erwähnung der Legende findet sich 1582, und zwar in einer von Dr. Johann Ewich stammenden Beschreibung eines Bildes in der Apostelkirche zu Köln, auf dem die wundersame Wiederauferstehung einer (nicht namentlich genannten) Frau in dieser Stadt dargestellt ist. 1604 brachte der Kupferstecher Johann Bussenmacher einen Stich des Originalgemäldes in der Apostelkirche mit einigen zusätzlichen Skizzen heraus und lieferte zudem einen vollständigeren Bericht über die denkwürdigen Vorfälle von 1357. Richmodis von Aducht, die Gattin eines ortsansässigen Richters, wurde nach einer Pestepidemie für tot erklärt. Nachdem sie aus dem Grab gerettet und von ihrem bestürzten Gatten wieder aufgenommen worden war, lebte sie sieben weitere Jahre mit ihm und gebar drei Söhne, die alle in den geistlichen Stand eintraten. Sie war bekannt für ihre Frömmigkeit und ihren Fleiß und sie webte riesige Mengen Leinen, von denen etwas erhalten geblieben war: Ein Leintuch hing neben dem Gemälde über ihrer Grabstätte in der Apostelkirche.

Dank mehrerer Neuauflagen und Nachstiche der Arbeit Bussenmachers wurde die denkwürdige Geschichte der Richmodis von Aducht in ganz Europa bekannt. Sie wurde in Simon Goularts populären *Histoires admirables et mémorables* und in vielen anderen historischen Chroniken und Sammlungen denkwürdiger Anekdoten erwähnt. Doch es lohnt sich, zwei andere, unabhängige Quellen derselben Legende zu prüfen. 1688 kam der französische Handlungsreisende Maximilien Misson nach Köln, wo er die Apostelkirche besichtigte und das dort ausgestellte Ge-

Dieser Stich, 1604 von Johann Bussenmacher aus Köln geschaffen, zeigt, wie Reichmuth von Adolch aus ihrem Grab steigt. Im Hintergrund sind der Leichenzug (rechts) und der Versuch der auferstandenen Frau zu sehen, Einlass in ihr Haus zu erhalten (links).

mälde und das Leinentuch sah.[3] Als er sich umhörte, erzählte man ihm, das Wunder der Richmodis von Aduch habe sich 1571 (!) ereignet. Der praktisch veranlagte Deutsche, der die Geschichte erzählte, fügte als Happy End hinzu, Herr von Aduch und seine Gattin hätten »Apparate gefertigt, die benötigt wurden, um die Pferde herabzulassen«. Der Gatte der Frau von Aduch soll nämlich nach späteren Fassungen der Legende auf die Ankündigung des Gesindes, seine Frau stehe vor der Tür, ungläubig erwidert haben, eher würden seine Schimmel auf dem Heuboden stehen. Kaum hatte er dies ausgesprochen, trampelten die Pferde auch schon die Treppe hinauf.[4] Der Franzose ging zum Neumarkt und sah dort zwei aus Holz geschnitzte Pferdeköpfe, die aus den oberen Fenstern eines alten Hauses ragten. Baron Risbeck, ein anderer Reisender, stand der Sache skeptischer gegenüber. Er sah in der ganzen Geschichte lediglich einen weiteren Beleg für den Aberglauben und die Leichtgläubigkeit der guten Kölner Bürger.

1785 wurde der Teil der Apostelkirche, in dem sich das Gemälde der Richmodis von Aducht befand, abgerissen. Das alte Leinen, das über zweihundert Jahre in der Kirche aufbewahrt worden war, wurde gerettet und für die vielen leichtgläubigen Menschen, die diese Reliquie der Frau mit dem Ring sehen wollten, ausgestellt. Später fand man jedoch heraus, dass es sich um ein Fastentuch aus dem späten 12. Jahrhundert handelte, das nicht das Geringste mit der Legende von Richmodis von Aducht zu tun hatte.[5] Dann entdeckte ein deutscher Gelehrter, dass es eine Richmodis von Aducht (oder von der Aducht) tatsächlich gegeben hatte. Sie entstammte der Adelsfamilie derer von Lyskirchen und war mit Waltelmus Mengin von Aducht vermählt, wie in der Legende. Das Problem war: Ihr Gemahl war vor 1342 verstorben, und aus Richmodis von Aduchts Testament, das nach wie vor im Kölner Stadtarchiv aufbewahrt wurde, ging hervor, dass sie zu jener Zeit (1346) ihre mittleren Lebensjahre vollendet und acht Kinder zur Welt gebracht hatte. Außerdem wohnte die Familie von Aducht nicht im Haus zum Papageien, sondern in einem ganz anderen Haus in der Kölner Altstadt.[6] Diese Befunde machen es unwahrscheinlich, dass Richmodis von Aducht wirklich die Frau mit dem Ring war, die im 14. oder 15. Jahrhundert beinahe lebendig begraben worden wäre.[7] Manche Wissenschaftler folgerten daraus, die Geschichte sei frei erfunden, doch sollte man Folgendes bedenken: Da 1349 in Köln eine besonders schwere Pestepidemie wütete, könnte ein vermeintlich totes Pestopfer auf dem Friedhof wieder zum Leben erwacht und damit zum Katalysator für diese bemerkenswerte Legende geworden sein. Der Name Richmodis von Aducht, die Geschichte von dem Grabräuber und die absurde Episode mit den Pferden sind allesamt spätere Ausschmückungen. Wie im ersten Kapitel bemerkt, war das Motiv der lebendig begrabenen Heldin, die von Grabräubern gerettet wurde, bereits im zweiten nachchristlichen

Jahrhundert bekannt. Jedenfalls war Richmodis von Aducht zu unverdientem spätem Ruhm gelangt, und in Köln erzählt man sich noch heute die Geschichte von der Frau mit dem Ring. 1877 wurde eine Straße in der Nähe des Neumarkts nach ihr benannt, und aus den Turmfenstern des Gebäudes, das inzwischen Richmodis-Haus heißt, blicken die beiden geschnitzten Pferdeköpfe immer noch auf den belebten Platz herab.[8]

Als Baron Risbeck 1785 von sich sagte, er glaube nicht an die Legende von der Frau mit dem Ring, tat er dies in dem Wissen, dass man sich in verschiedenen anderen deutschen Städten genau die gleiche Geschichte erzählte. 1910 ging der deutsche Ethnologe Dr. Johannes Bolte den Spuren der Legende in ganz Deutschland nach und fand zu seiner Verblüffung heraus, dass nicht weniger als neunzehn weitere deutsche Städte – darunter Hamburg, Dresden und Lübeck – ihre eigene Geschichte von der Frau mit dem Ring hatten.[9] Oft trug die Frau einen Namen und wurde näher beschrieben. In mindestens elf Fällen erinnerten Skulpturen von Pferdeköpfen an das groteske Ende der Geschichte. In Freiburg wurde genau wie in Köln ein angeblich von der Heldin gewebtes Fastentuch öffentlich ausgestellt.

Doch damit endet der Ruhm der Frau mit dem Ring noch nicht. Unter den englischen Adligen war im 19. Jahrhundert die Geschichte von Emma, Gräfin von Mount Edgcumbe, weithin bekannt.[10] Wie Richmodis von Aducht hatte sie tatsächlich gelebt: Sie wurde 1729 geboren und heiratete 1761. Mit ihrem Gatten, dem Earl, lebte sie auf dem Familiengut Cothele House in Cornwall. Die Legende berichtet, sie sei fälschlich für tot erklärt und in der Familiengruft beigesetzt worden; dann habe sie jedoch ein diebischer Totengräber gerettet, der in die Gruft eingebrochen sei, um ihre wertvollen Ringe zu stehlen. Nur mit ihrem Leichenhemd bekleidet, habe sie sich langsam nach Cothele House zurückgeschleppt. Der Weg, den sie benutzte, wurde seither »Pfad der Gräfin« genannt.

Hier erwacht gerade eine andere Dame neben ihrem offenen Sarg aus ihrer Todestrance; die Leiche des unvermeidlichen Totengräbers, den vor Schreck der Schlag getroffen hat, liegt neben ihr. Es handelt sich um eine der skurrilen Illustrationen in »The Uncertainty of the Signs of Death«, der 1746 erschienenen englischen Ausgabe des Buches von Bruhier. © British Library.

Der Earl von Mount Edgcumbe war ebenso bestürzt wie der trauernde Herr Richermondt und stieß einen Schrei aus, als er sie sah, da er glaubte, es handle sich um den Geist seiner Frau. Doch er enthielt sich jeglichen dummen Schwurs über Pferde, die die Treppe hinauflaufen, und ging einfach herunter, um seine Gattin hereinzulassen. Als Dr. Robert Wilkins, Autor des Werks »The Fireside Book of Death«, die Geschichte näher untersuchte, konnte er in den einschlägigen Gemeindearchiven keine Urkunden über den Tod und das Begräbnis der Gräfin finden. Der Weg von der Familiengruft zum Haus war zehn Meilen lang und wäre demzufolge für eine Dame, die soeben aus einer Todestrance erwacht war, höchst beschwerlich gewesen. Zudem war genau die gleiche Geschichte über eine Ahnin der Gräfin im Umlauf, Lady Anne Edgcumbe, die ein Jahrhundert zuvor gelebt hatte.[11] Ähnliche Legenden hielten sich in mehreren anderen adligen Familien. Die angeblich älteste davon stammt ebenfalls aus Cornwall: Es ist eine Geschichte aus dem 14. Jahrhundert über Annot von Benallay, über die Reverend Robert Stephen ein Gedicht verfasste.[12]

Wir kennen aus England noch zahlreiche weitere »Frauen mit dem Ring«.[13] Eine davon war Lady Katherine Wyndham, die Mutter des ersten Earl von Egremont, die in der Familiengruft in St. Decumans in Somerset beigesetzt wurde. Eine andere war Mrs. Hannah Goodman, Gattin von Reverend Richard Goodman, Vikar von Ballymodan, Bandon. Die Gedächtnistafel für Constance Whitney in der Kirche von St. Giles zu Cripplegate in London, die zeigt, wie sie ihrem Sarg entsteigt, sollte an ihre Errettung aus dem Grab erinnern, die sie der Habgier eines Totengräbers verdankte. Rationalisten wandten ein, es sei wahrscheinlicher, dass die Tafel den frommen Wunsch ausdrücke, sie möge im Himmel wiederauferstehen, was auch durch die Inschrift darunter bekräftigt wird. In Miss Wynnes »Diaries of a Lady of Quality« wird eine gewisse Mrs. Killigrew als Frau mit dem Ring bezeichnet, und ähnliche Legenden wurden in den Familien derer von Longstone in Derbyshire und bei den Freiherren St. John in Bedfordshire überliefert. In Schottland gab es Geschichten von der Frau mit dem Ring über Marjorie Elphinstone, die im frühen 17. Jahrhundert in Ardtannies lebte, sowie über Margaret Halcrow Erskine, die Mutter der Gründer der Sezessionskirche von Berwickshire, über die man sich allenthalben erzählte, sie sei 1674 »verstorben«, um dann von dem üblichen räuberischen Totengräber gerettet zu werden, der sich ihres Rings bemächtigen will.[14] Nordirland hat seine eigene Frau mit dem Ring: Marjorie McCall aus Lurgan in der Grafschaft Armagh, die im frühen 18. Jahrhundert lebte. Man erzählt sich ihre Geschichte noch heute, und auf Mrs. McCalls Grabstein ist

Die Zeichnung von John Carter aus dem Jahr 1781 zeigt die Kirche St. Giles zu Cripplegate in London von innen (Ausschnitt). Auf der Gedenktafel links ein Bildnis von Constance Whitney, einer von mehreren britischen Inkarnationen der Frau mit dem Ring, wie sie gerade ihrem Grab entsteigt. © Guildhall Library, Corporation of London.

eine Gedenktafel mit der Inschrift »Marjorie McCall – sie lebte einmal und wurde zweimal beerdigt« angebracht.[15] Im Fischerdorf Lunenburg in Nova Scotia, Kanada, ist eine weitere Version der »Frau mit dem Ring«-Legende überliefert. Sie geht vermutlich auf die deutschen Siedler zurück, die sich im 18. Jahrhundert hier niederließen.[16]

Die Legende von der Frau mit dem Ring findet sich auch in der skandinavischen Volksmythologie. In Schweden sind fünf Varianten der Legende bekannt: So wird beispielsweise in mehreren heimatgeschichtlichen Werken behauptet, die Mutter des Werkmeisters Carl Jacob Hublein aus Karlstadt sei von einem Grabräuber auf Diebeszug aus dem Grab gerettet worden.[17] Zwei andere Versionen der Legende nehmen eine besondere Wendung. In der harmloseren Fassung erstickt die Frau mit dem Ring an einem Stück Fleisch und wird für tot erklärt. Der unvermeidliche Totengräber gräbt ihren Sarg aus und stemmt sein Knie gegen die Brust der vermeintlichen Leiche, um den Ring abzuziehen. Dadurch rutscht das Fleischstück durch den Schlund nach oben, und die Dame erwacht wieder zum Leben. Der großmütige Gemahl überlässt dem Totengräber den Ring als Geschenk dafür, dass er seiner Gattin das Leben gerettet hat. In der düstereren Fassung zeigen die skrupellosen skandinavischen Grabräuber, dass sie aus härterem Holz geschnitzt sind als ihre verweichlichten französischen und deutschen Kollegen. Sie werden keineswegs vor Schreck ohnmächtig und fallen auch nicht tot um, als die Frau mit dem Ring in ihrem Sarg wiedererwacht, sondern erschlagen sie mit ihren Spaten, rauben ihren Schmuck und begraben sie, diesmal für immer.[18]

Ein eigentümliches Phänomen des 17. und frühen 18. Jahrhunderts war die *historia valde memorabilis:* oft wiederholte, denkwürdige Geschichten mit einer Moral, die es in vielen Varianten gab. Ein Beispiel dafür ist die Legende von der Edelfrau, die eine arme Bettlerin beleidigte, welche Zwillinge hatte: Nachdem die Bettlerin die Dame verflucht hatte, gebar diese selbst 365 Kinder, so viele, wie das Jahr Tage hat. Die ursprüngliche Fassung dieser Legende betraf die Gräfin Margaret von Henneberg, die 1276 im holländischen Loosduinen starb, doch gab es auch mehrere spätere Versionen, die alle verschiedene Protagonistinnen aus dem europäischen Adel hatten.[19] Dann gab es die sonderbare Geschichte von dem bösen Bischof im Mäuseturm: Im Jahre 913 hatte Bischof Hatto von Mainz absichtlich eine Scheune voll hungernder Menschen niedergebrannt, und zur Strafe marschierte ein Heer von Ratten zum Bischofspalast. Zwar gelang es Hatto in seiner Not, in einem Mäuseturm auf einem Felsen im Rhein

Zuflucht zu finden, doch die Ratten schwammen durch den Fluss und fraßen den Prälaten auf. Auch diese Geschichte und die von vielen anderen bösartigen Peinigern der Armen erzählte man sich mit großer Wonne. Eine weitere dieser Legenden handelt von der Frau mit dem Ring. Sie breitete sich im 15. Jahrhundert von Deutschland kommend aus und erlangte große Bekanntheit, wobei sie in fast jedem europäischen Land mit anderen Namen und Daten ausgeschmückt wurde. Da hier die grotesken Elemente anderer weit verbreiteter Volkslegenden fehlten – wie Bischöfe, die von Mäusen aufgefressen werden, und Mädchen, die als göttliche Strafe für die Mutter mit einem Schweinskopf zur Welt kommen –, überlebte die Geschichte von der Frau mit dem Ring das 18. Jahrhundert und hielt sich in vielen Varianten in den Volksüberlieferungen des späten 19. Jahrhunderts.

Doch die Frau mit dem Ring war nicht die einzige Volkslegende über in Ohnmacht gefallene Frauen, die aus dem Grab gerettet wurden. Mehrere Geschichten, alle in vielen Varianten, greifen dieses Motiv auf, und man kann davon ausgehen, dass die allermeisten frei erfunden sind. Doch diese Märchen sind insofern von großer Bedeutung, als sie alle von den meisten Autoren, die später über lebendig begrabene Menschen schrieben, unkritisch als Tatsachenberichte übernommen wurden, angefangen von düsteren lateinischen Doktorarbeiten bis hin zu den volkssprachlichen Schriften gegen vorzeitige Bestattungen. Die älteste und berühmteste dieser Geschichten war die Legende von der Frau und dem Ring, dicht gefolgt von einer anderen Variante desselben Themas, die mindestens seit dem 14. Jahrhundert bekannt war: die Legende vom jungen Liebespaar.[20] Der gestrenge Vater des Fräuleins verbietet ihnen, zu heiraten, da ihm ein niederträchtiger Edelmann (oder Steuereintreiber) als Schwiegersohn lieber ist. Aus töchterlicher Ergebenheit fügt sich die junge Frau diesem Plan und gibt ihrem Liebsten, den sie von Kindheit an kennt, den Laufpass. Doch sie erträgt es nicht, von ihm getrennt zu sein, und ist in ihrer Ehe unglücklich. Sie verfällt immer mehr

und stirbt schließlich an gebrochenem Herzen. Ihr gramge-
beugter Ex-Verlobter besucht ihr Grab in der Familiengruft und
will sich dort mit einem Rasiermesser die Kehle durchschneiden,
doch das Mädchen erwacht gerade noch rechtzeitig aus seiner
todesähnlichen Trance, um ihn davon abzuhalten. In einer Version der Geschichte suchen die beiden dann den niederträchtigen Edelmann auf, der tot umfällt, als er den vermeintlichen Geist
seiner Gemahlin erblickt. Der französische Steuereintreiber, der
in der zweiten Version den Bösewicht gibt, ist aus anderem Holz
geschnitzt: Er überlebt nicht nur den Schrecken beim Anblick seiner wieder auferstandenen Gemahlin, sondern versucht sogar,

*Nachdem die scheintote
Frau aus ihrem Grab
gerettet wurde, ist das
junge Liebespaar wieder
glücklich vereint.
Abbildung aus der 1746
erschienenen englischen
Ausgabe von Bruhiers
Buch. © British Library.*

sie als seine gesetzlich angetraute Gattin zurückzufordern, wodurch er das junge Paar zwingt, nach England zu fliehen.

Eine frühe, oft wiederholte Version der Legende vom jungen Liebespaar spielt zur Zeit der großen Pest von 1400 in Florenz. Dieser Umstand liefert einen guten Vorwand für die überstürzte Beisetzung der Heldin, Ginevra de Amieri, die ihren ergebenen Geliebten Antonio Rondinelli in tiefe Verzweiflung stürzt. Interessanterweise gibt es einige Überschneidungen zwischen dieser frühen Version und der Geschichte der Richmodis von Aducht. Nur ein paar Tage, nachdem sie den Trauring von dem Mann erhalten hat, den sie verabscheut, aber heiraten muss, »stirbt« Ginevra an der Pest und wird lebendig begraben. Im Grab erwacht sie, befreit sich aus der Gruft und kehrt, wie es sich für eine pflichtbewusste Gattin gehört, zu ihrem gesetzlichen Ehemann zurück. Der Weg, den sie dabei nahm, wird Todesweg genannt, und er wurde in Florenz lange mit tiefer Inbrunst verehrt. Genau wie Richmodis von Aduchts Gemahl ist der Gatte der armen Ginevra abergläubisch und schließt seine Tür vor dem in ein Leichentuch gehüllten »Geist«, der Einlass begehrt. Auch in den Häusern ihres Vaters und ihres Onkels löst sie Schrecken und Entsetzen aus. Da macht sie den treuen Antonio Rondinelli ausfindig und ruft ihm voller Seelenqual zu: »Ich bin kein Geist, Antonio! Ich bin die Ginevra, die du einst liebtest, doch ich wurde begraben – lebendig begraben!« So sind sie glücklich vereint und heiraten später im Dom von Florenz, zum Entsetzen ihres rechtmäßigen Gemahls, der nach Ansicht des Bischofs sowohl seine Gattin als auch deren wertvolle Mitgift verwirkt hat. Gayot de Pitaval erzählt in seine »Causes célèbres« ausführlich eine andere Version dieser denkwürdigen Geschichte, wobei die Protagonisten hier der Sohn und die Tochter zweier in der Pariser Rue St. Honoré lebender Kaufleute sind.

Eine weitere Version findet sich in einem deutschen Gedicht aus der Mitte des 19. Jahrhunderts, das die traurige Geschichte der jungen Liebenden Adolph und Emilie erzählt. Ihr Vater wünscht, dass sie einen reichen Mann heiratet, und Adolph verlässt mit gebrochenem Herzen die Stadt. Die noch untröstlichere Emilie stirbt vor Gram und wird nach einer dreitägigen Totenwache beigesetzt. Doch da:

Um die mitternächt'ge Stunde
Pocht es stark an Adolph's Thür,
Und ihm klingt's wie Geisterkunde:
»Adolph! Adolph! Öffne mir!«
Aengstlich wird die Thür erschlossen,
Und mit Furcht lässt man sie ein;
Doch die Freudenthränen flossen,
Denn sie hatte Fleisch und Bein.

»Mich des Brautschmucks zu berauben,
Trat der Todtengräber ein;
Er entfernt des Sarges Schrauben,
Plündert mich bei Lichtes Schein.
Doch ein Ring, des Bundes Zeichen,
Der längst zwischen uns besteht,
Wollte nicht vom Finger weichen,
Dass ihm die Geduld vergeht.

Da versetzt mit scharfer Waffe
Er mir einen scharfen Schnitt,
dass im Sarg ich mich aufraffe
Und er eiligst von mir schritt.«
Kaum drang diese Wundermähre
Zum betrübten Elternpaar,
Giebt man Gott gerührt die Ehre
Und führt Adolph zum Altar.[21]

Eine dritte bemerkenswerte Legende ist die von dem lüsternen Mönch, die sich ebenfalls in den »Causes célèbres« findet. Ein junger französischer Edelmann wird von seinen strenggläubigen Eltern gezwungen, Mönch zu werden, obwohl er sich nicht dazu berufen fühlt. Auf der Fahrt ins Kloster kehrt er in einem Wirtshaus ein. Der Wirt überredet ihn, beim Leichnam seiner schönen jungen Tochter zu wachen, die tags zuvor verstorben war. Bei ihrem Anblick »vergaß der Mönch seine heiligen Gelübde und nahm sich Freiheiten gegen den Leichnam heraus«. Nachdem der Mönch weitergereist ist, erwacht das scheintote Mädchen wieder zum Leben. Wie das Schicksal es will, kommt der Mönch neun Monate später wieder in das Wirtshaus und sieht zu seiner nicht geringen Überraschung, dass das Mädchen lebt und ein neugeborenes Kind in den Armen hält. Er teilt den Eltern sogleich mit, dass er der Vater des Kindes sei, legt die Mönchskutte ab und bietet den Eltern an, ihre Tochter zu heiraten. Der Wirt und seine Frau sind hocherfreut, den gut aussehenden, wohlerzogenen jungen Mann zum Schwiegersohn zu bekommen, obwohl der lüsterne Exmönch mit gewundenen Worten gestand, ihre Tochter vergewaltigt zu haben, als er sie für tot wähnte.[22]

Eine vierte denkwürdige Legende ist die vom achtlosen Anatomen. Die bei weitem bekannteste Version dieser Geschichte bezieht sich auf keinen Geringeren als den berühmten Anatomen Andreas Vesal, den Verfasser von »De humani corporis fabrica«. Einer weit verbreiteten Legende zufolge wurde Vesal einst von einer spanischen Edelfrau konsultiert. Nach dem Tod seiner Patientin wollte er der Ursache ihrer Krankheit auf den Grund gehen und bat die Familie um Erlaubnis, den Leichnam zu öffnen. Zum Entsetzen von Vesal und der anwesenden Verwandten der Edelfrau schlug das Herz der vermeintlichen Leiche noch immer. Die Familie bezichtigte Vesal des Mordes und lieferte ihn der spanischen Inquisition aus. Hätte König Philip II. von Spanien sich nicht für ihn eingesetzt, wäre er zum Tode verurteilt worden. Das Gericht begnadigte Vesal, jedoch nur unter der Auflage, dass er eine Pilgerfahrt nach Jerusalem und zum Berg Sinai unternehme, um sein Verbrechen zu sühnen.[23] Es stimmt, dass Vesal Anfang 1564 Madrid in Richtung Venedig verließ, doch er tat dies, weil der König ihn in diplomatischer Mission dorthin entsandte. Nach einigen Wochen in Venedig reiste Vesal aus Gründen, die umstritten sind, nach Jerusalem. Wurde er verbannt, wie in der Geschichte vom achtlosen Anatomen berichtet wird, ging er auf Pilgerfahrt oder auf eine Forschungsreise nach Jerusalem, oder war er einfach, wie es Pater Sweertius in seinem Werk »Athenae Belgicae« von 1628 formulierte, »des Lebens am Hofe und der Zerwürfnisse mit seiner Gattin überdrüssig«? Jedenfalls kehrte Vesal nicht zurück: Auf der Heimfahrt von Jerusalem wäre das Schiff bei einem Sturm beinahe untergegangen, und Vesal starb an Bord »an einem Katarrh«. Er wurde auf auf der Insel Zakynthos zwischen Zypern und Griechenland beigesetzt.

Die früheste Anspielung auf die Geschichte von dem berühmten Anatomen, der voreilig eine Patientin seziert, stammt von einem Zeitgenossen Vesals. Der gefeierte französische Chirurg Ambroise Paré schrieb 1571 in seinem Traktat »De la génération«, er warne davor, den toten Körper in ungebührlicher Eile zu öffnen, vor allem in Anbetracht des grässlichen Geschicks eines berühmten Anatomen, der damals in Spanien ansässig war. Der Anatom hatte den Körper einer Frau geöffnet, von der er glaubte, sie sei an einer »abgeklemmten Gebärmutter« gestorben, doch beim zweiten Schnitt mit dem Rasiermesser begann sie sich zu rühren und weitere Lebenszeichen von sich zu geben. Der Anatom wurde aus Spanien verbannt und starb kurz darauf vor Kummer. Paré nennt den achtlosen Anatomen nicht namentlich Vesal, doch dies tat Fortunio Fideli in seiner Schrift »De relationibus medicorum« von 1602. Die vollständige Version mit Details über die Inquisition und die Fürsprache des Königs wurde 1620 in Melchior Adams »Vitae germanorum medicorum« veröffentlicht und soll angeblich aus einem Brief des Diplomaten Hubert Languet aus dem Jahr 1565 übernommen worden sein. Bereits im 19. Jahrhundert wies ein gelehrter Vesal-Biograph darauf hin, dass kein Einziger, der Vesal zu dessen Lebzeiten gekannt habe, seinen verhängnisvollen Irrtum erwähnte, nicht einmal sein Freund Delecluse, der gerade nach Madrid kam, als Vesal die Stadt verließ.[24] Auch in den Annalen der spanischen Inquisition wird Vesals Irrtum mit keinem Wort erwähnt.

Wahrscheinlich wurde die Vesal-Legende von einer anderen Geschichte beeinflusst, die von einem erlauchten Spanier handelt, Kardinal Diego di Espinosa, Bischof von Siguenza und Ministerpräsident unter dem zuvor erwähnten Philipp II. von Spanien.[25] Eines Tages wandte sich König Philipp barsch an diesen Edelmann und erinnerte ihn daran, »dass er mit dem obersten Herrn von Kastilien spreche«. Der Kardinal, der bis zu diesem Moment selbst der oberste Herr von Kastilien gewesen war, begriff, dass der König ihn schändlich aus diesem Amt entlassen hatte, und fiel wie ohnmächtig zu Boden. Alle, die zugegen waren, staunten nicht schlecht darüber, dass der Zorn des Königs seinen Minister getötet hatte. Dann beschloss man, den Kardinal einzubalsamieren. Doch nach fortgeschrittener Sektion erwachte der Kardinal mit einem Schrei der Höllenpein und rang mit dem achtlosen Anatomen. Alle Rettungsversuche blieben vergeblich, und der Kardinal starb, ehe ihm geistlicher Beistand zuteil wurde.

WINSLOW, DER ANATOM, UND BRUHIER, DER GRUSELMEISTER

> Es schafft, es möcht' sich heben,
> Doch kann es nicht, es ist zu krank!
> So schafft, so klopft, man hört mit beben,
> Im Sarge der Scheintodte bang.
>
> Dann kommen eilend seine Lieben,
> Befrei'n ihn aus des Grabes Graus;
> Du Herz aus dieser Brust, der trüben,
> Kommst du, ach! Nimmermehr heraus?
>
> *Justinus Kerner, »Lyrische Gedichte«*

Der Anatom Jacob Winsløw wurde 1669 als ältestes von dreizehn Kindern des Peder Jacobsen Winsløw geboren, Dekan der protestantischen Kirche Unserer Lieben Frau im dänischen Odense.[1] Winsløw begann 1687 an der Universität Kopenhagen Theologie zu studieren, sattelte nach vier Jahren jedoch auf Anatomie und Chirurgie um. Doch er hatte keinen Erfolg als Chirurg: Bei einer seiner ersten Operationen bestürzte ihn der Anblick des fließenden Blutes so sehr, dass er beschloss, nie mehr zu operieren. Heutzutage hätte eine solche Verweigerung den sofortigen Ausschluss aus der medizinischen Fakultät zur Folge, doch die dänischen Professoren des 17. Jahrhunderts waren nachsichtiger und vielleicht auch weiser. Sie empfahlen ihm, sich auf das Studium der Anatomie zu konzentrieren, und glücklicherweise hatte der junge Winsløw keinerlei Skrupel, Leichen aufzuschneiden. Als Prosektor des begabten Anatomen Caspar Bartholin machte er so gute Fortschritte, dass er ein königliches Stipendium erhielt, das ihm die Fortsetzung seiner Studien in Holland und Frankreich erlaubte. Als Winsløw 1699 in Paris Anatomie studierte, übten die katholischen Abhandlungen Jacques-Bénigne Bossuets einen starken Einfluss auf ihn aus. Nachdem er Bossuet getroffen und mit ihm gesprochen hatte, konvertierte Winsløw zum

Jacques-Bénigne Winslow, Stich von C.N. Cochin jr. nach A.L. Romanet. Aus der Sammlung des Autors.

römisch-katholischen Glauben und änderte seinen Namen in Jacques-Bénigne Winslow.

Winslow wollte als Katholik nicht in das protestantische Dänemark zurückkehren, und Bossuet und seine anderen katholischen Wohltäter in Frankreich halfen ihm dabei, seine Arbeit in Paris fortzuführen. Die medizinische Fakultät Kopenhagens war im späten 17. Jahrhundert eine der besten Europas, und Winslow hatte eine erstklassige medizinische Ausbildung genossen. Es ist kein Zufall, dass er in der Pariser Ärzteschaft rasch Karriere machte. Er arbeitete als Arzt an mehreren Krankenhäusern, wurde Mitglied der Königlichen Akademie der Wissenschaften und 1728 *docteur-régent* der Pariser Fakultät für Medizin. Winslow war auch ein ausgezeichneter Anatom und veröffentlichte 1732 das Werk »Exposition anatomique de la structure du corps humain«, eine lobenswerte Abhandlung über beschreibende Anatomie, die bis weit in das 19. Jahrhundert hinein verwendet wurde. Das »Winslow-Foramen«, also die Öffnung zwischen der größeren und kleineren Bauchfelltasche, trägt noch heute seinen Namen. Manche Zeitgenossen waren der Ansicht, Winslow sei trotz seiner überragenden Anatomiekenntnisse ein leichtgläubiger, abergläubischer Mann geblieben.[2] Dieses Urteil mag jedoch Ausdruck religiöser Bigotterie sein, und die sorgfältige Lektüre der Werke Winslows, die an vielen Stellen sowohl von wissenschaftlicher Denkweise als auch von solidem, kritischem Urteilsvermögen zeugen, erhärten dies nicht. 1743 wurde Winslow im Alter von vierundsiebzig Jahren zum ordentlichen Professor für Anatomie am Jardin du Roi berufen. Er versah diese renommierte Professur bis 1758, als ihn fortschreitende Schwerhörigkeit mit neunundachtzig Jahren in den Ruhestand zwang. Der gestrenge alte Däne starb 1760, ohne seine Heimat je wiedergesehen zu haben.

Jacques-Bénigne Winslow verfasste sein anatomisches Lehrbuch und seine Artikel in den »Mémoires« der Akademie der Wissenschaften auf Französisch, alle seine offiziellen wissenschaftlichen Arbeiten an der Fakultät für Medizin dagegen auf Lateinisch. Seine 1740 veröffentlichte Dissertation »Morte incertae signa« war eine dieser offiziellen akademischen Publikationen und wäre weitgehend unbeachtet geblieben, wenn das Thema und die Schlussfolgerungen nicht so erschreckend gewesen wären: Winslow behauptete, die Todeszeichen, auf die sich die Ärzte verließen, seien trügerisch, und daher seien alle Menschen einem hohen Risiko ausgesetzt, lebendig begraben zu werden. Die Abhandlung beginnt mit den feierlichen Worten: »Der Tod ist gewiss, denn er ist unvermeidlich, doch auch ungewiss, denn bei seiner Diagnose können Fehler auftreten.«[3]

Jacques-Bénigne Winslow behauptete kühn: »Die Erfahrung zeigt klar, dass sich viele Scheintote später als lebendig erwiesen, indem sie in ihren Totenhemden, in ihren Särgen und selbst in ihren Gräbern wiedererstanden.« Er zitierte aus den Werken von Zacchia und Lancisi, die im vorhergehenden Kapitel erörtert wurden, und schilderte die traurigen Fälle von Kaiser Zeno, der vorsätzlich bei lebendigem Leibe in eine Gruft gesperrt wurde, und des irrtümlich lebendig begrabenen John Duns Scotus. Winslow selbst fügte einige Beispiele aus neuerer Zeit hinzu: Eine gewisse Madame Landry hatte ihm erzählt, ihr Vater sei einst als Toter aufgebahrt worden, jedoch wieder zum Leben erwacht, als eine Frau ihm Salzwasser in den Mund gegossen habe. Ein Geistlicher namens Joseph Mareschal bezeugte, er habe 1714 gesehen, wie eine Frau sich in ihrem – glücklicherweise offenen – Sarg aufsetzte, als die Sargträger durch die Rue Jean Robert in Paris gezogen seien. Eine Beobachtung der unheimlicheren Art wurde Winslow von dem Pariser Chirurgen M. Bernard berichtet. Dieser war zugegen gewesen, als der »Leichnam« eines drei oder vier Tage zuvor beigesetzten Mönchs aus einer Kirchengruft geholt wurde, nachdem man ein Geräusch gehört hatte. Der Mönch »atmete und war am Leben; seine Arme waren bei den Bändern, mit denen man sie festgebunden hatte, aufgescheuert.« M. Bernard war ein seriöser Arzt, und es bestand wenig Grund, am Wahrheitsgehalt seiner Geschichte zu zweifeln.[4]

Noch besorgter scheint Winslow darüber gewesen zu sein, ein Anatom könnte infolge eines verhängnisvollen Irrtums einen Körper sezieren, der fälschlich als tot angesehen wurde, wie es dem großen Vesal unterlaufen sein soll. Nachdem der Arzt zu spät von dem »klagenden Schreien und Weinen« des Opfers, das den Schmerz der Schnitte spürte, alarmiert worden war, musste er mit ansehen, wie der Mensch durch das Werk seiner eigenen Hände starb. »Jener beklagenswerte Umstand brachte den unvorsichtigen Operateur für immer in Verruf und zog ihm die unversöhnliche Empörung der hinterbliebenen Freunde zu.« Der Pariser Chirurg Philippe Peu hatte einst am Leichnam einer Frau einen Kaiserschnitt vorgenommen, doch dann stellte sich heraus, dass noch ein Funken Leben in ihr war: Sie hatte gezittert und bei der Berührung mit dem Skalpell mit den Zähnen geknirscht. Dieser grobe Fehler hatte den Chirurgen tief erschüttert.[5] Es fällt schwer, hier nicht an Jacques-Bénigne Winslows Ängste zu denken, eines seiner kalten, leblosen Objekte im Seziersaal könnte eines Tages einen Schmerzensschrei ausstoßen, wenn er den ersten tiefen Schnitt führte, und das warme pulsierende Blut würde über die Hände des unvorsichtigen Chirurgen strömen, wo er doch schon als Medizinstudent große Furcht vor Blut gehabt hatte und keine Operationen durchführen konnte.

Da Philippe Peu bereits 1706 gestorben war und alle zeitgenössischen Fälle Winslows aus der Zeit vor 1714 stammen, liegt es nahe, dass dieser seine Dissertation etwa zu jener Zeit geschrieben, aber davon abgesehen hatte, sie zu publizieren.[6] Sie war sicherlich in viel persönlicherem Ton gehalten als die durchschnittlichen Doktorarbeiten seiner Zeit. Winslow warnte seine Kollegen eindringlich vor den Gefahren von Scheintod, verfrühter Bestattung und vorzeitiger Leichenöffnung und behauptete kühn, dass »vermutlich eine große Anzahl von Personen, die allzu bald begraben wurden, aus ihren Gräbern laut nach gebührender Rache an jenen schreien, die sie auf so barbarische Weise einem gewaltsamen Tode ausgeliefert haben«. Er behauptete sogar, er sei noch in Dänemark selbst zweimal irrtümlich aufgebahrt worden und habe beerdigt werden sollen, einmal als Kind und einmal als Jugendlicher, doch glücklicherweise war er beide Male wieder zum Leben erwacht. Ein dänischer Autor unternahm später erhebliche Anstrengungen, Beweise für diese Vorkommnisse zu finden, hatte jedoch keinen Erfolg, obwohl Winslow in einem Brief an seinen Neffen geschrieben hatte, sein Gesundheitszustand sei seit seiner Kindheit bis zum Alter von fünfzehn Jahren höchst bedenklich gewesen.[7]

Die Kernaussage in Winslows Dissertation lautete: Die modernen chirurgischen Todes- beziehungsweise Lebensproben seien zwar den primitiven traditionellen Todeszeichen überlegen, jedoch noch immer zu unsicher, als dass man sich darauf verlassen könnte. Die einsetzende Verwesung habe sich als das einzige untrügliche Indiz dafür erwiesen, dass eine Person tot sei. Winslow hielt fehlende Atembewegungen und fehlenden Puls nicht für untrügliche Todeszeichen. Allein die Verwesung und das Erscheinen »bläulicher Flecken« könnten als sichere Anzeichen gelten, dass eine Person tatsächlich gestorben sei. Seines Erachtens sollte nur der leblose Patient, dessen Tod mit Sicherheit festgestellt werden konnte, in ein Totenhemd gehüllt und in einen Sarg gelegt werden. Dagegen sollte der vermeintliche Leichnam in einem warmen Bett verbleiben und dortselbst kräftig wiederbelebt werden.[8] Die Nasenlöcher der betreffenden Person sollten mit »Niespulvern sowie Zwiebel-, Knoblauch- und Meerrettichsaft« gereizt werden. Auch konnte man die Nasenlöcher mit einem Federkiel kitzeln, während andere Ärzte es vorzogen, einen scharfen, angespitzten Bleistift in die Nase des Leichnams zu schieben. Das Zahnfleisch solle man mit Knoblauch einreiben, hieß es, und die Haut durch großzügigen Gebrauch von »Peitschen und Nesseln« reizen. Die Gedärme könnten mittels brennend scharfer Einläufe angeregt, die Gliedmaßen durch heftiges Ziehen aufgerüttelt und die Ohren »durch grässliches Geschrei und überlaute Geräusche« erschreckt werden. In den Mund des Leichnams solle man Essig und Pfeffer einführen, »und wo diese nicht verfügbar sind, ist es üblich, warmen Urin hineinzugießen, der erwiesenermaßen erfreuliche Wirkungen zeitigt«. Wenn sich ein Leichnam diesen brutalen Wiederbelebungsmethoden widersetzte, standen ihm noch unangenehmere Einwirkungen bevor. Die Fußsohlen sollten mit Rasiermessern geritzt und unter die Zehennägeln sollten lange Nadeln geschoben werden. Während Lancisi empfahl, ein rotglühendes Eisen an die Fußsohlen zu legen, zog Winslow es vor, siedendes Kerzenwachs auf die Stirn der Leiche zu tröpfeln. Ein französischer Geistlicher schlug vor, als letztes Mittel einen rotglühenden Schürhaken zwischen die Hinterbacken des bedauernswerten Leichnams zu rammen. Auch wenn diese gewaltsamen, barbarischen Maßnahmen heute grotesk anmuten und eher in die Folterkammer des Marquis de Sade als in die Leichenhalle eines französischen Krankenhauses zu passen scheinen, wurde

Jacques-Bénigne Winslow ausschließlich von humanitären Gefühlen geleitet.

Trotz ihres aufrüttelnden Inhalts hätte man eigentlich erwarten sollen, dass Winslows Dissertation über die Todeszeichen kurzzeitig in den Regalen einiger weniger akademischer Buchhandlungen stehen und danach für immer in den düsteren Gruften ausgesuchter europäischer Universitätsbibliotheken verschwinden würde. Die Qualität der Dissertationen war unterschiedlich, die Auflagenhöhe im Allgemeinen gering, und die Leserschaft beschränkte sich auf ein paar forschende Mediziner, die meisten davon in der Pariser Fakultät. Doch Winslows Doktorarbeit fiel

Eine scheintote Dame, die sich zuvor mehreren hartnäckigen Wiederbelebungsversuchen widersetzt hat, erwacht mit einem Schrei, als unvorsichtige junge Leute versehentlich ihr Bett in Brand setzen. Illustration aus der 1746 erschienenen englischen Ausgabe von Bruhiers Buch. © British Library.

dem Arzt und Übersetzer Jean-Jacques Bruhier d'Ablaincourt ins Auge. Bruhier wurde 1685 in Beauvais geboren, besuchte die Universität von Angers und verbrachte die meiste Zeit seines Lebens als angesehener, viel beschäftigter Arzt in Paris.[9] Wie Winslow war er ein aktives Mitglied der Akademie der Wissenschaften. Doch anders als der dänische Anatom war er in der europäischen Medizin ein ziemlich unbeschriebenes Blatt, tatsächlich hatte er bis dahin keine einzige originelle medizinische Abhandlung geschrieben. Bruhier übersetzte jedoch eine Reihe deutscher und lateinischer Bücher; einige davon waren nützliche Lehrbücher der Medizin und Geburtshilfe, andere wiederum Sammlungen ergötzlicher Anekdoten. Diese Übersetzungen zeigen, dass er nicht nur sehr sprachgewandt und in europäischer Geschichte und Kultur sehr beschlagen war, sondern auch einen gut lesbaren Stil schrieb und ein – für die Mitte des 18. Jahrhunderts eher ungewöhnliches – Gespür dafür hatte, was die Leserschaft wünschte. Vermutlich schlug Winslows Dissertation über die Todeszeichen bei der Besprechung in der Pariser Fakultät hohe Wellen, und Bruhier muss erkannt haben, dass er auf ein heißes Thema gestoßen war. Er besuchte eine Versammlung an der Fakultät für Medizin und gratulierte Winslow zu seiner Doktorarbeit. Der Däne erwiderte, er habe schon selbst versucht, sie ins Französische übersetzen zu lassen, sei jedoch mit dem Ergebnis nicht zufrieden gewesen. Da stellte sich der gerissene Bruhier als Literaturkenner vor und bot an, eine hervorragende Übersetzung anzufertigen.[10] Winslow, der vermutlich wusste, dass Bruhier früher als Übersetzer gearbeitet hatte, stimmte bereitwillig zu, nicht ahnend, welche weitreichenden Folgen für die europäische Kultur diese Entscheidung haben würde.

Obwohl nichts darauf hindeutet, dass sich Bruhier schon früher für die Gefahren von Scheintod und verfrühter Bestattung interessiert hätte, setzt er sich in seiner Ausgabe von Winslows Dissertation entschieden für eine Reform des Bestattungswesens ein. Bruhier erklärt, die Verwesung sei seiner Meinung nach das einzig sichere Todeszeichen, die maßgeblichen Methoden, nach denen Menschen für tot erklärt würden, seien beklagenswert unzuverlässig, und seine französischen Landsleute schwebten in großer Gefahr, lebendig begraben zu werden. In einem ausführlichen Nachtrag zu Winslows Dissertation formuliert er in hochtrabenden Worten, was er erreichen möchte: »So werde ich als Autor, der danach trachtet, allgemein von Nutzen zu sein … den Historien, die Herr Dr. Winslow als Beweis für die Unsicherheit der Todeszeichen zusammengetragen hat, ein paar weitere hinzufügen, die in ihrer Mannigfaltigkeit die Vorsichtsmaßnahmen der Besonnenen gerechtfertigt erscheinen lassen, die hohlen Vorwände der Ungläubigen entkräften, sich den Leichtfertigen tief einprägen und jene aufrütteln werden, deren Gefühllosigkeit nach stärksten, überwältigenden Beweisen verlangt.«[11] Um diesem schmalen Bändchen etwas mehr Volumen zu geben, steuerte Bruhier auch eine Abhandlung über die amüsanten exotischen Bestattungsriten verschiedener Völker auf der ganzen Welt bei, die er zum Teil aus einer seiner früheren Übersetzungen exzerpiert hatte.

Bruhier zitierte den Fall des wieder zum Leben erwachten Kardinals Andreas aus Kornmanns »De miraculis mortuorum«, spottete jedoch über die Interpretation des leichtgläubigen Historikers, es handle sich dabei um einen göttlichen Eingriff. Auch konnten Kornmann und Garmann nicht überzeugend erklären, weshalb manche Toten im Grab ihr Leichentuch zerkauten und verzehrten oder auf welche Weise sich eine tote Frau in einem bestimmten Fall ihren eigenen Leib teilweise einverleibt hatte. Dies seien keine Wunder oder Fälle von Vampirismus, so Bruhier, sondern »schockierende Phänomene, die auf die Verzweiflung zurückzuführen sind, wie sie für eine lebendig begrabene Person durchaus natürlich ist«. Bruhier hatte in einem Brief eines gewissen Dr. J. J. Crafft an den Chronisten Simon Goulart ein paar glaubwürdigere Schilderungen mehrerer verhängnisvoller oder beinahe fataler Irrtümer bei der Feststellung des Todes gefunden. Eines der Beispiele bezog sich auf Jean de Lavour, einen Edelmann aus Neuchâtel, der im Sarg wiedererweckt wurde, als sein Arzt ihm Pfefferpulver in die Nasenlöcher blies. Ein anderes Beispiel betraf eine junge Frau, die in Augsburg in einer Gruft begraben worden war und an deren sterblichen Überresten die Finger der rechten Hand fehlten, als man das Grab einige Jahre später öffnete. Etwa im Jahr 1730 war eine arme Frau in St. Germains aufgebahrt worden. Ein paar junge Leute sollten bei ihr wachen, doch stattdessen vertrieben sie sich die Zeit mit verschiedenen Spielen und warfen versehentlich eine Wachskerze am unteren Ende ihres Bettes um. Das Bettzeug fing Feuer, und die Frau stieß einen grässlichen Schrei aus.[12] Als Bruhier über einen Mann berichtete, der in seinem Sarg aufwachte, als ein Freund sein Gesicht mit Weihwasser besprengte, spottete er erneut, er wolle »den Leser davon in Kenntnis setzen, dass jene Wirkung von der *Kälte* herrührte und nicht daher, dass das Wasser *geweiht* gewesen sei, denn ein Schwall abergläubischer Worte vermag nimmermehr, die natürlichen Eigenschaften von Wasser zu ändern«. Er war sogar so dreist zu behaupten, es wäre Jesus Christus nie gelungen, Lazarus von den Toten auferstehen zu lassen, wenn man das Einsetzen der Verwesung abgewartet hätte, ehe man den Mann für tot erklärte![13] Diese rationalistische, sarkastische Einstellung gegenüber dem religiösen Ritual, die in Bruhiers Büchern häufig zum Ausdruck kommt, zeigt, dass er kein praktizierender Katholik war. Seiner Ansicht nach waren die vermeintlichen Wunder von wiederauferstandenen Toten, über die Kornmann und Garmann in ihren Büchern berichten, nichts dergleichen, sondern lediglich erschütternde Zeugnisse von Menschen, die lebendig begraben worden waren.

Um zu beweisen, dass ein Mensch auch ohne wahrnehmbaren Herzschlag und spürbare Atmung noch lange am Leben bleiben könne, führte Bruhier einige verblüffende Fallbeispiele aus William Derhams »Physico-theology« an.[14] Die ursprüngliche Quelle war eine 1676 von Professor Johann Nicolas Pechlin, einem an der Universität Kiel lehrenden Schweden, verfasste wissenschaftliche Arbeit. Pechlin hatte intensiv nach Fällen von Personen gefahndet, die lange Zeit ohne Nahrung oder ohne Luftzufuhr überlebt hatten. Wie viele andere Mediziner machten die diversen Geschichten über »fastende Mädchen«, die behaupteten, Monate oder sogar Jahre ohne jedwede Nahrungsaufnahme zu überstehen, großen Eindruck auf ihn. Sein erstaunlichstes Beispiel war jedoch ein Mann, der unter Wasser überlebt hatte: Erik Björnsson, ein Gärtner auf Schloss Drottningholm vor den Toren Stockholms. Im Winter 1646 hatte der Gärtner versucht, einen Ertrinkenden zu retten. Er sprang beherzt in das eiskalte Wasser, blieb dann jedoch selbst unter dem dicken Eis stecken. Er überlebte sechzehn Stunden unter Wasser, bis ihn ein Bootsführer rettete, der ihm mit aller Kraft einen Haken in den Kopf trieb und ihn lebend herauszog. Der Unterwasser-Gärtner wurde bei einer Audienz von Königin Hedvig Eleonora von Schweden empfangen, die das Mal, das der Haken in seinem Kopf hinterlassen hatte, begutachtete und ihm eine lebenslange Pension gewährte. Björnsson sagte, die starke Kälte habe seinen Körper völlig steif und gefühllos gemacht, und eine Luftblase habe verhindert, dass ihm Wasser in Mund und Nase drang. Der einzige Laut, den er unter dem Eis habe hören können, sei der Klang der Stockholmer Kirchenglocken gewesen. Dieser erstaunliche Fall wurde von mehreren zeitgenössischen schwedischen Autoren gründlich überprüft. Sie alle trafen sich mit dem Gärtner und hörten sich seine Geschichte an. Einige von Pechlins anderen Geschichten sind jedoch weniger glaubwürdig: Eine Schwedin namens Margaretha Larsdotter behauptete, drei Tage unter Wasser überlebt zu haben, und ein gewisser Laurens Jonas, ein in der Nähe der Stadt Piteå lebender Lappe, versicherte beharrlich, er sei einst sechs Wochen lang »ertrunken« gewesen, ehe er gerettet wurde. Bruhier zeigte sich nicht abgeneigt, weitere unglaubwürdige alte Geschichten hinzuzufügen: Eine deutsche Frau habe drei Tage unter Wasser überlebt, und ein gewisser

Gocellinus, Neffe des Erzbischofs von Köln, habe sich auf einen zweiwöchigen Tauchgang gemacht und sei anschließend munter und wohlauf wieder an die Wasseroberfläche gelangt. Nachdem Bruhier diese verblüffenden Beispiele für die außergewöhnliche Fähigkeit des menschlichen Körpers, ohne Luft zu überleben, besprochen hatte, erklärte er, sowohl ein nicht festzustellender Herzschlag als auch fehlende Atmung taugten nicht als Todeszeichen.

Bruhier räumte zwar ein, dass Winslows Methode, einen Leichnam zu ritzen, zu stechen und zu verbrühen, um sicherzustellen, dass alles Leben aus ihm gewichen war, durchaus nützlich waren, er schlug jedoch eine viel umfassendere Reform der gängigen Bestattungspraktiken vor.[15] So empfahl er, ein flächendeckendes Netz von staatlich finanzierten Leichenschauhäusern oder anderen Gebäuden zur Aufnahme von Toten zu errichten, in denen sachkundige Ärzte und Wärter Dienst tun sollten. Jeder Leichnam sollte dort mindestens zweiundsiebzig Stunden beobachtet werden oder doch so lange, bis die Verwesung einsetzte. Es ist bezeichnend für Bruhiers rationalistische, antiklerikale Gesinnung, dass er Priester vom Dienst in seinen Modell-Leichenhallen ausschließen wollte. 1745 trug er seinen Vorschlag König Ludwig XV. vor, der ihn höflich zu einer Audienz empfing. Offenbar war Seine Majestät von dem makabren Vortrag des Pariser Arztes tief beeindruckt, denn er sagte ihm halbwegs zu, der Staat werde die Aufstellung einer Truppe von Totenwachen finanzieren, deren ausdrücklicher Zweck die Rettung fälschlich für tot gehaltener Personen sei. Doch nachdem die Minister des Königs die Kosten dieser Reform durchgerechnet hatten, überzeugten sie Ludwig XV. zu Bruhiers Leidwesen, die Umsetzung auf unbestimmte Zeit zu verschieben.

Jean-Jacques Bruhiers Buch war auf Anhieb ein Erfolg: Es fand eine große Leserschaft und blieb viele Jahre lang populär. Bruhier rührte aktiv die Werbetrommel für sein Buch, indem er Zeitungsverlagen Auszüge zukommen ließ und Freiexemplare an alle medizinischen Hochschulen Frankreichs verschickte. Damit es auch im Ausland Anklang fand, trat er an die französischen Botschafter in verschiedenen Ländern heran sowie an die ausländischen Gesandten am Hofe von Ludwig XV. in Versailles. Bruhiers Buch wurde in führenden Zeitschriften wie dem »Journal des Sçavans« und dem »Mercure de France« ausgezeichnet besprochen, und die Hochschulen sandten überschwängliche Lobeshymnen an den stolzen Autor in Paris.[16] Mit siebenundfünfzig Jahren war Bruhier endlich berühmt geworden. Bis an sein Lebensende setzte er sich für eine Reform des Bestattungswesens ein. Die einzige kritische Stimme kam von Abbé Desfontaines, einem Freidenker und Polemiker, der einstmals ein Protégé Voltaires gewesen war, ehe er sich dann mit seinem berühmten Meister überwarf.[17] In einer feindseligen Besprechung von Bruhiers Buch behauptete der Abbé, viele der Geschichten des Arztes über in Ohnmacht gefallene Frauen, die fälschlich für tot erklärt wurden, gehörten ins Reich der Fantasie und Legende. Eine derartige Leichtgläubigkeit zieme sich nicht für jemanden, der sich als Gelehrter ausgebe und über ein Thema von nationaler Bedeutung schreibe. *Er* sei kein praktischer Arzt, merkte der Abbé trocken an, doch komme es ihm ziemlich *gewagt* vor, es als physiologische Tatsache hinzustellen, dass ein Mensch mehrere Wochen unter Wasser überleben könne.

Wie zu erwarten, empfand Bruhier diesen scharfen Angriff als Affront. Abbé Desfontaines schrieb mit giftiger Feder und wusste mit seinen spitzen Bemerkungen die empfindlichsten Stellen zu treffen, und der Vorwurf, Bruhier sei zu leichtgläubig gewesen, und es fehle ihm an ärztlichem Urteilsvermögen, traf Bruhiers Selbstwertgefühl, das von den vielen lobenden Kritiken und Anerkennungen, die er erhalten hatte, genährt worden war. 1746 veröffentlichte er den angeblichen zweiten Band der »Dissertation«. Das 540 Seiten starke Buch hatte drei Ziele: Abbé Desfontaines' Einwände gründlich zu widerlegen, mehrere neue Fallgeschichten über vorzeitige Bestattung mit glücklichem Ausgang vorzustellen, die Bruhier von Lesern aus ganz Frankreich zugeschickt worden waren, und seine Hauptargumente für eine Reform des Bestattungswesens zu wiederholen.[18] Jacques-Bénigne Winslows Name stand nicht auf der Titelseite dieses zweiten Bands, und seine Original-Doktorarbeit wurde kaum erwähnt. Bruhier fühlte sich mittlerweile als unbestrittener Führer der Kampagne für eine Bestattungsreform und zog es vor, den alten Dänen hinter sich zu lassen.

In seinem zweiten Band spottete Bruhier über die Behauptungen des Abbé, Bruhiers Auffassung vom Tod als einem Prozess lasse es im Unklaren, wann die Seele den Körper verlasse, und seine Theorie über Tod und Wiederbelebung stelle das Auferstehungswunder in Frage. Bruhier erklärte in schwülstiger Sprache, er als rationalistischer Arzt lehne derartigen Aberglauben ab und lasse es nicht zu, dass dieser sein Wirken zum Wohle der Allgemeinheit beeinflusse. Bruhier bewegte sich jedoch auf äußerst dünnem Eis, als er die Einwände des Abbé gegen einige seiner alten Fallbeispiele erörterte. Statt zuzugeben, dass einige davon in der Tat schlecht belegt waren, und statt zu betonen, es sei doch weit wichtiger, dass er eine solche Fülle neuerer Fälle präsentieren könne, verteidigte er jeden einzelnen Fall hartnäckig, zum Teil mit lächerlichen Argumenten. Bruhier füllte dreißig Seiten mit einer Sammlung von Belegen für den Fall von Kardinal Andreas und zitierte dabei ausführlich aus den Heiligen Jahrbüchern. Seine Verteidigung der alten Mären über Schweden, die lange Zeit unter Wasser überlebt hätten, war ähnlich schwach: Er machte geltend, Pechlins Geschichten seien von keinem Geringeren als dem berühmten dänischen Anatomen Thomas Bartolin bestätigt worden, und es stehe einem Laien wie Abbé Desfontaines nicht zu, an deren Wahrheitsgehalt zu zweifeln. Bruhier vermarktete den neuen Band kräftig in der alten Manier: Er sandte großzügig Freiexemplare an Könige, Hochschulen und Botschafter. In der Königlichen Akademie von Angers las der Dichter Claude-François de la Sorinière eine Lobeshymne auf den berühmten Autor und Verfechter der Reform des Bestattungswesens. Er hielt es für wahrscheinlich, dass nach der Veröffentlichung der beiden Bruhier-Bände überall in Frankreich kränkelnde Personen emsig ihr Testament umschrieben, um zu verhindern, dass ihre raffgierigen Erben sie übereilt unter die Erde schafften, und um ihre ältlichen, kurzsichtigen Hausärzte zu ermahnen, sie sorgfältig zu untersuchen, ehe sie sie für tot erklärten.[19] Monsieur de la Sorinière versorgte Bruhier auch mit einer weiteren kuriosen Anekdote. Gazeau, der Mann, der Sorinières Weinberg bestellte, hatte einmal ein Klopfgeräusch aus einem Sarg gehört, als er bei einem Begräbnis in Angers als Sargträger diente. Doch Gazeau war ein furchtsamer, gläubiger Mann und erzählte niemandem, was er gehört hatte, weil er Angst hatte, die Totenfeier zu stören. »Voilà des délicatesses d'un goût singulier« – »Welch einzigartiges Feingefühl!«, lautete Bruhiers Kommentar dazu.[20]

1749 stellte der umtriebige Bruhier ein weiteres Projekt fertig. Er hatte den ersten Band der »Dissertation« überarbeitet und aus jedem von Winslows Absätzen ein gesondertes Kapitel gemacht, wobei er den lateinischen Text aus Winslows Original-Dissertation wegließ und den Namen des Dänen nicht einmal auf der Titelseite erwähnte. Bruhier war bei weitem der Ehrgeizigere und Energischere der beiden und hatte inzwischen seinen Koautor, der das Original verfasst hatte, völlig ins Abseits gedrängt. Bruhiers zweibändige »Dissertation sur l'incertitude des signes de la mort« ist alles andere als belanglos: Man müsste als Leser schon sehr unverfroren und unbesonnen sein, um sie mit einem Achselzucken abzutun und zu behaupten, im Europa des frühen 18. Jahrhunderts sei die Gefahr, lebendig begraben zu werden, sehr gering gewesen. Die Bände waren gut geschrieben und argumentierten überzeugend, wenngleich die große Fallzahl, insgesamt 181, sie etwas eintönig machte. Der Leser spürte deutlich, dass Bruhier sich gründlich in der älteren Literatur zu dem Thema auskannte und beträchtliche Erfahrung als Arzt hatte.

Die denkwürdigen alten Legenden über die Frau mit dem Ring und andere lebendig begrabene Heldinnen hatten es Bruhier ganz offenkundig angetan. Er stürzte sich sofort auf die Geschichte der Richmodis von Aducht, die er in Maximilien Missons Reisebuch gelesen hatte, und sah darin ein besonders altes und kurioses Beispiel für eine Rettung aus dem Grab. Er könnte auch Köln besucht und ihr Grab »unter einem hoch aufragenden, prachtvollen Denkmal aus Stein« gesehen haben. »Um das Andenken an ihr Schicksal zu bewahren, war an dem Denkmal ein großes Gemälde angebracht, auf dem die Begebenheit in Bild und Vers festgehalten war.«[21] Was dann folgt, spricht mehr für sein ent-

Eine scheintote Frau erwacht aus ihrer Trance, als ein Dieb versucht, einen wertvollen Ring von ihrem Finger zu stehlen. Illustration aus der 1746 erschienenen englischen Ausgabe von Bruhiers Buch. © British Library.

schlossenes Suchen und sein Gefallen an einer guten Geschichte als für seine sorgfältige Überprüfung der Fakten. In der 1742 erschienenen Nachauflage der »Dissertation de l'incertitude des signes de la mort« präsentierte er zwei weitere Versionen der Geschichte von der Frau mit dem Ring aus Toulouse und aus Poitiers. Die erweiterte Fassung seines Buches enthielt nicht weniger als sieben unterschiedliche Versionen dieser paneuropäischen Legende. Er nahm neue Beispiele aus Leipzig, Dublin und Bordeaux auf, ohne deren Wahrheitsgehalt im Geringsten anzuzweifeln und ohne zu argwöhnen, sie könnten einen gemeinsamen Ursprung haben.[22] Als er 1746 den zweiten Band vorbereitete, tat Bruhier sein Bestes, die Authentizität der Geschichte der Reichmuth von Aducht gegen Abbé Desfontaines Angriffe zu verteidigen: Er behauptete, die hohe Meinung, die man im alten Köln von der Geschichte gehabt habe, und die Tatsache, dass sie einmal von dem gelehrten Velschius in einer medizinischen Abhandlung angeführt worden sei, ließen sie als hinreichend verbürgt erscheinen. Zudem wiederholte er in seiner »Dissertation« drei unterschiedliche Versionen der Legende von dem jungen Liebespaar: die aus den »Causes célèbres«; eine, die ihm ein Freund in Bordeaux über einen schneidigen jungen Offizier im Périgord erzählt hatte, und eine aus dem Languedoc.[23]

So spricht vieles dafür, dass Abbé Desfontaines richtig lag: Nicht wenige der Fallgeschichten in Bruhiers »Dissertation« waren ursprünglich Volkslegenden und -märchen, die über diverse Sammlungen ergötzlicher Anekdoten und »Causes célèbres« in medizinische Fallberichte umgewandelt worden waren. War dies Bruhier bekannt? Das ist durchaus möglich; schließlich bediente er sich, als er sich 1746 gegen Desfontaines verteidigte, des Arguments, eine *unbewiesene* Tatsache sei besser als eine *falsche* Tatsache. Als er 1749 die Geschichte von dem lüsternen Mönch komplett aus den »Causes célèbres« zitierte, merkte er an, Monsieur Pitaval habe vermutlich geringere Ansprüche an die historische Verbürgtheit gehabt, als Bruhier selbst dies für seine *au-*

thentischen Fälle wünschte.[24] Bruhier war ein Autor mit einem guten Gespür dafür, was die Leute lesen wollten, und die »amüsanten« Geschichten über Frauen, die aus dem Grab gerettet wurden, bildeten einen geeigneten Kontrast zu den schaurigeren Geschichten von abgenagten Fingern und zerkratzten Särgen.

Doch was sollen wir mit Bruhiers übrigen Fallstudien anfangen? Sind sie überhaupt glaubwürdig, oder gab es eine solche Fülle an Volkslegenden und -geschichten über Fehler bei der Feststellung des Todes mit tödlichen oder beinahe tödlichen Folgen? Die Figur der scheintoten *Frau,* der schlafenden Schönheit, die einfach nicht aus ihrer Trance erwachen will, war ein Thema, von dem eine gruselige Faszination ausging. Die Wiederbelebungsversuche an ihrem reglosen, schlaffen Körper übten einen perversen sexuellen Reiz aus, der an Nekrophilie grenzte, und wenn Bruhier und andere Autoren die Qualen der lebendig begrabenen, im Grab erwachenden Frau beschreiben, schwingt ein starker sadistischer Unterton mit. Sehr viele Legenden behandeln diese Themen in mehr oder weniger anrüchiger Weise. Bruhier hatte sich, als er für die 1742er Ausgabe seines Buches recherchierte, interessante Fälle aus der europäischen Literatur herausgefischt. Bei den Ausgaben von 1746 und 1749 stützte er sich außerdem stark auf Fälle, die ihm Kollegen, aber auch Laien, die das erste Buch gelesen hatten, zukommen ließen. Damit hat er viele Erzählungen von zweifelhaftem Wahrheitsgehalt aufgegriffen. Bei seinen Fallbeispielen erwähnt Bruhier häufig explizit, dass die Heldin von der Krankheit, die sie an den Rand des Grabes gebracht hatte, völlig genesen sei, nach dem Vorfall viele Jahre bei bester Gesundheit weiterlebte und zudem zahlreiche Kinder hatte. Das lässt den heutigen Leser argwöhnisch werden. Ein groteskes Beispiel ist die Geschichte der Madame Rousseau, einer Kaufmannsgattin aus Venedig, die in eine todesähnliche Starre verfiel. Ihr Arzt hielt sie für tot, doch Monsieur Rousseau überredete ihn, alles zu versuchen, um sie wiederzubeleben: Er setzte zahlreiche Blutegel an ihrem Körper an und ritzte ihre Fußsohlen fünfundzwanzigmal mit einem Rasiermesser ein. Nach dem sechsundzwanzigsten Schnitt, der tiefer als die anderen ausfiel, erwachte sie und sagte »Ah, que vous me faites de mal!« – »Ah, Sie tun mir so weh!« Danach lebte sie noch viele Jahre bei blühender Gesundheit und bekam sechsundzwanzig Kinder, für jeden Schnitt eines![25]

Ein anderer Geschichtentyp rankt sich um das Motiv, dass der Tod immer seine Beute fordert, wobei das Opfer freilich ausgetauscht werden kann. Ein Beispiel dafür ist der Grabräuber, der tot umfällt, als die Frau mit dem Ring erwacht. Bei anderen Versionen fällt der ergebene Gatte oder die verzweifelte Mutter vor Freude oder Schrecken tot um, als die scheintote Gemahlin oder das totgeglaubte Kind plötzlich vor ihnen steht. Auch absurde Geschichten wie die von dem Grafen Richard, der spät nachts in eine Kirche ging, um zu beten, sind kaum zu glauben. In der Kirche befand sich ein offener Sarg mit einem vermeintlichen Leichnam. Plötzlich erhob sich der Tote, schritt mit ausgestreckten Händen auf den Grafen zu und wollte ihn umarmen. Doch Graf Richard glaubte an Geister und durchbohrte ihn mit seinem Schwert. So kam der Tod doch noch zu seinem Opfer. Am Schluss erließ der reumütige Graf in seinem Herrschaftsgebiet einen öffentlichen Aufruf, in dem er anordnete sicherzustellen, dass Menschen wirklich tot seien, ehe man sie begrabe.[26]

Man muss zugeben, dass diese fantasievollen Ausschmückungen von seinem eigentlichen Anliegen ablenken, doch Bruhier wollte nicht nur belehren, sondern auch unterhalten und sein Buch für den gebildeten Laien verständlich machen. Tatsächlich stammten viele der von ihm geschilderten Fälle aus seiner Zeit. Bei den meisten ging es um ein knappes Entrinnen vor dem Tod. Die Scheintoten taten im Bett beziehungsweise im Sarg ihre Wiederbelebung kund, oder sie wurden von aufmerksamen Ärzten gerettet. Diese Berichte sind eher kurz und sachlich, und sie belegen eindrucksvoll, dass derartige Vorkommnisse keineswegs selten waren. Viele von Bruhiers Fällen wurden von Ärzten,

Pfarrern und Lehrern vor Ort bezeugt. Ein Fall aus Dole wurde von Monsieur Charles, Professor für Medizin in Besançon, bestätigt: Ein Trupp Soldaten hatte die Erlaubnis erhalten, auf dem örtlichen Friedhof sein Lager aufzuschlagen. Als einige der Soldaten zwischen den Gräbern umherschlenderten, hörten sie einen schwachen Schrei aus einer der Grüfte. Die Soldaten, die sich nicht vor Geistern fürchteten, brachen unverzüglich das Tor zur Gruft auf und retteten ein junges Mädchen, das wenige Stunden zuvor bestattet worden war. Es stellte sich heraus, dass das Mädchen eine Zeit lang schwer krank gewesen war und seine *maîtresse* angenommen hatte, es sei gestorben. Da sie zu geizig war, einen Arzt zu holen, hatte sie den Sarg ohne Umschweife in die Familiengruft bringen lassen. Ein anderes düsteres Beispiel steuerte Monsieur Rigadoux bei, ein Chirurg und Geburtshelfer aus Douai. Er war im September 1745 geholt worden, um der Gattin von François Dumont im Dorf Lowarde bei der Geburt beizustehen. Doch das Dorf war ziemlich weit weg, und als Monsieur Rigadoux eintraf, sagte der Gatte, seine Frau sei zwei Stunden zuvor verstorben. Man hatte sie in einen Sarg gelegt, und der Chirurg bestätigte, dass sie alle Kennzeichen des Todes zeigte: Er konnte keinen Puls, keinen Herzschlag und keine Atmung feststellen. Ihr Bauch war stark aufgebläht. Der Ehemann forderte Monsieur Rigadoux auf, einen Kaiserschnitt vorzunehmen. Doch dem geschickten Chirurgen gelang es, das Kind zu drehen und es auf normalem Wege zu entbinden. Auch das reglose Neugeborene schien tot zu sein, obwohl Monsieur Rigadoux sein Bestes tat, es mit warmen Decken und durch Abreiben mit heißem Wein wiederzubeleben. Anschließend aß er mit dem Pfarrer zu Abend und ließ das Kind bei den örtlichen Hebammen zurück. Als er zurückkam, um nach seinem Patienten zu sehen, sah er zu seiner Freude, dass das Kind lautstark seine Wiedererweckung kundtat. Dann kam ihm der Gedanke, auch die Mutter sei vielleicht gar nicht tot. Sie wurde aus dem Sarg genommen, in ein warmes Bett gelegt und mit Wein eingerieben.

Und tatsächlich: Nach einigen Minuten gab sie schwache Lebenszeichen von sich, und als Monsieur Rigadoux die Familie mehrere Wochen später erneut besuchte, arbeitete sie im Haushalt, war jedoch durch den Vorfall lahm, taub und schwachsinnig geworden.[27]

Hätte Bruhier sich entschlossen, nur rund ein Dutzend Fälle vorzustellen, wäre ein gelehrtes Büchlein herausgekommen, das die Unsicherheit der gängigen Todeszeichen überzeugend dargestellt, das breite Publikum jedoch nicht erreicht hätte. Eine solche Dokumentation wäre vermutlich schnell in Vergessenheit geraten. Die Ärzteschaft war nicht gewillt einzugestehen, dass Unsicherheit über die Todeszeichen bestand, und der Klerus wäre von Bruhiers antichristlichem Spott oder von seinem Plan, Priester vom Dienst in den Muster-Leichenschauhäusern auszuschließen, sicher nicht erbaut gewesen. Bruhier umging diese Widersacher, indem er sein Anliegen direkt einem gebildeten Publikum präsentierte, doch damit dies Erfolg hatte, mussten seine Bücher unterhaltsam und lesbar sein. Die Legenden von der Frau mit dem Ring und dem lüsternen Mönch in ihren zahlreichen Varianten hielten sich mit erstaunlicher Beständigkeit in der europäischen Volksüberlieferung und trugen wesentlich dazu bei, Bruhiers Bücher populär zu machen und ihnen immer neue, eifrige Leser zuzuführen.

Bruhiers Buch machte in weiten Teilen Europas Furore. 1744 wurde der erste Band der »Dissertation sur l'incertitude des signes de la mort« ins Italienische übersetzt. Im Jahr darauf veröffentlichte der gefeierte Arzt Richard Mead die dritte Ausgabe seines Werks »Mechanical Account of Poisons« und erwähnte darin kurz Bruhiers Buch. Ein Rezensent des »Gentleman's Magazine« fand diesen Hinweis ausgesprochen interessant und schrieb eigens einen Artikel darüber, wobei er Bruhiers Zweifeln an den gängigen Todeszeichen voll und ganz zustimmte.[28] Nicht lange danach wurde eine englische Übersetzung von Bruhiers

Buch publiziert. Sie trug den Titel »The Uncertainty of the Signs of Death«, und auf dem Deckblatt fehlte der Name des Verfassers. Es könnte sich um eine nicht autorisierte Übersetzung gehandelt haben, mit der die französischen Autoren um ihre Erlöse aus diesem Bestseller gebracht werden sollten.[29] Das Buch war eine wortgetreue Übersetzung von Bruhiers 1742er Ausgabe, die um eine verfälschte Darstellung des Falls der bedauernswerten Madam Blunden aus Basingstoke ergänzt worden war. In dem Buch wird aus ihr eine vermögende Adelige von Charakter, die in der Familiengruft bestattet wird. Des Weiteren gibt der Übersetzer der Geschichte eine noch gruseligere Wendung, indem er behauptet, sie sei tatsächlich noch am Leben und bei Bewusstsein gewesen, als der Totengräber sie rettete, obwohl die Verletzungen, die sie sich im Grab zugefügt habe, so stark gewesen seien, dass sie nach einigen Stunden unbeschreiblicher Qualen starb. Im Unterschied zum französischen Original war die Londoner Ausgabe von 1746 mit sechs Stichen geschmückt, die Szenen aus den dramatischen Geschichten von der Frau mit dem Ring und anderen lebendig begrabenen Heldinnen darstellten. 1751 wurde bei Globe in Paternoster-Row eine zweite Auflage für Mister M. Cooper nachgedruckt. In dem Vorwort, das der Buchhändler wahrscheinlich selbst verfasst hatte, stand, es sei die Pflicht aller Engländer, es zu lesen und sich mit der Ungewissheit der gängigen Todeszeichen zu befassen, andernfalls hätten sie Blut an den Händen, wenn ihre scheintoten Frauen oder Kinder weggetragen und »in eine schreckliche Lage gebracht würden – eingesperrt in einem engen, finsteren Gelass und von der Natur gezwungen, vergeblich ums Leben zu ringen«.[30]

Die dritte Übersetzung von Bruhiers »Dissertation« erschien 1751. Dekan Tillaeus, Pfarrer an der Französisch-Lutherischen Kirche in Stockholm, hatte das französische Original mit Schaudern gelesen. Nachdem sich ein wohlhabender Kaufmann bereit erklärt hatte, der Menschheit einen Dienst zu erweisen und die Kosten einer Veröffentlichung zu tragen, übersetzte Tillaeus die 1742er Ausgabe von Bruhiers Buch ins Schwedische und versah es mit einem Postskriptum, das einige skurrile schwedische Beispiele für tödliche Irrtümer am Lebensende enthielt.[31] Eines davon galt als besonders erheiternd: 1664 starb der alte Leutnant Färling, so glaubte man zumindest, und sein Körper wurde in ein Totenhemd gehüllt und in einen Sarg gelegt. Am Morgen der Beisetzung brachte eine Dienstmagd Brennholz in den Raum, in dem der Sarg stand. Sie schrak zusammen, als sie eine Stimme hinter sich hörte, die ihr befahl, Hosen und Pantoffeln zu bringen. Als sie sich umdrehte, saß der verblichene Leutnant in seinem Sarg. Sie fiel auf der Stelle tot um, und als ein Diener den alten Mann in einen Raum führte, in dem eine Gruppe Totengräber und Bedienstete ihr Frühstück zu sich nahmen, brach unter den abergläubischen Schweden, die sich vor Geistern fürchteten, helle Panik aus. Mehrere von ihnen stolperten bei der überstürzten Flucht aus dem Raum, und eine Frau blieb durch einen Faustschlag auf die Nase ihr Leben lang entstellt. Der Dekan fand es höchst erfreulich, dass sich der wiederauferstandene Leutnant, der zuvor als Trunkenbold bekannt gewesen war und seine Frau verprügelt hatte, zu einem frommen Christen wandelte, der seine Zeit mit Bibellektüre verbrachte. Dekan Tillaeus kannte noch eine unheimlichere Scheintodanekdote, die ihm von einem Kollegen erzählt worden war, nämlich von Dr. Carl Johan Lohman, Pfarrer von Tierp. 1706 oder 1707 wurde ein ertrunkener Seemann auf einem Stockholmer Friedhof beerdigt. Als Erde auf den Sarg geschüttet wurde, hörte man ein dumpfes Geräusch und holte den Pfarrer. Er ordnete an, den Sarg auszugraben, und die vielen Menschen, die um den Sarg versammelt waren, als er geöffnet wurde, sahen mit eigenen Augen, dass der Seemann den Sargboden mit den Füßen weggetreten hatte. Sein Totenhemd triefte von noch frischem Blut. Dieses Zeichen und noch weitere, die zu schauderhaft sind, um genannt zu werden, ließen darauf schließen, dass der Mann lebendig begraben und in seinem Sarg gestorben war. Ein Schwede, der später der Angelegenheit nachging, stellte anhand unabhängiger Quellen fest, daß sich beide Fälle wirklich zugetragen hatten.[32]

Die vierte und wichtigste Übersetzung von Bruhiers »Dissertation sur l'incertitude des signes de la mort« erschien 1754. Eine vermögende dänische Dame hatte Dr. Johann Gottfried Jancke, der an der Universität Leipzig Medizin lehrte, dafür bezahlt, dass er den gesamten Text der zwei Bände ins Deutsche übertrug.[33] In seinem Vorwort fragte Jancke, der Jacques-Bénigne Winslow kannte und bewunderte, zu Recht nach den Gründen, die Bruhier dazu bewogen haben mochten, auf den Titelseiten der Ausgaben von 1746 und 1749 den Namen des großen alten Dänen gänzlich wegzulassen. War nicht das gesamte Projekt durch Winslows Dissertation überhaupt erst angeregt worden, und konnte Bruhier wirklich behaupten, dieses Buch, das ihn in ganz Europa berühmt gemacht hatte, sei sein eigenes Werk? Doch abgesehen von diesem Vorbehalt war Jancke ein uneingeschränkter Bewunderer von Bruhiers Auffassung, die Verwesung sei das einzige sichere Todeszeichen. Die Veröffentlichung der deutschen Übersetzung des Buches sollte tiefgreifende Folgen haben: Es veränderte die Vorstellung vom Tod in Deutschland noch viel nachhaltiger als in seinem Entstehungsland Frankreich, und es wurde sowohl von der Ärzteschaft als auch von der breiten Öffentlichkeit bereitwillig angenommen. Bruhiers Buch gab den Anstoß zu einer heftigen Debatte über die Unzuverlässigkeit der Todeszeichen und über den besten Weg, wie man Menschen davor bewahren konnte, lebendig begraben zu werden. Von 1754 bis weit nach der Jahrhundertwende erschien eine wahre Flut seriöser wissenschaftlicher Arbeiten, sensationslüsterner Schriften von Laien und unterhaltsamer Anekdoten über ohnmächtige totgeglaubte Frauen, die errettet wurden, in deutscher Sprache. Sie alle machten erhebliche Anleihen bei Janckes Bruhier-Übersetzung.

DIE DEBATTE IM 18. JAHRHUNDERT

> Und er schlief und schlief so lange,
> daß ihn keine Macht mehr weckte.
> Unsichtbar beim Grabgesange,
> Sich der Totgeglaubte streckte.
>
> *Friederike Kempner, »Der Scheintodte«*

Bis 1752 gab es keine ernstzunehmende Gegenposition zu Bruhiers »Dissertation sur l'incertitude des signes de la mort«. Antoine Louis war ein eigensinniger junger Chirurg an der Salpêtrière in Paris und ein Förderer des gefeierten François de La Peyronie, des ersten Chirurgen des Königs.[1] Er sah in Bruhier den Urheber der in Frankreich grassierenden Angst, lebendig begraben zu werden. Bruhier habe in seinem schlecht recherchierten Buch zahlreiche unglaubliche »Historien«, die zur Belustigung von Frauen und Kindern ersonnen worden seien, als medizinische Tatsachen ausgegeben. Louis wollte mit seinem Angriff, so nahm man an, vor allem die Ehre des Ärztestands verteidigen. Zu jener Zeit wimmelte es im ländlichen Frankreich von Quacksalbern und reisenden Scharlatanen, die eine ernstliche Bedrohung für die professionellen Mediziner darstellten. Die französischen Bauern waren nicht ganz zu Unrecht der Ansicht, dass ein Arzt, der einen Lebenden nicht von einem Toten unterscheiden konnte, nichts tauge. So waren Bruhiers Ideen über die Unzuverlässigkeit der Kennzeichen des Todes eine Bedrohung für das Ansehen der Ärzteschaft. Doch einiges spricht dafür, dass Louis von nicht ganz ehrenhaften Motiven getrieben wurde. Vermutlich hatte er mit einer Mischung aus Eifersucht und Be-

stürzung Bruhiers kometenhaften Aufstieg im Pariser Medizin-
betrieb beobachtet: 1742 war Bruhier ein unbekannter praktischer Arzt mittleren Alters gewesen, und nun war er ein international umjubelter Autor, der als einer der führenden
Medizintheoretiker der Epoche anerkannt wurde. Ein Autor aus
dem 18. Jahrhundert meinte, Louis sei nicht nur über die sich
ausbreitende Furcht vor einem vorzeitigen Begräbnis, die Bruhiers
Bücher hervorgerufen habe, entsetzt gewesen, sondern auch
über deren rapiden Absatz. Ein anderer äußerte, er spüre gegenüber Bruhier persönlichen Hass und neide ihm seinen Ruhm als
Menschenfreund.[2] Professor Jancke, der deutsche Bruhier-Über-
setzer, der Louis' Buch zwei Jahre nach seiner Veröffentlichung
besprach, tat es geringschätzig ab und behauptete, es sei allgemein bekannt, dass zwischen Louis und Bruhier eine persönliche
Feindseligkeit bestanden habe.[3]

Antoine Louis war erst neunundzwanzig Jahre alt, als sein
Werk »Lettres sur la certitude de la mort« veröffentlicht wurden.
Er hatte die Texte in Form von Briefen an einen fiktiven Emp-
fänger verfasst, einen jener vielen rechtschaffenen Franzosen,
denen Bruhiers »Dissertation« Angst eingejagt hatte. Er äußerte
sein Erstaunen und seine Bestürzung darüber, dass Bruhiers
Buch von so vielen Hochschulen im ganzen Land anerkannt und
ausgezeichnet worden war. Louis war ein junger Chirurg, kein
Historiker, und konnte Abbé Desfontaines' Argumenten hinsichtlich des Wahrheitsgehalts einiger älterer Fallgeschichten
nichts hinzufügen. Der listige Bruhier hatte seinen zweiten Band
dazu benutzt, die Richtigkeit der fragwürdigen Geschichten des
ersten Bandes zu untermauern, indem er behauptete, eine unbewiesene Tatsache sei besser als eine *falsche.* Louis hielt es dennoch für verwerflich, gegenüber einfachen Menschen so zu tun,
als hätten sich unerhörte Begebenheiten tatsächlich ereignet,
obwohl dies nicht hinreichend erwiesen war. Er bezweifelte die
Geschichte von dem lüsternen Mönch in keiner Weise, zitierte
sie vielmehr ausführlich und zog lediglich eine andere Schluss-

folgerung daraus: Der Mönch habe in Wirklichkeit nicht geglaubt, das Mädchen sei tot, da aus der Geschichte hervorgehe, dass ihr Gesicht nicht vom Grauen des Todes verunstaltet gewesen sei. Ein weiteres groteskes Argument lautete, Vesals Irrtum, den er ebenso wenig bezweifelte, wie es Bruhier und Winslow getan hatten, sollte nicht dazu benutzt werden, die Ärzteschaft zu diskreditieren: Wie allgemein bekannt, hege Vesal eine solche Leidenschaft für das Studium der Anatomie, dass diese ihn manchmal regelrecht übermannte. Auch das anschließende Fallbeispiel, das Louis ausführlich diskutierte, war seinem Vorstoß nicht gerade dienlich. Im Februar 1746 starb ein junges Mädchen vom Lande im Krankenhaus Hôtel-Dieu. Eine der Nonnen sagte Louis' Schülern, sie könnten ihre Leiche in den Sektionsraum bringen und für den Anatomieunterricht am nächsten Tag verwenden. Doch spät in der Nacht waren aus dem menschenleeren Anatomiesaal klagende Laute und erbärmliches Seufzen zu hören. Einer der erschrockenen Studenten rannte los, um Louis zu holen, der mit Entsetzen sah, dass der Körper des Mädchens in seinem Leichentuch auf unnatürliche Weise verdreht war: Ein Bein hatte das Leichentuch sogar durchstoßen und hing auf den Boden herab. Sie war jetzt wirklich tot, und Louis räumte ein, dieser traurige Anblick habe ihn sowohl mit Entsetzen als auch mit Bestürzung erfüllt. Seiner üblichen Logik folgend, erklärte er, ein unerfahrener junger Medizinstudent, kein richtiger Mediziner, habe die »Leiche« in den Sektionssaal geschafft, und das Geschehnis sei zwar tragisch, aber kein Beweis für die Ungewissheit der Todeszeichen.

Louis' polemische Haltung war seiner Sache nicht förderlich, ebenso wenig wie seine Versuche, sich der Reductio-ad-absurdum-Methode der traditionellen medizinischen Dissertation zu bedienen. Er begnügte sich nicht damit, Bruhier als leichtgläubigen medizinischen Scharlatan bloßzustellen, sondern er griff auch den alten Winslow an und behauptete mit zweifelhafter Logik, falls der betagte Anatom tatsächlich geglaubt habe, die

Todeszeichen seien unsicher, dann sei er ein Massenmörder, da viele seiner »Leichen« im Sektionsraum vermutlich noch am Leben gewesen seien, und er sie dennoch habe sezieren lassen. Louis war sehr gekränkt über Bruhiers Vorwurf, selbst ein geschulter Arzt sei nicht in der Lage, einen Lebenden von einem Toten zu unterscheiden. Als er Bruhiers Fallgeschichten durchging, stellte er fest, dass bei vielen kein Arzt gerufen worden war, um den Totscheinenden zu untersuchen. Es seien gewöhnliche Menschen oder nicht ausreichend ausgebildete Ärzte gewesen, denen die verhängnisvollen Fehler unterlaufen seien. Und sei dem Adeligen Jean de Lavaur nicht von seinem klugen Arzt das Leben gerettet worden, indem dieser ihm scharfen Pfeffer in die Nasenlöcher geblasen habe?

Antoine Louis glaubte, die Leichenstarre und bestimmte Veränderungen an der Hornhaut des Auges seien als Todeszeichen sogar noch untrüglicher als die Verwesung, die auch ein eiterndes, brandiges Glied befallen könne. Er sprach sich auch deswegen dagegen aus, die Verwesung als einziges Todeszeichen zu anzuerkennen, weil die verzögerte Bestattung von Leichen bedeuten würde, dass verwesende Körper beträchtliche Zeit in Wohnhäusern herumliegen würden. Seines Erachtens würden die Interessen der Toten dadurch über Gebühr geschützt, während die Hinterbliebenen die faulenden Leichname ihrer Lieben um sich herum ertragen müssten. Zudem gingen von den Leichen ansteckende tödliche Miasmen aus, die die im Haushalt lebenden Personen vergiften könnten. Um Scheintote wiederzuerwecken, bediente sich Louis eines bemerkenswerten Apparates, der eigens zu diesem Zweck angefertigt worden war und mit dem Klistiere aus Tabakrauch verabreicht wurden. Eine der Röhren dieses komplizierten Geräts, der an einen Satz überdimensionierter Dudelsackpfeifen erinnerte, wurde in den After der vermeintlichen Leiche geschoben, während die andere über einen starken Blasebalg an einen großen Ofen voll Tabak angeschlossen war. Louis brüstete sich damit, mehrere holländische und deutsche Ärzte seien in dem Bestreben, die neuesten Fortschritte in der klinischen Medizin kennen zu lernen, nach Frankreich gekommen, um zu sehen, wie den Leichen in der Pariser Morgue Tabakklistiere verabreicht wurden.

Es ist unverkennbar, dass Louis Bruhier für einen Panikmacher hielt, für einen habsüchtigen medizinischen Wichtigtuer und Dilettanten sowie für einen Verräter, der die Ärzteschaft vorsätzlich der Ignoranz bezichtigte, um seinen eigenen schriftstellerischen Ruf zu fördern. Bruhier wiederum, der 1752 noch wohlauf war, hielt Louis für einen neidischen jungen Grünschnabel, der sich erdreistete, etwas von seinem Ruhm an sich zu reißen. Der ältere Arzt schlug heftig zurück und knöpfte sich den jungen Monsieur Louis in der Zeitschrift »Mercure de France« vor, wo er erklärte, sein Buch sei sowohl schlecht recherchiert als auch ungeschlacht, und seine Beschuldigungen dienstälterer praktischer Ärzte wie ihm selbst und Winslow seien eines Gentleman nicht würdig. Die Art und Weise, wie Louis für sein Buch geworben hatte, nämlich indem er in ganz Paris und sogar in Versailles Plakate kleben ließ, sei eine Schande für den gesamten Ärztestand. Am Schluss erklärte Bruhier, die Argumente in Louis' Buch hätten ihn ganz und gar nicht überzeugt: Die dort besprochenen Todeszeichen seien alle mehr oder weniger fehleranfällig. Louis antwortete ziemlich unterwürfig, es sei der Buchhändler gewesen, der all die Werbeplakate angebracht habe, nicht er. Auch denke er, Bruhier selbst habe sich auf eine Art und Weise benommen, die eines Gentlemans unwürdig sei: Höflichkeit sei ein wesentliches Element jeder literarischen oder wissenschaftlichen Debatte, und in Bruhiers Schmähschrift könne er keine Spur davon entdecken.[4]

Im 19. und 20. Jahrhundert spendeten viele positivistische Medizinhistoriker Antoine Louis Beifall für seine, wie sie es nannten, Widerlegung der Irrtümer Bruhiers und seine beherzte Verteidigung des Ärztestandes. Seine These – die Todeszeichen seien sicher und die Menschen liefen nicht Gefahr, lebendig begraben zu werden – stimmte sehr gut mit dem überein, was die Menschen für die Wahrheit hielten (oder zumindest dafür halten wollten).[5] Doch sowohl die Qualität von Louis' Buch als auch dessen zeitgenössischer Einfluss wurden erheblich überschätzt. Bruhiers »Dissertation« war elegant geschrieben, argumentierte kohärent und überzeugend und stellte die medizinischen Themen so dar, dass sie auch dem gebildeten Laien zugänglich waren. Louis besaß weniger schriftstellerisches Talent und zeigte sich zudem als engstirniger Eiferer, dessen Weigerung, das geringste Fehlverhalten der Ärzteschaft zuzugeben, selbst zu jener Zeit Skepsis hervorgerufen haben muss. Viele seiner Argumente waren alles andere als eindrucksvoll, und zwei Eckpfeiler von Bruhiers Argumentation konnte er nicht bestreiten: Menschen waren zu allen Zeiten lebendig begraben worden, und es gab einige beunruhigende neuere Fallbeispiele, die belegten, dass es immer wieder zu verhängnisvollen Fehlern kam, wenn Menschen für tot erklärt wurden. Die französischen Rezensionen zu Louis' Buch fielen gemischt aus, und in späteren Schriften zum Thema Scheintod aus dem 18. Jahrhundert wird es im Großen und Ganzen ziemlich negativ beurteilt. Es wurde auch nicht übersetzt. Wenn Louis die Gemüter der Menschen in der Mitte des 18. Jahrhunderts so erfolgreich beruhigt hatte, stellt sich die Frage, weshalb dann von 1760 bis zur Jahrhundertwende und noch weit ins nächste Jahrhundert hinein eine große Zahl von Büchern, Aufsätzen und wissenschaftlichen Arbeiten über Scheintod und vorzeitige Bestattung veröffentlicht wurden. Bruhier ging aus der Mitte des 18. Jahrhunderts in Frankreich ausgetragenen Debatte über die Ungewissheit der Todeszeichen zweifellos als Sieger hervor. Die meisten Mediziner stellten sich in der Kontroverse auf seine Seite und schenkten Louis' Einwänden keine Beachtung.

Auch bei Laien fanden Bruhiers Theorien gewiss deutlich mehr Anklang. Anhand der Literatur, der öffentlichen Debatte und

öffentlichen Meinung lässt sich eindeutig belegen, dass Mitte des
18. Jahrhunderts die Angst, lebendig begraben zu werden, plötzlich massiv um sich griff. Eine interessante Studie über Pariser
Vermächtnisse zeigt, dass zwischen 1710 und 1725 in nur zwei
von tausend Testamenten Vorkehrungen gegen die Gefahr einer
verfrühten Bestattung erwähnt werden, während dies zwischen
1760 und 1777 bei nicht weniger als dreizehn von tausend Testamenten der Fall war, und bei weiteren vierunddreißig Testamenten wurde aus nicht näher bezeichneten Gründen um einen
Aufschub des Begräbnisses gebeten.[6] Mehrere Historiker gingen
den tieferen Gründen dafür nach, dass Bruhiers Buch sogleich
auf so breite Resonanz stieß und dass daraufhin europaweit die
Furcht vor einer verfrühten Bestattung grassierte. Philippe Ariès
und die meisten späteren Autoren vertraten die Hypothese, dass
die Angst, lebendig begraben zu werden, ein Nebenprodukt des
zeitgenössischen Säkularisierungsprozesses gewesen sei.[7] Viele
Menschen hatten begonnen, das traditionelle christliche Dogma
in Frage zu stellen, und der säkulare Rationalismus hinterließ ein
emotionales Vakuum bei den Menschen, die sich dem Gedanken
an den Tod stellen mussten, ohne Hoffnung auf ein Paradies zu
haben. Dies verstärkte die Furcht vor dem Tod. Als der Tod der
althergebrachten Gewissheiten des christlichen Glaubens ver-
lustig gegangen war, begannen die Menschen sich Gedanken
darüber zu machen, was mit ihren toten – oder vielleicht gar
nicht so toten – Leibern geschehe: Wenn diese nicht im Ruch der
Heiligkeit in eine bessere Welt eingingen, was widerfuhr ihnen
dann? Die physischen Qualen, lebendig begraben zu werden
– die in Bruhiers Büchern immer wieder erwähnten makabren
Details wie abgenagte Hände, aufgeschürfte Köpfe und zer-
schlagene Körper –, könnten möglicherweise für eine Art säku-
larisierter Hölle stehen.

Doch mehrere andere – soziologische, medizinische und persönliche – Faktoren wirkten zu Bruhiers Gunsten. Wie Ariès berichtet, wurden nach dem 13. Jahrhundert Holzsärge einge-

führt, doch damals waren Särge an sich ein Privileg der Reichen.[8] Im Laufe der Zeit kamen sie zunehmend auch beim gemeinen Volk in Gebrauch, doch im 16. Jahrhundert wurden noch viele Menschen nur in ihrem Leichentuch beerdigt. 1569 wurde in einem Teil Londons für den Transport der Leiche von Armen zum Grab ein Gemeinschaftssarg verwendet, und einem Bericht aus Rye in Kent ist zu entnehmen, dass bis 1580 Särge den einflussreichen Bürgern der Stadt vorbehalten waren. In Schottland wurden die Leichen von Armen in jener Zeit in einem wiederverwendbaren »Totenkorb« transportiert, der über dem Grab ausgekippt wurde und so seine in ein Tuch gehüllte Fracht in die Erde beförderte. Eine ähnliche Vorrichtung wurde in der Bretagne eingesetzt.[9] Während der Londoner Pestepidemie von 1603 waren Särge rar und teuer: Die Toten wurden vor dem Begräbnis lediglich in ein Leichentuch gewickelt.[10] In manchen Teilen Englands setzten sich Särge nachweislich erst nach der Restauration unter Charles II. allgemein durch. Im 17. und frühen 18. Jahrhundert kamen in allen Bevölkerungsschichten außer den ärmsten zunehmend Holzsärge in Gebrauch. Da der Leichnam nun einen persönlichen Raum hatte – eine enge, undurchlässige Holzkiste, die unter mehreren Metern Erde vergraben war –, ist es nur natürlich, dass sich ängstliche Personen besorgt fragten, was wohl geschähe, wenn der Beerdigte gar nicht wirklich tot wäre. Aus den Testamenten des 18. Jahrhunderts, die detailliert die Vorkehrungen gegen den Scheintod auflisten, geht hervor, dass die Menschen nicht einfach nur Angst davor hatten, fälschlich für tot gehalten zu werden; was sie antrieb, war die Furcht, sie könnten im Sarg erwachen. Manche Personen verfügten, man möge sie sezieren, einbalsamieren oder gar enthaupten, um sicherzustellen, dass sie wirklich tot seien, wenn man sie begrabe.

Im frühen 18. Jahrhundert weckten Beobachtungen auf verschiedenen Gebieten der Medizin und der Naturgeschichte neue Zweifel daran, ob der Organismus ohne Atmung oder Herzschlag und ohne Nahrungsaufnahme lebensfähig sei. Ein kurioses und nach wie vor ungeklärtes zoologisches Rätsel, nämlich das von der »Kröte in der Steinhöhle«, lieferte einige unerwartete Argumente. Seit dem Mittelalter kursierten zahlreiche Berichte über Funde von vollständig in Steinblöcken eingeschlossenen Kröten. Steinhauern und -metzen waren die mysteriösen Tiere, die gewöhnlich noch lebten, nachdem sie aus ihren engen Zellen im Stein befreit worden waren, durchaus vertraut. Die Menschen, die diese Kröten als Erste beobachtet hatten, sahen in ihnen ein Produkt von Zauberkraft und Hexerei. Im späten 17. Jahrhundert jedoch gingen Wissenschaftler rationaler an das obskure Rätsel heran. Waren die Kröten in Stein eingeschlossen, seit sich nach der Sintflut Steine gebildet hatten, und wie konnten sie womöglich Tausende von Jahren ohne Nahrung, Luft und Wasser überleben? Der französische Medizinwissenschaftler Claude Nicolas Le Cat war nicht der Einzige, der Parallelen zwischen dem schlummernden Halb-Leben der lebendig begrabenen Kröten und ähnlichen tranceartigen Zuständen bei Menschen zog.[11] Ein weiteres Argument lieferte ein anderer alter zoologischer Mythos, nämlich der von den Schwalben, die am Grunde von Seen Winterschlaf hielten: Die Vögel konnten während ihres Winterschlafs angeblich ohne Luft und Futter überleben. Im zweiten Band seiner »Dissertation« berichtete Bruhier ausführlich über die seltsamen Gewohnheiten dieser Vögel und führte Beobachtungen vieler älterer Autoritäten an.[12]

Als weiteres merkwürdiges Phänomen rückten die »fastenden Mädchen« in den Blick, die behaupteten, Monate oder gar Jahre ohne Nahrungsaufnahme überleben zu können. Im 16. Jahrhundert hatte man vermutet, diese Fälle seien übernatürlichen Ursprungs. Das zehnjährige Fasten der Margarethe Weiss aus Speyer war 1542 Gegenstand einer heftigen Debatte. Sie war für ihre Frömmigkeit bekannt und behauptete, nur aus der Wandlung der Hostien, die ihre Kehle hinunterglitten, Nahrung zu beziehen. Barbara, ein Mädchen aus dem westfälischen Unna, erklärte, sie habe ein Jahr gefastet, nachdem sie verhext worden sei. Beide Mädchen wurden, nachdem man sie unter strenge Beobachtung gestellt hatte, als Betrügerinnen entlarvt, doch der Ruf des holländischen Mädchens Eva Pfliegen, das behauptete, sich siebzehn Jahre lang nur vom Duft der Blumen genährt zu haben, blieb unbefleckt. Im späten 17. und frühen 18. Jahrhundert wurden die fastenden Mädchen nicht länger als Wunder betrachtet. Stattdessen wurden sie wie die heulenden Leichen, die »Steinkröten« und die überwinternden Schwalben zu interessanten, aufschlussreichen Phänomenen der Naturgeschichte und Physiologie. Mehrere von ihnen wurden von diversen wissenschaftlichen Gesellschaften begutachtet, allen voran die junge Engländerin Martha Taylor, deren angebliches jahrelanges Fasten 1669 Thema eines Vortrags vor der Royal Society of London war.[13]

Noch größere Bedeutung für die wachsende Besorgnis über die Unzuverlässigkeit der Todeszeichen hatten die Schriften von Pechlin und Langelot, die im vorherigen Kapitel erwähnt wurden und in denen es um Menschen ging, die über längere Zeiträume unter Wasser überlebt hatten. Die verblüffende Beobachtung am Unterwasser-Gärtner Erik Björnsson kann anhand weiterer unabhängiger Quellen verifiziert werden und verlieh einigen anderen Fällen von Pechlin unverdiente Glaubwürdigkeit, wie beispielsweise den Geschichten von dem Lappen, der einmal sechs Wochen lang »ertrunken« war, ehe er gerettet wurde. Auch die Geschichte des fröhlichen jungen Gocellinus, der nach einem zweiwöchigen Tauchgang gesund und munter wieder auftauchte, gehört zu den Erzählungen, die gänzlich aus dem Reich der Fantasie stammen. Sogar die Royal Society of London wurde auf den Fall Björnsson aufmerksam. Henry Oldenburg, Sekretär der berühmten Gesellschaft, schrieb an die schwedischen Gelehrten Georg Stiernhielm und Urban Hjärne und bat sie um Details, die ihm die beiden Schweden bereitwillig lieferten.[14] Hjärne stand unter anderem mit Robert Hooke in Briefwechsel, und der Fall des Unterwasser-Gärtners könnte den bekannten Physiologen sehr wohl zu seinem berühmten Experiment inspiriert haben, bei dem er »Tiere am Leben erhielt, indem er mit einem Blasebalg Luft in ihre Lungen blies«, wie er selbst sich ausdrückte. Hooke konnte als Erster beweisen, dass die Versorgung der Lungen mit Luft und nicht die Atembewegungen als solche lebensnotwendig sind.[15]

In gewisser Hinsicht waren die vierziger Jahre des 17. Jahrhunderts genau die rechte Zeit für das Aufkommen von Ängsten, lebendig begraben zu werden: Es grassierten noch immer zahlreiche abergläubische Vorstellungen über unnatürlich lange Fastenzeiten, überwinternde Schwalben und Menschen unter Wasser, doch die rationalistischen Mediziner des 18. Jahrhunderts hielten diese Phänomene nicht länger für übernatürlich. So wie Bruhier Kornmanns Interpretation der Totenwunder in faktische Beobachtungen an lebendig begrabenen Menschen in extremis umgedeutet hatte, bedienten sich jene Mediziner besagter Beobachtungen, um die Grenzen der menschlichen Physiologie auszuweiten und um Zweifel an den gängigen Todeszeichen zu säen, speziell dem Fehlen von Atmung und Pulsschlag. Noch wichtiger war, dass René-Antoine Ferchault de Réaumur 1740 – dem Jahr, in dem Winslows Dissertation veröffentlicht wurde – in einem schmalen Band über die Wiederbelebung Ertrunkener die früheste Beobachtung von künstlicher Beatmung publizierte. Die Tatsache, dass ein bewusstloser, nicht atmender Mensch ohne fühlbaren Puls auf diese Weise ins Leben zurückgeholt werden konnte, war geradezu sensationell und trug mehr als alles andere dazu bei, die Zweifel an der Aussagekraft der damals gängigen Todeszeichen zu verstärken. Der einfallsreiche Bruhier war sich dessen sehr wohl bewusst und übernahm Réaumurs Aufsatz vollständig in die 1742er Ausgabe seiner »Dissertation«.[16] Im Vorwort der englischen Ausgabe von Bruhiers Buch wurde die künstliche Beatmung als ein wesentlicher Grund dafür angeführt, dass die Zuverlässigkeit der traditionellen Todeszeichen in Zweifel zu ziehen sei.[17]

Ein nicht weniger wichtiger Faktor war auch von früheren Kommentatoren übersehen worden: Jean-Jacques Bruhiers Persönlichkeit. Wenn Winslow der typische Gelehrte war – ruhig, bescheiden und weltabgewandt –, war Bruhier ein unternehmerisch denkender, extravaganter *homme du monde*, ein Mann von Welt. Von 1742 bis zu seinem Tod 1756 war er in Frankreich die Symbolfigur der Bewegung zur Verhütung des Scheintods, und seine gesammelten Werke zu diesem Thema füllten einen kleinen Bücherschrank. Seine unablässige Agitation hatte entscheidenden Anteil daran, dass Mitte des 18. Jahrhunderts in Frankreich die Sorge, die Todeszeichen seien unsicher, und die Angst vor einem vorzeitigen Begräbnis immer weiter um sich griffen. Es wäre unfair, ihm vorzuwerfen, er habe sich von eigennützige Motiven leiten lassen – dies tat nicht einmal Louis –, doch der beachtliche Ruhm, den ihm sein Engagement für eine Reform des Bestattungswesen einbrachte, mag einem ehrgeizigen Mann mittleren Alters, der den größten Teil seines bisherigen Lebens in relativer Unbekanntheit verbracht hatte, durchaus willkommen gewesen sein.

Jean-Jacques Bruhier ging aus der Debatte über die Ungewissheit der Todeszeichen als Sieger hervor, und nachdem Louis' Einwände abgetan worden waren, teilte die Mehrheit der Ärzte und Gebildeten seine Ansichten zu dem Thema. So lehnte sich beispielsweise der Artikel über den Tod in der berühmten »Encyclopédie« von Diderot und d'Alembert eng an Bruhiers Lehren an. Auch der einflussreiche Naturwissenschaftler Georges-Louis Leclerc wurde von Bruhier beeinflusst, und in den Schriften des großen Physiologen Albrecht von Haller finden sich ebenfalls Spuren seiner Argumente.[18] Bruhiers Bücher erreichten ein breites Publikum, und einige seiner Leser wollten seine Kampagne für eine Reform des Bestattungswesens fortführen. Seine Werke sollten den Aktivisten der Bewegung zur Verhütung vorzeitiger Begräbnisse noch viele Jahre lang als Quellen gruseliger Anekdoten dienen. Die erste Panik schürende Flugschrift erschien noch zu Bruhiers Lebzeiten im Jahr 1752.[19] Damals oblag die Regelung der Bestattungsangelegenheiten im ländlichen Frankreich den kirchlichen Autoritäten der einzelnen Diözesen, und es spricht einiges dafür, dass diese sehr gut über Bruhiers neue Theorien informiert waren, möglicherweise weil Bruhier an vielen Hochschulen eifrig die Werbetrommel für sein Werk rührte. Relativ viele französische Diözesen schrieben entweder eine Wartezeit von zwölf beziehungsweise vierundzwanzig Stunden zwischen Tod und Begräbnis vor, oder sie sorgten stärker für die Einhaltung bereits bestehender Gesetze. Die Diözese Angers hatte bereits 1617 verfügt, zwischen Tod und Beisetzung müssten mindestens zwölf Stunden liegen, doch es scheint, dass Bruhiers Argumente zu einer strengeren Durchsetzung dieser alten Vorschrift führten. 1755 brachte der Staatsanwalt der Krone in Angers eine Frau names La Jumelière, deren Arbeit darin bestanden hatte, Leichen zum Friedhof zu schaffen, vor Gericht, weil sie angeblich Menschen lebendig begraben hatte. Bei der Verhandlung las ein Zeuge den Geschworenen aus einer Schrift über einen Mann vor, der vor Verzweiflung seine Hände aufgegessen hatte, als er im Grab erwachte. Ein anderer Zeuge hatte selbst gesehen, wie sich in der örtlichen Leichenhalle ein Mann bewegte, der fälschlich für tot erklärt worden war. So richtete sich beträchtlicher Zorn gegen die unglückliche La Jumelière, deren Unwissenheit und übertriebene Eile Menschen der Gefahr ausgesetzt hatte, einen entsetzlichen Tod unter der Erde zu sterben.[20]

Insbesondere in Frankreich fürchtete man sich zu jener Zeit auch vor den fauligen Dämpfen, die von alten Friedhöfen ausströmten. Diese giftigen Ausdünstungen galten als sehr gesundheitsschädlich, und von den vierziger Jahren des 17. Jahrhunderts an gerieten sie zunehmend als Ursache zahlreicher Krankheiten ins Visier.[21] Die Beobachtungen, die zusammengetragen wurden, um diese Einschätzung zu bekräftigen, reichten von empirischen Tatsachen – Friedhofsarbeiter, die beim Betreten alter Grüfte weit unter der Erde ohnmächtig wurden, oder die Ansteckung an Leichen, die Epidemien zum Opfer gefallen waren – bis hin zu abstrusen Feststellungen wie der, eine verwesende Leiche habe eine dreizehnköpfige Familie vergiftet oder alle Kinder, die in der Nähe eines Friedhofs aufwüchsen, würden zu schwachsinnigen Krüppeln. Es gab medizinische und Laienschriften zu diesem Thema sowie Aufrufe, alle Friedhöfe aus den Städten auszulagern, um dieser ernsthaften Bedrohung für die Volksgesundheit ein Ende zu setzen. Auf die Appelle reagierte man mit Gegenargumenten, etwa dem, dass mehrere Anatomen, die ihr gesamtes Arbeitsleben zwischen verwesenden Leichen verbracht hätten, neunzig Jahre und älter geworden seien. Einer davon ist unser alter Freund Jacques-Bénigne Winslow. Die Furcht vor fauligen Ausdünstungen wirkte sich auch auf die Forderung nach einer Reform des Bestattungswesens aus. Man hielt es für sinnlos, Leichen tagelang über der Erde aufzubewahren und auf das Einsetzen der Verwesung zu warten, da die Gefahr von Epidemien, ausgelöst durch die giftigen Ausdünstungen der Leichenhäuser, in denen die Toten aufbewahrt werden sollten, den Vorteil, ein paar Scheintote zu retten, zunichte machen würde.

Die in Frankreich kursierende Angst, fälschlich für tot gehalten zu werden, wurde durch eine weit verbreitete Geschichte über den Tod von Abbé Prévost, dem berühmten Autor des Romans »Manon Lescaut«, noch weiter geschürt. Im November 1763 fand man den Abbé tot im Chantilly-Park. Man nahm an, er sei an einem Gehirnschlag gestorben. Er wurde zu einem Chirurgen gebracht, der sich anschickte, den vermeintlichen Leichnam zu sezieren. Doch beim ersten Schnitt stieß Prévost einen lauten Schrei aus und hielt die Hand des Chirurgen fest. Nach einer Version soll er nach dem ersten Schnitt verblutet sein, nach einer anderen soll er mit dem Chirurgen gerungen und sich befreit haben. Dann sei er schreiend aus dessen Haus gelaufen, vor der Tür jedoch tot zusammengebrochen. Beide Geschichten wurden von einem Autor namens Antoine de la

Place verbreitet, der behauptete, die Einzelheiten von Abbé de Blanchelande, Prévosts Bruder, erfahren zu haben, doch besagter Gentleman dementierte die Geschichte entschieden. In der offiziellen Niederschrift über Abbé Prévosts Tod ist mit keinem Wort von einer Sektion bei lebendigem Leibe die Rede. Doch die Nachwelt zog wieder einmal eine gute Geschichte der Wahrheit vor, und Prévosts schauerlicher Tod wurde von vielen Anhängern der Kampagne gegen das Begräbnis bei lebendigem Leibe beständig wiederholt.[22] Der Vorfall gab sogar Anlass zu einem oft wiederholten Bonmot, mochte dieses auch auf einen Juristen, der auf ärztliche Kunstfehler spezialisiert war, keinen Eindruck

Anonyme französische Zeichnung aus dem 18. Jahrhundert, die zeigt, wie eine »Leiche« auf dem Sektionstisch erwacht und dem Anatomen einen Schrecken einjagt. © The Wellcome Trust.

95

machen. Der gleichmütige Monsieur de la Place, der behauptete, ein guter Freund des verstorbenen Abbé Prévost gewesen zu sein, wurde von einigen anderen Freunden des Abbé gefragt, was sie gegen den fahrlässigen Chirurgen, der den Tod des Abbé verursacht habe, unternehmen sollten. »Seufzen Sie einfach und schweigen Sie«, äußerte Monsieur de la Place in wahrer christlicher Versöhnlichkeit.

In weiteren Ländern hatten die Menschen ebenfalls Sorge vor einer verfrühten Bestattung. Der österreichische Arzt Gerard van Swieten stimmte mit Bruhier überein, die Verwesung sei das einzige sichere Todeszeichen. 1756, zwei Jahre nach Erscheinen der deutschen Übersetzung von Bruhiers Buch, schlug er Kaiserin Maria Theresia vor, in ganz Österreich verbindlich vorzuschreiben, dass zwischen Tod und Begräbnis mindestens achtundvierzig Stunden liegen sollten. Die Toten könnten in kommunalen Leichenhäusern aufbewahrt werden, sofern die Hinterbliebenen sie nicht bei sich zu Hause behalten wollten.[23] Viele deutsche Staaten schlossen sich dem an und forderten eine Frist von vierundzwanzig bis achtundvierzig Stunden zwischen Tod und Beisetzung. Frankfurt und Sachsen schrieben sogar volle drei Tage vor. Dies führte zu Konflikten mit der jüdischen Bevölkerung, die ihre Toten gemäß altüberliefertem Brauch so bald wie möglich bestattete. 1772 veröffentlichte ein gewisser Dr. J. P. Brinckmann ein Buch, in dem er behauptete, in Deutschland würden häufig Menschen lebendig begraben. Er zitierte ausführlich aus Janckes Bruhier-Übersetzung und wiederholte viele der unglaubwürdigen alten Fälle.[24] Im selben Jahr erließ der Herzog von Mecklenburg-Schwerin eine Verordnung, die Juden dazu zwang, zwischen Tod und Bestattung mindestens drei Tage verstreichen zu lassen. Dagegen leisteten die örtlichen jüdischen Gruppen erheblichen Widerstand. Der einflussreiche jüdische Philosoph Moses Mendelssohn schrieb einen Brief an den Herzog, in dem er vorschlug, die Vorschrift dahingehend zu ändern, dass kein Jude beerdigt werden solle, ohne dass ein Arzt einen

Totenschein ausgestellt habe, und der Herzog akzeptierte diesen Kompromiss. Mendelssohn hatte auch geschrieben, das Vorhaben des Herzogs verletze nach seiner Auffassung keine religiöse Vorschrift, doch die orthodoxen Mecklenburger Juden sahen dies anders. 1787 verfasste der Arzt Marcus Herz, der Mendelssohn sehr nahe stand, eine Streitschrift gegen frühe Beerdigungen. Er griff nicht auf religiöse Argumente zurück, um seine Glaubensbrüder zu überzeugen, sondern erschreckte sie lieber mit plastischen Beschreibungen eines Mannes, der in seinem Sarg erwacht war. Zu jener Zeit waren die sensationsheischenden Schriften Brinckmanns und anderer Verfasser bereits veröffentlicht, und Herz mangelte es nicht an Material, seinen Lesern das Blut in den Adern gefrieren zu lassen. Seine Schrift hatte den gewünschten Effekt: Wachsende Minderheiten innerhalb der jüdischen Gemeinde schlossen sich zunehmend zu Bestattungsgesellschaften zusammen, die auf bestimmte Elemente des Rituals verzichteten und ihre Toten zwei oder drei Tage lang über der Erde aufbewahrten.[25] Auch in Belgien wurde in den siebziger und achtziger Jahren des 18. Jahrhunderts der Zeitraum zwischen Tod und Bestattung allmählich auf einen bis zwei Tage ausgedehnt.[26]

Somit hatte Bruhiers Werk den positiven Effekt, dass es in weiten Teilen Europas zur gängigen Praxis wurde, bis zur Bestattung mindestens zwölf bis vierundzwanzig Stunden verstreichen zu lassen. Dies war ein Kompromiss zwischen der Angst, lebendig begraben zu werden, und der gleichermaßen starken Furcht vor Vergiftungen durch Ausdünstungen der Leichen. Dieser Kompromiss sorgte dafür, dass vermeintlich Tote eine Zeit lang beobachtet wurden, ohne dass man andererseits die vollständige Entwicklung der Verwesung abwartete. Der Nachweis, dass Todeszeichen unsicher waren, besonders wenn sie von unachtsamen, ungebildeten Menschen geprüft wurden, stieß bei praktischen Ärzten in ganz Europa auf große Beachtung. Bruhiers warnende Worte, man solle insbesondere jene Personen genauestens prüfen, von denen man glaube, sie seien einem Gehirnschlag erlegen, ertrunken, erfroren oder an »hysterischen Gefühlsausbrüchen« gestorben, waren ausnehmend vernünftig. Zusammen mit seinen Empfehlungen für eine wirkungsvolle Wiederbelebung vermeintlicher Leichen rettete diese Mahnung wahrscheinlich viele Menschen vor dem Tod und manche davor, lebendig begraben zu werden. Bruhiers Neudefinition von Tod als einem bisweilen behandelbaren, nicht immer irreversiblen medizinischen Zustand schuf überdies die Voraussetzungen für die Entstehung von so genannten Lebensrettungsgesellschaften *(Humane Societies),* die sich der Rettung Scheintoter widmeten. Bis zu den sechziger Jahren des 18. Jahrhunderts hatten viele Ärzte begriffen, dass der schleichende Tod infolge einer chronischen Erkrankung ein ganz anderer Prozess war als der plötzliche Tod durch Ertrinken, Asphyxie, Herz- oder Schlaganfälle sowie Unfälle. In letzteren Fällen konnten die armen Opfer wiederbelebt werden, auch wenn sie nicht mehr atmeten. Die erste Lebensrettungsgesellschaft wurde 1767 in Amsterdam gegründet, wo jedes Jahr viele Menschen in den Kanälen ertranken. Venedig, Mailand und Paris folgten, und in London wurde 1774 die Royal Humane Society gegründet. Alsbald hatten auch Philadelphia, Massachusetts und New York solche Vereine. Sie wurden zwar häufig von Ärzten gegründet und geleitet, doch sie regten die breite Masse dazu an, sich Wiederbelebungstechniken anzueignen, und sie zeichneten erfolgreiche Lebensretter mit Medaillen und Belohnungen aus.[27] 1775 bezahlte ein preußischer Verein dreißig Mark für erfolgreiche beziehungsweise fünfzehn Mark für erfolglose Wiederbelebungsversuche an Personen in leblosem Zustand. Keine Belohnung gab es bei dem Verdacht, dass eine Vergiftung im Spiel war, vermutlich um Personen abzuschrecken, die dieses System missbrauchen wollten, indem sie andere absichtlich vergifteten, um mit deren Wiederbelebung Geld zu verdienen. Auch Ärzte hatten Anspruch auf diese Belohnung, doch wurden *Gefängnisärzte* ausdrücklich ausgenommen, offensichtlich verspürten die philanthropischen Preußen keinerlei Verlangen, Verbrecher am Leben zu halten.[28] Obwohl diese Vereine und die Gesellschaften, die gegen die Bestattung von Scheintoten zu Felde zogen, im 19. Jahrhundert getrennte Wege gehen sollten, befruchteten sich die beiden Gruppen im ausgehenden 18. Jahrhundert gegenseitig. Die Lebensrettungsgesellschaften waren natürlich von den Argumenten für die Wiederbelebung Scheintoter beeinflusst, die Bruhier, Brinckmann und andere vorgebracht hatten. Gleichzeitig zog die öffentliche Anerkennung der Tatsache, dass jemand, der zu atmen aufgehört hatte, gleichwohl erfolgreich wiederbelebt werden konnte, weitere Zweifel an der Definition des Todes nach sich, wie dies ausdrücklich von einigen französischen Verfassern von Schriften über vorzeitige Begräbnisse diskutiert wurde.[29] Dr. William Hawes, Begründer der Royal Humane Society of London, schrieb ebenfalls eine Abhandlung über verfrühte Bestattung, bei der er von der Gesellschaft vorgelegte Fallgeschichten von wiederbelebten Scheintoten anführte, um darzulegen, wie trügerisch die Todeszeichen mit Ausnahme der Fäulnis waren.[30]

Doch obwohl das englische Establishment die Lebensrettungsgesellschaften begrüßte, stellte sich der größte Teil der Ärzteschaft gegenüber der ganzen Aufregung um verfrühte Bestattungen taub, und man dachte gar nicht daran, deswegen den Zeitraum zwischen Tod und Begräbnis zu verlängern. Bereits zu dieser Zeit hinterließen jedoch einige Engländer ihren Hausärzten Verfügungen, um sich vor diesem schauerlichen Schicksal zu schützen. 1769 schrieb Lord Chesterfield: »Für mein eigenes Begräbnis wünsche ich mir nur, dass man mich nicht lebendig begräbt ...«[31] Miss Hannah Beswick, eine vermögende Jungfer, die zu etwa derselben Zeit in Manchester lebte, fürchtete sich umso mehr davor, lebendig begraben zu werden, nachdem ihr Bruder diesem grausigen Schicksal nur um Haaresbreite entronnen war. Sie hinterließ Dr. Charles White, ihrem Hausarzt, zwanzigtausend Guineen mit der Auflage, dass sie nicht beerdigt und ihr

Leichnam stattdessen einbalsamiert und in der Sammlung anatomischer Präparate des Arztes aufbewahrt werde. Der Arzt und zwei zuverlässige Zeugen sollten täglich den Schleier für mehrere Stunden anheben und das Äußere der besonderen Dauerpatientin auf Lebenszeichen prüfen. Später bettete der Arzt Miss Beswicks Mumie in ein altes Uhrengehäuse um, dessen Deckel er einmal im Jahr öffnete, um nach seiner Lieblingspatientin zu sehen. Dank ihres exzentrischen Testaments erlangte die unsterbliche Miss Beswick ziemliche Berühmtheit. Thomas de Quincey wurde als Kind in Dr. Whites Haus gebracht, wo man ihm die Mumie in der alten Standuhr zeigte. Der Arzt hielt sich bis zum Schluss treu an seinen Teil der Abmachung. Nach seinem Tod wurde Miss Beswicks Mumie ins Naturgeschichtliche Museum von Manchester überführt und in der Eingangshalle ausgestellt. 1868 wurde sie schließlich ordnungsgemäß bestattet.[32]

LEICHENHÄUSER

> Ein Leichenhaus, ein Leichenhaus,
> Ruft er aus vollem Halse aus,
> Wir wollen nicht auf bloßen Schein
> Beseitigt und begraben sein!
>
> Wir wollen, alle Wetter auch,
> Nicht halten an dem dummen Brauch,
> Dass man mit uns zu Grabe rennt,
> Als wenn man's nicht erwarten könnt'!
>
> *Friederike Kempner, Logik*

Im Jahr 1787 veröffentlichte der französische Arzt François Thiérry ein Buch, in dem er seine Überzeugung zum Ausdruck brachte, dass die meisten Menschen erst eine gewisse Zeit nach dem Auftreten der gängigen Todeszeichen stürben. Um diese »Leichen«, die nach wie vor lebendig und empfindungsfähig seien, zu schützen, machte er einen ähnlichen Vorschlag wie Bruhier im Jahr 1745. In allen französischen Städten sollten spezielle Leichenhäuser errichtet werden, und diese Anstalten sollten alle Frischverstorbenen aufnehmen und sie so lange unter Beobachtung halten, bis die Fäulnis einsetzte. Thiérrys Buch wurde 1788 ins Deutsche übersetzt.[1] Im selben Jahr veröffentlichte der österreichische Arzt Johann Peter Frank den vierten Band seines einflussreichen mehrbändiges Werks über Sozial- und Gerichtsmedizin, in dem er die zeitgenössische Debatte über den Scheintod ausführlich darstellte.[2] In seiner Autobiographie behauptete Frank, er habe sich einmal selbst vier Stunden lang in einem Zustand des Scheintods befunden, bevor er das Bewusstsein wiedererlangt habe, und aufgrund seiner persönlichen Erfahrung sei er sich der Dringlichkeit dieses Problems deutlich bewusst.[3] Wie die meisten europäischen Ärzte seiner Zeit war Frank als Anhänger Bruhiers davon überzeugt, die Verwesung sei das einzige untrügliche Todeszeichen. Er empfahl, mit der Beerdigung bis zu der nach zwei bis drei Tagen einsetzenden Verwesung zu warten. Aber Frank war ein Gegner der häuslichen Aufbahrung, weil der scheußliche Verwesungsgeruch alle lebenden Menschen aus dem Haus treiben würde. Ein 1775 in der Toskana ergangenes großherzogliches Edikt hatte verfügt, dass jeder Todesfall durch einen Arzt bestätigt werden müsse. Die Leichen wurden so lange in Wohnhäusern oder auch Kirchen aufbewahrt, bis der Medikus eintraf. Frank war offenbar selbst dort gewesen und hatte den ekelerregenden Gestank, der diese Gebäude durchzog, selbst wahrgenommen. Ohne Thièrrys Buch zu erwähnen, empfahl er, in jedem größeren Ort ein kommunales Leichenhaus zu bauen, in dem mutmaßliche Tote so lange beobachtet werden sollten, bis man sie zweifelsfrei für tot erklären konnte.

Johann Peter Frank war einer der einflussreichsten Mediziner im deutschen Sprachraum, und die Idee fand großen Anklang. Der Erste, der sie beherzigte, war der neunundzwanzigjährige Christoph Wilhelm Hufeland, der als Arzt in Weimar praktizierte.[4] Im Jahr 1790 veröffentlichte er einen Beitrag in dem Magazin »Neuer deutscher Merkur«, in dem er seinen Plan bekannt gab, in seiner Heimatstadt ein Leichenhaus zu errichten.[5] Nachdem der Landesvater, Herzog Carl August, dieser neuen Idee seine gnädige Unterstützung zugesichert hatte, sammelte Hufeland Spendengelder unter den Wohlhabenden. Gräfin Bernstorff, die Witwe des vormaligen dänischen Ministerpräsidenten, unterstützte ihn ebenfalls.[6] Hufeland, ein praktischer und tatkräftiger Mann und ein aufrichtiger Philanthrop, beaufsichtigte persönlich Planung und Bau des »Vitae Dubiae Asylum«, wie er es nannte, der »Heimstatt für die zweifelhaft Lebendigen«. Im Jahr 1791, als die Arbeit am Leichenhaus bereits weit fortgeschritten war, beschloss Hufeland, eine Abhandlung zu schreiben, in der er seine Ansichten über den Unterschied zwischen wirklich Toten und Totscheinenden und über praktische Fragen darlegte, wie man

Lithographie eines Porträts von Christoph Wilhelm Hufeland (von F. Krüger nach M. Gavei). Aus der Sammlung des Autors.

Menschen mit Hilfe von Leichenhäusern ähnlich dem in Weimar vor einem vorzeitigen Begräbnis bewahren könne.[7] Dies sollte die einflussreichste Publikation ihrer Art seit den Arbeiten Bruhiers werden.

Hufeland war ein Menschenfreund, kein Chronist des Grauens, und er trug, anders als Bruhier und Brinckmann, nicht Hunderte von zweifelhaften, gruseligen Fallberichten zusammen. Mit den beiden war er sich jedoch darin einig, dass vorzeitige Begräbnisse häufig vorkämen und dass die Fäulnis das einzige untrügliche Todeszeichen sei. Tatsächlich definierte er den Tod eines Lebewesens als fortschreitenden Zerfall seiner Struktur: als einen langsamen Vorgang, der erst nach der vollständigen molekularen Zersetzung abgeschlossen sei. Die Zeit allein sei dazu berufen, sachkundig zwischen Leben und Tod zu unterscheiden, schrieb Hufeland, und jedem menschlichen Leib wohne eine derart starke Lebenskraft inne, dass einem nichts anderes übrig bleibe, als jeden Leichnam in einer warmen Umgebung aufzubewahren und die einsetzende Verwesung abzuwarten. Anschlie-

103

ßend beschrieb er voller Stolz das Weimarer Leichenhaus, das von außen an ein gewöhnliches Wohnhaus erinnerte. Im Innern befand sich eine Leichenkammer mit acht Bahren, die der Wächter durch ein Fenster im Blick hatte. Er musste auch den Ofen in der Küche schüren, der durch eine zentrale Heizröhre unter der Leichenkammer hindurchfließendes Wasser erhitzte. Hufeland hoffte aufrichtig, dass Städte in ganz Deutschland dem Beispiel Weimar folgen würden, denn die Kosten für das neue Leichenhaus waren sehr niedrig und der Nutzen so augenfällig. Von den Totenweibern, die sich in den altmodischen Leichenhallen vieler deutscher Städte um die Verstorbenen kümmerten, hielt er nicht viel, denn sie gingen seines Erachtens nicht nur einem unsittlichen Gewerbe nach, sondern waren obendrein auch noch unglaublich dumm. Um ihre Ignoranz zu veranschaulichen, erzählte er eine aufschlussreiche Anekdote über ein Totenweib, das einmal gesehen habe, wie eine »Leiche« aus ihrem

Bildtafel aus Hufelands Buch mit Grundriss und Außenansicht seines Vitae Dubiae Asylum, des ersten Leichenhauses, das 1792 erbaut wurde. Aus der Sammlung des Autors.

Sarg zu kriechen versuchte. Vor lauter Angst, sie habe es mit dem Leibhaftigen selbst zu tun, habe sie mit einem Besen auf die Leiche eingedroschen und gerufen: »Zurück mit dir! Was willst du unter den Lebenden – du gehörst nicht zu uns!«

Diese abergläubischen alten Weiber wollte Hufeland durch einen Trupp gut ausgebildeter junger Männer von klarem Verstand ersetzen, die in den, wie er hoffte, bald in ganz Deutschland errichteten Leichenhäusern als Wächter eingesetzt werden sollten. Allerdings verlor er kein Wort darüber, wie er diese jungen Männer dazu bringen wollte, ein so schauriges Metier zu erlernen. Die niedrige Entlohnung würde wohl kaum einen gebildeten jungen Mann dazu verlocken, ein angenehmes Leben in gesunder Landluft gegen die Wache am Fenster der Totenkammer, aus der ständig stechender Verwesungsgeruch drang, einzutauschen.

Nachdem Hufelands Abhandlung erschienen war, wurde in vielen deutschen Staaten die Forderung nach dem Bau von Leichenhäusern laut.[8] Der Erfolg dieser Vorhaben hing davon ab, ob die plastische Beschreibung des Grauens einer verfrühten Grablegung in den Anträgen die philanthropischen Neigungen der deutschen Bürger ansprach und ihre natürliche Sparsamkeit überwand. Erst als Hufeland 1793 nach Berlin umzog und mit Unterstützung eines seelenverwandten Geistes, Dechant Teller, die führenden preußischen Magnaten persönlich umwarb, konnten die Fundamente für das zweite Leichenhaus gelegt werden. Diese Stätte wurde 1795 auf einem Friedhof unmittelbar vor den Toren Berlins eröffnet. Anders als bei dem Leichenhaus in Weimar, das sich ausschließlich auf die Wachsamkeit des Aufsehers verließ, setzte man in der Berliner Leichenhalle auf ein System von Schnüren, die an den Fingern der leblosen Insassen befestigt und mit einer großen Glocke verbunden wurden.[9] 1797 wurde in Berlin für die beachtliche Summe von dreitausend Talern ein zweites, luxuriöseres Leichenhaus erbaut. Es hatte einen Saal für männliche und einen für weibliche Leichen. In den folgenden Jahren wurden in Braunschweig, Ansbach, Kassel und Mainz weitere Gebäude dieser Art errichtet. Das edelste von allen wurde 1808 in München erbaut. Die Leichen wurden dort nicht nach ihrem Geschlecht, sondern nach ihrem Vermögen auf die beiden Hallen aufgeteilt: Die Aufnahme in die Abteilung für gewöhnliche Sterbliche kostete nur zwei Gulden, die Aufbahrung in der Luxusabteilung dagegen das Fünffache. Einige Verfechter hielten dies für einen Verrat an Hufelands erhabener Idee: Bildeten sich diese betuchten Snobs etwa ein, das Himmelreich habe ebenfalls getrennte Abteilungen für die Reichen und die Armen? Das Münchner Leichenhaus geriet auch deshalb in die Kritik, weil es Besuchern Einlass gewährte: Gegen eine geringe Gebühr konnte jede Person zwischen den vielen Bildern, Blumenarrangements und Statuen wandeln, obgleich die verwesenden Leichname natürlich die Hauptattraktion waren. Das System, das im Münchner Leichenhaus installiert wurde, um das Wiederaufleben aufgebahrter Insassen anzuzeigen, war ebenso innovativ wie umstritten: Die an den Fingern und Zehen der Leichen befestigten Schnüre waren mit einem großen Harmonium verbunden, dessen Blasebalg durch Luftdruck angetrieben wurde. Der Leichenwächter spielte jeden Tag auf dem Harmonium, um seine Funktionstüchtigkeit zu überprüfen. In den Nächten aber wurde der leicht auslösbare Mechanismus oftmals durch das Aufschwellen der Verwesenden in Gang gesetzt, und der Aufseher wurde von einer gespenstischen Symphonie geweckt, die aus der Leichenhalle erklang.[10]

Als in den neunziger Jahren des 18. Jahrhunderts die Sorge um das vorzeitige Bestatten von vermeintlichen Toten in den deutschen Staaten immer weiter um sich griff, entstand ein neues literarisches Genre. Als makabre Begleiterscheinung dieser philanthropischen Sorgen wurden mehrere »ergötzliche« Sammlungen von Anekdoten und Kurzgeschichten über Scheintote veröffentlicht, die entweder durch Zufall in ihren Särgen erwachten oder nach ihrer vorzeitigen Beisetzung in ihrem Grab die grässlichsten Qualen durchlitten. Diese Bücher fanden reißenden Absatz. Sie verfolgten keine philanthropischen Ziele und plädierten weder für noch gegen Leichenhäuser, sondern wollten ihre Leser nur durch eine Mischung von burlesker Unterhaltung und hämischem Sadismus das Gruseln lehren. Sie behaupteten, wahre Begebenheiten zu schildern, machten jedoch keine Angaben zu ihren Quellen, und ihr Inhalt war gewiss zu einem großen Teil reine Erfindung. In einem dieser Werke, den anonymen »Wiederauflebungs-Geschichten von Scheintodten und lebendig begrabenen Menschen«, begegnen wir erneut dem lüsternen Mönch, dem achtlosen Anatom (zweimal) und dem jungen Liebespaar (zweimal). Die Frau mit dem Ring erscheint in drei Verkörperungen aus Paris, Leipzig und London. Eine weitere Posse erzählt von zwei Studenten, die in einem Kloster arbeiten, wo sie an der Leiche eines kürzlich verstorbenen Mönchs die ganze Nacht lang wachen und für seine Seele beten. Die anderen Mönche geben ihnen Wein und Bier, um sie bei Laune zu halten, doch die Studenten trinken zu viel, und darüber bleiben ihre Gebetsbücher ungelesen und ihre Rosenkränze unberührt. Zum Spaß nimmt einer von ihnen den toten Mönch und setzt ihn auf seinen Stuhl, während er sich auf die Totenbahre legt. Als der andere Student zurückkommt, sieht er, wie die vermeintliche Leiche einen Fuß bewegt, und er stürzt zu seinem Freund, um ihm dies zu sagen. Doch es ist nicht sein Freund, sondern der Mönch – und, schlimmer noch, der Mönch starrt ihn mit weit aufgerissenen Augen an und versucht, aufzustehen. Der Student, der den lebendigen Leichnam für einen Geist hält, wird ohnmächtig. Als der Witzbold sieht, wie der Mönch, schnaufend vor Anstrengung, seinen mächtigen Leib zu bewegen, auf ihn zukommt, fällt er vor Schreck tot zu Boden. Dem Mönch, dessen beide Totenwächter ausgestreckt vor ihm liegen, gelingt es, seine Brüder herbeizurufen. Sie können einen der Studenten wiederbeleben, doch der makabre Spaßvogel ist mausetot. Der Tod fordert sein Opfer, und selbst eine so triviale, abgeschmackte Geschichte wie diese braucht eine Moral.

Hätten die »Wiederauflebungs-Geschichten von Scheintodten« nur solche Possen enthalten, dann hätten sie gewiss weniger Unheil angerichtet. Doch eingestreut zwischen wiederauflebende Mönche und ohnmächtig niedersinkende Damen waren detailverliebt ausgemalte und äußerst gruselige Schauergeschichten über Scheintote – vor allem Frauen –, die im Grab erwachen. In zwei Geschichten nagen Frauen, die vorschnell unter die Erde gebracht wurden, im Todeskampf ihre Finger ab, in zwei weiteren bringen sie in ihren Särgen Kinder zur Welt. In einer Erzählung aus Straßburg werden diese Greuel miteinander verknüpft. Eine junge Frau stirbt während der Schwangerschaft und wird in einer Gruft beigesetzt. Kurze Zeit später wird die Gruft geöffnet, um darin einen weiteren Leichnam zu bestatten. Doch die unglückselige Frau war aus ihrem Sarg gekrochen und hatte ein Kind geboren. Ihr Leichnam lag auf dem Boden, und sie hielt das Kind in den Armen. In ihrem Mund steckten seine kleinen Fingerchen, als habe sie diese essen wollen. Doch nach einem übermenschlichen Kampf waren die tyrannischen Martern des Hungers von der zärtlichen Mutterliebe besiegt worden. In einer Geschichte aus Portugal öffnen Arbeiter die Gruft einer alten Familie und entdecken, dass einer der Särge leer ist. Im Untergeschoss der Gruft finden sie einen ausgemergelten achtzigjährigen Mann mit langen, gekrümmten Fingernägeln und einem Bart, der ihm bis zu den Knien reicht. Diese Kreatur scheint stumm zu sein und erträgt das Licht der Fackeln nicht. Nachdem man ihn herausgetragen und in ein Bett gelegt hat, erzählt er folgende bemerkenswerte Geschichte: Vor vielen Jahren sei er nach einer schrecklichen Krankheit für tot erklärt und lebendig in der Gruft begraben worden. Er habe sich dadurch am Leben erhalten, dass er eine beißende Flüssigkeit von den Wänden der Gruft geleckt, das Blut von Insekten getrunken und einige ungesunde Pilze, die am Gruftgemäuer wuchsen, verzehrt habe.

»Mit diesen Nägeln vergrub ich meinen Unrath ... Ein Frosch war mein Freund, mein Vertrauter. Diesem klagte ich meine Leiden, es schien, als hätte er Theil daran genommen. Er schlief an meiner Brust, und folgte mir nach, wohin ich mich bewegte.« Wenn die Gräuel in dieser platten Geschichte dem Leser noch nicht genügten, kam er sicherlich in der nächsten Geschichte, die ebenfalls von der iberischen Halbinsel stammte, auf seine Kosten: Als eine sehr alte Gruft in Spanien geöffnet wird, findet man ein Skelett auf dem Boden. Alles deutet darauf hin, dass die unglückselige Kreatur, bevor sie ihrer Pein erlag, eine ziemlich lange Inschrift auf einen der Zinnsärge in der Gruft ritzte. Der Mensch war in einen Zustand des Scheintods verfallen, und obwohl er alles hörte, was um ihn herum gesprochen wurde, konnte er nicht verhindern, dass man ihn lebendig begrub. Er wacht in der Gruft auf, sein sicheres Verderben vor Augen. Seine Verzweiflung wird mit sadistischer Freude am Detail ausgemalt: »Mit jedem Odemzuge athmete ich pestilenzialische Luft, mit jeder Minute fühlte ich mich schwächer. Die Lunge versagte mir ihre Dienste, meine Zunge lechzte nur, meine Füsse wankten, meine Knie brachen. Ich winselte. Mein Speichel wurde scharf und brannte mich im Munde wie Schwefelfeuer. Ich trank meinen Harn und aß meinen Unrath ... Auf vieren krieche ich nun zu diesem Sarge, und schreibe meine Geschichte unter den grimmigen Qualen ... Ha, welche Zuckungen! Welch eine Hitze in meinem ganzen Wesen! Vom Fenster rinnt eine stinkende Jauche herab, ich will mich hinschleppen und sie auflecken von dem Marmor, der die Wand bekleidet. – Oh, könnte ich diese Särge öffnen! Vielleicht ist noch Fleisch an den Leichnamen, das mein Leben fristen könnte? Doch auch dieses ist mir nicht vergönnt; es mangelt mir an Kraft. – Oh Schmerz! Schmerz! – Heiliger Erbarmer dort oben, sieh' auf mich Elenden herab! – Ich kann nicht – ich kann nicht! ... Gott mein Schöpfer, Gott mein Erlöser, Gott, Herr, der Du alles vermagst, rette mich, rette mich!«[11]

Ein gewisser Heinrich Friedrich Köppen aus Halle übernahm große Teile der »Wiederauflebungs-Geschichten von Scheintodten« in ein Buch gleicher Richtung, das 1800 erschien.[12] Köppen unterteilte die Geschichten in drei Kategorien: glaubhaft, weniger glaubhaft und völlig unglaubwürdig, und er übertünchte den schwelgerischen Sadismus einiger Geschichten mit einem philanthropischen Aufruf zum Bau von Leichenhäusern. Ein weiteres Werk ähnlich erbaulichen Inhalts, »Wirkliche und wahre mit Urkunden erläuterte Geschichten und Begebenheiten von lebendig begrabenen Personen«[13], scheint aus denselben Quellen zu stam-

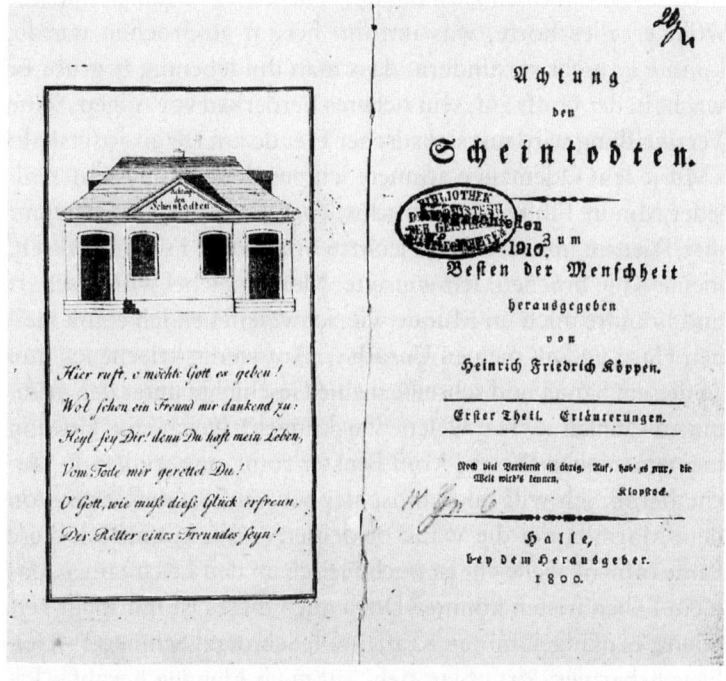

Titelseite und Frontispiz von Dr. Köppens Sammlung ergötzlicher und schauerlicher Anekdoten über Scheintote mit einem rührenden Gedicht, das den philanthropischen Eifer des Leichenwächters rühmt. Aus der Sammlung des Autors.

men, die von Köppen und in den »Wiederauflebungs-Geschichten von Scheintodten« angegeben werden. Diese Sammlungen haarsträubender Geschichten wurden in ganz Deutschland eifrig gelesen und manchmal von seriösen Schriftstellern, die sich mit dem Thema befassten, nach Quellenmaterial durchforstet.

Im Jahr 1808, siebzehn Jahre nach seinem ersten Aufruf, zog Christoph Wilhelm Hufeland in einem neuen Buch mit dem Titel »Der Scheintod«[14], das als ein umfassendes Nachschlagewerk für alle jene gedacht war, die sich für das Thema interessierten, ein Fazit. Hufeland vertrat die Ansicht, dass dem tatsächlichen Tod immer ein eigentümlicher, tranceartiger Zustand tiefer Bewusstlosigkeit, der Scheintod, vorausgehe. Der Scheintod lasse sich nicht vom wirklichen Tod unterscheiden und könne, wie der Winterschlaf eines Säugetieres, Tage oder auch Wochen dauern. Obgleich sich bei einem Scheintoten weder der Puls fühlen noch Muskelreflexe oder Atembewegungen feststellen ließen, ende diese tranceartige Starre nicht immer mit dem Tod. Durch energische Wiederbelebungsmaßnahmen könne der Scheintote gerettet werden. Die einsetzende Fäulnis sei das einzige sichere Kennzeichen, um den Scheintod vom tatsächlichen Tod zu unterscheiden. Offenbar waren solche seltsamen Scheintodzustände damals keine Seltenheit. Betroffen waren in der Regel jüngere Frauen. Da ihr Wahrnehmungsvermögen im Allgemeinen nicht beeinträchtigt war, hörten und verstanden sie, was um sie herum geschah, auch wenn sie nicht die Kraft hatten, sich zu bewegen oder zu schreien, selbst wenn man sie in einen Sarg legte und für die Beisetzung herrichtete. Manchmal wurden sie durch recht banale Vorfälle aus der Trance geweckt. Laut einer der Geschichten Bruhiers, die Hufeland aufgriff, erwachte eine scheintote Frau aus ihrer Trance, als sie die Stimme eines Freundes aus Kindertagen hörte, eine andere, nachdem ein Lautenspieler eine ihrer Lieblingsmelodien gespielt hatte. Der Pariser Chirurg M. Chevalier, der als ein großer Pikettspieler bekannt war, erwachte aus einer tiefen Trance, die von einigen als Tod diagnostiziert wurde, nachdem einer seiner Freunde die Pikettbefehle »Quint, quarante, point!« ausgerufen hatte. Ein noch bemerkenswerterer Fall wurde Hufeland von seinem Kollegen Dr. Cammerer berichtet. Dieser praktische Arzt behandelte die Frau eines Professors in Tübingen, die ohnmächtig zusammengebrochen war, nachdem sie im sechsten Schwangerschaftsmonat einen Krampfanfall erlitten hatte. Sie lag reglos da, atmete offensichtlich nicht, und es ließ sich auch kein Puls mehr fühlen. Auch als ein starkes Juckpulver auf ihre Haut aufgetragen wurde, rührte sie sich nicht. Die anderen Mediziner, die sie untersuchten, nahmen an, dass sie tot sei, doch Dr. Cammerer klebte ein starkes Senfpflaster auf ihre Fußsohlen und riss es mit solcher Gewalt ab, dass sich dabei Hautfetzen lösten. Der Mund der Frau zuckte vor Schmerz. Dies veranlasste die Ärzte dazu, weitere brutale Wiederbelebungsmethoden anzuwenden: Sie verabreichten scharfe Klistiere, schoben spitze Nadeln unter ihre Nägel und legten glühende Eisen auf die empfindlichsten Körperteile. Doch die Frau des Professors blieb reglos und stumm. Die ausbleibende Verwesung ließ jedoch weitere Beobachtungen angeraten erscheinen, und am sechsten Tag ihres Komas öffnete die Frau plötzlich die Augen. Sie kam wenig später mit einem toten Kind nieder und erholte sich anschließend vollständig. Hufeland erwähnt nicht, ob sie dankbar war für die ärztliche Betreuung während ihrer Krankheit, bestand diese doch aus Foltern, die den Kerkern der spanischen Inquisition würdig gewesen wären.

In seinem neuen Buch schrieb Hufeland, der menschenfreundliche Bürger möge beim Umgang mit einer mutmaßlichen Leiche Zuneigung, nicht Abscheu walten lassen, da der »Verblichene« möglicherweise noch höre und fühle, was um ihn geschehe, und seinen Retter oder seine Retterin insgeheim segne. Er überschüttete Jean-Jacques Bruhier mit Lob für seine bahnbrechende Arbeit im Interesse der Scheintoten.

Andererseits ließ er kein gutes Haar an Antoine Louis' Buch, das voller Fehler sei und die Argumente von Bruhier in keiner

Weise entkräfte. Hufeland stellte mit Befriedigung fest, dass seit der Veröffentlichung seiner Abhandlung im Jahr 1791 die Bibliographie zum Thema Scheintod und vorzeitige Begräbnisse um nicht weniger als sechsundzwanzig deutsche Bücher und Aufsätze angewachsen war. Tatsächlich wurde diesem Problem damals mehr Aufmerksamkeit gewidmet als praktisch allen anderen medizinischen Fragestellungen. Man brachte den »Totscheinenden« mehr Mitgefühl entgegen als den Hungernden, den Kranken, den Behinderten und den Armen. In ganz Deutschland griffen glattzüngige und frömmelnde Kleriker, Erfinder und Philanthropen zur Feder, um sich für die hilflosen Opfer des Scheintods einzusetzen. Sie entwarfen bombastische Pläne für riesige Leichenhäuser, in denen ganze Heere von Wächtern ihren Dienst versehen sollten, und sie erfanden die ausgeklügeltsten und unpraktischsten Sicherheitssärge zum Schutz vor einem vorzeitigen Begräbnis. Die allermeisten dieser Schriftsteller waren wie Hufeland der Meinung, die Verwesung sei das einzige untrügliche Todeszeichen, und es sollten dringend Leichenhäuser gebaut werden. Sie priesen in überschwänglichen Tönen seinen Einsatz für die Scheintoten. Die Kultur der Menschenfreundlichkeit, die damals im Schwange war, ging mit einer starken Anteilnahme am Schicksal derer einher, die auf der Schattenseite lebten. In England wurden Prostituierte in Heimen für »Unglückselige« untergebracht, Bettler wurden von der Straße geholt und Lebensrettungsgesellschaften unterstützt. In Deutschland konzentrierten sich viele Helfer auf das größte Unglück überhaupt – das Los, lebendig begraben zu werden. Als ein gewisser Pastor Wolff 1792 eine eindringliche Predigt über Scheintod und Leichenhäuser hielt, kam es zu bewegten Szenen: Menschen drängten nach vorn, um ihn zu beglückwünschen und Geld für ein Leichenhaus zu spenden.[15] Eine beinahe religiöse Inbrunst überkam die Deutschen, die alles daransetzten, die hilflosen Scheintoten zu retten: Das grauenhafte Geschick der empfindungsfähigen, aber bewusstlosen und gelähmten Person, die nicht verhindern konnte, dass sie in ein Totenhemd gehüllt, in einen Sarg gelegt und begraben wurde, scheint vielen Gebildeten sehr unter die Haut gegangen zu sein. Wie die früher zitierten Abhandlungen andeuten, blieb dieser pervertierte Eifer nicht von den finstereren Unterströmungen der Nekrophilie und des Sadismus verschont.[16]

Dr. Johann Daniel Metzger veröffentlichte 1792 die erste Abhandlung, in der eine von Hufeland abweichende Position zum Ausdruck kommt.[17] Metzger bestritt nicht, dass der Scheintod ein ernstes medizinische Problem sei, er sprach sich jedoch dafür aus, die Verstorbenen in ihren Häusern aufzubewahren, statt sie der verpesteten Luft eines Leichenhauses auszusetzen. Er selbst würde lieber lebendig begraben werden, als zwischen den verwesenden Leichen in Hufelands »Haus des Grauens«, wie er es nannte, aufzuwachen. In seinem neuen Buch ging Hufeland edelmütig auf Metzgers irrige Ansichten ein und bemerkte, dass sich nur wenige Autoren dessen Meinung angeschlossen hätten. Größere Sorge bereitete Hufeland eine andere, sarkastischere Schrift, die ein gewisser von Müller in Prag veröffentlicht hatte.[18] Dieses Traktat mit dem Titel »Wie sich lebendig Begrabene gar leicht wieder aus Sarg und Grab helfen und ganz bequem herausgehen können« machte sich über die zeitgenössische Scheintodhysterie lustig. Es brachte eine frische Leichtigkeit in ein Thema, das in den übrigen Büchern immer mit dem gleichen salbungsvollen Ernst behandelt wurde, und es lieferte den überfälligen Nachweis, dass immerhin ein deutscher Schriftsteller das Thema mit Humor behandeln konnte. In seiner ironischen Abhandlung schlug Herr von Müller vor, alle Leichname in Särge mit gläsernen Deckeln zu legen und ihnen einen kräftigen Hammer zwischen die Hände zu schieben. Die Särge sollten nicht begraben werden, sondern in großen Grüften unter dem Friedhof aufbewahrt werden. Sobald ein Totscheinender erwache, könne er leicht den Deckel zerschlagen und aus dem Sarg klettern. Anschließend könne er in ähnlicher Weise die Glastür der Gruft zertrümmern, bevor er ins Freie trete, um die Wächter dieser mustergültigen Nekropole zu begrüßen. Hufeland schrieb, er habe geweint, nicht gelacht, als er dieses »komische« Traktat gelesen habe. Am Schluss seiner Besprechung bat er seine Leser um Verzeihung dafür, dass er sie mit diesem jämmerlichen Versuch behelligt habe, die edle und menschenfreundliche Leichenhausbewegung zu verhöhnen und in Verruf zu bringen.

Hufeland schrieb den »Scheintod« für eine breitere Leserschaft. Vermutlich fürchtete er, die langatmigen Abschnitte über die Wiederbelebung Ertrunkener und die Rezensionen anderer Werke über den Scheintod würden Laien abschrecken. Daher beschloss er, sie mit verschiedenen Schauermärchen zu würzen, darunter einigen aus den »Wiederauflebungs-Geschichten von Scheintodten« und anderen aus einer noch fragwürdigeren Quelle – einer Sammlung von Gespenstergeschichten, Wagingers »Neue Gespenster«.[19]

Hufelands erstes Leichenhaus in Weimar war rein funktional eingerichtet: Seine »Heimstatt für die zweifelhaft Lebenden« war gleichsam ein Wohnhaus für die Toten einschließlich der notwendigen Vorrichtungen für ihre Beobachtung und Wiederbelebung. Doch schon 1796 hatte der Architekt Jacob Atzel vorgeschlagen, die Leichenhäuser als bedeutende Sakralbauten anzusehen und sie in eine Reihe mit Kirchen und Mausoleen zu stellen.[20] Die Leichenhäuser in Ansbach und München wurden entsprechend architektonisch gestaltet und reich mit Ornamenten verziert. Die deutschen Leichenhausarchitekten hatten eine besondere Vorliebe für den Stil des italienischen Architekten Andrea Palladio und seine Villa Rotonda. Einige ihrer Leichenhäuser wurden aus Marmor gebaut und hatten imposante Säulen und reich verzierte Fassaden und Kuppeln. In den landschaftsarchitektonisch gestalteten Gärten der Nekropole, die von Sphingen und Statuen eingerahmt waren, symbolisierte das Leichenhaus den Übergang vom Leben zum Tod, der Ausgang aus diesem Tempel des Schlafs führte in die Welt der Toten.[21]

Das prächtigste der neueren Leichenhäuser wurde 1828 in Frankfurt am Main eröffnet. Es wurde nach einem Entwurf des Architekten Johann Michael Voit erbaut und hatte zwei Säle mit je dreiundzwanzig Bahren, einen für männliche und einen für weibliche Leichen. Die Hände und Füße der leblosen »Patienten« waren mit einem ausgeklügelten System von Schnüren verbunden, die zu einer hell klingenden Glocke führten. Diese Hallen waren gut durchlüftet und wurden im Winter zentral geheizt. Mehrere Aufseher waren dort beschäftigt, und ein fest angestellter Arzt machte jeden Tag seine Rundgänge. Es gab eine Küche für die Aufseher, einen Heizungsraum, ein Badezimmer und einen mit chirurgischen Instrumenten ausgestatteten Wiederbelebungsraum sowie eine voll ausgerüstete Apotheke.[22] Der Friedhofsdirektor hatte eine »Todtenwärter-Ordnung« mit Anweisungen für die Leichenwächter geschrieben, die in dem Leichenhaus lebten. Dies zeigt, dass diese Personen zwar einer körperlich leichten Arbeit bei angenehmen Zimmertemperaturen nachgingen, aber trotzdem einer straffen Disziplin unterworfen und ihre Aufgaben selbst wenig anziehend waren. Die Totenwärter durften in dem Leichenhaus nicht rauchen, nicht fluchen und keine alkoholischen Getränke zu sich nehmen, noch durften sie Besucher empfangen. Sie arbeiteten in Schichten und mussten beim Direktor die schriftliche Erlaubnis einholen, wenn sie außer Haus gehen wollten, und sei es auch nur für zwanzig Minuten. Vor ihrem Schlafsaal stand eine große Uhr, und der Totenwärter musste sie stellen, bevor er zu Bett ging, damit der Direktor sah, wie lange er geschlafen hatte, und diejenigen bestrafen konnte, die sich ein nicht genehmigtes Nickerchen gönnen wollten. Abgesehen von der Aufsicht über die Leichen wurden die Wächter dazu eingesetzt, die Totenbahren und verschiedene andere Geräte zu reinigen, in dem vergeblichen Bemühen, den Gestank, der den verwesenden Körpern entströmte, zu bekämpfen.

116

Im Jahr 1834 veröffentlichte der praktische Arzt Carl Schwalbe aus Weimar ein Buch, in dem er die fünfundvierzigjährige Geschichte des deutschen Leichenhauses resümierte.[23] Er widmete es dem bedeutenden Gründer der Bewegung, Christoph Wilhelm Hufeland, der mittlerweile zweiundsiebzig Jahre alt war. Sein altes Leichenhaus in Weimar hatten in den napoleonischen Kriegen marodierende französische Truppen zerstört, doch 1825 war für 2500 Taler, eine für die damalige Zeit beträchtliche Summe, ein neues gebaut worden. Dieses neue Leichenhaus in Weimar galt als vorbildlich, und Schwalbe gab sich große Mühe, seine Funktionsweise eingehend zu erläutern. Er hoffte, dadurch Anstoß zum Bau ähnlicher Gebäude im Ausland zu geben. Sein Buch enthält drei vorzügliche Stiche von Ausrüstungsgegenständen. Die Totenbetten, Schnüre und Glocken glichen denen des Frankfurter Leichenhauses, obgleich Schwalbe im Übrigen wenig von den Forderungen von Ästheten und Architekten hielt, die Leichenhäuser als Teil der Sakralarchitektur zu betrachten. Die deutschen Leichenhäuser seien Hufelands Vermächtnis an die Deutschen, schrieb er, und sein ursprünglicher Bauplan sollte so weit wie möglich übernommen werden. Dr. Schwalbe hielt sich bei der Beschreibung des Verwesungsprozesses in dem warmen, stinkenden Raum des Leichenhauses zurück und beschränkte sich auf den Hinweis, dass arme Leute, deren Leichen von allen Arten von Ungeziefer wimmelten, möglichst rasch beerdigt werden sollten. Dr. L. Aug. Kraus schloss sich dieser Empfehlung an und wies darauf hin, dass in Fällen der gefürchteten Läusesucht, in denen das Opfer buchstäblich von Insekten, die sich in Geschwülsten unter der Haut vermehrten, bei lebendigem Leibe aufgefressen wurde, eine sehr frühzeitige Bestattung erforderlich sei, um eine Ansteckung zu verhüten.[24] Dr. Kraus empfahl auch, jeden Leichnam vor dem Begräbnis im Leichenhaus zu obduzieren, sowohl im Interesse der medizinischen Wissenschaft als auch, um sicherzustellen, dass niemand im Grab aufwachte. Im Jahr 1834 wurde im Leipziger Leichenhaus auf Geheiß des leitenden Arz-

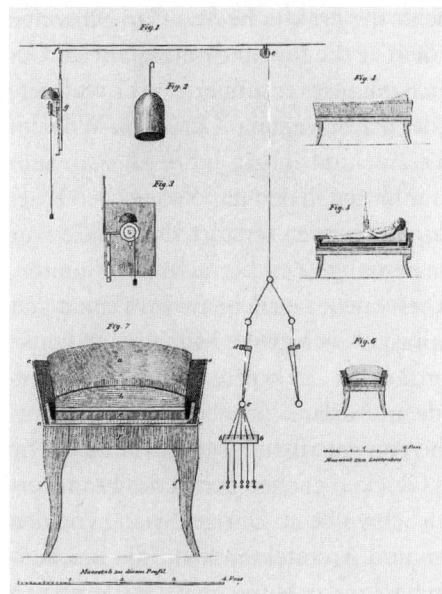

Außenansicht des zweiten Weimarer Leichenhauses und ein Entwurf seiner Leichenbetten, Schnüre und Wecker; zwei Bildtafeln aus Dr. Carl Schwalbes »Das Leichenhaus in Weimar« (Leipzig 1834).

Interessanterweise wird ein Rettungswecker, ähnlich dem auf Schwalbes Skizze, noch immer im Wiener Bestattungsmuseum aufbewahrt. Einem Museumsbesucher zufolge erzeugt er ein lautes, besonders unheimliches Klingelgeräusch. Dasselbe Museum stellte auch ein Messer aus, mit dem vermeintlichen Leichen ins Herz gestochen wurde, um sicherzustellen, dass sie wirklich tot waren, bevor sie beerdigt wurden.

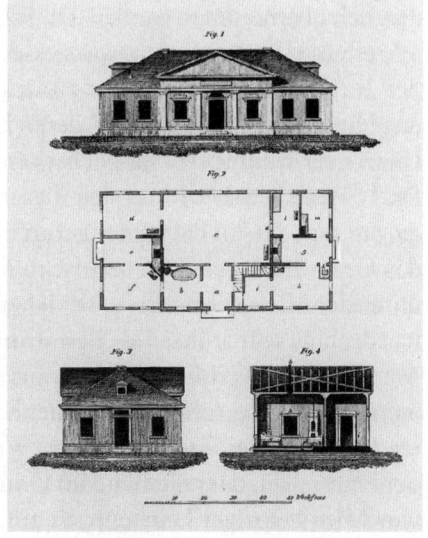

118

tes, Dr. Clarus, ein ausgeklügeltes Warnsystem installiert: Die Finger und Zehen jedes Körpers wurden über Schnüre mit einem modernen Uhrwerk verbunden, das der Uhrmacher Herr Zachariae angefertigt hatte.[25]

Doch schon zu Hufelands Lebzeiten gab es ominöse Anzeichen dafür, dass es um die Leichenhausbewegung nicht zum Besten bestellt war. Obgleich Mediziner wie Schwalbe und Krause und Architekten wie Atzel und Voit noch immer davon begeistert waren, verlor der deutsche Klerus, der, wie wir sahen, Hufeland in den neunziger Jahren des 18. Jahrhunderts nachhaltig unterstützt hatte, nach und nach den Glauben an die Leichenhäuser. Dies war vermutlich auf zwei voneinander unabhängige Faktoren zurückzuführen: Erstens muss es selbst für die überzeugtesten Philanthropen offenkundig gewesen sein, dass diese Leichenhäuser übel riechende, unwirtliche Gebäude waren, und so mancher Pfarrer dürfte das Leichenhaus als einen Schandfleck auf seinem Friedhof empfunden haben. Zweitens gab es Forderungen der Ärzteschaft, dass das großartige Vorhaben, in jeder deutschen Kleinstadt ein Leichenhaus zu bauen, *von der Kirche finanziert* werden sollte, und dies dürfte die Begeisterung der betroffenen hochrangigen Kleriker gedämpft haben. Auch unter den einfachen Leuten hatten die Leichenhäuser deutlich an Zuspruch verloren. Unbeeindruckt von den Gräuelgeschichten über vorzeitige Begräbnisse, die noch immer in Zeitungen und populären Schriften kursierten, weigerten sie sich entschieden, ihre Toten in den stinkenden Totenhäusern abzuliefern. Im Jahr 1830 schrieb Professor Carl Ludwig Klose aus Breslau, dass in den neunundzwanzig Jahren, in denen das Leichenhaus in dieser Stadt seine Pforten geöffnet hatte, ganze neunzehn Leichen, allesamt von wohlhabenden Bürgern, zur Beobachtung aufgenommen worden seien. In Freiburg und vermutlich auch in anderen deutschen Städten verbreiteten sich im niederen Volk Gerüchte, wonach das Leichenhaus nur Fassade sei und die Leichen, die man dorthin bringe, heimlich für medizinische Experimente missbraucht würden. Im Jahr 1842 war wegen »Patientenmangels« nur noch eines der sechs Leichenhäuser in Berlin in Betrieb. Ein französischer Arzt, der zu Besuch war, schrieb, dass nur noch ein Leichnam pro Woche in dieses einzige verbliebene Leichenhaus in der preußischen Hauptstadt eingeliefert würde. Im Jahr 1837 stand selbst das große Leichenhaus in Frankfurt am Main die meiste Zeit über leer. Nicht einmal einer von zehn Verstorbenen landete auf seinen Leichenbetten. Viele der Leichen, denen die Ausstellung im Leichenhaus erspart blieb, wurden bewusst von »Leuten der niedersten Stände zurückgehalten, in deren stumpfsinnige Schädel man die Idee der Aufbewahrung von putriden Leichen einfach nicht hineinkriegt«, wie es ein gewisser Dr. Graff verächtlich formulierte.[26] Ein Dr. von Steudel schrieb, Leichenhallen und andere Vorkehrungen zur Rettung von Scheintoten hätten im Staate Württemberg in den Jahren 1828 bis 1849 die gewaltige Summe von 400 000 Gulden verschlungen. Fast eine Million Leichen seien durch das System geschleust worden. Doch keine einzige sei in den Leichenhallen wieder zum Leben erwacht. Obgleich Dr. von Steudel nicht so weit ging zu behaupten, der Scheintod sei ein Hirngespinst, musste er doch zugeben, dass es sich dabei wohl um einen sehr seltenen Zustand handelte.[27]

Bis zur Mitte des 19. Jahrhunderts waren viele der kleineren deutschen Leichenhäuser entweder abgerissen oder anderen Verwendungen zugeführt worden. Andererseits waren die Leichenhäuser in größeren Städten wie Frankfurt, Mainz, München und Berlin noch immer in Betrieb, und es wurden sogar in der zweiten Hälfte des Jahrhunderts ziemlich viele neue Leichenhäuser gebaut: Das Leichenhaus in Mainz wurde 1865 renoviert, das Ulmer Leichenhaus 1872 und das Düsseldorfer 1875. Die Stadt Hamburg baute 1871 zwei dieser Häuser, und Stuttgart errichtete 1875 mit großem Aufwand ebenfalls zwei. Im Jahr 1871 beschloss die Stadt Lemberg, ihr altes Gebäude aus dem Jahr 1802

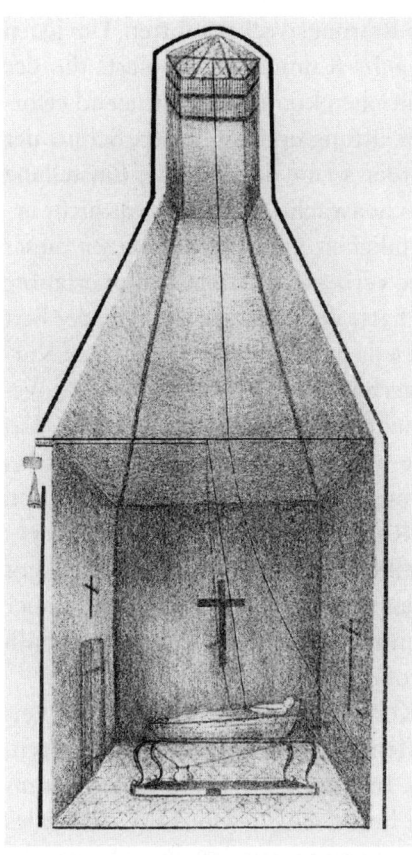

*Eine Kammer im Leichen-
haus von Frankfurt am
Main. Aus »De la mort et
de ses caractères« von
Dr. Josat, Paris 1854.*

abzureißen und ein neues mit einem elektrischen Warnsystem
für die Leichenbetten in den zwei Abteilungen zu errichten.[28]
Frankfurt hatte in den achtziger Jahren des 19. Jahrhunderts
zwei Leichenhäuser: eines aus dem Jahr 1828 und ein zweites, das
1848 umgebaut und später erweitert worden war. Das jüngere
Gebäude besaß eine Monumentalfassade und war besonders
eindrucksvoll. Nach einem neuartigen Entwurf erbaut, hatte es
keine große Leichenhalle, sondern einzelne Leichenkammern,
die jeweils mit einem Totenbett und Glockenzügen versehen wa-

ren, die zu einem mächtigen Rettungswecker führten. Um jeden Wachraum waren jeweils acht Kammern gruppiert, die der Wächter über ein Fenster einsehen konnte. Die dringend erforderliche Verbesserung der Belüftung und der bessere Schutz der individuellen Totenruhe wurden so um den Preis der Einstellung einer ganzen Armee von Leichenwächtern erzielt, was nicht bedeutete, dass sich die erbärmlichen Arbeitsbedingungen dieser Wärter in irgendeiner Weise verbessert hätten. Um unerlaubte Nickerchen zu erschweren, hatte der Aufsichtsraum weder Bett noch Tisch noch Stuhl, und jede halbe Stunde musste eine Kurbel gedreht werden, um zu verhindern, dass ein schallender Wecker ertönte, der dieses Pflichtversäumnis publik machte. Ein Franzose, der das Gebäude besichtigte, war der Ansicht, das Frankfurter Modell weise mit Abstand die beste Konstruktion auf, die er während seiner Rundreise durch deutsche Leichenhäuser gesehen habe: Er stellte diesem sauberen, personell gut ausgestatteten Totenhaus das Mainzer Leichenhaus mit seiner düsteren Atmosphäre gegenüber, in dem aufgedunsene, halb verweste Leichen in dem großen Saal lagen.[29]

Trotz der überlegenen Konstruktion des Frankfurter Leichenhauses ließen sich die Menschen nur schwer dazu bewegen, ihre Toten dort abzuliefern. Im Jahr 1865 bekundete ein französischer Schriftsteller sein Entsetzen, als er erfuhr, dass jedes Jahr nur hundert Leichen aufgenommen wurden. Das große, personell gut besetzte Totenhaus war für eine sehr viel größere Zahl ausgelegt.[30] Doch bei der schrecklichen Cholera-Epidemie von 1869 verfügte die Obrigkeit, dass jede Leiche vor dem Begräbnis ins Leichenhaus gebracht werde. Diese Anordnung blieb in Kraft, nachdem die Epidemie abgeflaut war, obgleich die Bürger, die nicht wollten, dass ihnen die Leichen ihrer toten Verwandten weggenommen wurden, und die Armen, die fürchteten, die Anatomen würden mit den Leichen unstatthaft schalten und walten, heftig dagegen protestierten. In den achtziger Jahren des 19. Jahrhunderts hatte sich allgemein die Überzeugung durchgesetzt, dass jeder Leichnam vor der Bestattung im Leichenhaus auf Lebenszeichen hin beobachtet werden sollte. Das war auch in München der Fall, wo mehrere Häuser, von denen eines den Anhängern des jüdischen Glaubens vorbehalten war, erst in den achtziger und neunziger Jahren des 19. Jahrhunderts ihre Pforten öffneten. Ein französischer Autor berichtet, dass München in den achtziger Jahren sechs Leichenhäuser hatte, in denen zwar alle Verstorbenen abgeliefert werden mussten, die jedoch bei den Bürgern nicht sonderlich beliebt waren.[31] Das Leichenhaus Nord war mit seinen drei Reihen von jeweils zwanzig reich verzierten Leichenbetten aus Holz besonders eindrucksvoll. Die Toten ruhten auf Sockeln, die mit einer Zinkwanne voll antiseptischer Flüssigkeit versehen waren. Der Kopf der Leiche wurde angehoben und auf ein Kissen gelegt und ein Finger der auf der Brust gefalteten Hände in einen Ring gesteckt. An diesem war eine Schnur befestigt, die mit den zentralen Rettungsweckern in Verbindung stand. Es gab einen Saal für die Armen und einen für die Reichen, die einen eleganteren und üppigeren Blumenschmuck hatten. Während der achtundvierzig oder zweiundsiebzig Stunden, in denen die Leichen in diesem Totenhaus aufgebahrt lagen, wurden sie von dem Wächter beaufsichtigt, dessen

Frontansicht des Münchner Leichenhauses in den neunziger Jahren des 19. Jahrhunderts. Aus W. Tebb und E.P. Vollum, »Premature Burial and How It May Be Prevented«, London 1905.

einfaches, schmales Gelass an allen Seiten mit Fenstern versehen war, so dass er nicht einen Moment lang dem Anblick (und Geruch) seiner stummen Klientel entgehen konnte. Jede Stunde musste dieser arme Teufel einen Rundgang machen und sich alle Leichen genau ansehen. Er durfte die Leichenhalle nicht einmal für einen Augenblick verlassen; und in der Nacht wurde er oft durch das schrille Läuten des mächtigen Rettungsweckers aus dem Schlaf gerissen, da die geringste Bewegung der sich zersetzenden Körper den Mechanismus auslöste.[32]

In mehreren Darstellungen heißt es, die Leichenhäuser von München und Frankfurt seien für Besucher geöffnet gewesen. Entweder sahen die städtischen Behörden in den Eintrittsgeldern einen willkommenen Beitrag zu den erheblichen Unterhaltungskosten dieser großen Leichenhäuser, oder sie hofften, dass ausländische Touristen von diesen effizienten, modernen Einrichtungen so angetan wären, dass sie die Saat von Hufelands großem Werk in fremdländischen Boden pflanzen würden. Die Leichenhäuser gehörten zu den Sehenswürdigkeiten dieser Städte und hinterließen bei den Ausländern, die sie besichtigten, gewiss einen bleibenden Eindruck, auch wenn sie eher Grauen und Ekel als Bewunderung empfunden haben dürften. Bei einem Besuch in Frankfurt war der britische Schriftsteller Wilkie Collins so beeindruckt von dem makabren Totenhaus, dass er später einen seiner Gruselromane darin spielen ließ.[33] Ein amerikanischer Journalist, der das Münchner Leichenhaus besucht hatte, schrieb, er werde die langen Reihen von Leichen, die Hochzeitskleider getragen hätten und an deren Händen und Füßen Glockenzüge befestigt gewesen seien, und die ängstlichen Gesichter der Wächter, die durch die Fenster spähten, nie mehr vergessen. Er beendete seinen Artikel mit den Worten: »Mich dauert der Fremde, der hinter den Toren Münchens verscheidet. Denn hier wird jedermann – ob reich oder arm, ob Freund oder Feind – mit der gleichen Ungerechtigkeit behandelt.«[34] Anfang der achtziger Jahre des 19. Jahrhunderts besichtigte Samuel Langhorne Clemens, be-

Hauptsaal des Münchner Leichenhauses, darin leere Leichenbetten mit Blumenarrangements und die Anordnung der Schnüre, die zur zentralen Glocke führen. Aus W. Tebb und E.P. Vollum, »Premature Burial and How It May Be Prevented«, London 1905.

Anderer Blick auf den Hauptsaal des Münchner Leichenhauses: Mehrere Leichen sind über Schnüre mit dem Rettungssystem verbunden. Die stark duftenden Blumen sollen einerseits den Verwesungsgeruch übertönen und andererseits der an sich schauerlichen Szene ein Schmuckelement hinzufügen. Aus W. Tebb und E.P. Vollum, »Premature Burial and How It May Be Prevented«, London 1905.

kannter unter dem Namen Mark Twain, eines der beiden noch in Betrieb befindlichen Leichenhäuser Münchens. Dieser Besuch hinterließ einen nachhaltigen Eindruck in ihm, und seine Beschreibung verdient es, wörtlich zitiert zu werden:

»Ein gruseliger Ort, dieser weite Raum. In drei langen Reihen auf leicht schräggestellten Brettern auf dem Rücken ausgestreckt waren dort sechsunddreißig Leichen von Erwachsenen zu sehen – alle mit wachsbleichem, starrem Gesicht und alle in weiße Leichentücher gehüllt. An den Seitenwänden des Raums fanden sich Erkern gleichende tiefe Alkoven, und in jedem lagen mehrere marmorgesichtige Kinder, ganz unter Hügeln von frischen Blumen versteckt und begraben, bis auf die Gesichter und die übereinandergelegten Hände. Jede dieser fünfzig reglosen Gestalten, die großen wie die kleinen, trug an einem Finger einen Ring, von dem ein Draht zur Decke und von dort zu einer Glocke in einem Wachzimmer nebenan führte, wo Tag und Nacht ein Wächter sitzt, stets bereit, aufzuspringen und jedem aus der bleichen Gesellschaft zu Hilfe zu eilen, der, vom Tode erwacht, etwa eine Bewegung macht, denn auch die leiseste Bewegung lässt den Draht zucken und jene unheimliche Glocke läuten. Ich stellte mir vor, wie ich dort als Schildwache des Todes in der nur schleppend vergehenden Wache während einer vom Klagen des Windes erfüllten Nacht allein vor mich hin döse, und der unvermittelte Lärm jenes schreckliches Rufs meinen ganzen Körper plötzlich in bebendes Gelee verwandelt.«[35]

Erst 1898 wurden die Rettungsapparate für Scheintote auf Anweisung der Stadtverwaltung aus den Münchner Leichenhäusern entfernt.[36] Einige andere deutsche Leichenhäuser behielten die Alarmsysteme sogar noch länger bei. Noch in den vierziger Jahren waren die Leichenhallen einer großen Klinik im Elsass und das Hauptleichenhaus in Straßburg mit elektrischen Rettungsapparaten für Scheintote ausgestattet: Jeder Leiche wurde bei der Aufnahme ein Druckschalter, der mit dem zentralen Rettungswecker verbunden war, in die Hand gelegt.[37]

126

Trotz der Aufrufe von Hufeland und Schwalbe wurden außerhalb Deutschlands nur wenige Leichenhäuser gebaut. In Frankreich zog sich die Debatte über die Frage, ob Leichenhäuser errichtet werden sollten oder nicht, über einhundert Jahre hin. François Thiérrys Buch, ein Plädoyer für den Bau von Leichenhäusern, hatte viele interessierte Leser gefunden, unter anderem Madame Suzanne Necker, die Ehefrau von Jacques Necker, dem Finanzminister unter Ludwig XVI. Sie hatte einst ein Krankenhaus in Paris besichtigt, dessen Pflegekräfte entweder so abgestumpft oder so nachlässig waren, dass sie schon sterbende Patienten in Särge legten. Zutiefst empört über dieses schändliche Treiben, malte sich Suzanne Necker aus, was geschehen könnte, wenn der arme Mensch im Sarg bei seinem Begräbnis nicht wirklich tot war. Bis ans Ende ihrer Tage lebte sie nun in der Furcht, lebendig begraben zu werden. Im Jahr 1790 folgte sie dem Beispiel Thiérrys und verfasste einen Aufruf zum Bau von Leichenhäusern, der jedoch keine große Resonanz hervorrief.[38]

Graf Leopold von Berchtold, der bereits an den Kaiser von Österreich-Ungarn und mehrere andere europäische Herrscher appelliert hatte, brachte 1792 einen Antrag in die französische Nationalversammlung ein, in dem er den Bau von Leichenhäusern in Frankreich forderte.[39] In einem Land, das mitten in den Wirren der Revolution steckte, blieb er mit diesem Ansinnen ebenso erfolglos wie Madame Necker. Doch auch unter der Revolutionsregierung gab es Menschen, denen das Schicksal der Scheintoten am Herzen lag. Im Jahr 1794 stellte ein gewisser Bürger Avril beim Generalrat des Departements Seine den Antrag, neun Leichenhäuser in Paris zu bauen. Im Jahr 1799 reichte der Bürger Cambry einen detaillierteren Antrag ein. Vier *temples funéraires*, reich verzierte und elegant gestaltete Leichenhäuser, bar aller religiösen Symbole, sollten sämtliche Verstorbene von Paris aufnehmen und mit allen notwendigen Apparaten zur Beobachtung und Wiedererweckung von Scheintoten ausgerüstet werden.[40] Die Idee fand die Unterstützung der Revolutionsregierung, der ihre antireligiösen Untertöne gefielen, und der Präfekt von Paris ließ Pläne für sechs Tempel in der französischen Hauptstadt ausarbeiten. Doch dies war unmittelbar, bevor sich Napoleon Bonaparte zum Ersten Konsul aufschwang. Obwohl der Präfekt von Paris, Monsieur Fiochot, und der Dekan der medizinischen Fakultät, Dr. Dessartz, ihn bedrängten, die Totenhäuser zu bauen, wischte Napoleon die Idee vom Tisch, und während seiner Herrschaft wurden keine weiteren Vorschläge zum Bau von Leichenhäusern mehr gemacht. Stattdessen wurde im Code Napoléon festgelegt, dass im gesamten französischen Kaiserreich zwischen Tod und Begräbnis vierundzwanzig Stunden liegen mussten.

In Dänemark kam es nach Hufelands erstem Aufruf zu einer breiten Kampagne für den Bau eines Leichenhauses. 1793 forderte der Geistliche D. C. Bastholm mit der Begründung, was in Weimar und Braunschweig notwendig sei, brauche man auch in Skandinavien, die Errichtung eines Leichenhauses in Kopenhagen.[41] Es sollte ein exakter Nachbau von Hufelands erstem Gebäude sein, und um Geld zu sparen, sollten die beiden Wächter rund um die Uhr in Zwölfstundenschichten arbeiten. Pfarrer Bastholm hoffte, durch eine öffentliche Subskription die notwendigen Mittel für das erste dänische Leichenhaus aufbringen zu können. Er fügte drohend hinzu, eine Person, die sich der Sünde schuldig mache, mehr Geld beim Kartenspiel zu verwetten, als nötig sei, um sich einen Platz im Leichenhaus zu sichern, dürfe auf keinerlei Erbarmen rechnen, wenn er oder sie unter der Erde in einem engen Sarg aufwache. Doch trotz des Aufrufs dieses finsteren Geistlichen wurde erst 1808 ein Leichenhaus auf dem Assistens-Friedhof von Kopenhagen errichtet. Es war mit Leichenbetten, Schnüren und Weckern ausgestattet, und ein Wärter blies eine Trompete unmittelbar neben den Ohren seiner Schützlinge, um sicherzugehen, dass sie sich nicht tot stellten.[42] Dieses Leichenhaus wurde bis etwa 1850 genutzt, doch der Rettungsapparat für Scheintote wurde schon sehr viel früher aus-

128

rangiert. Vorschläge zum Bau weiterer Leichenhäuser in Dänemark und Schweden wurden nicht weiterverfolgt.[43]

In Österreich-Ungarn fand Hufelands Aufruf breite Beachtung. Als Erstes wurde er von dem Arzt Adalbert Zarda aufgegriffen, der 1797 in Prag ein kleines Leichenhaus bauen ließ.[44] Vieles deutet darauf hin, dass sowohl Wien als auch einige kleinere österreichische Städte in den dreißiger Jahren des 19. Jahrhunderts Leichenhäuser hatten. Im Jahr 1860 wurde nach einem Aufruf des Pädiaters Franz Hügel auf dem Wiener Zentralfriedhof ein neues Leichenhaus errichtet, das mindestens bis 1874 und vermutlich sogar noch länger in Betrieb war.[45] Es hatte eine große Totenhalle, in der sich, ähnlich wie in einem großen Krankensaal, ein Leichenbett an das andere reihte. Selbst im Vergleich zu

Die Totenhalle des Leichenhauses auf dem Wiener Zentralfriedhof, aus dem »Illustrirten Wiener Extrablatt« vom 5. Oktober 1874. Abdruck mit freundlicher Genehmigung der Österreichischen Nationalbibliothek, Wien.

den führenden deutschen Leichenhäusern war das Wiener Leichenhaus ultramodern, und seine Leichenbetten waren mit elektrischen Kontakten und Weckern neuesten Typs ausgestattet. Man nahm an, dass sie nicht so leicht Fehlalarm auslösen würden, und der Totenwächter konnte bequem vor einer großen Schalttafel sitzen und die kleinen elektrischen Wecker unter den Täfelchen für die einzelnen Leichenbetten beobachten, ähnlich wie ein Hotelportier, der darauf wartet, dass einer der Gäste nach dem Zimmerservice klingelt. Es gab auch eine kleine Totenkammer für Selbstmörder, in der bemerkenswerterweise kein elektrischer Rettungsapparat installiert war.

In Italien vernahm man zwar in zahlreichen Städten Aufrufe zum Bau von Leichenhäusern, doch sie verliefen alle im Sand. Und auch in Spanien wurde nie eine Leichenhalle im engeren Sinne gebaut. Einer Quelle zufolge gab es 1812 ein Leichenhaus in Lissabon, doch es soll sich um eine vorübergehende Einrichtung gehandelt haben, die wegen einer Epidemie und nicht aus Angst vor einem vorzeitigen Begräbnis gegründet wurde. In den vierziger Jahren des 19. Jahrhunderts schwappte dann eine Woge der kollektiven Angst vor verfrühter Bestattung durch Lissabon. Einem zeitgenössischen Bericht zufolge kam es zu Ausschreitungen, als Forderungen, Leichenhäuser zu bauen, nicht erfüllt wurden, und der Minister Costa-Cabral musste wegen dieser Unruhen zurücktreten.[46] In einer holländischen Schrift aus dem Jahr 1837 wird behauptet, dass zur damaligen Zeit neben zahlreichen deutschen Städten auch Paris, Lissabon und Kopenhagen über Leichenhäuser verfügt hätten.[47]

Die Aufrufe von Hufeland und Schwalbe gelangten auch nach Belgien und in die Niederlande. Brüssel hatte angeblich ein Leichenhaus mit vierzehn Betten, das von Dr. Janssens, dem Leiter des Hygiene-Amts, entworfen worden war und in der Nähe der Kirche St. Catherine lag. Es war noch in den siebziger Jahren des 19. Jahrhunderts in Betrieb, und zu dieser Zeit gab es auch in Amsterdam zwei Leichenhäuser.[48] Den Haag hatte zu verschiedenen Zeiten drei Leichenhäuser, von denen das »Schijndodenhuis« (Scheintotenhaus) auf dem Algemeen Begraafplaats das eindrucksvollste war. Dieses elegante Gebäude, das in den Jahren 1829 bis 1831 erbaut wurde, war offenkundig von der deutschen Sepulkralarchitektur im Stile Palladios beeinflusst. Es war mit einem Wiedererweckungsapparat aus Weckern und Schnüren ausgestattet, der jedoch nur sehr kurze Zeit zum Einsatz kam. Das Schijndodenhuis diente viele Jahre lang als gewöhnliche Leichenhalle und wurde in jüngster Zeit restauriert und zu einem Bürogebäude umgebaut. Sein äußeres Erscheinungsbild ist seit den dreißiger Jahren des 19. Jahrhunderts weitgehend unverändert geblieben, und es ist möglicherweise das letzte Relikt dieses besonderen Typus der Sepulkralarchitektur.[49] Einige der alten deutschen Leichenhäuser blieben bis weit ins 20. Jahrhundert hinein erhalten, auch wenn sie in Kapellen oder gewöhnliche Leichenhallen umfunktioniert wurden: Das Leichenhaus von Worms wurde 1945 zerstört, und das Leichenhaus von Speyer war sogar noch 1959 völlig unversehrt.[50]

Es gibt eine sehr seltsame Notiz in einer deutschen Zeitschrift über ein Leichenhaus, das angeblich in den zwanziger Jahren des 19. Jahrhunderts in New York in Betrieb war.[51] Die amerikanischen Leichenhauspioniere sollen einen nicht näher beschriebenen Rettungsapparat für Scheintote eingesetzt haben, der zu dem verblüffenden Ergebnis führte, dass von zwölfhundert vermeintlichen Leichen sechs wieder zum Leben erwachten. Im gleichen Beitrag wird behauptet, in einem niederländischen Leichenhaus sei ein ähnlich hoher Prozentsatz an Rettungen zu verzeichnen gewesen: Von eintausend »Patienten« seien fünf wiedererwacht, so dass die Häufigkeit des Scheintods in beiden Populationen 0,5 Prozent betrug. Wahrscheinlich ist diese Geschichte eine von vielen Enten, wie sie von den deutschen Befürwortern der Leichenhäuser verbreitet wurden, die für Propagandazwecke nicht vor falschen Behauptungen zurückschreckten und deswegen Horrorgeschichten über die Martern des vorzeitigen Begräbnisses erfanden. Dies ist der einzige Hinweis auf die Existenz eines Leichenhauses in den Vereinigten Staaten. In Großbritannien wurden immer wieder Forderungen nach Leichenhäusern laut, doch eine Mischung aus Sparsamkeit, hygienischen Erwägungen und Fremdenfeindlichkeit verhinderte, dass die Idee in britischem Boden Wurzeln schlug.[52] Die Ärzteschaft verurteilte einhellig die Angst der Kontinentaleuropäer vor dem vorzeitigen Begräbnis und war sich darin einig, dass diese ekelhaften ausländischen Hirngespinste nicht auf Englands grünes und ergötzliches Land vorgelassen werden dürften.

Die Annalen der deutschen Leichenhäuser sind ein »vergessenes« Kapitel der Geschichte.[53] Selbst deutsche Schriftsteller, die sich mit dem Thema befassen, konzentrieren sich auf architektonische und gesellschaftliche Aspekte und meiden die zentralen Fragen: Weshalb wurden diese bizarren Totenheime überhaupt gebaut? Weshalb blieben sie über einhundert Jahre lang in Betrieb? Haben sie jemals irgendeinem Zweck gedient? Die erste Frage lässt sich relativ leicht beantworten. Die anderen beiden sind komplexer. Christoph Wilhelm Hufeland war in den neunziger Jahren des 18. Jahrhunderts bereits ein hoch angesehener Arzt, und diese Hochachtung wurde mit der Zeit zu einer regelrechten Verehrung. Hufeland verkörperte das Ideal des menschenfreundlichen, gelehrten Arztes, und viele seiner Ideen erlangten einen erstaunlichen Bekanntheitsgrad. Der Vorschlag, Leichenhäuser zu bauen, hatte nur dann eine Chance, verwirklicht zu werden, wenn in der Ärzteschaft weitgehende Einigkeit darüber bestand, dass die Verwesung das einzige untrügliche Kennzeichen des Todes sei. In den neunziger Jahren des 18. Jahrhunderts war dies in Frankreich und in den deutschen Staaten der Fall, weniger in Holland und Skandinavien und überhaupt nicht in Großbritannien. Zweitens mussten die Urheber dieses Vorschlags die Obrigkeit dazu bringen, das Bauprogramm zu finanzieren. Dies war aufgrund von Hufelands Einfluss, diplomatischem Geschick und guten Beziehungen zu hohen geistlichen Würdenträgern in vielen deutschen Städten möglich. In Frankreich gab es keine so einflussreiche Persönlichkeit, die sich an die Spitze einer entsprechenden Kampagne hätte stellen können. Es ist möglich, aber keineswegs sicher, dass sich dort das System der Leichenhäuser dennoch durchgesetzt hätte, wenn die Französische Revolution die Pläne von Madame Necker und Graf von Berchtold nicht durchkreuzt hätte. Mitte des 19. Jahrhunderts war Hufelands Ruhm derart mächtig, dass jedes Mal, wenn ein deutscher Arzt oder Kleriker es wagte, die Nützlichkeit der Leichenhäuser in Frage zu stellen, ihn empörte Kollegen gemahnten, die Leichenhäuser seien »Hufelands Erbe« und die geringste Kritik an den Leichenhäusern stelle die Autorität des bedeutenden Mannes in Frage. Als sich auf dem Internationalen Kongress für Hygiene in Brüssel im Jahr 1852 ein gewisser Dr. Varrentrapp zu Wort meldete und forderte, alle Leichenhäuser zu schließen, da seit vielen Jahren keine einzige der darin aufgebahrten Leichen wieder zum Leben erwacht sei, kannte die Empörung der deutschen Ärzte keine Grenzen.[54] Hufeland hatte eine beachtliche Schar von Jüngern, und noch weit nach der Mitte des 19. Jahrhunderts hielt die Mehrheit der deutschen Ärzteschaft an dem alten Dogma fest, das einzige untrügliche Todeszeichen sei die Fäulnis. Obgleich damals klar war, dass kein anderes Land dem deutschen Beispiel folgen würde, und trotz des Widerstandes des Klerus und der unteren Volksschichten, behielten die größeren Städte ihre alten Leichenhäuser bei oder bauten sogar neue, modernere, was vermutlich auf eine Mischung aus Konservatismus und ärztlicher Unsicherheit zurückzuführen war. Die eingestandene Unfähigkeit der deutschen Ärzteschaft, den Tod mit hinlänglicher Sicherheit festzustellen, hatte dazu geführt, dass die Ärzte die Macht über die Leichenhäuser verloren, und die autoritären Regierungen beschlossen, das alte System zu bewahren und gesetzlich vorzuschreiben, alle Frischverstorbenen müssten in Leichenhäuser eingeliefert werden.

Wie viele Menschenleben wurden durch die deutschen Leichenhäuser tatsächlich gerettet? Im Jahr 1843 behauptete der französische Leichenhausbefürworter Léonce Lenormand, ein Berliner Apotheker habe ihm gesagt, im Berliner Leichenhaus seien innerhalb von zweieinhalb Jahren zehn Menschen wiedererwacht[55], aber diese Angabe erwies sich als freie Erfindung.[56] Ein deutscher Schriftsteller behauptete, bis zum Jahr 1847 sei kein einziger Scheintoter in den deutschen Leichenhäusern entdeckt worden, und niemand legte Beweise für das Gegenteil vor.[57] Der Franzose Jules-Antoine Josat, der eigentlich Argumente für den Bau von Leichenhäusern in Frankreich zusammentragen wollte, besuchte 1845 die Leichenhäuser von Frankfurt, Sachsenhausen, Mainz und München. Am Ende musste er freilich erkennen, dass in diesen Einrichtungen in den letzten dreiundzwanzig Jahren über 46 500 Leichen beobachtet worden waren, ohne dass man einen einzigen Scheintoten entdeckt hatte.[58] Auch ein weiterer Anhänger der französischen Bewegung zur Verhütung verfrühter Begräbnisse, der in den sechziger Jahren des 19. Jahrhunderts aktiv war, konnte keinerlei Belege dafür finden, dass überhaupt ein Mensch in den deutschen Leichenhäusern wieder zum Leben erwacht war.[59] In den neunziger Jahren des 19. Jahrhunderts schrieb der französische Leichenhauspropagandist B. Gaubert an die Stadtverwaltungen von München und Frankfurt, um in Erfahrung zu bringen, ob in ihren Totenhäusern Menschen zum Leben erwacht seien.[60] Der Bürgermeister von München, Herr Ehrhart, antwortete, mehrere Menschen seien im Leichenhaus der Stadt wiederbelebt worden, machte jedoch keine genaueren Angaben. Herr Schmitt, der Direktor des Frankfurter Leichenhauses, schrieb, 1840 sei der Leichnam eines Mädchens mindestens neun Tage lang in der Leichenhalle aufgebahrt worden, da die Verwesung nicht eingesetzt habe. Die Leichenwache sei erst beendet worden, als die Leiche vor den trauernden Eltern aufgeplatzt, ja geradezu explodiert sei. Falls der Leichenhausdirektor die Absicht gehabt

134

haben sollte, seinem französischen Briefpartner die Nützlichkeit seiner Einrichtung zu verdeutlichen, dann verfehlte sein Brief dieses Ziel gründlich. Wenn seine schaurige Anekdote auch nur im Entferntesten repräsentativ war für das, was sich innerhalb der Mauern seiner Anstalt ereignete, dann lieferte er ein starkes Argument für deren Schließung. Etwa zur gleichen Zeit stellte der Engländer William Tebb ähnliche Nachforschungen an. Das Einzige, was er dabei herausfand, war die folgende Geschichte: Im Münchner Leichenhaus war einmal ein kleines Mädchen wiedererwacht. Man hatte es sitzend auf dem Leichenbett angetroffen, wo es mit den weißen Rosen der Blumenarrangements spielte. Als die Mutter im Leichenhaus eintraf und ihr Kind lebend vorfand, erfasste sie eine so überwältigende Freude, dass sie auf der Stelle tot umfiel.[61] Die Geschichte verrät uns nicht, ob ihr lebloser Körper auf dasselbe Leichenbett gelegt wurde, das kurz zuvor von ihrer Tochter frei gemacht worden war, aber das spielt keine Rolle, denn die Anekdote erwies sich als pure Erfindung eines skrupellosen Journalisten.[62] Die in den neunziger Jahren des 19. Jahrhunderts gefasste endgültige Entscheidung, die Wiedererweckungsapparate aus vielen Leichenhäusern zu entfernen, basierte auf der Tatsache, dass viele Jahre lang in den deutschen Leichenhäusern kein einziger Scheintoter wiedererweckt worden war.[63]

SICHERHEITSSÄRGE

Für Todte haben Gelder wir,
Und um Lebend'ge handelt's hier!
Man sühnt wohl solche Grausamkeit
Nicht mehr in aller Ewigkeit.

Für Tänzer giebt es Raum und Zeit –
O, tiefbethörte Menschlichkeit!
Ihr alle seid so schlecht als blind,
Solang' nicht Leichenhäuser sind!

Friederike Kempner, »Logik«

Wie beschrieben lauteten die beiden Haupteinwände gegen die
deutschen Leichenhäuser, ihr Bau und ihr Unterhalt verschlän-
gen zu viel Geld, und viele Menschen fänden sie unheimlich. Als
die anfängliche Begeisterung für diese Totenheime verblasste,
schreckten selbst viele Deutsche nicht davor zurück, das Gesetz
zu brechen, um die Leichen ihrer verstorbenen Angehörigen vor
den verhassten Totenbetten des Leichenhauses zu bewahren. Einige der deutschen Vorkämpfer der Bewegung gegen vorzeitige
Begräbnisse griffen diese Bedenken auf und gaben zu, dass Leichenhäuser ihre Schwächen hätten: Es sei der Toten nicht würdig,
wenn man sie einer feuchten Atmosphäre zwischen Reihen anderer verwesender Leichen aussetze, besonders wenn nicht nur
Angehörige der Toten, sondern auch viele zahlende Besucher
nach Lust und Laune zwischen den Leichen wandelten. Zudem,
so behaupteten sie, stelle der wirklich penetrante Verwesungsgeruch, der aus den größeren Leichenhäusern dringe, eine ernsthafte Gefahr für die öffentliche Gesundheit dar. In den neunziger
Jahren des 18. Jahrhunderts wurde eine alternative Schutzvorrichtung gegen den gefürchteten Scheintod vorgeschlagen: der
Sicherheitssarg. An dem ersten Versuch, einen solchen Sarg zu
bauen, war kein Geringerer als Herzog Ferdinand von Braun-

schweig beteiligt, der Herrscher eines deutschen Kleinstaates. Er hatte Gräuelgeschichten von vorzeitigen Begräbnissen gelesen, und gerade rechtzeitig zu seinem eigenen Ableben, im Jahr 1792, befahl er einigen geschickten Zimmerleuten, einen speziellen Sarg für ihn anzufertigen. Dieser hatte ein Fenster, das Licht hereinließ, ein Luftloch, das ihn vorm Ersticken bewahren sollte, und einen Schließmechanismus, er wurde also nicht einfach zugenagelt. Der Herzog hatte in einer speziellen Tasche in seinem Totenhemd ein Paar Schlüssel – einen für den Sargdeckel und einen zweiten für die Grufttür.[1]

Sicherheitssärge, die so ausgeklügelt waren wie der von Herzog Ferdinand, waren für einfache Leute unerschwinglich. Außerdem war es sehr viel schwieriger, einen Sicherheitssarg für ein gewöhnliches Friedhofsgrab zu konstruieren als einen entsprechenden Sarg für die Gruftbestattung. Dies hielt jedoch zahlreiche begeisterte Erfinder nicht davon ab, alternative Vorrichtungen vorzuschlagen.[2] P. G. Pessler, ein deutscher Dorfpfarrer, trat 1798 mit einer neuartigen Idee an die Öffentlichkeit. Er schlug vor, an jedem Sarg, der auf dem Friedhof in die Erde gesenkt wurde, eine Röhre anzubringen. Ein Seil, das mit der nahegelegenen Kirchenglocke verbunden war, sollte von oben in diese Röhre geschoben werden, damit der Scheintote sein Erwachen durch fröhliches Glockenläuten anzeigen könne.[3] Der Plan des Pfarrers berücksichtigte freilich weder das Gewicht der Glocke noch die Schwäche des armen Teufels in der Kiste unter der Erde. Pastor Beck, ein Kollege Pesslers, empfahl stattdessen, eine Öffnung im Sarg mit Glockenzügen, Glocken und einer Luftröhre zu versehen. Ein anderer wohlmeinender deutscher Kleriker regte an, alle im Erdreich begrabenen Särge mit einer Röhre zu versehen, ähnlich dem Sprachtrichter, wie er auf Schiffen verwendet wurde. Der örtliche Pfarrer solle jeden Morgen den Friedhof begehen und bei jedem frischen Grab anhalten, um am Geruch zu überprüfen, ob die Verwesung des Leichnams so weit fortgeschritten sei, dass die Röhre entfernt werden könne. Trete gar kein Verwesungsgeruch auf, solle der Sarg nach ein paar Tagen ausgegraben und der Leichnam von einem Arzt untersucht werden. Wenn aus dem Sprachtrichter ein Hilferuf erschalle, solle die Exhumierung selbstverständlich umgehend erfolgen.[4]

Der Erfinder Johann Georg Hypelli war mit diesen Ideen nicht einverstanden: Der lebendig Begrabene sei krank und schwach und habe daher nicht die Kraft, durch den Sprachtrichter um Hilfe zu rufen oder den Glockenstrang zu ziehen. Außerdem höre nachts, wenn der Friedhofswärter schlafe, sowieso niemand das schwache Säuseln der verzweifelt geläuteten Glocken.[5] Stattdessen schlug Hypelli vor, auf jedem größeren Friedhof einen mächtigen mechanischen Rettungswecker aufzustellen und je-

Undatierter deutscher Stich, der einen kuriosen Rettungsapparat für Scheintote zeigt, ähnlich dem von Pastor Pessler beschriebenen. Aus der Sammlung des Autors.

den Sarg mit einer speziellen Vorrichtung unmittelbar über dem Kopf des Verstorbenen auszustatten. Jeder lebendig Begrabene würde instinktiv versuchen aufzustehen, schrieb er, und der Stoß des Kopfes gegen den Sargdeckel werde eine Schnur freigeben, die den Wecker zum Läuten bringe. Die Schwäche dieser Methode bestand darin, dass der Sarg kein Luftloch hatte, aber Hypelli war vermutlich ein Anhänger der Theorie, dass Scheintote auch ohne Zugang zu Frischluft überleben beziehungsweise im Sarg wiedererwachen könnten. Er betonte die niedrigen Kosten seiner Erfindung: Zwei bis drei Wecker würden für einen großen Friedhof ausreichen, wenn sie auf eingeschmierten hohen Pfosten angebracht würden, die sie für Diebe unerreichbar machten. Man könnte einen gebrechlichen Alten in einer Hütte unmittelbar unterhalb des Weckers unterbringen und so die Kosten für einen richtigen Wächter einsparen.

In den neunziger Jahren des 18. Jahrhunderts, als die Sorge um die Scheintoten in den deutschen Staaten ihren Höhepunkt erreichte, tauchten viele derartige Ideen auf. Ein Vorschlag lautete sogar, nur sehr leichte Särge zu benutzen und jeder Leiche eine Axt und einen Spaten mit ins Grab zu geben, so dass sie oder er einen Tunnel zur Erdoberfläche graben könne, um wieder in den Schoß der Menschheit zurückzukehren.[6] Selbst der freundliche Hufeland musste zugeben, dass diese Ideen eher von der christlichen Glaubenskraft und dem philantropischen Eifer dieser deutschen Pfarrer zeugten als von ihrer Intelligenz und ihrem Sinn für das Praktische.

Der erste Sicherheitssarg, der Anspruch auf Anwendbarkeit erheben konnte, wurde von Adolf Gutsmuth, dem Stadtarzt von Seehausen in der Altmark, erfunden. Im Jahr 1822 stellte er einen selbst entworfenen Sarg vor, der über eine lange Röhre mit der Erdoberfläche verbunden war. Durch diese Röhre drang Luft in den Sarg, und es konnte eine Laterne hinabgelassen werden, wenn die Person im Innern einen Mechanismus auslöste. Ein zusätzlicher Vorteil bestand darin, dass man dem wiedererwachten Scheintoten über eine zweite Röhre, die sich innerhalb der größeren Röhre befand, Nahrungsmittel und Getränke zukommen lassen konnte, während der Sarg ausgegraben wurde. Der heldenmütige Dr. Gutsmuth prüfte seinen Sarg am eigenen Leibe, indem er sich lebendig unter fünf Fuß festgestampftem Erdreich begraben ließ. Als er nach einer Stunde wieder ausgegraben wurde, war er dank seines Sicherheitssystems wohlauf. Sein nächstes Vorhaben war noch gewagter: Er ließ sich in einem luftdicht verschlossenen Sarg legen, um herauszufinden, wie lange genau ein Mensch am Leben blieb, nachdem er lebendig begraben worden war. Das Ergebnis ist leider nicht bekannt, außer dass Dr. Gutsmuth überlebte. Im Jahr 1822 ließ er sich ein weiteres Mal in seinem Sicherheitssarg bestatten. Diesmal harrte er mehrere Stunden unter der Erde aus und nahm eine Mahlzeit aus Suppe, Bier und Würstchen ein, die ihm über die Versorgungsröhre des Sargs dargereicht wurde. Anschließend hielt er über einen Sprachtrichter, der am Sarg angebracht worden war, eine Ansprache, der angeblich eine Schar ernster, feierlich gekleideter Honoratioren, die sich um das vorzeitige Grab des Doktors versammelt hatten, andächtig lauschten.

Im Jahr 1827 stellte ein anderer deutscher Arzt, Dr. von Hesse aus Neustrelitz in Mecklenburg, eine verbesserte Version von Dr. Gutmuths Sarg vor.[7] Vom Deckel des eingegrabenen Sargs reichten zwei abnehmbare Röhren, die etwa vier Meter lang waren und einen Durchmesser von 1,5 Zoll hatten, bis zur Erdoberfläche. Die Röhre, die am Kopfende des Sargs befestigt war, hatte einen Sprachtrichter, über den der wiedererwachte Scheintote um Hilfe rufen konnte. Er konnte auch eine Glocke läuten, die am Ende der Röhre angebracht war. Dr. von Hesse erprobte seinen Sarg in der gleichen Weise, wie es Dr. Gutsmuth getan hatte. Er ließ sich unter einer anderthalb Meter dicken Erdschicht lebendig begraben. Weder wurde er zu einem Märtyrer der Wissenschaft, noch fand er so viel öffentliche Beachtung wie sein exzentrischer Kollege. Der Hannoveraner Arzt Johann Georg Taberger war der Ansicht, dass Dr. von Hesse und andere Erfinder das Thema auf die leichte Schulter genommen hätten. Er kritisierte die praxisfernen Methoden, die sie vorschlugen: Ein schwaches, krankes Individuum, das gerade aus einer kataleptischen Starre erwacht sei, könne wohl kaum an Bändern ziehen und schwere Glocken in Bewegung setzen oder mit lauter, über den Friedhof hallender Stimme Hilfe herbeirufen. Und man könne auch das Begräbnis eines starken Mannes bei vollem Bewusstsein nicht mit der Beerdigung eines gelähmten und stummen armen Teufels gleichsetzen, der in einem Sarg erwache. Eine solche Person hätte weder die Kraft noch die Geistesgegenwart, um an Bändern zu ziehen, Röhren zu öffnen oder komplizierte Mechanismen zu betätigen.[8]

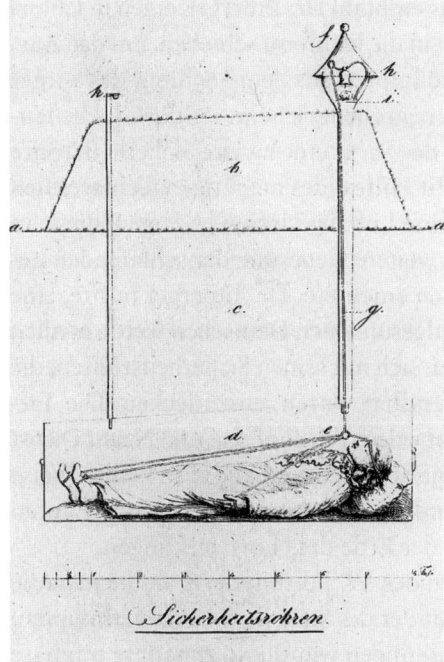

Ein Sicherheitssarg, den Dr. Johann Gottfried Taberger in seinem Buch »Der Scheintod« (Hannover 1829) beschreibt. Die geringste Bewegung der Hände, Füße oder des Kopfes sollte die Glocke im »Schirmdach« über dem Grab in Bewegung setzen.

Bei Dr. Tabergers eigenem Sicherheitssarg war nichts dem Zufall überlassen. An Kopf, Händen und Füßen der Leiche wurden Bänder (oder Drähte) befestigt, die ihrerseits durch ein Seil, das durch eine Röhre führte, mit einer Glocke an ihrem oberen Ende verbunden waren. Die geringste Bewegung der Person im Sarg würde die Glocke auslösen. Der Sarg wies viele ausgeklügelte technische Einzelheiten auf, die von der Gründlichkeit seines Erfinders zeugten. Die Glocke war von einem Gehäuse umgeben, das sicherstellte, dass sie nicht vom Wind oder durch Vögel ausgelöst würde. Ein feines Netz innerhalb der Röhre hielt Insekten davon ab, in den Sarg zu fliegen oder zu kriechen, um den vorzeitig Bestatteten zu belästigen. Ein wohl durchdachtes Entwässerungssystem sollte verhindern, dass Regenwasser die Röhre hinabrinnen konnte. Die Sicherheitsröhre war ständig geöffnet, damit Luft hineinströmte. In einer löblichen Geste frühen ökologischen Bewusstseins empfahl Dr. Taberger, einen in Chlortalg getränkten Schwamm in die Röhre zu schieben, um das Ausströmen von Verwesungsdämpfen aus dem »Schlot« des Sarges zu verhindern. Wenn der begrabene Scheintote die Glocke läutete, konnte am Fußende des Sargs eine zweite Sicherheitsröhre hinabgelassen werden. Mit Hilfe eines mächtigen Gebläses ließ sich innerhalb des Sargs eine Luftzirkulation erzeugen, die man als sehr förderlich für die weitere Genesung der schlafenden Lebensgeister des Begrabenen erachtete. Dr. Taberger hoffte, eine Geldsammlung unter wohlgesonnenen Deutschen werde es allen Totengräbern ermöglichen, sich mit seinen Sicherheitsröhren, die einfach und wiederverwendbar waren, einzudecken. Die Tatsache, dass ein Wächter auf jedem Friedhof Tag und Nacht Dienst tun musste, war die einzige Schattenseite, die er in keiner Weise beheben konnte, denn andernfalls würde das rasende Läuten der armen Kreatur unter der Erde ungehört verklingen.

In den zwanziger Jahren des 19. Jahrhunderts wollte man die Idee des Leichenhauses mit der des Sicherheitssargs verknüpfen. Das Ergebnis dieser Bemühungen war die so genannte tragbare

Totenkammer.[9] Es handelte sich dabei um ein kleines Leichenhaus, das für lediglich eine Person gebaut war und über eine luftdicht verschlossene Tür mit einem Fenster verfügte. Eine Schnur führte von der Hand der Leiche zu einer Glocke auf dem Dach der Totenkammer. Der Plan sah vor, auf jedem Friedhof einen ganzen Trupp von Totengräbern und -wärtern zu beschäftigen, um so rund um die Uhr darauf vorbereitet zu sein, jede läutende »Leiche« wiederzubeleben. Wenn eindeutige Verwesungszeichen auftraten, sollte eine Falltür im Boden der Totenkammer betätigt werden, so dass der Leichnam in ein zuvor ausgehobenes Grab darunter fiel. An Stelle des Sargdeckels konnte dann eine zweite Tür eingesetzt werden. Eine derartige Vorrichtung kam in Eberstädt in Gotha tatsächlich regelmäßig zum Einsatz. In einem Bericht im Stadtarchiv von Weimar, dem Standort des ersten deutschen Leichenhauses, wird diese Erfindung aufs Schärfste kritisiert: Ein gelähmtes, stummes Opfer des Scheintodes, das nicht einmal die Kraft habe, die Glocke zu läuten, werde von denselben Händen, die sie oder ihn zu retten versucht hätten, auf grausamste Weise entsorgt.

Die Besessenheit der Deutschen von der Idee des Sicherheitssargs hielt in der zweiten Hälfte des 19. Jahrhunderts an, und über dreißig verschiedene Modelle wurden patentiert.[10] Ein gewisser Richard Strauss aus Schweidnitz in Schlesien konstruierte technisch immer ausgeklügeltere Sicherheitssärge. Einer hatte einen Filter, um zu verhindern, dass Sand und Staub auf das Gesicht des scheintot Begrabenen fielen, und eine patentierte Lampe, die im Sarg eingeschaltet werden konnte. Ein anderer war mit einer vollständigen Klimaanlage mit einer leistungsstarken Pumpe und einem Filter zur Reinigung der Umluft ausgerüstet. Die Krönung des Ganzen war ein starker Feuerwerkskörper, der die Glocke ersetzte und durch dessen Detonation der vorzeitig Bestattete sein Wiedererwachen selbst auf einem großen, verlassenen Friedhof weithin vernehmbar kundtun konnte. Zu den

Werken anderer einfallsreicher deutscher Erfinder gehörten ein mechanischer Messinghammer, der eine Fensterscheibe im Sargdeckel zertrümmerte, eine Feuerwerksrakete, die durch die Sicherheitsröhre des Sargs abgeschossen wurde, und eine laute Sirene, die in der Röhre montiert war. Diese letztere Variante hatte am anderen Ende der Röhre eine zweite, ähnlich laut heulende Sirene, die als letztes Mittel eingesetzt werden konnte und deren durchdringende Töne im engen Sarg widerhallten. Wenn die Leiche auf diesen letzten Weckruf nicht reagierte, konnte die Röhre getrost entfernt werden.

Briten, die sich dagegen versichern wollten, als Scheintote begraben zu werden, konnten Särge mit dem Wiedererweckungsanzeiger nach Bateson bestellen. Dabei handelte es sich um eine Eisenglocke, die in einem Miniaturkampanile auf dem Sargdeckel installiert war, und der Glockenstrang war durch ein Loch mit den Händen der mutmaßlichen Leiche verbunden. »Batesons Glockenstuhl«, wie die Konstruktion genannt wurde, war natürlich vor dem Begräbnis am nützlichsten, doch diejenigen, die es sich leisten konnten und Vorsicht walten lassen wollten, konnten sich mitsamt dem Apparat bestatten lassen. Der viktorianische Gentleman hoffte vielleicht, dass, sollte er in dem gepolsterten Sarg wiedererwachen, das unheimliche Läuten des Glockenstuhls einen aufmerksamen Kirchendiener oder Totengräber herbeirufen würde, der den Sarg ausgrübe, bevor der quietschende Deckel von einem artigen Diener mit den Worten »Ihr habt geläutet, Sir?« geöffnet würde. George Bateson, dessen Glockenstuhl 1852 patentiert wurde, war ein erfolgreicher Erfinder und Mechaniker. Er beschrieb seine Sicherheitsvorrichtung als »einen äußerst wirtschaftlichen, ausgeklügelten und zuverlässigen Mechanismus, der allen anderen Methoden überlegen ist und den Seelenfrieden der Hinterbliebenen aller gesellschaftlichen Ränge fördert«. Eine nicht geringe Zahl dieser Sicherheitsapparate wurde verkauft und Bateson für seine Dienste an den Toten von Königin Viktoria mit dem Orden des britischen

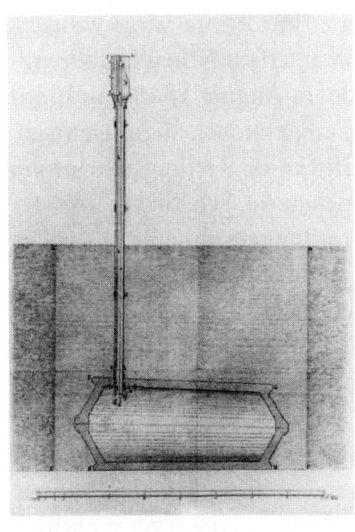

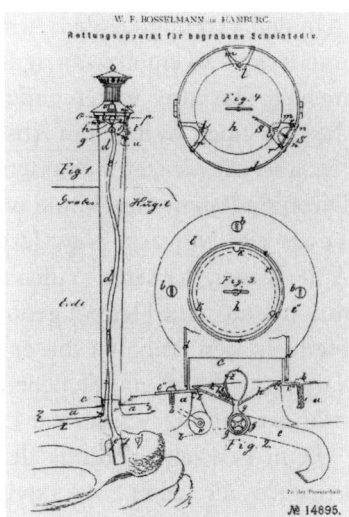

Zwei Zeichnungen eines weiteren deutschen Sicherheitssargs. Aus der Sammlung des Autors.

Empire ausgezeichnet. Einigen Darstellungen zufolge wurde das Grauen des vorzeitigen Begräbnisses bei Bateson immer mehr zu einer zwanghaften Idee. Er baute immer komplexere Alarmsysteme für seinen eigenen Sarg. Da er seinem Apparat jedoch nicht traute, schrieb er später sein Testament um und verfügte, man möge ihn nach seinem Tod einäschern. Schließlich wurde der arme Kerl wahnsinnig und fürchtete, dass seine Anweisungen nicht befolgt würden. In einem Anfall von Verzweiflung übergoss er sich mit Leinöl und verbrannte sich in seiner Werkstatt, da ihm die vorzeitige Einäscherung lieber war als die dräuende Gefahr einer verfrühten Bestattung.[11] Später erfand ein Brite einen Sicherheitssarg für Gruftbestattungen mit einem Deckel, in dem starke Federn angebracht waren.[12] Es gibt auch Zeichnungen für einen Sarg mit einem Schleudersitz, aber der wurde offenbar nie gebaut.

145

In den Vereinigten Staaten wurden zwischen 1868 und 1925 mindestens zweiundzwanzig Patente auf Sicherheitssärge angemeldet. Darunter waren einige von optimistischen Deutschen, die sich einen weltweiten Absatzmarkt für ihre Särge wünschten, aber die meisten stammten von amerikanischen Erfindern.[13] Die erste Patentanmeldung wurde im August 1868 von Franz Vester aus Newark, New Jersey, eingereicht, einem Deutsch-Amerikaner, der seine Leidenschaft für die Rettung Scheintoter mit in seine neue Heimat genommen hatte. Sein Sicherheitssarg bleibt in den Annalen dieser Erfindungen ohnegleichen. Der Sargdeckel besaß eine Schiebetür, an der ein abnehmbarer Hohlzylinder mit angeschraubter Leiter angebracht war.

Beim Erwachen konnte der Scheintote durch die Öffnung kriechen, die Leiter emporsteigen, eine weitere Tür öffnen und so wieder in die Welt des Lichts eintreten. Sollte er jedoch auf halbem Wege stecken bleiben, musste er nicht die erzwungene Schlankheitskur abwarten, sondern konnte eine Glocke läuten, die außen an der Röhre angebracht war. Dieser Sarg enthielt eine Kiste mit Speisen und Wein, an denen sich der Auferstan-

Ein Sarg mit »Sicherheitsfedern«, die den Deckel aufspringen lassen, wenn im Innern der Mechanismus ausgelöst wird. Aus der Zeitschrift »Burial Reformer«, Oktober/Dezember 1911.

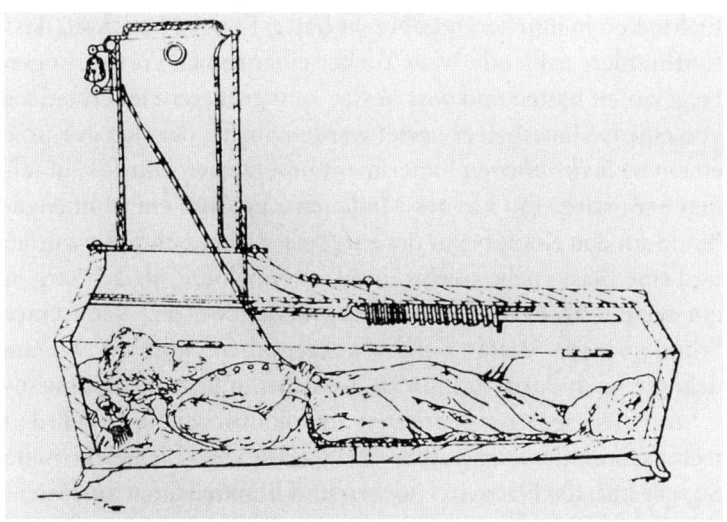

Ein von Franz Vester aus Newark, New Jersey, entworfener Sicherheitssarg, der am 25. August 1868 patentiert wurde. Beim Aufwachen soll der Scheintote über das Seil die Glocke läuten. Wenn darauf keine Reaktion erfolgt, kann er über eine Leiter durch die quadratische Röhre, die am Sargdeckel befestigt ist, nach oben klettern.
Der Erfinder hatte eindeutig nicht die seinen amerikanischen Landsleuten eigene Neigung zur Korpulenz berücksichtigt. Die meisten von ihnen wären bei dem Versuch, durch den Schacht zu kommen, stecken geblieben. Aus dem Aufsatz von H. Dittrick im »Journal of the History of Medicine« 3 (1948), S.161–171, Abdruck mit freundlicher Genehmigung.

dene laben konnte, während er nach dem Totengräber läutete. Die abnehmbare Röhre konnte entfernt und die Schiebetür geschlossen werden, wenn bei einer späteren Prüfung die Lebenskraft als endgültig erloschen betrachtet würde. Getreu der heroischen Tradition, die von Dr. Gutsmuth und Dr. von Hesse begründet worden war, beschloss Franz Vester, seinen Sarg selbst auszuprobieren, obgleich sein Aufenthalt in den Vereinigten Staaten sein hehres Mitgefühl mit lebendig Begrabenen abgeschwächt und statt dessen eine gesunde Portion Geschäftstüchtigkeit in ihm hervorgebracht hatte. Es wird berichtet, dass fünfhundert zahlende New Yorker einer seiner Vorführungen beigewohnt hätten und dass Vester »mit größerer Heiterkeit, als von einem Menschen erwartet werden durfte, der sich in Kürze einem so *bedrohlichen* Experiment unterziehen würde«, in seinen Sarg stieg. Ein kleines Mädchen legte ihm ein Blumengebinde auf den Kopf, bevor der Sargdeckel festgeschraubt wurde, und eine Blaskapelle spielte eine Trauermelodie, als der Sarg in ein sechs Fuß tiefes Grab hinabgelassen wurde. Nach einer Stunde wurde Vester wieder ausgegraben, und die Menge drängte nach vorn, um ihn zu umarmen und zu beglückwünschen.[14] Die später patentierten amerikanischen Särge wurden technisch immer ausgereifter und wiesen vielfältige elektrische Signale auf, die Flaggen, Glocken und Blinkleuchten auslösten. Die aufwändigsten hatten elektrisches Licht, ein Heizgerät und ein Telefon. Unwahren Gerüchten zufolge soll Mary Baker Eddy, die amerikanische Gründerin der »Christian Science«, einen Sarg

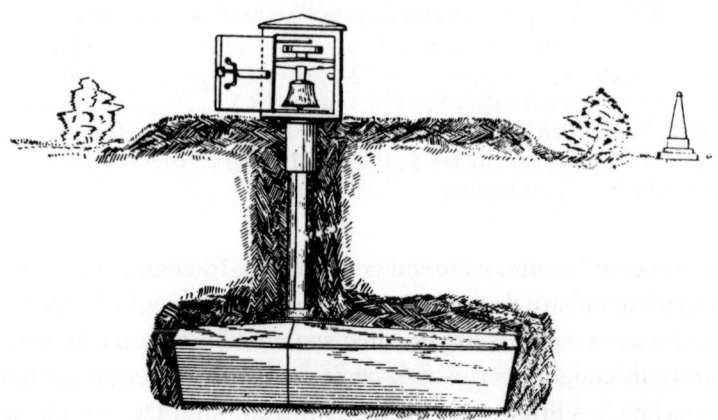

Sicherheitssarg mit Glocke und Lufttröhre, entworfen von August Lindquist aus Charlton, Iowa, und patentiert am 20. Juni 1893. Aus dem Aufsatz von H. Dittrick im »Journal of the History of Medicine« 3 (1948), S.161–171, Abdruck mit freundlicher Genehmigung.

gekauft haben, der mit einem Telefon ausgestattet war, und sie sei später darin bestattet worden, doch zumindest eine ihrer amerikanischen Glaubensgenossinnen legte sich tatsächlich einen entsprechenden Sarg zu. Im Jahr 1908 wurde eine vermögende Lady aus Lousiana namens Mrs. Pennord, die schreckliche Angst davor hatte, lebendig begraben zu werden, in einer Sicherheitsgruft mit Luftlöchern bestattet, und ein Telefon, das mit dem Haus des Friedhofswärters verbunden war, wurde auf ihren Nachttisch gestellt.[15]

Graf Michel de Karnice-Karnicki, Kammerherr von Zar Nikolaus II. und Doktor der Jurisprudenz an der Universität Louvain, war ein vornehmer russischer Adliger, der den größten Teil seines Lebens in Frankreich und Italien verbrachte. Seine Familie stammte aus Warschau, er war finanziell unabhängig und konnte nach Belieben durch Europa reisen. Das sorgenfreie Leben des Grafen wurde jedoch durch ein schreckliches Erlebnis beim Leichenbegängnis eines jungen belgischen Mädchens erschüttert. Als die ersten Schaufeln Erdreich auf ihren Sarg fielen, erwachte sie aus ihrer Todestrance, und ihre herzzerreißenden Schreie verfolgten ihn bis ans Ende seiner Tage. Er beschloss, einen mechanischen Apparat zur Rettung von Scheintoten zu entwickeln. Seine erste Erfindung war ein Sarg mit einer großen Fensterscheibe im Deckel, die von dem Scheintoten geöffnet oder zertrümmert werden konnte. Dieser Sicherheitssarg war natürlich nur für die Gruftbestattung nützlich. Doch der Graf gab sich damit nicht zufrieden: Er wollte einen Sarg erfinden, der sich für Erdbestattungen eignete und den sowohl Reiche als auch Arme erstehen konnten. Nach mehrjähriger harter Arbeit konnte Graf de Karnice-Karnicki im Jahr 1897 an der Sorbonne vor einem internationalen Publikum einen besonders ausgeklügelten Sicherheitssarg vorstellen, der nach ihm mit dem Eponym »Le Karnice« benannt wurde. Zuvor hatte er ihn sowohl in Europa als auch in den Vereinigten Staaten patentieren lassen. Die Idee

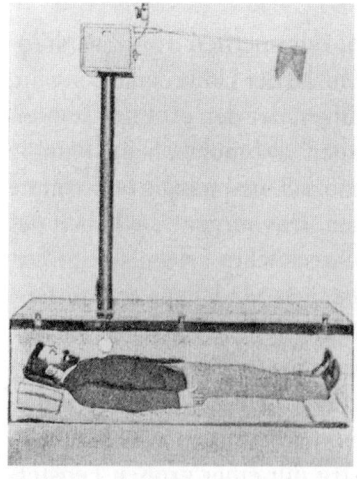

»Le Karnice«, eine Vorher-
nachher-Skizze von Graf de
Karnice-Karnickis Wiedererweckungsapparat, der von einem
lebendig Begrabenen ausgelöst
wird. Aus der Sammlung des
Autors.

des Grafen sah folgendermaßen aus: Bei jedem Begräbnis sollte
eine Röhre von dreieinhalb Zoll Durchmesser mit einer Öffnung
im Sarg verbunden werden. Das Röhrenende sollte wie das Peri-
skop eines U-Bootes aus dem Erdboden herausragen. Ein Besuch
in einem deutschen Leichenhaus hatte Graf de Karnice-Karnicki
einen gesunden Respekt vor dem übel riechenden Miasma ein-
geflößt, die einem verwesenden Leichnam entströmte, und ein
Metallkasten am oberen Ende der Röhre schloss luftdicht ab,
damit die Fäulnisgase nicht aus dem Sarg entwichen. Die geringste
Bewegung der Brust oder der Arme des »Leichnams« in seinem

Sarg würde einen ausgefeilten Mechanismus auslösen, der die Röhre öffnen sollte, so dass frische Luft in den Sarg strömen könnte. Gleichzeitig sollte eine Glocke läuten und eine Flagge hoch gehen, die über dem Mechanismus wehen würde, der an einen amerikanischen Briefkasten erinnerte. Dies würde, so hoffte man, beflissene Kirchendiener und Totengräber herbeirufen. Offensichtlich funktionierte »Le Karnice« recht gut, als er an der Sorbonne vor einer großen Versammlung ausländischer Botschafter, Mediziner, Hygieneärzte und Herren der Presse vorgeführt wurde, von denen viele den philanthropischen Eifer des russischen Adligen lobten. Im »Journal d'Hygiène« erklärten mehrere Autoren übereinstimmend, Graf de Karnice-Karnickis Sicherheitssarg sei allen früheren Apparaten überlegen, und sie empfahlen seine breite Anwendung zur Vermeidung vorzeitiger Bestattungen.[16] Der einflussreiche Pariser Hygieneforscher Professor Charles Richet sagte der Presse, das Problem des Scheintods existiere nicht mehr, und der todesähnliche Zustand der Lethargie sei durch »Le Karnice« besiegt worden.

Graf de Karnice-Karnicki begab sich auf eine Werbetour durch Frankreich und Belgien, um seinen Sicherheitssarg vorzuführen. Die anfänglichen Reaktionen auf seine Erfindung waren positiv, doch eine der späteren Vorführungen ging schief. Der Graf hatte veranlasst, dass einer seiner Assistenten lebendig in einem Sarg beerdigt wurde, der mit »Le Karnice« ausgestattet war. Nach einigen Minuten unter der Erde sollte diese Person den Mechanismus auslösen. Doch weder richtete sich die Flagge auf noch läutete die Glocke, und die Zuschauer wurden immer nervöser. Auf den Gesichtern von Graf de Karnice-Karnicki und seinen Mitarbeitern stand die blanke Bestürzung. Sie packten ihre Schaufeln und begannen wie wild zu graben. Zum Glück stellte sich heraus, dass das Luftloch seinen Zweck erfüllt hatte, und der unerschrockene Assistent konnte ohne fremde Hilfe aus dem Sarg klettern. Bei der misslungenen Vorführung waren einige Journalisten zugegen, und die leichte Aura der Lächerlichkeit, die der Erfindung des Grafen von Anfang an angehaftet hatte, wurde plötzlich in spöttischen Artikeln in der Pariser Boulevardpresse breitgetreten. Einige der Experten, die früher ein Loblied auf »Le Karnice« gesungen hatten, widerriefen jetzt öffentlich und räumten ein, dass ein Sicherheitssarg, der *nur manchmal* funktionierte, keine sehr nützliche Erfindung sei.

Dieser Fehlschlag hätte einen weniger entschlossenen Mann gebrochen, doch Graf de Karnice-Karnicki setzte seinen Kreuzzug unverdrossen fort. Er organisierte weitere Vorführungen des Sargs und ersuchte mehrere medizinische Gesellschaften und Akademien um ihre Unterstützung. Der französische Agent des Grafen, Emile Camis, schrieb an die Presse, dass diejenigen, die »Le Karnice« verächtlich gemacht hätten, sich für ihre niederträchtigen und gehässigen Angriffe auf den edelmütigen Russen schämen sollten. Er behauptete, Graf de Karnice-Karnicki habe nicht weniger als vier Mal das Begräbnis von Menschen, die »von Lethargie befallen« gewesen seien, verhindert, und dieser Erfolg untermauere seine Behauptung, dass ein mechanischer Apparat, der die Bestattung von Scheintoten verhüte, dringend benötigt werde. Die nächsten Stationen der Werbetour waren Berlin, Brüssel, London und Mailand. Als sie nach Turin kamen, arrangierte der Graf eine kuriose Vorführung. Ein achtundsiebzigjähriger Mann namens Faroppo Lorenzo hatte eingewilligt, sich lebendig in »Le Karnice« begraben zu lassen. Er wurde am 17. Dezember 1898 eingegraben und erst am 26. Dezember wieder ausgegraben. Signor Lorenzo sagte nach seinem düsteren Weihnachtsurlaub unter der Erde lediglich, es habe dort unten höllisch gestunken! Der Präfekt von Mailand und der Friedhofsinspektor waren von dieser Vorführung so beeindruckt, dass sie dem Grafen eine unterzeichnete Urkunde überreichten, die bestätigte, dass sein Sarg uneingeschränkt funktionstüchtig sei.[17]

Um sein Anliegen zu fördern, verfasste Graf de Karnice-Karnicki die Schrift mit dem Titel »Vie ou mort«.[18] Der Stil des Grafen war recht schwülstig und blumig. So schrieb er zum Beispiel,

152

das vorzeitige Begräbnis sei eine solche Marter, dass im Vergleich dazu sämtliche Folterqualen, die die Römer den Christen im Zirkus von Rom bereiteten, glimpflich gewesen seien. Er tadelte die respektlosen Journalisten, die sich über ihn lustig gemacht hatten, und attackierte die doppelzüngigen Friedhofsdirektoren, die versprochen hatten, Särge zu bestellen, ihren Versprechungen jedoch nicht nachgekommen seien. Am strengsten ging er jedoch mit Dr. Laborde und Dr. Vallin ins Gericht, zwei französischen Hygieneärzten, die in der Académie de Médicine in Paris einen vernichtenden Vortrag über »Le Karnice« gehalten hatten. Sie hatten behauptet, der Mechanismus sei zu empfindlich und könne leicht durch Verwesungsprozesse ausgelöst werden, doch der Graf betonte, dass selbst ein stark geschwächter und gelähmter Mensch in der Lage sein sollte, die Sicherheitsvorrichtungen im Sarg zu bedienen. Dann berief er sich auf die Statistik und behauptete unter Bezugnahme auf den amerikanischen Arzt Dr. Carleton Simon, dass ein Mensch von dreißigtausend lebendig begraben werde. Er verglich diese fragwürdige Zahl mit einer anderen Zahl, die er in einer französischen Zeitung gefunden hatte: Nur jeder elfmillionste Zugreisende komme ums Leben. Daher sei das Risiko, lebendig begraben zu werden, deutlich höher als das Risiko eines tödlichen Zugunglücks, und somit sei es eine »monströse Inkonsequenz« der französischen Regierung, die Sicherheit der Eisenbahn zu verbessern, gleichzeitig aber jene ernsthaften, langmütigen Philanthropen zu verhöhnen, die sich um das Schicksal der Scheintoten sorgten!

Im Dezember 1899 wurde »Le Karnice« von dem geschäftstüchtigen Monsieur Camis in den Vereinigten Staaten eingeführt. Vor der Gesellschaft für Gerichtsmedizin in New York hielt er einen Vortrag, in dem er die Vorteile von »Le Karnice« herausstellte.[19] Die amerikanische Ärzteschaft war von der Erfindung des Grafen so beeindruckt, dass ein Sonderausschuss der New Yorker Gesellschaft für Gerichtsmedizin unter Vorsitz von Dr. H. Gerald Chapin berichtete, man habe allen Grund zu der Annahme, dass viele Menschen scheintot beerdigt würden und dass dies nur durch den systematischen Einsatz von »Le Karnice« abgewendet werden könne. Der Detroiter Arzt Dr. Noah E. Aronstam, der zugegen war, als »Le Karnice« von der Gesellschaft für Gerichtsmedizin geprüft wurde, schrieb ebenfalls einen Artikel, in dem er den breiten Einsatz des Apparates empfahl.[20] Mehrere Jahre lang wurde einer der Prototypen von »Le Karnice« in einem Ausstellungsraum am Broadway Nr. 835 zur Schau gestellt, doch die amerikanischen Friedhofsdirektoren waren davon nicht besonders angetan. Vermutlich war aus Europa die Nachricht über den Atlantik gedrungen, der Mechanismus sei viel zu empfindlich und werde schon durch die geringste Bewegung des Leichnams während der Verwesung ausgelöst.

Wir wissen heute viel mehr über die Physiologie des Menschen als die Erfinder des frühen 19. Jahrhunderts, und deshalb können wir auf einige gravierende Konstruktionsmängel der Sicherheitssärge des 19. Jahrhunderts hinweisen. Erstens, eine lebende Person, die in einem luftdichten Sarg normaler Größe eingeschlossen ist, dessen Deckel festgeschraubt wurde, stirbt innerhalb von sechzig Minuten aufgrund von Sauerstoffmangel. Die Sicherheitssärge, die nicht mit einer dauerhaften Luftzufuhr ausgestattet sind, würden daher ihren Zweck nur dann erfüllen, wenn der oder die Scheintote das Bewusstsein innerhalb einer Stunde wiedererlangte, was vermutlich nicht die Absicht ihrer Erfinder war. Jeder Person, die länger als sechzig Minuten im Zustand des Scheintodes verharrte, würde der Sarg zweifellos die unangenehme Erfahrung ersparen, im Sarg zu erwachen, allerdings um den Preis ihres Erstickungstodes. Der von Dr. Taberger entworfene Sicherheitssarg und die meisten anderen Modelle aus dem späten 19. Jahrhundert verfügten über eine dauerhafte Luftzufuhr, so dass Scheintote theoretisch sehr viel länger überleben konnten. Doch Dr. Tabergers Sarg wies einen anderen schwerwiegenden Mangel auf. Wir wissen heute, dass verwe-

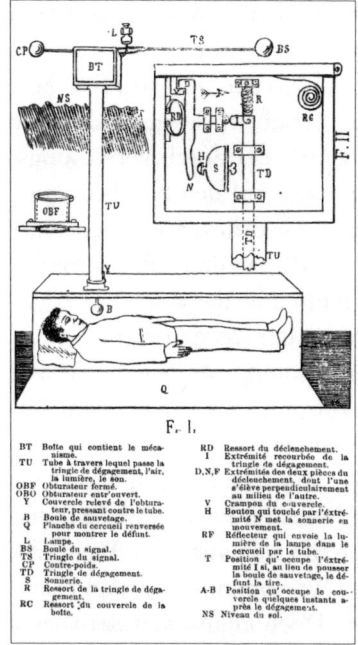

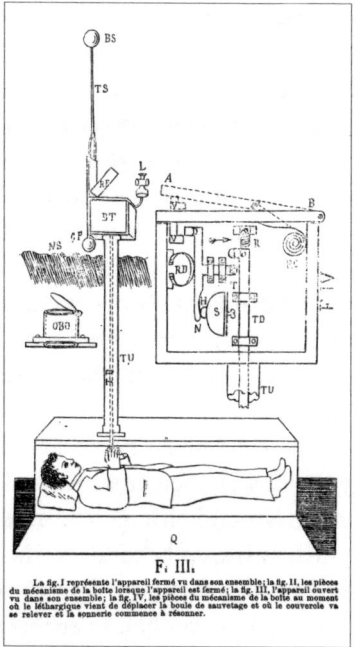

F. III.

» Le Karnice« zum Selbstmachen: eine sehr detaillierte Skizze von der Erfindung des Grafen de Karnice-Karnicki aus einer französischen Werbebroschüre. Aus der Sammlung des Autors.

sungsbedingte Abbauprozesse einer Leiche mit dem Anschwellen des Bauches einhergehen, weil sich im Bauchraum Gase bilden, aber auch mit unterschiedlich starken Verkürzungen der Arm- und Beinmuskulatur. Dieser Prozess würde zweifellos den Mechanismus des Sarges auslösen, dessen Drähte ja mit dem Kopf, den Händen und den Füßen der Leiche verbunden waren. »Le Karnice« hatte eine ähnliche Schwachstelle, da sich sein empfindlicher Mechanismus an einer Stelle befand, wo er leicht durch die verwesungsbedingten Veränderungen ausgelöst werden konnte. Sowohl Dr. Taberger als auch Graf de Karnice-Karnicki waren der Ansicht, der Mechanismus müsse durch die geringste Bewegung in Gang gesetzt werden, und sie beschworen das Schreckensbild eines gelähmten Scheintoten, der sich verzweifelt bemühte, einen Finger zu bewegen und so Hilfe herbeizurufen. Doch gerade diese übertriebene Sorge macht ihre Särge praktisch nutzlos. Der Fehlalarm, der durch Verwesungsprozesse ausgelöst worden wäre, hätte auf den Friedhöfen sicherlich zu vielen unerquicklichen und bedrückenden Szenen geführt – mit läutenden Glocken und über den »Briefkästen« wehenden Fähnchen –, wenn auch nur eine der beiden Vorrichtungen in größerem Umfang angewendet worden wäre.

Der optimale Sicherheitssarg hätte somit über eine dauerhafte Luftzufuhr und einen Alarmmechanismus verfügen müssen, dessen Auslösung einen zielgerichteten Handgriff erforderte, wie etwa das Drehen einer Kurbel. Die späteren Modelle mit ihren elektrischen Leitungen zu einer Klingel im Büro des Friedhofswärters waren besonders nützlich, da sich auf diese Weise die regelmäßigen Kontrollgänge eines Wachmanns über den Friedhof bei Tag und Nacht erübrigten. Doch ungeachtet der rhetorischen Überzeugungsarbeit von Dr. Gutsmuth, Dr. Taberger, Graf von Karnice-Karnicki und anderen Erfindern hat sich dieser Vorschlag nie wirklich durchgesetzt. Die Sparsamen und die Utilitaristen verurteilten einhellig solche nutzlosen Ausgaben, und die Unterstützer der Leichenhausbewegung sahen in den vielfältigen Sicherheitssärgen einen Verrat an Hufelands edler und menschenfreundlicher Idee. »Le Karnice« wurde in vielen Ländern angeboten, doch trotz der tatkräftigen Vermarktungsbemühungen von Graf de Karnice-Karnicki wurden nur wenige Särge verkauft. Letztlich ist die Tatsache, dass die Sicherheitssärge nicht in Serienproduktion gingen, auf psychologische und nicht auf mechanische Faktoren zurückzuführen. Die anvisierten Abnehmer der Sicherheitssärge – Menschen, die sich davor fürchteten, scheintot begraben zu werden und sich um jeden Preis davor schützen wollten – machten sich keine Sorgen darüber, dass die Rettungswecker erschallen würden, wenn Verwesungsprozesse den Mechanismus auslösten, sondern über das Risiko, dass dieser nicht sachgemäß funktionieren und somit den Unglücklichen einem grauenhaften Tod ausliefern würde. Schließlich könnte ein Mensch in einem Sarg mit Luftzufuhr lange Zeit überleben. Er würde in panischer Angst schreien und außer sich an dem defekten Mechanismus ziehen, in dem verzweifelten Bemühen, mit der oberirdischen Welt in Kontakt zu treten. Was würde geschehen, wenn der Mechanismus des Sarges klemmte oder wenn die Schnüre in der zitternden Hand, die an ihr zögen, plötzlich nachgäben? Welche grauenhafte Szene würde sich abspielen, wenn irgendein Lausejunge den »Briefkasten« über der Erde entwendete oder wenn der Friedhofswärter lieber ein Nickerchen machte, als seine Runde zu gehen? Die Glocke würde läuten, und das Fähnchen würde ruckartig im Wind tanzen, bis ihre Bewegungen schließlich erstürben: Der lebendig Begrabene raufte sich, von Verzweiflung übermannt, die Haare und bäumte sich mit schwindender Kraft wie rasend gegen die nicht einen Zentimeter weichenden Wände seines finsteren Verlieses auf.

DIE KENNZEICHEN DES TODES

Wohl ihr Aug' erloschen steht
Wohl die Pulse nicht mehr schlagen
Und mit Klagen
Jedes von der Toten geht.

Doch sie kann noch lebend sein.
Todeskälte, Blick der Leichen,
Schlechte Zeichen!
Bringet schnell ihr Kind herein!

Justinus Kerner, » Todesprobe«

Verwesung als das einzige untrügliche Todeszeichen anzuerkennen, wie es in der Errichtung von Leichenhäusern symbo-
lisch zum Ausdruck kommt, war bezeichnend für einen extrem
defätistischen Standpunkt in der Debatte über Scheintod und
das Risiko des vorzeitigen Begräbnisses im 19. Jahrhundert. Die
deutschen Ärzte bekannten in der Tat ihr Unvermögen, die Lebenden von den Toten zu unterscheiden, sofern keine Anzeichen
der Fäulnis zu beobachten waren. Dagegen suchten die Positi-
visten in dieser Epoche wachsenden Selbstbewusstseins und Wissens in der medizinischen Wissenschaft nach neuen, zuverlässi-
geren Todeszeichen. Ein aussagekräftiges Todeszeichen sollte
sehr spezifisch sein, und bei keinem lebenden Menschen durfte
die Probe positiv ausfallen. Es sollte außerdem sehr präzise sein,
und bei keiner oder zumindest nur sehr wenigen Leichen sollte
das Testergebnis negativ sein – andernfalls würden sehr viele
verwesende Leichen über lange Zeiträume oberirdisch aufbewahrt werden, was Ansteckungsrisiken aufwürfe und den beteiligten Ärzten Spott und Hohn eintrüge. Sehr wichtig war
auch, dass nicht nur Spezialisten, sondern auch praktische Ärzte
mit bescheidenen Kenntnissen und durchschnittlicher Intelligenz
in der Lage sein mussten, das fragliche Todeszeichen zweifelsfrei

festzustellen. Dagegen galt die Entwicklung einer Todesprobe, die von unwissenden Laien durchgeführt werden könnte, als viel zu riskant. Wie wir wissen, hatte bereits Antoine Louis gewisse Veränderungen an den Augen, wie das Erweichen des Augapfels und das Austrocknen der Hornhaut, zu absolut zuverlässigen Todeszeichen erklärt.[1] Die zeitgenössische Ärzteschaft war jedoch zu Recht skeptisch, da die von Louis herangezogenen Veränderungen weder deutlich noch spezifisch genug waren. Die routinemäßige Anwendung dieses Tests durch unerfahrene praktische Ärzte hätte in einem allgemeinen Desaster enden können – dem massenhaften Begräbnis von Lebenden. Auch die brutalen, altmodischen Lebenstests, die Winslow in seiner Dissertation beschrieben hatte, waren in der Praxis weitgehend unbrauchbar. Der wieder zum Leben erweckte Patient wäre seinem Arzt wohl kaum sonderlich dankbar gewesen, wenn dieser ihm alle zehn Finger abgeschnitten oder einen rot glühenden Schürhaken in den Darmausgang gestoßen hätte, um seinen Lebensfunken anzufachen. Es gibt einen Fallbericht über einen italienischen Carabiniere namens Luigi Vittori, der an einem Asthmaanfall »starb«, doch mit Hilfe einer Kerzenflamme, mit der man ihm schwere Verbrennungen an der Nase zufügte, wieder zum Leben erweckt wurde: Bis ans Ende seiner Tage kündete das vernarbte karmesinrote Mal in der Mitte seines Gesichts davon, dass er dem Tode gerade noch mal entkommen war.[2] An ähnlich groben Lebensproben herrschte kein Mangel: Starke Riechsalze und Prisen übelriechenden Schnupftabaks, Fanfaren, die nahe am ungeschützten Ohr geschmettert wurden, harte Stachelbürsten, mit denen man die empfindlichsten Körperstellen rieb.[3] Ein schwedischer Autor empfahl, ein kriechendes Insekt ins Ohr der Leiche zu setzen.[4]

Antoine Louis hatte noch eine weitere Methode zur Prüfung von Lebenszeichen beziehungsweise zum Anfachen des Lebensfunkens in Scheintoten vorgeschlagen: ein Tabakraucheinlauf. Eine der Röhren dieses bemerkenswerten Apparats wurde in den Anus der scheintoten Person eingeführt, die andere mit Hilfe eines mächtigen Gebläses an einen mit Tabak gefüllten großen Kessel angeschlossen.[5] Solche Tabakklistiere galten als sehr effektiv und wurden nicht nur bei Scheintoten, sondern auch bei Ertrunkenen oder Bewusstlosen zur Wiederbelebung eingesetzt. Im Jahr 1784 wurde der belgische Arzt P. J. B. Previnaire für ein Buch über den Scheintod, in dem er ein verbessertes Gebläse (das er »Doppelbläser« nannte) für Tabakklistiere beschrieb und abbildete, mit einem Preis der Akademie der Wissenschaften in Brüssel ausgezeichnet.[6] Diese Klistiere wurden bis weit ins 19. Jahr-

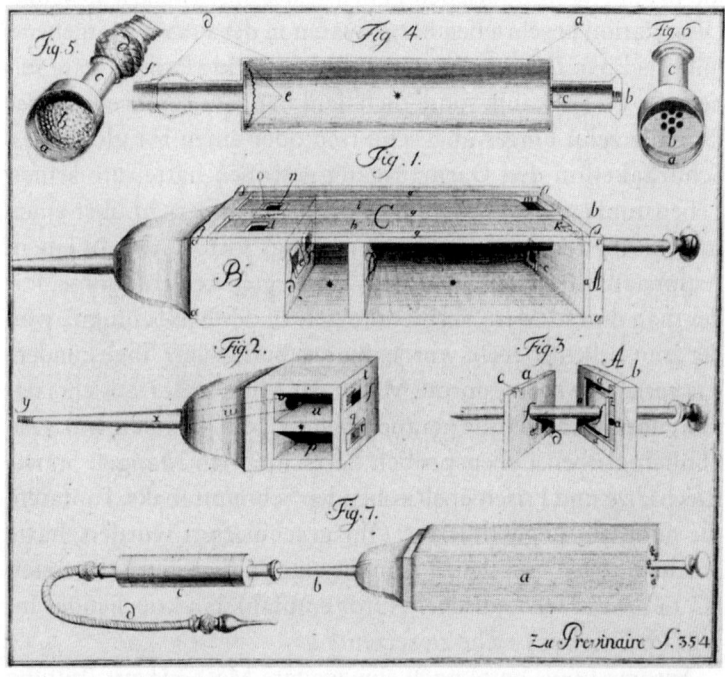

Der furchteinflößende Doppelbläser, ein Apparat zur Verabreichung von Klistieren, um die Vitalität von Leichen zu prüfen, beschrieben in der »Abhandlung über die verschiedenen Arten des Scheintodes« von Dr. P.J.B. Previnaire (Leipzig 1790).

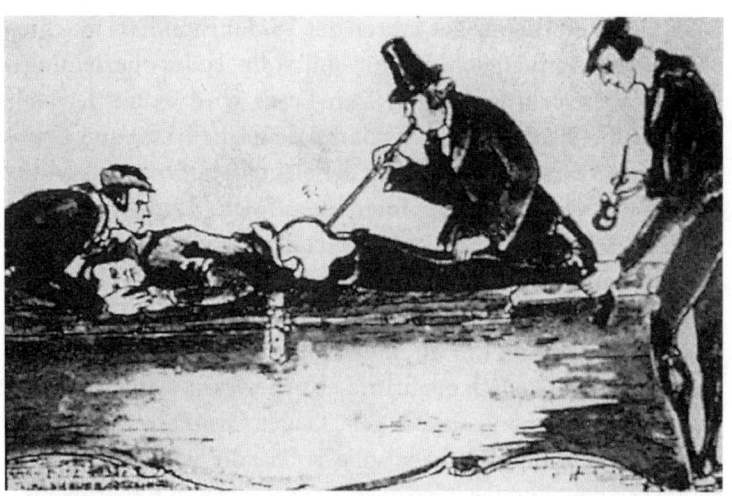

Auf dieser kuriosen Tafel aus dem späten 18. Jahrhundert verabreicht ein unerschrockener deutscher Arzt einer Leiche ein Klistier aus Tabakrauch. Aus der Sammlung des Autors.

hundert hinein regelmäßig verabreicht, besonders in Holland. Die moderne Wissenschaft hat keinen rationalen physiologischen Grund für ihren Einsatz feststellen können, außer dass der Schmerz und die Erniedrigung, die die Betroffenen bei dieser Behandlung verspürt haben müssen, wohl eine gewisse belebende Wirkung gehabt haben werden.[7] Ein anderer Apparat aus dem 18. Jahrhundert zur Lebensprüfung von Scheintoten basierte auf dem genau entgegengesetzten Prinzip. Man hatte nämlich beobachtet, dass der Schließmuskel des Darmtrakts nach dem Tode erschlafft, und nahm an, dass dies die Passage von Luft durch den Verdauungstrakt erleichtern würde.[8] Ein exzentrischer Erfinder schlug vor, einen Schlauch in den Schlund der Leiche zu pressen und unter starkem Druck Luft in sie hineinzupumpen. Die groteske Szene, die sich daraufhin abgespielt haben muss, kann sich nur derjenige ausmalen, der sich mit Leichen auskennt, dem Laien dagegen erschließt sie sich glücklicherweise nicht.

Bereits in den neunziger Jahren des 18. Jahrhunderts tauchten einige Alternativvorschläge für sinnvolle Todes- beziehungsweise Lebensprüfungen auf. Den Leser wird es mittlerweile nicht mehr überraschen, dass daran deutsche Ärzte und Erfinder beteiligt waren. Damals zog der elektrische Strom als Mittel der Wiederbelebung großes Interesse auf sich.[9] Im Jahr 1796 beschrieb Dr. Caspar Creve seinen »Metallreiz«, einen galvanischen Apparat zur Prüfung der Erregbarkeit eines Muskels.[10] Bei diesem Verfahren sollte der Bizeps in einem Arm der Leiche freigelegt und der Apparat in direkten Kontakt damit gebracht werden. Wenn der Mensch noch am Leben gewesen wäre, hätte eine Zuckung erfolgen müssen. Es gebe keinen Grund, weshalb diese Methode nicht funktionieren solle, sofern die Stromstärke hoch genug sei, behauptete Creve nach einer Reihe von Experimenten an Tieren und kürzlich Verstorbenen. Die praktische Anwendbarkeit seiner Erfindung wurde jedoch weithin angezweifelt, und als ein anderer Enthusiast den »Metallreiz« ausprobierte, funktionierte er nicht.[11] Im Jahr 1808 schrieb Hufeland, Creves Metallreiz sei wegen Zweifeln an der Durchführbarkeit nicht

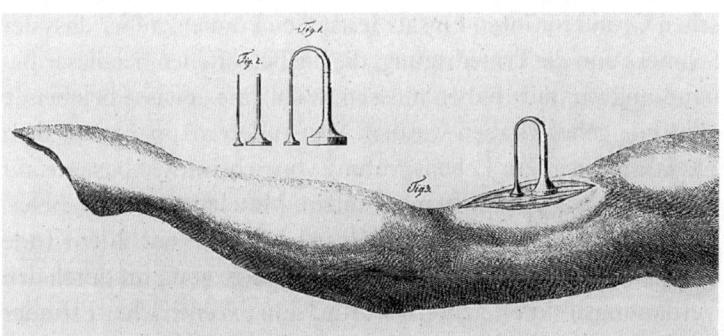

Dr. Creves »Metallreiz«, ein galvanischer Apparat, mit dessen Hilfe geprüft werden sollte, ob eine »Leiche« wirklich tot war: Ein freigelegter Armmuskel wurde mit der galvanischen Platte in Berührung gebracht in der Hoffnung eine Zuckung auszulösen, die bewies, dass die Person noch am Leben war.

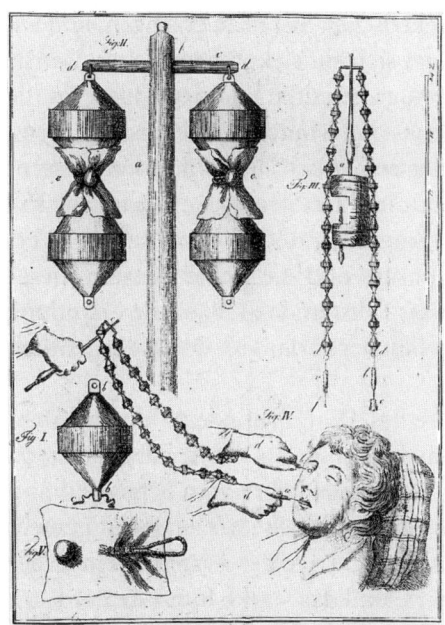

Ein Stich aus Dr. Christian August Struwes »Der Lebensprüfer« (Hannover 1805), der zeigt, wie man eine Leiche mit dem elektrischen Apparat des Autors auf verborgene Lebenszeichen hin untersucht.

weiter erforscht worden.[12] Der Umgang mit galvanischem Strom galt noch immer als gefährlich und unsicher, und Hinterbliebene waren gewiss nicht sonderlich angetan von der Vorstellung, dass der Arzt ihre verblichenen Lieben für gottlose Experimente aufschnitt.

Im Jahr 1805 stellte Dr. Christian August Struwe einen weiteren elektrischen Apparat vor, mit dem sich angeblich bestimmen ließ, ob ein Mensch lebendig oder tot war.[13] Er nannte das Instrument »Lebensprüfer« und rühmte sich, es könne auf Land, auf See und im Krieg verwendet werden. Sein weltweiter Einsatz würde Tausende von Menschen vor dem grässlichsten Ende überhaupt bewahren, nämlich dem, lebendig begraben zu werden. Der »Lebensprüfer« bestand aus einem Holzstab mit zwei Schnüren aus Kupfer- und Zinkkegeln. Die Metallkegel waren mit Leinwandstücken verbunden, die mit Salmiaklösung ge-

163

tränkt waren, um einen elektrischen Strom zu erzeugen, und am Ende beider Schnüre befand sich ein elektrischer Leiter. Wurde einer dieser Leiter an ein Auge gehalten und der andere an die Oberlippe, sollten die Augen- und Mundmuskeln zucken, wenn der Mensch noch lebendig war. Auch diese Idee war wissenschaftlich recht gut fundiert, und Dr. Struwe hatte ähnliche Experimente wie Creve durchgeführt, doch das mangelnde Vertrauen in elektrische Apparate und die hohen Kosten dieses relativ komplizierten Geräts führten dazu, dass die Erfindung nicht den praktischen Stellenwert erlangte, den sie eigentlich verdient hätte.

Bis in die dreißiger Jahre des 19. Jahrhunderts hinein gab es weniger deutsche Forschungsbeiträge zu den Todeszeichen, da die deutschen Mediziner Hufelands Lehre vom Scheintod und von der Fäulnis als einzigem untrüglichem Zeichen allgemein anerkannt hatten. Auch in England, wo der Ärztestand in träger Selbstzufriedenheit verharrte und das starke Interesse der Kontinentaleuropäer an dem Thema des vorzeitigen Begräbnisses mit einer Mischung aus Belustigung und Ekel verfolgte, kam es zu keinen großen Fortschritten. Daher mussten bedeutende Anstöße zur Erforschung der Todeszeichen von dem französischsprachigen Teil Europas ausgehen. Der einflussreiche Physiologe Xavier Bichat hatte durch seine Tierexperimente das zeitgenössische Wissen über den Sterbevorgang erheblich erweitert.[14] Bichats bevorzugte experimentelle Methode war die Vivisektion: Er sezierte und verbrannte Hunde, junge Katzen und andere Säugetiere bei lebendigem Leibe, und er studierte ihren Todeskampf, während sie langsam ertranken. Der Tod konnte sofort eintreten, wie bei einem enthaupteten Verbrecher, oder das Sterben konnte, etwa bei einer schleichenden Krankheit oder bei einem Tier, das er langsam zu Tode quälte, ein Martyrium sein, das sich lange hinzog, als Folge von Reaktionen verschiedener Organe. Für Bichat stand fest, dass bei einem Tier, das erdrosselt wurde, schwarzes (sauerstoffarmes) Blut ins Hirngewebe eintrat und dessen »animalische Aktivität« zerstörte. Das organische Leben des Herzens und der Lungen gehe später davon unabhängig zugrunde. Bichat definierte Leben als das Zusammenwirken aller Kräfte im Körper, die dem Einfluss des Todes widerstanden. Somit konnte kein bestimmtes Organ als Sitz des Lebens betrachtet werden. Seine Anschauungen bildeten daher das logische Extrem einer Haltung, die den Tod als ein in verschiedenen Organen ablaufendes Ereignis ansah. Diese Position einer »Dezentralisierung des Todes« entwickelte sich allmählich und war durch Bruhier angestoßen worden, als dieser die zentrale Rolle von Herzschlag und Atmung für das Leben in Frage gestellt hatte. Bichat hat dem physiologischen Studium von Leben und Tod einen kräftigen Schub gegeben, doch sein extrem vitalistischer Standpunkt ließ sich auch so interpretieren, dass kein Todeszeichen, insbesondere keines, das sich auf ein einzelnes Organ wie das Herz bezog, wirklich aussagekräftig war. Die einflussreichen Gerichtsmediziner François Emmanuel Fodéré und Mathieu Orfila zogen die logische Schlussfolgerung aus Bichats Theorien: Es gebe kein einzelnes »entscheidendes« Todeszeichen, vielmehr sollte eine ganze Palette von Lebens- beziehungsweise Todesprüfungen durchgeführt werden, um den Zustand verschiedener Organe zu ergründen. Sie waren fest davon überzeugt, dass alle Todeszeichen zusammengenommen eine absolut zuverlässige Diagnose erlaubten, auch wenn jedes Zeichen für sich allein nicht schlüssig sei.[15]

Von 1800 bis 1835 befassten sich über dreißig französische Dissertationen der Medizin mit den Todeszeichen. Diese Doktorarbeiten lassen sich in drei gleich große Gruppen einteilen[16]: Eine Gruppe verteidigte im Anschluss an Louis und andere die Zuverlässigkeit der Todeszeichen. Dabei wurde vielfach suggeriert, es sei eine Beleidigung der modernen Medizin, einem Arzt vorzuwerfen, er könne eine lebende Person nicht von einer Leiche unterscheiden. Eine zweite Gruppe räumte ein, dass zwar die meisten Todeszeichen unsicher seien, nicht aber die Verwesung und die Leichenstarre. Eine dritte Gruppe behauptete, mit Ausnahme der Verwesung seien alle Todeszeichen unsicher. Einige dieser Autoren gingen so weit, den Bau von Leichenhäusern in den französischen Städten zu fordern. Im Jahr 1837 stiftete Professor Pietro Manni, ein an den Universitäten von Neapel und Rom lehrender Toxikologe, der Akademie der Wissenschaften in Paris 1500 Goldfrancs als Preisgeld für die beste Arbeit über die Todeszeichen und die Mittel zur Verhütung vorzeitiger Begräbnisse.[17] Diese großzügige Spende hatte den gewünschten Effekt: Sie regte die Forschung über Todeszeichen und deren Zuverlässigkeit in Frankreich weiter an. Am ersten Wettbewerb um den Prix Manni im Jahr 1839 beteiligten sich zahlreiche Forscher. Die Akademie der Wissenschaften hielt jedoch an ihren strengen Kriterien fest und erachtete keinen der Beiträge für preiswürdig. Als der Prix Manni 1842 erneut ausgeschrieben wurde, war das Ergebnis ebenso enttäuschend.

Im Jahr 1846 wurde der Preis dann zum dritten Mal ausgeschrieben. Einer der Teilnehmer war der einunddreißigjährige Arzt Eugène Bouchut. Die Erfindung des Stethoskops durch René Laënnec und der spätere Nachweis des klinischen Nutzens dieses Instruments zur Diagnose von Herz- und Lungenerkrankungen hatten einen tiefen Eindruck auf ihn gemacht.[18] Bouchut schlug vor, dieses Instrument zur Feststellung des Herzstillstands einzusetzen. Wenn man mit dem Stethoskop zwei Minuten lang keine Herzschläge mehr feststellen könne, dann, so seine feste Überzeugung, stehe der Tod zweifelsfrei fest und der Leichnam könne unverzüglich bestattet werden. Er untermauerte diese Ansicht durch zahlreiche Experimente an Säugetieren, die er in unterschiedlichster Weise tötete beziehungsweise sedierte, und durch zahlreiche Beobachtungen an Sterbenden. Bouchut, der die Leichenhäuser als nutzlos und makaber verdammte, war der Ansicht, dass die Furcht seiner Landsleute vor einem verfrühten Begräbnis stark übertrieben war. Sie sei durch zahlreiche unzutreffende und sensationsheischende Flugschriften und Zeitungsartikel angefacht worden. Außer Bouchut beteiligten sich noch viele andere am Wettbewerb um den Prix Manni. Es mangelte nicht an kuriosen Ideen, wie man Leichen von lebenden Menschen unterscheiden könne. So wurde unter anderem vorgeschlagen, mittels einer Magenpumpe Adstringenzien in den Magen einzuleiten oder eine Hand voll Blutegel um den After der Leiche zu platzieren. Der Deutsche Dr. Christian Friedrich Nasse erfand ein »Thanatometer«, wie er es nannte: ein Thermometer, das in einer langen Röhre in den Magen eingeführt wurde und das messen sollte, ob die Temperatur im Körperkern so niedrig war, dass der Tod festgestellt werden konnte.[19] Sein österreichischer Kollege Dr. Johann Nepomuk Hickmann erfand einen elektrischen Apparat, der Struwes »Lebensprüfer« ähnelte, dem jedoch seines Erachtens überlegen war, obgleich beide offenbar nach demselben Prinzip funktionierten.[20] Der französische Arzt Jules-Antoine Josat erfand eine große Pinzette, mit der man in die Brustwarzen der vermeintlichen Leiche kneifen sollte[21], und der Engländer Barnett empfahl, den Arm der Leiche mit kochendem Wasser zu verbrühen. Wenn sich eine Brandblase bilde, sei die Person noch am Leben. Eine weitere bizarre Idee, die auf den Deutschen Middeldorph zurückgeht, bestand darin, eine lange Nadel mit einem Fähnchen an einem Ende ins Herz des Scheintoten zu stoßen. Das Fähnchen würde fröhlich flattern, wenn das Herz noch schlüge.[22]

Im Jahr 1848 gab Dr. Rayer von der Akademie der Wissenschaften bekannt, dass Eugène Bouchut der Gewinner des Prix Manni sei.[23] Dieser prestigeträchtige Preis fand große internationale Beachtung, und Bouchuts Position wurde durch die Tatsache, dass Rayer selbst und einige andere führende Akademiemitglieder, darunter der Neurobiologe François Magendie und der Anatom Etienne Serres, ihn aktiv unterstützten, noch weiter gestärkt. Fraglich ist, ob die Schlüsselentscheidung der Akademie einzig und allein durch das Vertrauen in Bouchuts Entdeckung motiviert war oder ob sie auch die johlenden Aktivisten der Leichenhausbewegung zum Schweigen bringen sollte, die von den Zeitungen unterstützt wurden und in ihren Gräuelgeschichten zahlreiche Unwahrheiten verbreiteten. Indem die Akademie Bouchuts Abhandlung den Vorzug gab vor den mittelmäßigen, negativistischen Empfehlungen, überall im Land Leichenhäuser zu bauen, machte sie ihren Standpunkt in der Frage unmissverständlich klar. Im Jahr darauf veröffentlichte Bouchut seine Untersuchungen in einem Buch, das auch die Anheizer in der französischen Bewegung zur Verhütung vorzeitiger Begräbnisse angriff.[24] Er lobte Louis und Bichat als wichtige Wegbereiter und kritisierte Bruhiers Buch als reißerisch und unzuverlässig. Anders als die Autoren vor ihm wollte er seine Zeit nicht damit vergeuden, ältere Meinungen über das Fehlen des Herzschlags als Todeszeichen zu referieren. Man könne Männern wie Celsus, Plinius, Bruhier, Winslow und von Haller nicht vorwerfen, dass ihnen die wunderbare Arbeit von Laënnec nicht zur Verfügung gestanden habe. Bouchuts »Traité des signes de la mort« stieß in ganz Europa auf große Resonanz, und es wurde zum einflussreichsten und konstruktivsten Werk zu diesem Thema seit Beginn des 19. Jahrhunderts. Einige moderne Historiker haben sich darüber mokiert, dass Bouchut der Prix Manni zuerkannt wurde, denn die Vorstellung, der fehlende Herzschlag sei ein zuverlässiges Anzeichen des Todes, erscheint uns heute vollkommen trivial.[25] Doch das war in den vierziger Jahren des 19. Jahrhunderts keineswegs der Fall, und Bouchut bewies großen Mut, als er seine neue Idee vorstellte. Schließlich musste ein relevantes Todeszeichen auch von einem in die Jahre gekommenen, schwerhörigen Landarzt festgestellt werden können. Sollte sich Bouchuts Zeichen als irrtumsanfällig erweisen, bestand die Gefahr, dass viele lebende Menschen ohne hörbaren Herzschlag lebendig begraben würden, und er selbst riskierte, zu einer verfemten Gestalt der französischen Medizin zu werden. Laënnecs Erfindung des Stethoskops lag noch nicht lange zurück, und einige konservative Kliniker waren von seinem diagnostischen

Wert noch nicht völlig überzeugt. Zudem waren die Stethoskope der damaligen Zeit recht primitiv: Sie bestanden aus massivem Holz und glichen plumpen Hörrohren. Der Unterschied zu einem modernen Instrument ist verblüffend, wie mir auffiel, als ich kürzlich eines dieser alten Stethoskope ausprobierte. Tatsächlich ist es nicht abwegig zu behaupten, dass sich Bouchut irrte, dass ein Mensch leben kann, ohne dass man seine Herztöne wahrnimmt – besonders wenn man dabei auf ein Stethoskop aus der Mitte des 19. Jahrhunderts angewiesen ist. Erkrankungen wie Lungenemphysem, ein ausgedehnter Pleuraerguss oder eine exsudative Herzbeutelentzündung können die Übertragung der Herztöne an den Brustkorb unterbinden. Für die klinische Praxis bedeutsamer ist die Tatsache, dass der langsame, schwache Herzschlag einer Person, die unter dem Einfluss starker Beruhigungsmittel steht, nicht immer mit dem Stethoskop zu hören ist. Doch Bouchuts Vorschlag war so spezifisch und so präzise, dass er von großem praktischem Wert war. Hinzu kam als ein weiterer Vorteil seine Einfachheit.

Ein anderes weit verbreitetes Missverständnis über Bouchuts Entdeckung besteht darin, dass die Veröffentlichung seines Buches die Kontroverse über den Scheintod und das Risiko eines vorzeitigen Begräbnisses, die seit der Veröffentlichung der Arbeiten Bruhiers hundert Jahre zuvor in Europa wütete, praktisch beendet habe.[26] Tatsächlich ließ sich die deutsche Ärzteschaft nicht umstimmen, und die Pforten der Leichenhäuser blieben noch weitere fünfzig Jahre lang geöffnet. Ein gewisser Professor Plugge aus Darmstadt wandte ein, wenn man Bouchuts Ideen ernst nähme, würden zahlreiche Neugeborene, die sich in einem Zustand der Asphyxie befänden, mutwillig und unnötigerweise zum Tode verurteilt.[27] Ein Rezensent äußerte sich in einer englischen Zeitschrift sehr skeptisch über den Nutzen von Bouchuts Entdeckung[28], und auch in seiner Heimat Frankreich sah er sich einer Welle der Kritik ausgesetzt.[29] Jules-Antoine Josat, der Erfinder des Brustwarzenkneifers, behauptete, er habe einmal bei einer Cholera-Epidemie eine lebende Person ohne hörbaren Herzschlag untersucht. Auch einige der anderen Teilnehmer des Wettbewerbs um den Prix Manni, die leer ausgegangen waren, äußerten sich kritisch über die Unzuverlässigkeit von Bouchuts Entdeckung und meinten, es gerieten massenweise Lebende unter die Erde, würde diese Entdeckung allgemein angewandt. Zahlreiche führende Kliniker aus Krankenhäusern in ganz Frankreich schickten Listen mit den Namen von Lebenden, bei denen kein Herzschlag hörbar gewesen sei, an die Akademie der Wissenschaften. Nach Darstellung eines Aktivisten der Bewegung zur Verhütung des Scheintods hatte sich der feige Bouchut Anfang der fünfziger Jahre (des 19. Jahrhunderts) unter dem Eindruck des massiven Widerstands eines Besseren besonnen und zugegeben, dass sein Todeszeichen irrtumsanfällig sei.[30] Obgleich diese Behauptung von weniger voreingenommenen Quellen nicht bestätigt wird, ist anzunehmen, dass der Widerspruch vieler hervorragender Kliniker nicht spurlos an Bouchut vorbeiging. Wenn er nicht von den berühmten Gerichtsmedizinern Alphonse Devergie und Auguste-Ambroise Tardieu unterstützt worden wäre, hätte seine Zukunft tatsächlich düster ausgesehen. Bouchut strebte einen Kompromiss an, indem er die Zeitspanne des Abhorchens von zwei auf fünf Minuten verlängerte. Dieser Vorschlag wurde von seinen Gegnern jedoch nicht akzeptiert, und in den 1860er Jahren tobte die Debatte noch immer. Gerade die französischen Aktivisten der Bewegung gegen vorzeitige Begräbnisse sahen in Bouchut einen Verräter und versäumten keine Gelegenheit, Fallgeschichten über lebende Menschen zu veröffentlichen, bei denen die Ärzte keinen Herzschlag mehr gehört hatten.

Auch herrschte kein Mangel an neuen Vorschlägen zu Todeszeichen und Prüfungen von Lebenszeichen. Im Jahr 1861 empfahl ein gewisser Dr. Plouviez, in schwierigen Fällen, in denen Bouchuts Test versagt habe, das Herz mit einer Stahlnadel zu »akupunktieren«, und mehrere Kommentatoren stimmten dem zu.[31] Der Chirurg Jules-Germain Cloquet und der Physiologe Jean-Vincent Laborde schlugen stattdessen vor, eine glänzende Nadel mitten in den Bizeps zu stechen.[32] Wenn der Mensch lebendig wäre, würde die Nadel von den Körpersäften angegriffen und rosten, behaupteten sie, aber dieser Test kommt mir weit hergeholt vor und ist außerdem nicht spezifisch. Dr. Marteno aus Cordoba empfahl, eine brennende Kerze in geringer Distanz an einen Finger oder Zeh zu halten. Wenn die Person tot sei, würde sich eine Luftblase bilden.[33] Doch auch dieses Kriterium würde keine exakte Unterscheidung erlauben. Im Jahr 1879 trat der Italiener Ugo Magnus mit dem Vorschlag an die Öffentlichkeit, man solle einen Finger der fraglichen Person mit einer Schnur fest abbinden. Wenn er oder sie noch am Leben sei, würde der Finger blau anlaufen und anschwellen, da der venöse Blutfluss durch die Ligatur zum Stillstand käme.[34] Dieser Test ist jedoch nicht so zuverlässig, wie man meinen könnte, da Menschen *in extremis* an einer sehr ausgeprägten Verengung der peripheren Blutgefäße leiden können. Im Jahr 1874 machte der Italiener Dr. Angelo Monteverdi einen besseren Vorschlag.[35] Er bewies, dass eine Injektion von Salmiakgeist unter die Haut bei einem lebenden Menschen – nicht dagegen bei einer Leiche – eine Entzündung hervorrief. Dieser aussagekräftige Lebenstest hing nur von der Fähigkeit des verantwortlichen Arztes ab, die Injektion sachgerecht zu verabreichen – Spritzen für subkutane Injektionen waren damals noch neu, was die Anwendbarkeit dieses Tests erheblich einschränkte.

Ein gewisser Dr. Léon Collongues ersann einen besonders kuriosen Test: Wenn der Arzt einen Finger eines lebenden Menschen in sein Ohr steckte, erzeugten die unwillkürlichen schwachen Muskelbewegungen ein summendes Geräusch. Tat er das Gleiche mit dem Finger einer Leiche, summte es nicht.[36] Er stellte die kühne Behauptung auf, seine Methode sei den Tests von Louis und Bouchut überlegen. Dr. Collongues war überdies der Meinung, die Eigenart des Summens, das der Finger des Patienten im Ohr des Arztes erzeuge, sei ein wichtiges Hilfsmittel bei der Diagnose zahlreicher Erkrankungen. Ähnlich grotesk war ein weiterer Vorschlag des bereits erwähnten Dr. Laborde: Man solle drei Stunden lang rhythmisch an der Zunge des Verblichenen ziehen.[37] Er hatte zuvor mit einem gewissen Recht behauptet, dass es bei der künstlichen Beatmung ratsam sei, die Zunge herauszuziehen. Dies hing aber damit zusammen, dass dadurch die Atemwege freigehalten werden, und nicht damit, dass diese Prozedur auf unerklärliche Weise das Zentralnervensystem anregt. Dr. Laborde behauptete, er sei einmal zu einer bewusstlosen Frau gerufen worden, die nach einem schweren Narkosezwischenfall mit nachfolgendem Atemstillstand reglos im Behandlungsstuhl ihres Zahnarztes gesessen habe. Während der Zahnarzt und der Anästhesist ratlos und besorgt zugeschaut hätten, habe er ihre Zunge mit einer kräftigen Zange gepackt und begonnen, heftig daran zu ziehen. Durch seine Anstrengungen sei die Frau gerettet worden, auch wenn sie geklagt habe, die Schmerzen in ihrer Zunge seien so stark, dass sie jegliche Erinnerung sowohl an die Zeit des Atemstillstands im Behandlungsstuhl als auch an die Zahnschmerzen, die sie ursprünglich zu der Konsultation veranlasst hätten, verloren habe! Dr. Labordes »physiologische Todesbehandlung« schlug auch bei Tieren an: Eine bewusstlose Kuh und eine ohnmächtige Englische Bulldogge waren von dem unerschrockenen Medikus wiederbelebt worden. Er erfand sogar einen mechanischen »Zungenzieher« für die Leichenhalle: Er wurde von einer Kurbel angetrieben, die ein ungelernter Totenwächter betätigte. Dieser Gehilfe beklagte sich über die langweilige und unangenehme Verrichtung, die er drei Stunden lang fortsetzen musste, bevor die vermeintliche Leiche beigesetzt werden durfte. Dr. Laborde löste dieses Problem, indem er den Gehilfen durch einen elektrischen »Zungenzieher« ersetzte. Fotografien dieses Apparats druckte er voller Stolz in einem seiner Bücher ab. Die Maschine machte auf den Rezensenten einer religiösen Zeitschrift einen so nachhaltigen Eindruck, dass er schrieb, diese sinnreiche französische Erfindung möge in aller Welt bekannt und tatkräftig eingesetzt werden.[38]

Im Jahr 1867 stiftete ein französischer Adliger, der Marquis d'Ourches, der Akademie der Wissenschaften in Paris fünftausend Francs für einen Preis, der demjenigen zuerkannt werden sollte, der eine wissenschaftliche Methode für die zweifelsfreie Identifizierung der wahren Todeszeichen entdecke. Eine viel höhere Summe, nämlich zwanzigtausend Francs, sollte erhalten, wer ein sicheres Todeszeichen ermittelte, das auch von einem ungebildeten Laien erkannt werden könnte. Der Marquis war eine exzentrische Person und hatte sich oberflächlich mit Spiritismus und Somnambulismus befasst. Er hatte außerdem viel Zeit damit verbracht, Tiere zu zähmen, denn er hoffte, dass Hunde, Katzen, Hasen, Tiger und Menschen eines Tages in Frieden und Eintracht miteinander leben würden. Sein »Prix d'Ourches« wurde bei seiner Ausschreibung im Jahr 1868 in den Zeitungen weithin publik gemacht. Es gingen hundertzwei Vorschläge – ein neuer Rekord – bei der Akademie ein und zwölf weitere, die zu spät eintrafen. Die meisten Teilnehmer waren gebürtige Franzosen, doch stammten auch einige aus Deutschland, Indien und den Vereinigten Staaten. Interessanterweise waren die Mediziner in der Minderheit, unter den Einsendern waren mehrere Erfinder, Kleriker (Priester, Pastoren und Rabbiner), pensionierte Offiziere, einige Frauen, ein Lebensmittelhändler und ein Friseur. Der Letztgenannte versicherte, er kenne eine Methode, mit der sich aus dem Erscheinungsbild der Haare beurteilen lasse, ob ein Person tot oder lebendig sei. Er machte keine genaueren Angaben zu diesem Verfahren, erbot sich jedoch, dies nachzuholen, sobald ihm der Preis verliehen worden sei. Die deutschen Erfinder reichten, wie nicht anders zu erwarten, Entwürfe für diverse Sicherheitssärge und Signalsysteme für Leichenhallen ein. Ein Deutscher erbot sich, die mutmaßlichen Leichen zu hypnotisieren, um herauszufinden, ob sie tot seien. Des weiteren wurde vorgeschlagen, Strychnin in den Magen zu injizieren, die Augen mit einem starken Scheinwerfer zu blenden, um eine Verengung der Pupille auszulösen, und die Schläfen und die Herzregion mit einem glühenden Eisen zu verbrennen. Eine medizinische Fachzeitschrift in England empörte sich über diese abgeschmackten Ideen, insbesondere darüber, dass Laien an dem Wettbewerb teilnehmen durften: »Welche ernstzunehmende Arbeit darf man schon von diesem bunt gemischten Haufen erwarten? Welche gelehrten Schriften können schon Personen anfertigen, die nicht die leiseste Ahnung von wissenschaftlichen Tatsachen haben und doch den Anspruch erheben, die Geheimnisse von Leben und Tod zu enthüllen …«[39] Auch der französische Gerichtsmediziner Alphonse Devergie machte sich über den Marquis und seinen Preis lustig, allerdings aus anderen Gründen: »Nehmen wir einen Augenblick an, ein für alle deutlich sichtbares Todeszeichen würde entdeckt. Was würde geschehen? Die Leute würden keinen Arzt mehr herbeirufen, um den Tod zu bestätigen … Lassen wir daher die unglückselige Idee fallen, die Todeszeichen müssten im Volk bekannt gemacht werden.«[40]

Das Preiskomitee des Prix d'Ourches brauchte mehrere Jahre, um zu einer engeren Auswahl zu gelangen, und es dauerte noch länger, bis die Gewinner bekannt gegeben werden konnten. Zur Enttäuschung des Friseurs und des Lebensmittelhändlers ging Professor Weber, ein Gerichtsmediziner aus Leipzig, als Sieger aus dem Wettbewerb hervor. Er hatte vorgeschlagen, einige Stunden nach dem Tod mit einer harten Bürste bestimmte Hautpartien der Leiche abzureiben. Wenn die Haut nach dem Abbürsten eine pergamentartige Beschaffenheit aufweise, sei der Betreffende mit Sicherheit tot. Weber, dem der kleinere Preis von fünftausend Francs verliehen wurde, hätte Anspruch auf den großen Preis von zwanzigtausend Francs gehabt, hätten nicht einige Kommissionsmitglieder eingewandt, sie hätten das Verfahren des Professors an einigen Leichen ausprobiert und nur selten das vorhergesagte Ergebnis festgestellt. Einige der anderen Einsender erwähnte die Jury lobend wegen ihrer Beobachtungen, die Körpertemperatur und verschiedene Veränderungen an den Augen nach dem Tod betreffend. Ein gewisser Monsieur de Cordue bekam fünfhundert Francs für seine Untersuchungen über den Effekt einer Kerzenflamme auf die Fingerkuppe.[41] Der große Preis fiel an die Erben des Marquis d'Ourches zurück, dem dieses Ergebnis vermutlich recht gewesen wäre, da der exzentrische Adlige sie testamentarisch nicht bedacht hatte, so dass sie völlig mittellos im Armenviertel Saint Germain lebten.

Ein anderer französischer Menschenfreund, Monsieur Dusgate, ließ sich von dem großen öffentlichen Aufsehen, das der Prix d'Ourches erregt hatte, dazu bewegen, der Akademie der Wissenschaften 2500 Francs für einen alle fünf Jahre zu vergebenden Preis zu stiften, der dem Entdecker eines sicheren Todeszeichens beziehungsweise dem Erfinder einer Methode zur Verhütung vorzeitiger Begräbnisse verliehen werden sollte.[42] 1890, als der Preis zum ersten Mal 1890 vergeben wurde, traf die Jury die bemerkenswerte Entscheidung, einen gewissen Dr. Maze auszuzeichnen, der die Fäulnis zum einzigen sicheren Todeszeichen erklärt und empfohlen hatte, alle Verstorbenen in Leichenhäusern unter Beobachtung zu stellen und nach dem Auftreten der ersten Verwesungszeichen einzuäschern. Die französische Ärzteschaft erhob Einspruch gegen den Beschluss: Zu diesem Zeitpunkt war das Stethoskop technisch bereits viel ausgereifter, und die Ärzte konnten wesentlich besser damit umgehen. Als der triumphierende Eugène Bouchut 1883 die dritte Auflage seines Buches veröffentlichte, war nichts mehr von den Zweifeln zu spüren, die er nach den heftigen Anfeindungen in den fünfziger Jahren des 19. Jahrhunderts eingeräumt hatte, und bis auf einige Sonderlinge und begeisterte Anhänger der Leichenhausbewegung hatten auch die französischen Mediziner keine Einwände mehr gegen seine Theorien. Bouchut behauptete unbeirrt, das Fehlen eines hörbaren Herzschlags sei ein sicheres Todeszeichen, die Agitation französischer Anti-Scheintod-Aktivisten stütze sich auf unzuverlässige Zeitungsberichte, und die deutschen Leichenhäuser seien überflüssig.[43] Damals war er weit über sein Heimatland hinaus anerkannt und hoch geschätzt.

Im Jahr 1895 beteiligte sich auch Séverin Icard, Arzt am Kinderkrankenhaus Grande-Miséricorde in Marseilles, an dem Wettbewerb um den Prix Dusgate. Er interessierte sich schon seit langem für voreilige Beerdigungen, und einige bedrückende Vorfälle in seiner Praxis aus jüngster Zeit hatten ihn dazu bewogen, an einer Schutzvorrichtung zu arbeiten.[44] Im Jahr 1893 war Dr. Icard gerufen worden, um den reglosen Körper einer Dame aus Marseille zu untersuchen. Er erklärte sie für tot, doch ihre Angehörigen hatten schreckliche Angst, sie könnte lebendig begraben werden, und wünschten, dass er ein weiteres Mal komme, weil ihnen der Gedanke, dass sie noch am Leben sein könnte, keine Ruhe ließ. Dr. Icard stattete der Familie einen zweiten Besuch ab und bot ihr an, den Middeldorph-Test an dem leblosen Körper vorzunehmen, um sie beruhigen. Ohne weitere Umstände zog er eine lange, glänzende Nadel hervor und rammte sie der Leiche ins Herz. Die Hinterbliebenen schrien entsetzt: »Ja, jetzt ist sie tot – *Aber Ihr habt sie umgebracht, Doktor!*« Eine Zeit lang wagte sich Dr. Icard daraufhin nach Einbruch der Dunkelheit nicht mehr in dieses Stadtviertel, und er konnte die Presse nur mit Mühe beschwichtigen. Im Jahr darauf wurde er erneut in einem Fall konsultiert, in dem es um Leben oder Tod ging. Die achtzehnjährige Zéphirine Maniel war anscheinend gestorben und vom Hausarzt für tot erklärt worden. Doch ihre Eltern waren nicht überzeugt, da keine Leichenstarre eintrat. Sie wandten sich an den Bürgermeister, der Icard und vier andere Ärzte anwies, den Fall zu klären. Die aufgelösten Eltern standen neben dem Bett und riefen: »Zéphirine est vivante!« – »Zéphirine ist noch am Leben« –, und eine große, aufgebrachte Menge versammelte sich vor dem Haus. Die fünf Ärzte erklärten das Mädchen ohne Zögern für tot, und der Bürgermeister ordnete an, das Begräbnis solle wie geplant vonstatten gehen. Doch mittlerweile waren fünfzehnhundert Menschen zusammengeströmt, und die Polizei musste sowohl die Ärzte als auch den Leichenzug vor ihrem Zorn schützen. Einige versuchten sogar, den Sarg in ihre Gewalt zu bringen und aufzubrechen, um sicherzustellen, dass die arme Zéphirine nicht lebendig begraben wurde. Am nächsten Morgen stand in allen Zeitungen, den – namentlich aufgeführten – Medizinern sei ein furchtbarer Irrtum unterlaufen, und einmal mehr sei ein scheintoter Mensch beerdigt worden.

Nach mehrjährigen Forschungen stellte Dr. Icard einen recht brauchbaren Lebens- beziehungsweise Todestest vor.[45] Durch subkutane Injektion einer stark fluoreszierenden Lösung könne man feststellen, ob der Blutkreislauf des oder der Betreffenden noch funktioniere: In diesem Fall verfärbe sich die Haut leuchtend gelb und die Augen smaragdgrün, und dieses Phänomen halte so lange an, bis die Substanz abgebaut sei. Dr. Icard vervollkommnete diese Methode, indem er sowohl toten als auch lebenden Hunden seine fluoreszierende Lösung injizierte. Die lebenden Tiere waren ihm von gutgläubigen Kollegen geliehen worden, deren Reaktion auf die Rückgabe der gelben, grünäugigen Hunde in den vielbändigen Schriften Dr. Icards leider nicht verzeichnet ist. Séverin Icard spritzte Exemplaren vieler Tierarten, darunter sogar Igeln und Schildkröten, die Winterschlaf hielten, seine Farblösung, immer mit dem gewünschten Ergebnis. Bei toten Tieren oder menschlichen Leichen fand keine Reaktion statt. Für seine nützliche Erfindung wurde er 1895 und ein weiteres Mal im Jahr 1900 mit dem Prix Dusgate ausgezeichnet. Dr. Icard schlug auch einen originellen Verwesungstest vor: Ein Stück Papier mit den Worten »Ich bin wirklich tot«, geschrieben in Bleizucker, wurde gefaltet und in die Nase der »Leiche« gesteckt. Die Reaktion mit dem Schwefeldioxid der Fäulnisgase ließ die Buchstaben deutlich hervortreten. Während der Fluorescein-Test absolut zuverlässige Ergebnisse lieferte, sofern die Injektion sachgerecht durchgeführt wurde, fehlte es Dr. Icards anderer Idee an Spezifität: Es gibt viele Erkrankungen wie etwa eitrige Mandelentzündung oder schwere Zahnfäule, die zur Produktion von Schwefeldioxid führen können. Auch werden nicht immer genügend Fäulnisgase gebildet, um die gewünschten Veränderungen herbeizuführen. Als ein englischer Arzt das Experiment von Dr. Icard wiederholte, stellte er nur bei einer von sechs Leichen eine eindeutige Einfärbung fest.[46]

SKEPTISCHE PHYSIOLOGEN UND
FANTASIERENDE SPIRITISTEN

> Studenten, unsre Zukunft einst
> Hängt ab von eurem Werden,
> Ob's freund- und friedlich wird dereinst,
> Ob's heimlich wird auf Erden.
> Und eins noch hänget von euch ab:
> Ob man lebendig muß ins Grab!
>
> *Friederike Kempner*

Zu Beginn des 19. Jahrhunderts hatte sich das vorzeitige Begräbnis zu einem übermächtigen Schreckgespenst des Alltagslebens ausgewachsen, und Schriftsteller in ganz Europa widmeten dem Thema eine Fülle von Schriften und wissenschaftlichen Aufsätzen. In fast allen Ländern konnte der interessierte Leser aus einem reichen Angebot zu diesem schauerlichen Thema auswählen, das von der ernsten medizinischen Dissertation und dem Aufruf, mehr Leichenhäuser zu schaffen, bis zu Streitschriften von Fanatikern, die behaupteten, über ein Zehntel der Menschen werde lebendig begraben, sowie zu gruseligen Sammlungen von Gespenstergeschichten wie der des berüchtigten Köppen reichte.

Die Briten hatten sich nicht von der Ende des 18. Jahrhunderts aufgekommenen kontinentaleuropäischen Obsession, vorzeitig begraben zu werden, anstecken lassen. Doch im zweiten Jahrzehnt des 19. Jahrhunderts wurde England von französischen Schriften überschwemmt, und sie gaben den Anstoß zu einer Fülle einschlägiger Presseartikel. Zudem war die britische Leserschaft nicht völlig darauf angewiesen, aus Deutschland und Frankreich entweder abstruse oder sadistische Geschichten über vorzeitig begrabene Scheintote zu importieren, die aus ihrem unterirdischen Gelass gerettet wurden oder nach den grauen-

*Eine Schweizerin erwacht in ihrem Sarg, gerade als er in die Erde
gesenkt werden soll. Ihre Verwandten laufen davon, da sie glauben,
einen Geist vor sich zu haben. Eine Zeichnung aus der Sammlung
des Autors mit dem Vermerk »Basler Hinkender Bote, 1822«.*

haftesten Martern ihr Leben aushauchten. Im Jahr 1816 erschien
das Buch »The Dangers of Premature Interment« (»Die Gefahren
der verfrühten Bestattung«) von Joseph Taylor aus Newington
Butts in London.[1] Dieser fantasievolle Engländer hatte bereits
Werke über Erscheinungen und Geister mit den Titeln »Hündi-
sche Dankbarkeit« und »Anekdoten über bemerkenswertes Geziefer« verfasst. Die Beflissenheit, mit der er kuriose Berichte über
wiedererwachte Scheintote aufstöberte, war löblich, weniger
hingegen seine Kommentare dazu. Die Legende von der »Frau
mit dem Ring« in der Originalfassung kam in seiner Sammlung
ebenso vor wie eine eher amüsante Variante desselben Themas,
die angeblich Sir Hugh Ackland aus Devonshire betraf. Dieser
Edelmann war, wie es schien, einem Fieber erlegen, und zwei La-

180

kaien wachten bei dem Leichnam, der in einem Sarg aufgebahrt war. Einer von ihnen erinnerte sich daran, sein verblichener Herr habe zu Lebzeiten »über alles einen Brandy geliebt«, und goss der Leiche ein Glas Weinbrand in den Mund. Sir Hugh sprach unverzüglich auf diese Behandlung an und kam hustend wieder zu sich. Er lebte noch mehrere Jahre, und der freche Lakai bekam eine beträchtliche Leibrente. Drei Jahre nach der Veröffentlichung von Taylors Buch wurde die britische Öffentlichkeit ein weiteres Mal an die kontinentaleuropäische Debatte über verfrühte Begräbnisse erinnert. In einem Buch über verschiedene Aspekte des Todes behauptete Reverend Walter Whiter, Menschen würden nicht nur in Deutschland und Frankreich, sondern auch im Herzen Großbritanniens regelmäßig aus Versehen lebendig begraben.[2] Er hatte die englische Ausgabe von Bruhier gelesen, und er erzählte auch einen Bericht über eine deutsche Frau, die mit einem »herzzerreißenden Schrei« aus ihrem Scheintod erwachte, als der Deckel ihres Sargs zugenagelt werden sollte. Whiter glaubte, die warme Erde berge ungeahnte Kräfte der Reanimation. Tatsächlich empfahl er, bei Scheintoten Erdbäder als Mittel zur Wiederbelebung einzusetzen. Diese Tatsache, so Whiter, erhöhe die Gefahr, im Grab zu erwachen: »Die warme wohltuende Erde besitzt mächtige Wirkkräfte, die den Prozess der Wiederbelebung unterstützen können, und ich fürchte tief betrübt, dass die Fälle des Wiedererwachens im Grab sehr viel häufiger sind, als sich die Menschheit trotz all ihrer Ängste, lebendig begraben zu werden, bislang vorzustellen wagte.«

Während die Bücher von Taylor und Whiter vergleichsweise ausgewogen waren, stellt John Snarts »Thesaurus of Horror; or, The Charnel-House Explored« das wohl haarsträubendste und gruseligste Buch dar, das je in seinem eigentümlichen literarischen Genre erschienen ist.[3] Snart schrieb mathematische Bücher, darüber hinaus wissen wir wenig über ihn, außer dass er entsetzliche Angst davor hatte, lebendig begraben zu werden. Der Inhalt des Buches lässt sich leicht aus dem folgenden kläg-

lichen Gedicht entnehmen, das Snart seinem zentralen Thema
zur Einführung vorangestellt hat:

> Doch wann die befruchtend Erd' erwecket
> Des geliehenen Lebens unsicheren Splitter,
> Vermag da verzweifeltes Ringen das Grab zu bezwingen –
> Oder muss der Raufende im Blute sich winden,
> Bis, weh, im eitlen Mühen ihm die Augäpfel bersten?

Snart behauptete: »Der natürliche Tod ist das gemeine Los aller
Sterblichen, dem niemand entrinnt. Aber dieser schreckliche Zu-
schlag an überzähligem Leid ist wie ein zweiter Tod, der ur-
sprünglich nicht beabsichtigt war und weit elendiger ist als jener!«
Er ging auch ausführlich auf das tragische Geschick des jungen
Baron Hornstein ein, eines populären Höflings in Bayern, der
nach seinem plötzlichen Ableben infolge eines Schlaganfalls feier-
lich zu Grabe getragen wurde:
»Zwei Tage nach dem Leichenbegängnis, als die Arbeiter das
Mausoleum betraten, erblickten sie etwas, das sie vor SCHRECK
erstarren ließ!!! An der Tür der Gruft lag ein blutüberströmter
Körper! Es waren die sterblichen Überreste des *Favoriten der
Höfe und Fürsten*! Der Baron war LEBENDIG BEGRABEN worden!!! Nachdem er aus seiner Trance erwacht war, hatte er das
Schloss seines Sargs aufgebrochen und versucht, aus dem Leichenhaus zu entfliehen! Aber es war unmöglich! Daher zertrümmerte er in einem Anfall tiefer Verzweiflung seinen Schädel an der Mauer!!! Die königliche Familie und die ganze Stadt
wurden von tiefem Gram erfüllt, als sie von diesem unmenschlichen Geschick erfuhren.«
Wollte sich ein Mensch den Schädel an einer Mauer selbst zer-
schmettern – übrigens eine Geste, für die verzweifelte Schurken
in französischen Romanen eine besondere Schwäche zu besitzen scheinen –, bräuchte er die Nackenmuskulatur eines preis-
gekrönten Stiers und einen Schädel so dünn wie eine Porzel-
lanschale. Solche anatomischen Merkmale hätten den Baron

schon zu Lebzeiten zu einer aufsehenerregenden Kuriosität gemacht.

John Snart hatte von der »türkischen Todesprobe«, wie er sie nannte, gelesen. Dabei blies man mit Hilfe einer Schweinsblase durch eine Röhre, die am Mund der Leiche angesetzt wurde, Luft in ihren Rachen. Man nahm an, durch die Erschlaffung der Schließmuskeln nach dem Tod könne die Luft leichter durch den Verdauungstrakt strömen. Der Anblick dieser grotesken Prozedur und die damit einhergehenden Geruchs- und Tonreize dürften äußerst ekelhaft gewesen sein. Dennoch hielt Snart diese Methode für unfehlbar und empfahl sie zum allgemeinen Gebrauch, um vorzeitige Bestattungen zu verhüten. In das Exemplar von Snarts Buch, das sich in der British Library befindet, ist ein Brief von Neariah Snart eingeklebt, der Tochter des Autors. Dieser Brief enthält Miss Snarts Gelöbnis vor Gott und Jesus Christus, sie werde es niemals zulassen, dass man ihren Vater lebendig begrübe, und sie verspreche, dafür Sorge zu tragen, dass die türkische Probe an ihm vorgenommen werde. Erst wenn diese zufriedenstellend ausfalle, werde er in seinen Sarg gelegt. John Snart war gegen den katholischen Glauben, aber er verachtete auch die Juden und ihre Religion. Sein Buch ist gespickt mit heftigen Angriffen auf die Juden, deren Sitte, ihre Toten unverzüglich zu begraben, seinen besonderen Zorn auf sich zog. Snart verglich die barbarische Sitte, Menschen zu bestatten, bevor sie tot sind, mit den tödlichen Gefahren, die von Tieren drohen:

Ob Viper, Basilisk oder sonstiges Geziefer
(Die tödlich Gift in ihrem Leibe destillieren) –
Ach, rafften sie mich doch sogleich hinweg,
Entrissen mich aus dieses grauenhaften Loses Klauen!
Taranteln und Klapperschlangen, kreucht herbei,
Und Krokodile, kommt und labt den tiefen Schlund!
Denn lähmt und reißt ihr auch der Opfer Leib –
Lebendig Menschen zu begraben habt ihr nie gelernt!!!

Snarts pathetische Schilderung der Gräuel im vorzeitigen Grab
verdient es, als ein interessantes Zeugnis der tiefen irrationalen
Furcht vor dem Erwachen in einem Sarg ausführlich zitiert zu
werden:

»Siehe das unselige Opfer dieses schauderhaften Brauchs, das,
als des Lebens Geister neu erwachen, in diesem kalten Erdverlies
eingeschlossen liegt! – Er hebt, o nein! – die zitternden Hände, auf
dass sie ihm den Trost verschaffen, den er *so dringend* braucht.
Auch wenn er schon zuvor *geschwächt* durch *Krankheit* war,
treibt ihn die Einsicht in die hoffnungslose Lage und die verlorene
Habe in finstre Raserei. Doch jedes Mühen kommt hier zum Er-
liegen! – Der Sarg ist zu, geschlossen nun für immer, mit einge-
triebenen Nägeln! – und mit Erdreich zugeschüttet, das nicht
nachgibt! Schrecken – Verzweiflung – Grauen, Martern, nie ge-
dachte Gedanken bemächtigen sich seiner! Wahnsinn – Raserei –
endlos, endlos – keine Kraft zu leben, keine Kraft zu sterben.
Keine Kraft, o weh, nach Hilfe zu rufen! Eingepfercht, verbar-
rikadiert und bedrückt von des Atems Feuchte, die sich sammelt!
Der Geist verwirrt! Die Augen aus den Höhlen tretend, die Lungen gerissen, das Herz von unnatürlichen Regungen zersprun-
gen, die Drüsen und Gänge blutunterlaufen, die Gedärme prall
verstopft von Unrat, durch Erwärmung und äußeren Widerstand
eingedickt, und jede Vene und Arterie birst in dem übermenschlichen Kampf! Der Motor des Blutkreislaufs müht sich vergeblich, seine Klappen aufzupressen, und läuft rückwärts und ba-
det das arme kämpfende Opfer *äußerlich* in ausgetretenem Blut
und bildet *innerlich* neue Kanäle in diesem furchtbaren Ringen,
das kein Ende und kein Nachlassen kennt, bis die Wirkung der
Blutgerinnung stockt und ihn aller Gedanken beraubt. Und so
wandelt er sich in eine fäulnisfähige Masse aus *hingeschlachte-
tem, gefühllosem, verwesendem Fleisch*!!!«[4]

Angesichts solcher Gruselschriften ist es nicht weiter verwunderlich, dass manche Engländer, die im Allgemeinen aus der
Oberschicht stammten, ihren Hausärzten Vermächtnisse hinter-

ließen, damit sie sie vor diesem grausigen Schicksal bewahrten. Der Antiquitätenhändler Francis Douce vermachte dem Chirurgen Sir Anthony Carlisle zweihundert Guineen, damit der nach seinem Tod sein Herz entferne. Sein Freund Mr. Kerrick tat das Gleiche, mit der zusätzlichen Auflage, sein eigener Sohn solle den Eingriff überwachen. Mr. Ritson, ein anderer Antiquitätenliebhaber, wünschte, dass sein Sarg mit Ätzkalk gefüllt werde, damit er unter keinen Umstände wiedererwache. Es gibt viele Beispiele von Briten, die ähnliche Vorsichtsmaßnahmen ergriffen, welche manchmal durchaus vernünftig waren – etwa den Leichnam erst drei bis vier Tage nach dem Tod zu bestatten –, manchmal aber auch aus grauenhaften Verstümmelungen bestanden, die eher einem Schlachthaus als einer Leichenhalle würdig waren. Lady Dryden aus Northamptonshire vermachte einem berühmten Arzt fünfzig Pfund, damit er ihr die Kehle durchschneide, bevor sie bestattet werde, und der Doktor erfüllte diese Aufgabe. Mrs. Elizabeth Thomas aus Islington verfügte, ihr Arzt möge ihr Herz mit einer langen Metallnadel durchstechen, und auch dieser ergebene Medikus nahm die gewünschte Operation an der Leiche vor. Die Schriftstellerin Harriet Martineau vermachte ihrem Arzt zehn Guineen mit der Auflage, ihr nach dem Hinscheiden den Kopf abzutrennen. Mr. William Shackwell aus Plymouth in Devon verfügte, man möge alle seine Finger und Zehen amputieren, um sicherzustellen, dass er wirklich tot sei. Eine häufigere und zweckmäßigere Vorsichtsmaßnahme war die Anweisung, vor dem Begräbnis die Drosselvene zu durchtrennen. Darum ersuchten unter vielen anderen der Dichter Edmund Yates und die Schauspielerin Ada Cavendish. Bischof Berkeley, dem Romancier Lord Lytton und dem Dichter Daniel O'Connell graute es ebenfalls davor, lebendig begraben zu werden, und sie ordneten in ihren Testamenten Maßnahmen an, die ihnen dieses Schicksal ersparen sollten. Lady Burton, die Gemahlin des Forschungsreisenden Sir Richard, bestimmte in ihrem Testament, nach ihrem Tod möge man ihr Herz mit einer Nadel durchbohren und anschließend ihren Körper präparieren und einbalsamieren.[5]

Dennoch erreichte die weit verbreitete Angst vor dem vorzeitigen Begräbnis in Großbritannien nie das gleiche Ausmaß wie in Deutschland und Frankreich, außer während der Cholera-Epidemien, insbesondere der in den Jahren 1831/32. Im Januar 1832 wurden Gerüchte laut, ein Arbeiter in Haddington sei lebendig begraben worden. Der arme Kerl habe sich das Totengewand vom Leib gerissen, doch die unmenschlichen Totenwächter hätten den Sargdeckel trotzdem zugenagelt. Bei seinen Nachforschungen sagte der zuständige Arzt, der Mann habe vermutlich einen postmortalen Muskelkrampf erlitten, wie er manchmal bei Cholera-Opfern zu beobachten sei. Auch in Sunderland kursierten absurde Gerüchte über lebendig begrabene Menschen. Viele Menschen aus den unteren Gesellschaftsschichten glaubten, die verantwortlichen Ärzte würden sich lästiger Patienten entledigen, indem sie sie mit Laudanum betäubten und in einem Sarg zum Friedhof schickten; auch hieß es, sie fürchteten sich so sehr vor der Krankheit, dass sie ihre Patienten vorsätzlich umbrächten, um sich nicht mit Cholera anzustecken. Es ging sogar das Gerücht, die Ärzte würden für jede Leiche, die sie auf den Friedhöfen ablieferten, Geld kassieren, und manche skrupellosen Ärzte würden ihre Einnahmen dadurch aufbessern, dass sie einige Patienten ermordeten, indem sie diese lebendig begraben ließen.[6] Das gleiche Misstrauen gegen die Obrigkeit spiegelt sich in einem Zeitungsartikel wider, der unter der Schlagzeile »Merkwürdiger Vorfall in Loughborough« erschien: Im örtlichen Armenhaus war eine alte Frau gestorben, doch nun meinten einige Kinder, ein Stöhnen aus ihrem Sarg zu hören. Eine Schar geschwätziger Frauen aus dem Haus versammelte sich am Grab, und auch sie glaubten, ein Stöhnen zu vernehmen und zu spüren, wie die Erde unter den verzweifelten Anstrengungen der lebendig begrabenen Frau, ihrem Verlies zu entfliehen, bebte. Sie begannen mit verschiedenen Werkzeugen, die gerade zur Hand waren, wie rasend zu graben. Über zweitausend Menschen strömten herbei, und eine der Frauen stellte sich auf einen Grabstein und hielt eine flammende Rede über die Schlechtigkeit der Wächter des Armenhauses, die die alte Frau absichtlich lebendig unter die Erde gebracht hätten, um sie loszuwerden. Die wütende Frau eines Schornsteinfegers schlug dem Totengräber mit der Faust ins Gesicht und »überschüttete ihn mit allen schmückenden Beiwörtern aus dem Wortschatz der Vornehmen«. Doch als der Sarg schließlich geöffnet wurde, stellte man fest, dass sich die Leiche nicht gerührt hatte und eiskalt und mausetot war.[7] Es ist aufschlussreich, dass bei diesen Begebenheiten das Misstrauen gegen die Obrigkeit eine viel größere Rolle spielte als die tatsächliche Furcht davor, *versehentlich* lebendig begraben zu werden.

In den zwanziger und dreißiger Jahren des 19. Jahrhunderts, als die Begeisterung für die philanthropische Leichenhausbewegung in Deutschland abzuflauen begann, erhielt die Sorge um die hilflosen Scheintoten und die Furcht vor dem vorzeitigen Begräbnis in Frankreich neuen Auftrieb. Am 13. Dezember 1834 verlas Monsieur Hyacinthe Le Guern vor dem Abgeordnetenhaus in Paris eine Denkschrift, in der die Errichtung von Leichenhäusern in jeder größeren Stadt gefordert wurde. Die Abgeordneten blieben untätig. Le Guern veröffentlichte daraufhin eine Schauergeschichte, »Rosoline, ou les mystères de la tombe«, die angeblich auf einer wahren Begebenheit beruhte[8]: Eine junge Dame, Rosoline d'Ab-, die als schöne Verkörperung aller weiblichen Tugenden beschrieben wird, stirbt und wird ordnungsgemäß bestattet. Zwei Monate später will ihr untröstlicher Verlobter sie unbedingt ein letztes Mal sehen. Dem Argument, ihr Leichnam biete wohl keinen besonders lieblichen Anblick mehr, schenkt er keine Beachtung, und so geht er eines Abends heimlich auf den Friedhof und gräbt mit Hilfe eines betagten Domestiken Rosolines Sarg aus. Das kalte Grauen packt ihn, als er sieht, dass der Sargdeckel zertrümmert ist und eine skelettierte Hand aus der

Spalte im Deckel hervorschaut – Rosoline war lebendig begraben worden! In einer so herzzerreißenden Situation hätte man von einem feinfühligen jungen Franzosen eigentlich erwartet, dass er den Verstand verliert, sich die Haare rauft und den Sarg umarmt, eine geballte Faust gen Himmel reckt und den lieben Gott verflucht. Doch Rosolines Verlobter tut nichts dergleichen. Er geht nach Hause, trinkt ein Glas Toddy und schreibt einen langen Brief an Rosolines Arzt, in dem er diesem ruhig und gefasst darlegt, er habe durch seinen verhängnisvollen Irrtum seine junge Patientin zu dem grauenhaftesten Tod verdammt, den man sich vorstellen könne. Der großmütige junge Mann verzeiht dem Doktor, drängt ihn jedoch zugleich, in Zukunft mehr Sorgfalt walten zu lassen, damit keiner seiner Patienten mehr den Tod unter der Erde erleiden müsse. Er beschließt seinen langen Brief mit der Aufzählung mehrerer berühmter historischer Fälle von lebendig Begrabenen, wobei er aus den Werken Bruhiers und anderer Gewährsleute zitiert.

Le Guern war ein beherzter Propagandist, der in den vierziger Jahren des 19. Jahrhunderts viele weitere schauerliche Schriften veröffentlichte, auch wenn sein erstes gruseliges Meisterwerk unübertroffen blieb. Seine Landsleute verschlangen seine Bücher, und 1844 erschien die sechste Auflage seines »Danger des inhumations précipitées«.[9] Unterstützt wurde er von Madame Hortense Du Fay, einer menschenfreundlichen bigotten Moralistin, die Flugblätter gegen Unsittlichkeit und Trunkenheit sowie über Zigeuner und Landstreicher als gefährliche Kinderräuber schrieb. Sie hatte unverrückbare Ansichten zu dem Thema und behauptete, ein Arzt habe sie selbst einmal fälschlicherweise für tot gehalten. Die Lösung für das Problem sah sie darin, sämtliche Leichen sieben bis acht Tage lang oberirdisch aufzubewahren und ihnen als zusätzliche Sicherheitsmaßnahme vor der Bestattung Arme, Beine und Kopf abzuschneiden.[10]

Der Aufruf von Hyacinthe Le Guern im Jahr 1834 zog die Aufmerksamkeit des Mediziners und Chemikers Jean-Sébastien-

Eugène Julia de Fontenelle auf sich. Sie trafen sich, und Julia de Fontenelle kam in den Genuss einer Privatlesung von »Rosoline«. Wir wissen nicht, ob ihn das traurige Pathos dieser Erzählung dazu veranlasste, seine eigene Abhandlung zum Thema Scheintod und vorzeitiges Begräbnis abzuschließen, jedenfalls erschienen wenig später seine »Recherches médico-légales sur l'incertitude des signes de la mort«.[11] Julia de Fontenelle war ein angesehener Arzt und ein kenntnisreicher Wissenschaftler, auch wenn manchmal die Fantasie mit ihm durchging, und sein Buch sollte für viele Jahre das einflussreichste französische Werk seiner Art bleiben. Aber dies war eher auf seinen Ruf zurückzuführen als auf die Güte seiner Arbeit. Tatsächlich unterschied sich sein Buch in Aufbau und Argumentation kaum von dem hundert Jahre früher erschienenen Werk Bruhiers. So lobte Julia de Fontenelle überschwänglich Bruhiers »scharfsichtige Beobachtungen«, die durch Louis' Angriff keineswegs widerlegt worden seien. Er war wie Bruhier der Meinung, die Verwesung sei das einzige untrügliche Todeszeichen. Die siebenundfünfzig Fälle von vorzeitig Begrabenen oder mit knapper Not diesem Schicksal Entronnenen, die er in seinem Buch schildert, betreffen viele alte Bekannte: Erzbischof Geron, Kardinal Andreas, das junge Liebespaar, die Frau mit dem Ring und mehrere Verkörperungen des achtlosen Anatomen. Die modernen Fälle waren kaum besser verbürgt. Ein gewisser Dr. Fossati erzählte die Geschichte eines Mannes, der in einer Gruft unter einer Kirche in Italien beigesetzt wurde. Aus der Gruft drang ein ominöses Raunen, doch als die Kirchgänger den verantwortlichen Priestern davon berichteten, erwiderten die gelehrten Kleriker, es sei vermutlich die Seele des Toten, die ihre Gebete verrichte! Nach zwei Tagen wurde beschlossen, die Gruft zu öffnen: Der Anblick, der sich ihnen bot, war so grauenhaft, dass der Arzt, der den Mann für tot erklärt hatte, wenig später vor Gram das Zeitliche segnete. Ein weiterer Fall aus der jüngeren Vergangenheit – der eines Soldaten, der bei der Cholera-Epidemie 1832 »gestorben« war, im

Sarg wiedererwachte und einen Schrei ausstieß, als der Sarg in die Erde gesenkt wurde – wäre glaubwürdig erschienen, wenn sich nicht ausgerechnet der notorisch unverlässliche Le Guern, der Autor von »Rosoline«, dafür verbürgt hätte.[12] Im Jahr 1833 war Julia de Fontenelle durch Deutschland gereist, um die dortigen Leichenhäuser zu besichtigen, und als Lösung für das Problem des Scheintods schlug er ein ehrgeiziges Programm zum Bau von Leichenhäusern in ganz Frankreich vor.

Dort rühmten die Rezensenten sein Buch als ein Werk, in dem sich Wissenschaft und Philanthropie auf das Schönste verbänden. In Großbritannien dagegen fand es eine kühle Aufnahme. Der Londoner Arzt Robert Ferguson machte sich in einer vernichtenden Besprechung über die kollektive Furcht der Franzosen lustig, lebendig begraben zu werden.[13] Er schrieb, viele Menschen in Frankreich, vor allem Frauen, hätten so panische Angst vor diesem Schicksal, dass sie sich schon kaum mehr trauten, schlafen zu gehen, um nicht unter einer sechs Fuß dicken Erdschicht in einem Sarg aufzuwachen. Doch statt diese übertriebenen Ängste zu beschwichtigen, hätten französische Ärzte wie Julia de Fontenelle Bücher und Abhandlungen verfasst, die die Grabesfurcht noch weiter anfachten. In Großbritannien besäßen diese »Gruselmacher« keine gebildete Anhängerschaft, und die Furcht vor dem vorzeitigen Begräbnis finde keine so breite Resonanz im Volk wie in Deutschland und Frankreich. Das starke Interesse der französischen Öffentlichkeit an diesem Thema gehe vor allem auf das Konto gewissenloser Zeitungsredakteure. Sie berichteten über so viele Fälle von vermeintlich scheintot Begrabenen, dass einem kalte Schauer über den Rücken jagen könnten, wenn nicht die schiere Zahl die Berichte unglaubwürdig gemacht hätte. Während der Redakteur eines englischen Provinzblattes, der Platz schinden müsse, vielleicht eine Geschichte über einen außerhalb der Jagdzeit geschossenen Zugvogel oder über einen im Oktober blühenden Apfelbaum erfinde, schrieb Ferguson, verlangten die französischen Nachbarn nach prickelnderen Geschichten, und das vorzeitige Begräbnis sei ein Dauerbrenner bei Zeitungsleuten und Lesern gleichermaßen. Julia de Fontenelle hatte bekümmert erklärt, die Zahl der Franzosen, die alljährlich lebendig begraben würden, sei so groß, dass die militärische Stärke Frankreichs darunter leide, doch Dr. Ferguson blieb skeptisch. Er spottete über Fontenelles Bestreben, auf den Friedhöfen Truppen auszuheben, und schrieb, wenn tatsächlich so viele Menschen scheintot unter der Erde lägen, wie der französische Autor mutmaße, müsste das »Requiescant in pace«, das der Priester bei der Abendmesse inbrünstig aufsage, von einem lauten »Amen« aus den umliegenden Gräbern beantwortet werden.

Dr. Ferguson fand auch an Fontenelles Beispielfällen vieles kritikwürdig. Über genug Bildung verfügend, um den tieferen Sinn der alten Erzählungen von dem jungen Liebespaar und der Frau mit dem Ring zu verstehen, schrieb er, wenn der Franzose in englischer Literatur genauso belesen gewesen wäre, hätte er seine Liste heiterer Geschichten um »Romeo und Julia« ergänzen können. Ein anderer Fall betraf einen französischen Offizier, der sein Wiedererwachen auf dem Seziertisch mit den Worten verkündete: »Ich spüre, dass es ein erbittertes Gefecht gewesen ist!« Ebenso komisch war die Erzählung von einem scheintoten Abbé, der in seinem Sarg zum Friedhof getragen wurde. Aus irgendeinem Grund war seine Katze mit ihm in den Sarg gelegt worden, und das Tier jaulte derart herzzerreißend, dass die Sargträger anhielten, um nachzusehen, was es damit auf sich habe. Als sie den Deckel öffneten, sprang die Katze heraus, dicht gefolgt von dem Abbé, der so schnell von dannen eilte, wie seine Beine ihn trugen. Dr. Ferguson schrieb, dass selbst ein Mensch von bescheidenen Verstandeskräften sogleich erkenne, dass beide Geschichten als humoristische Anekdoten und nicht als medizinische Falldarstellungen gemeint gewesen seien.

Dr. Fergusons Entkräftung der Argumente Fontenelles ist nicht nur kurzweilig, sondern verdeutlicht auch die gegensätzlichen Einstellungen zum Scheintod und zum vorzeitigen Begräbnis, die in den dreißiger und vierziger Jahren des 19. Jahrhunderts in Deutschland, Frankreich und Großbritannien vorherrschten. Wie wir sahen, begannen die Deutschen damals, den Nutzen ihrer kostbaren Leichenhäuser zu bezweifeln: Zwar befürwortete die herrschende medizinische Lehrmeinung nach wie vor den Bau solcher »Totenherbergen«, doch der Klerus und die gebildete Mittelschicht teilten diese Auffassung nicht länger, ganz zu schweigen vom einfachen Volk. In Frankreich, das keine Leichenhäuser hatte, gab es eine Kampagne für solche Vorkehrungen gegen das vorzeitige Begräbnis, die breite Bevölkerungsschichten einbezog, und viele Menschen glaubten, die Bestattung von Scheintoten sei gang und gäbe und dieses Schicksal könne jeden treffen. Tatsächlich erschienen in Frankreich damals ähnlich viele Abhandlungen und medizinische Arbeiten zu dem Thema wie um 1790 in Deutschland. In Großbritannien war es Joseph Taylor und John Snart mit ihren Büchern nicht gelungen, eine ähnlich breitenwirksame Bewegung für eine Reform des Bestattungswesens auszulösen, und die Ärzteschaft teilte Dr. Fergusons belustigte Skepsis gegenüber den ausländischen Exzessen. Anfang des 19. Jahrhunderts bereitete den Briten ein anderes Problem, das ihre toten (oder vielleicht auch nicht so toten) Landsleute betraf, mehr Kummer: die Unsitte, Leichen für anatomische Unterrichtszwecke aus Gräbern zu entwenden. Statt Sicherheitssärge zu erfinden, die vor dem vorzeitigen Begräbnis schützten, ließen sich britische Erfinder Grababdeckungen aus Stahl oder Beton patentieren, die Sicherheit vor Räubern boten. Weitere Vorrichtungen zur Abwehr von Leichenräubern waren mit Nägeln versehene Barrieren um die Gräber sowie Fallen oder Selbstschussanlagen. Wenn ein deutscher Philanthrop, der Großbritannien bereiste, durch Schreie aus einem kürzlich zugeschütteten Grab aufgeschreckt worden wäre, hätte er vielleicht auf unsanfte Weise gelernt, dass die Sorge um die Toten in den verschiedenen Kulturen durchaus unterschiedlich verstanden wurde. Seine verzweifelt grabenden Hände hätten sich möglicherweise in den Klauen einer versteckten Stahlfalle verfangen, oder sie wären von einem Schuss aus einer mächtigen Schrotflinte zerschmettert worden.

In den vierziger Jahren des 19. Jahrhundert blieb das starke Interesse der Franzosen an Scheintod und vorzeitigem Begräbnis bestehen. Die Produktion von unzuträglichen Büchern und Abhandlungen zu dem Thema erreichte neue Rekorde, und die Lage ähnelte der in Deutschland nach Hufelands Aufruf im Jahr 1790. Viele Menschen nahmen Klauseln in ihre Testamente auf, um sich gegen das Erwachen im Sarg zu schützen. Der berühmte Komponist Frédéric Chopin verfügte vor seinem Tod im Jahr 1849 testamentarisch, seine Leiche solle nach seinem Ableben seziert werden. Ganz ähnliche Vorkehrungen trafen sein Kollege Giacomo Meyerbeer und König Leopold I. von Belgien. Die Ironie, die darin lag, dass viele Deutsche mittlerweile ihrer kostbaren Leichenhäuser überdrüssig waren, beeindruckte die ernsten französischen Propagandisten nicht, deren umfassende Pläne für den Bau von Leichenhäusern in allen Städten und größeren Ortschaften die kommunalen Budgets erheblich belastet hätten. Im Jahr 1843 veröffentliche der Landarzt Dr. Léonce Lenormand eine Schrift, in der er sich für den Bau eines Leichenhauses in seiner Heimatstadt Macon aussprach.[14] In seine detaillierten Beschreibungen der Qualen, die ein Erwachen im Sarg bedeutete, streute er die vertrauten Erzählungen von der Frau mit dem Ring, dem jungen Liebespaar und dem achtlosen Anatomen. Diese Schreckgestalt erschien in einer neuen Verkleidung: Er beginnt einen belgischen Soldaten zu sezieren, den er für tot hält, doch der Soldat erwacht wieder zum Leben und fällt voller Ingrimm über ihn her. Nach einem erbitterten Kampf gewinnt der Anatom die Oberhand, als der Soldat aufgrund starker Blutverluste ohnmächtig wird.[15] Im Mittelpunkt einer anderen Schauergeschichte, die ebenfalls unverbürgt ist, steht ein Adliger aus Florenz, Prinz L**, der nach einer mit Lethargie einhergehenden Krankheit für tot erklärt wurde. Sein Leichnam wurde später ausgestreckt auf dem Boden der Familiengruft gefunden, wo er verhungert war: »Er war den Klauen des Todes entronnen, nur um einen anderen, tausendmal schrecklicheren Tod zu finden.« Einen seiner verblüffenden Fälle hatte Lenormand angeblich einem in London erscheinenden Wissenschaftsmagazin entnommen. Im Jahr 1831 starb ein junger Engländer in Frankreich an Fleckfieber, und er wurde in einem gewöhnlichen Grab auf einem Friedhof beigesetzt. Am vierten Tag nach der Bestattung gruben ein Anatom und seine Helfer den Leichnam aus, um ihn in ihrem Labor zu sezieren. Doch kaum hatte der Wissenschaftler einen Einschnitt in die Brust vorgenommen, stieß der Engländer einen Schrei aus und packte den Arm des Professors. Er war lebendig begraben worden, hatte vier Tage unter der Erde überlebt und schrieb später einen weitschweifigen, sentimentalen Bericht über sein Leiden im Grab, der Passagen wie die folgende enthielt: »Jeder Hammerschlag ließ meinen ganzen Leib erzittern. O hätte ich doch aufschreien oder auch nur seufzen können! Aber nein!« Die literarische Qualität der Schrift deutet darauf hin, dass dieser Bericht es mit der Wahrheit wohl nicht allzu genau nahm und eher als Gruselgeschichte für eine volkstümliche Zeitschrift gedacht war.[16]

In den vierziger Jahren des 19. Jahrhunderts erschienen in französischen Zeitungen mehr Artikel über lebendig begrabene Menschen als je zuvor. Es wurde behauptet, mehrere französische Zeitungen, darunter die einflussreichen Presseorgane »Le Siècle«, »Moniteur«, »Constitutionnel« und »La Patrie«, hätten die Bewegung gegen vorzeitige Begräbnisse aktiv unterstützt und jeden Fall, in dem angeblich ein Mensch lebendig begraben worden sei, sogleich publiziert, ohne den Wahrheitsgehalt zu überprüfen.[17] Im Jahr 1844 setzte die Regierung von König Louis Philippe eine Kommission ein, die diesen Gerüchten auf den Grund gehen und einen Plan für die Reform des Bestattungswesens erarbeiten sollte, falls es sich bewahrheite, dass viele Franzosen lebendig begraben würden. Dr. Jules-Antoine Josat wurde beauftragt, nach Deutschland zu reisen, um die dortigen Leichenhäuser zu inspizieren. Josat war ein gründlicher, wenn auch nicht besonders brillanter Mediziner, und er nahm seinen Auftrag sehr ernst. Er brach zu einer ausgedehnten Besichtigungsreise durch die Leichenhäuser Deutschlands auf. Nach zehnjährigen Studien legte er in der Hoffnung, einen der ausgelobten Preise zu erhalten, die Ergebnisse seiner Recherchen der Akademie der Wissenschaften in Paris vor.[18] Anders als Bouchut hielt Josat den fehlenden Herzschlag nicht für ein sicheres Todeszeichen. Er behauptete, Kollegen von ihm hätten zwei Scheintote, einen Säugling und eine Frau, die Gift genommen hatte, behandelt, bei denen kein Herzschlag hörbar gewesen sei. In Anbetracht dieser beiden Fälle lasse sich in der Tat der Nutzen von Bouchuts Abhandlung anzweifeln. Vielleicht werde sich das überschwängliche Lob, das ihm die Akademie gezollt habe, als ebenso *verfrüht* erweisen wie so manches Begräbnis, das nach den Richtlinien von Bouchut durchgeführt worden sei.

Josat wusste, dass viele Syndrome wie Ohnmacht, Schlaganfall, Gehirnerschütterung, Ertrinken, Hysterie und Betäubungsmittelvergiftung einen Zustand des Scheintods herbeiführen konnten. Er verwarf alle herkömmlichen Todeszeichen als unzuverlässig: Man müsse das Einsetzen der Verwesung abwarten. Freilich, räumte er ein, relativiere die Tatsache, dass keine einzige der über 46 000 Leichen in deutschen Leichenhäusern wiedererwacht war, die zahlreichen Gerüchte über lebendig Begrabene erheblich. Doch in Frankreich, wo jedes Jahr 800 000 Menschen stürben, könne es nicht genug Vorkehrungen zum Schutz der hilflosen Scheintoten vor dem schrecklichen Geschick geben, das sie erwarte. Le Guern hatte Josat eine Liste mit sechsundvierzig französischen Scheintoten überreicht, die angeblich in einem Zeitraum von zwölf Jahren lebendig begraben worden waren. Obgleich Josat im Allgemeinen ein gesundes Misstrauen gegen die Argumente der Aktivisten der Leichenhausbewegung hegte, beeindruckte ihn diese Zahl aus irgendeinem Grund sehr nachhaltig. Er schlug vor, in ganz Frankreich die Ausstellung eines ärztlichen Totenscheins und eine vierundzwanzigstündige Frist zwischen Tod und Bestattung verpflichtend vorzuschreiben und überdies Leichenhäuser wie das in Frankfurt im ganzen Land zu errichten. Er beschloss sein Buch mit der Aussage, all die vielen Jahre harter Arbeit und vieler Entbehrungen hätten sich gelohnt, wenn es ihm gelingen sollte, das französische Volk von der furchtbaren Geißel des vorzeitigen Begräbnisses zu erlösen. Offenkundig lag ihm jedoch auch sehr viel daran, einen Preis von der Akademie der Wissenschaften zu erhalten, denn die Titelseite trägt die stolze Aufschrift »Couronné par l'Institut« (»Preisgekrönt vom Institut«). Der optimistische Arzt hatte diese Aufschrift jedoch wohl vor der Sitzung des Preiskomitees beigefügt; er bekam nämlich nur eine lobende Erwähnung und eine finanzielle Anerkennung von tausend Francs, und der Ausschuss erhob deutliche Einwände gegen sein kostspieliges und unrealistisches Bauvorhaben für Leichenhäuser.[19] Sogar ein englischer Rezensent war beeindruckt von der Gründlichkeit, die Josat in seiner Arbeit gezeigt hatte, und er klagte: »Zumindest in England steht die Sanitätspolizei dem Risiko, einige Menschen lebendig zu begraben, gleichgültig gegenüber, und sie hält es für überflüssig, derartige Vorfälle zu verhindern.«[20]

Im Jahr 1866 richteten die französischen Aktivisten einen weiteren Appell zur Reform des Bestattungswesens an den Senat des Zweiten Kaiserreichs.[21] Er war von Madame du Fay und Monsieur de Carnot verfasst worden und wurde von mehreren einflussreichen Politikern unterstützt. Sie forderten, die Frist zwischen der Feststellung des Todes und der Bestattung von vierundzwanzig auf achtundvierzig Stunden zu verlängern und in allen Städten Leichenhäuser zu errichten, die mit Apparaten zur elektrischen Wiederbelebung ausgerüstet werden sollten. Zwei hoch angesehene Senatoren, Monsieur Tourangin und der Vicomte de Barral, meldeten sich in der Debatte zu Wort und zitierten aus gruseligen Zeitungsberichten über abgenagte Finger, blutverschmierte Totenhemden und krampfhaft geballte Fäuste voller Menschenhaare, um die Senatoren das kalte Grausen zu lehren. Anschließend ergriff ein hoher Kirchenfürst, Kardinal-Erzbischof Donnet, das Wort. Er behauptete, zwei Scheintoten das Leben gerettet zu haben. Zunächst erzählte er die Geschichte einer Frau, die aus ihrer leichenartigen Starre erwacht sei, als man ihren Sarg zum Friedhof getragen habe. Dies war harmlos im Vergleich zu den derb-komischen Szenen, die der Vicomte ausgemalt hatte, doch es sollte noch besser kommen. Der Kardinal sprach über einen jungen Priester, der auf der Kanzel predigte und plötzlich ohnmächtig wurde. Als er nach Hause getragen wurde, konnte er weder sehen noch einen Muskel bewegen, aber er konnte immer noch hören, und das, was er vernahm, beruhigte ihn nicht. Nachdem der Arzt ihn für tot erklärt hatte, hörte er das Läuten der Totenglocke. Der ehrwürdige Bischof, in dessen Kathedrale der junge Priester gepredigt hatte, kam an sein Bett und rezitierte »De profundis clamavi«. An seinem Körper wurde Maß für einen Sarg genommen, und am nächsten Tag kamen seine Freunde, um von ihm Abschied zu nehmen. Doch als der junge Priester die Stimme eines alten Freundes aus Kindertagen hörte, unternahm er eine schier übermenschliche Kraftanstrengung, um zu sprechen. Er erholte sich so zügig, dass er schon am nächsten Tag wieder auf der Kanzel stand.

Noch bevor ein skeptischer Senator die Forderung erheben konnte, den Fall wissenschaftlich zu überprüfen, oder den Ohnmachtsanfall des Priesters als reine Schauspielerei abtun konnte, fuhr der Kardinal in seinem Vortrag fort: »Dieser junge Priester, meine Herren, ist der Mann, der jetzt zu Ihnen spricht.« Während seine Zuhörer wie vom Donner gerührt schwiegen, sagte er ihnen, dieses Beispiel zeige, dass auch eine ärztliche Todesdiagnose falsch sein könne. Es bedürfe einer Reform des Bestattungswesens, um das furchtbarste Missgeschick zu verhüten, das einem Menschen widerfahren könne und nicht wieder gutzumachen sei.[22] Der Senat lehnte den Antrag trotzdem ab. Einem weiteren Aufruf im Jahr 1869, den Kardinal Donnet erneut unterstützte, war ebenfalls kein Erfolg beschieden, obgleich sich die Debatte lange hinzog und die Zeitungen ausführlich darüber berichteten. Zu den Aufrufen in den Jahren 1866 und 1869 merkte kein Geringerer als Charles Dickens an, die französischen Argumente basierten eher auf Gefühlen als auf Tatsachen.[23] In den deutschen Leichenhäusern sei keiner der Aufgebahrten wiedererwacht, und die Menschen seien immer weniger bereit, ihre Toten dort abzuliefern.

Obgleich zu Zeiten der Zweiten Republik – in den Jahren 1879, 1880 und 1883 – weitere Anträge auf eine Reform des Bestattungswesens im Parlament eingebracht wurden, erhielten sie nicht die notwendige Unterstützung und wurden ohne viel Federlesens abgelehnt.[24] Zu dieser Zeit waren die treuen Anhänger der Leichenhausbewegung wie Hyacinthe Le Guern, Hortense Du Fay und Léonce Lenormand entweder tot oder in so weit vorgerücktem Alter, dass die Bewegung Schwierigkeiten hatte, Nachfolger zu finden, die dieselbe monomanische Energie besaßen und das gleiche unermüdliche Interesse daran hatten, Menschen vor dem Schicksal des vorzeitigen Begräbnisses zu bewahren. Zudem standen damals nur noch sehr wenige Mediziner auf der Seite dieser Bewegung.

Eugène Bouchut arbeitete dreißig Jahre lang daran, der Öffentlichkeit die Angst vor dem vorzeitigen Begräbnis zu nehmen. Bereits in der 1849 erschienenen Auflage seines Buches hatte er einige der alten, fadenscheinigen Gerüchte, die in Schriften französischer Aktivisten kolportiert wurden, widerlegt: So fand er zum Beispiel heraus, dass die Geschichten, in denen Vesal, Philippe Peu und der Arzt des Abbé Prevost als »achtlose Anatomen« beschrieben wurden, jeglicher Grundlage entbehrten. Er entschärfte auch auf elegante Weise vier Zeitungsberichte aus einem »der Bände mit Gruselgeschichten« von Le Guern. Er hatte an die Bürgermeister beziehungsweise Stadtdirektoren der betreffenden Gemeinden geschrieben und um Bestätigung gebeten, doch alle Berichte erwiesen sich als frei erfunden. So war in einem Artikel in der einflussreichen Zeitung »La Presse« vom 12. Dezember 1846 behauptet worden, ein Mann habe in der Stadt Cluny im Département Saône-et-Loire von innen gegen den Deckel seines Sargs gepocht. Als der Sarg geöffnet wurde, sei der Mann aufgesprungen und habe, nachdem er über die Friedhofsmauer geklettert sei, das Weite gesucht. Der Bürgermeister von Cluny antwortete, der tatsächliche Anknüpfungspunkt dieses Berichts sei der Tod eines Mannes, der an Rippenfellentzündung gestorben sei, worauf der verantwortliche Arzt umsichtigerweise acht Stunden gewartet habe, bevor er ihn für tot erklärt habe. So sei das Gerücht aufgekommen, das dann auf seinem Weg in die großen nationalen Zeitungen immer weiter ausgesponnen wurde.[25] Am 29. November 1867 berichtete »Le Figaro« über eine weitere dramatische Auferstehung, die sich ebenfalls als frei erfunden erwies. Die Ortsbehörden schrieben Dr. Bouchut, die fragliche Person sei über ein Jahr früher verstorben, und es habe dabei keinerlei ungewöhnliche Vorfälle gegeben.[26] In der 1883 erschienenen Auflage seines Buches bezweifelte Bouchut grundsätzlich, ob in der Gegenwart überhaupt noch Menschen lebendig begraben würden – dies sei nichts als ein Ammenmärchen, das von der Presse verbreitet werde. Er plädierte dafür, dass alle Ärzte vermeintliche Fälle untersuchen und so widerlegen sollten. Andere französische Skeptiker, darunter der einflussreiche Professor Paul Brouardel, folgten seinem Beispiel. Nach zwanzigjährigen Nachforschungen gelangte Brouardel zu dem Schluss, kein einziger Zeitungsbericht über Menschen, die angeblich lebendig zur letzten Ruhe gebettet worden waren, sei von den zuständigen Ortsbehörden bestätigt worden. Er vermutete, dass in vielen Fällen skrupellose Journalisten ihre Storys selbst erfunden oder aus alten Zeitungen abgeschrieben hätten.[27]

Im Jahr 1862 veröffentlichte der niederländische Professor Alexander van Hasselt das erste deutschsprachige Buch, das

Ein Mann ist in der Leichenkammer von Kecskemét aus der Todestrance erwacht und steht auf, um den schreckensstarren Friedhofs-
wächter zu begrüßen. Eine Zeichnung, die angeblich auf einer wahren
Begebenheit beruhte, aus dem »Illustrirten Wiener Extrablatt« vom
18. März 1899. Abdruck mit freundlicher Genehmigung der Österreichischen Nationalbibliothek, Wien.

200

Hufelands Lehre vom Scheintod kategorisch verwarf: Es komme nur selten vor, dass Menschen lebendig begraben würden, und die Todeszeichen, die Bouchut und andere Verfechter der modernen Medizin beschrieben hätten, seien absolut zuverlässig.[28] Er gehe nicht so weit wie der Deutsche Georg Varrentrapp und der Franzose Gaultier de Claubry, die versichert hätten, es sei überhaupt noch niemals jemand lebendig begraben worden, aber er sei fest davon überzeugt, dass dies äußerst selten geschehe. Während seiner vierundzwanzigjährigen Tätigkeit in Utrecht sei ihm kein einziger Fall untergekommen, und auch Dr. Josat, der ähnlich lange im Pariser Leichenschauhaus tätig gewesen sei, habe es noch nie erlebt, dass eine Leiche nach dem Begräbnis wiedererwacht wäre. Professor van Hasselt wusste auch um die wichtige Rolle, die die Propagandisten in französischen Zeitungen bei der Verbreitung des Glaubens an den Scheintod spielten, und er konnte nachweisen, dass ihre erfundenen Geschichten kritiklos von anderen Zeitungen aufgegriffen wurden und sogar angesehene medizinische Fachzeitschriften erreichten. Im Jahr 1851 wollte er einem Fall auf den Grund gehen, der sich angeblich in seiner Heimatstadt Utrecht zugetragen hatte und über den eine französische Ärztezeitschrift berichtete. Ein lebendig begrabenes Cholera-Opfer habe seine Wiederbelebung zu spät kundgetan und sei blutüberströmt im Sarg gefunden worden. Es habe im Todeskampf drei seiner Finger abgenagt. Diese Meldung erschien in der angesehenen Fachzeitschrift »Gazette des Hôpitaux«, die sie jedoch von einer niederländischen Zeitung, dem »Kamper Courant«, übernommen hatte. Als van Hasselt in dem betreffenden Krankenhaus und auf dem Friedhof Nachforschungen zu dem Fall anstellte, musste er feststellen, dass die Geschichte frei erfunden war. In ähnlicher Weise hatte der deutsche Professor Göppert eine Reihe von Zeitungsberichten über angebliche Fälle von vorzeitigem Begräbnis in Rheinhessen überprüft. Alle waren frei erfunden, mit einer Ausnahme, einer Leiche, die in der örtlichen Leichenhalle länger als üblich warm geblieben war.[29] Im Jahr 1867 konnte ein dänischer Arzt nachweisen, dass vier von fünf Berichten über Scheintote und vorzeitige Begräbnisse in der Zeitung »Dagbladet« Ammenmärchen waren.[30]

Eine Reihe französischer Artikel, die 1880 erschienen, verschafft uns interessante Aufschlüsse darüber, wie diese volkstümlichen Mären über vorzeitige Begräbnisse entstanden sind und wie sie sich durch mündliche Überlieferung und Zeitungen weiterverbreiteten.[31] Ein gewisser Dr. P. Keraval schrieb, er sei einmal gerufen worden, um den Inhalt dreier Särge in einem Leichenschauhaus zu untersuchen, nachdem ein Arbeiter gesagt hatte, er habe ein Klopfen gehört. Alle drei Leichen waren verwest. Doch schon nach wenigen Tagen wusste die ganze Stadt, dass einer der Ratsherren, dessen sterbliche Überreste in einem der Särge gelegen hatten, lebendig begraben worden war. Diese Geschichte wurde von den örtlichen Zeitungen auch nicht richtiggestellt. Obgleich Dr. Keraval ein Dementi schrieb, konnte er die Menschen nicht von der Wahrheit überzeugen. Er gelangte zu dem bitteren Schluss, seine Patienten, die sich den Mund darüber zerrissen, dass einer der örtlichen Honoratioren wegen seiner Nachlässigkeit lebendig begraben worden sei, schenkten den Zeitungen mehr Glauben als ihren Ärzten.

Dr. A. Job aus Lunéville hatte ein noch schrecklicheres Erlebnis. Einer seiner Patienten war im Alter von sechsundzwanzig Jahren an Tuberkulose gestorben. Am Abend des nächsten Tages wurde er vom Sohn des Bürgermeisters gerufen. Dieser berichtete dem Arzt leichenfahl und aufgelöst, der Totengräber habe, als er ein anderes Grab aushob, aus einem der jüngst begrabenen Särge ein dumpfes Klopfgeräusch vernommen. Während der Sarg ausgegraben wurde, schickte man nach dem Arzt. Nach einem langen, kalten Ritt durch dichtes Schneetreiben traf Dr. Job auf dem Friedhof ein, wo zwölf Menschen feierlich um das Grab des Mannes herumstanden. Der Dorflehrer, der ebenfalls behauptete, das Klopfen gehört zu haben, sagte allen, der Mann sei leben-

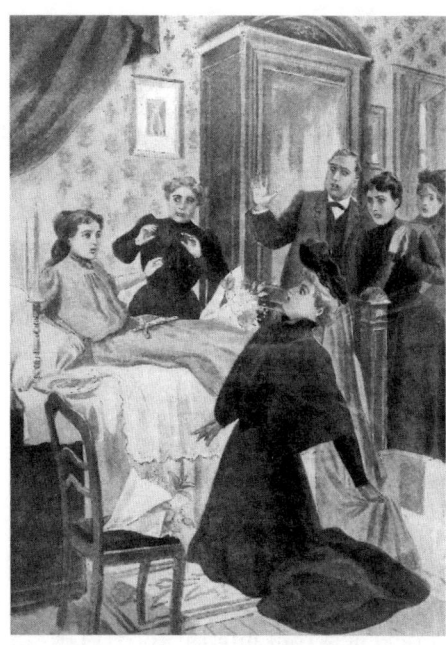

»La morte vivante«:
Ein Mädchen erwacht,
nachdem es für tot
erklärt worden ist.
Illustration aus »Le Petit
Journal«, 1902. Abdruck
mit freundlicher Geneh-
migung des Bildarchivs
J.-L. Charmet, Paris.

dig begraben worden. Doch als der Sarg geöffnet wurde, war
der Leichnam eiskalt und reglos, und nichts deutete darauf hin,
dass er in seinem Grab erwacht war. Dr. Job vermutete, das
Klopfgeräusch sei durch das Anschwellen der Sargbretter hervorgerufen worden. Doch der Totengräber schüttelte hartnäckig
den Kopf, als man ihm dies erzählte, und schon bald wusste ganz
Lunéville, dass ihr Herr Doktor einen seiner Patienten lebendig
begraben hatte.

Ein gewisser Dr. E. Decaisne aus Frankreich war ebenfalls mit
dieser irrationalen Obsession in Konflikt geraten. Als eine ältere
Dame gestorben war, die mit ihrer Schwester in einem großen
Schloss gelebt hatte, wurde Dr. Decaisne gerufen, um die Leiche
zu beschauen. Ihre Schwester wollte nicht glauben, dass sie
wirklich tot sei, und verlangte, der leblose Körper möge in
irgendeiner Weise »angeregt« werden. Obgleich es den Arzt viel

Überwindung kostete, nahm er einen rot glühenden Schürhaken und fügte der Leiche im Gesicht ein Brandmal bei. Daraufhin ging die alte Frau wie rasend auf ihn los und keifte, er habe ihre Schwester entstellt. Erst nachdem Decaisne feierlich auf die Bibel geschworen hatte, die Frau sei wirklich tot, willigte ihre Schwester ein, den Leichnam in ein Totenhemd zu hüllen und einzusargen. Einige Jahre später kam ein Arbeiter zu Dr. Decaisne und bedrängte ihn, seiner kurzlich verstorbenen Frau vor ihrer Beisetzung den Kopf abzuschneiden. Als der Arzt nach dem Grund für dieses seltsame Ansinnen fragte, sagte ihm der Arbeiter, viele Menschen in der Gegend erzählten sich, dass eine der Patientinnen des Doktors – die alte Dame aus dem Schloss – lebendig begraben worden sei.

Dem Vernehmen nach wurde die Tochter von Henry Laurens, dem ersten Präsidenten des amerikanischen Kongresses während des Amerikanischen Freiheitskrieges, in recht jungen Jahren nach einer schweren Pockenerkrankung für tot erklärt, in ein Totenhemd gehüllt und in einen Sarg gelegt, doch sie soll aus ihrer todesähnlichen Lethargie wieder erwacht sein und noch viele Jahre gelebt haben. Die Tatsache, dass sie mit knapper Not dem Tod entrann, beeindruckte ihren Vater so nachhaltig, dass ihn fortan die Angst, lebendig begraben zu werden, nie mehr verließ. Er verfügte in seinem Testament, sein Leichnam solle eingeäschert werden. Der amerikanische General Robert E. Lee litt unter ähnlichen Ängsten, die ebenfalls durch eine tragische Begebenheit im engeren Familienkreis ausgelöst worden sein sollen. Seine Mutter litt an Epilepsie und wurde nach einem Anfall von einem Arzt für tot erklärt. Doch als der Totengräber das Grab zuschaufelte, kam Mrs. Lee wieder zu sich, klopfte gegen den Sargdeckel und stieß einen lauten Schrei aus. Sie wurde rechtzeitig gerettet.[32] Dennoch dauerte es recht lange, bis die europäische Angst vor dem vorzeitigen Begräbnis die Vereinigten Staaten erreichte. Weder wurden die Bücher von Taylor und

Snart in Amerika verlegt, noch gab es amerikanische Übersetzungen der zahlreichen französischen und deutschen Schriften zu dem Thema. Die amerikanische Medizin des beginnenden 19. Jahrhunderts war stark von der britischen Tradition beeinflusst, so dass Hufelands Lehre vom Scheintod hier kaum zur Geltung kam. Obgleich die Beiträge über die Feststellung des Todes, die in den zwanziger und dreißiger Jahren des 19. Jahrhunderts in amerikanischen medizinischen Fachzeitschriften erschienen, ebenfalls die Fäulnis als das sicherste Todeszeichen anführten, wurden die anderen Zeichen nicht als wertlos verworfen, sofern sie mit Vorsicht gedeutet wurden.[33] Die Angst vor der voreiligen Beisetzung breitete sich somit in Amerika nicht durch die Medizin, sondern durch populäre Bücher und Zeitschriften aus. Edgar Allan Poe hatte keine Schwierigkeiten, sich Material für seine Studien zu dem Thema zu verschaffen: »Blackwood's Magazine« veröffentlichte mit Vorliebe Geschichten über scheintot Begrabene, ebenso die Zeitschrift »Casket« (»Sarg«), die ihrem Namen alle Ehre machte, und andere amerikanische Zeitungen und Magazine.[34] Sowohl die »Frau mit dem Ring« als auch das »junge Liebespaar« erscheinen in verschiedenen Versionen neben den üblichen Schauergeschichten über abgenagte Finger, blutgetränkte Totenhemden und grauenhaft verdrehte Leichen, die in geöffneten Särgen entdeckt werden. Im Jahr 1847 erging der erste Aufruf zum Bau von Leichenhäusern auf amerikanischem Boden, nachdem ein Artikel, der im »New York Observer« abgedruckt worden war, und mehrere weitere Aufsätze die gediegene Leistung der deutschen Leichenhäuser bei der Verhütung vorzeitiger Begräbnisse gelobt hatten.[35] Der Appell hatte keinen Erfolg, obwohl er mit den folgenden aufwühlenden Worten schloss:

»Aufzuwachen aus dem vermeintlichen süßen Schlummer wiederkehrender Gesundheit und den eigenen Körper nicht nur ins Totenhemd gehüllt, sondern auch unentrinnbar ins Grabesverlies gesperrt zu finden – die grauenhaften Qualen zu spüren, die durch das Begreifen dieser schrecklichen Lage erzeugt werden –, zu ringen, wenn das Mühen nicht durch Hoffnung befeuert wird – vielleicht das Summen des geschäftigen Lebens zu hören, das sich da über unseren Köpfen regt und von dem wir nun für alle Zeiten abgeschnitten sind – zu schreien, wenn kein Ohr uns hören kann – und endlich aufzugeben und das Ende herbeizusehnen, aber nicht erlöst zu werden … diese Vorstellung ist so unsäglich grauenhaft, dass die Gefahr unbedingt gebannt werden sollte.«

Im Jahr 1871 kam es dann zu einem seriöseren Aufruf: Dr. Alexander Wilder hielt vor dem Parlament des Staates New York eine Ansprache über die Gefahr vorzeitiger Begräbnisse.[36] Er erzählte einige der geläufigen Gruselgeschichten und forderte eine Gesetzesänderung: Kein Mensch solle begraben werden, bevor ein fachkundiger Arzt seinen Tod bescheinigt habe. Wilder war ein Anhänger der eklektischen Medizin, die alle möglichen fragwürdigen und obskuren Theorien über Kräuterheilkunde, Selbstheilungskräfte und Homöopathie umfasste. Er lehnte die Theorie, dass Infektionen für die Entstehung von Krankheiten verantwortlich seien, ab und bevorzugte stattdessen das altehrwürdige Dogma, Krankheit sei auf übermäßige Kälteeinwirkung, sexuelle Ausschweifungen, ungesunde Körperhaltungen im Bett oder geistige Übererregung zurückzuführen. Wilder war ein Gegner von Impfungen und leugnete somit den Nutzen eines der größten medizinischen Fortschritte der damaligen Zeit. Er war außerdem ein Spiritist, und viele seiner spiritistischen Freunde teilten seine Angst vor dem vorzeitigen Begräbnis. Von den siebziger Jahren des 19. Jahrhunderts an sollte die Bewegung gegen vorzeitige Begräbnisse in Großbritannien und den Vereinigten Staaten einen Großteil ihrer Anhänger unter den Spiritisten finden.

Einer von Alexanders Gefolgsleuten in der eklektischen Medizin war Dr. Moore Russell Fletcher aus Boston. Im Jahr 1883 veröffentlichte er ein Buch mit dem Titel »Our Home Doctor«, einen Gesundheitsführer für die Familie, in dem er seine Lieblingstheorien über Kräuterheilkunde und Homöopathie zum Besten gab.[37] Zwischen Abschnitten über Delirium tremens, Bandwürmer und eingewachsene Fußnägel finden wir eine Diskussion darüber, ob alkoholische Getränke, geschlechtliche Erregung oder eine übermäßige Gallenproduktion die häufigste Krankheitsursache sei, sowie die aufschlussreiche Information, die Afrikaner hätten den Zug der Evolution verpasst und sich daher seit Jahrtausenden nicht mehr verändert. Nach 332 Seiten solchen Gefasels wird uns das Hauptgericht serviert: Das Buch enthält nämlich auch eine Abhandlung mit dem Titel »One Thousand People Buried Alive by Their Best Friends«. Der Mensch könne, ähnlich wie Schlangen oder Kröten, eine Art Winterschlaf halten, schrieb Dr. Fletcher. Deshalb falle er leicht in eine sehr tiefe Trance, die mit dem Tod verwechselt werden könne. Da die alten europäischen Legenden über lebendig Begrabene Dr. Fletcher nicht spektakulär genug sind, schmückt er sie blumig aus. Wir erfahren, dass »Andrew Vesale« (Andreas Vesal) einen Patienten vorsätzlich tötete, indem er ein Messer in das noch schlagende Herz stieß, um den fatalen Irrtum zu verschleiern, der ihm unterlaufen war, als er ihn für tot erklärt hatte. Anschließend sei der ruchlose Anatom nach Asien geflohen. Die Erzählung von der »Frau mit dem Ring« lässt er 1866 in Toulouse spielen und für den Räuber tödlich enden. Später erbaut Dr. Fletcher den Leser mit einigen amerikanischen Fallbeispielen, die er aus Zeitungskolumnen zusammengesucht hat. Im Mai 1869 wird eine junge Frau in New Orleans von ihrem eigenen Onkel, einem Arzt, für tot erklärt, nachdem sie plötzlich krank geworden war. Noch am selben Nachmittag wird sie in einer Gruft bestattet, doch der Sohn des Totengräbers vernimmt aus dem Gewölbe fürchterliche Töne und ruft seinen Vater herbei. Als ihre Eltern auf dem Friedhof eintreffen, dringt kein Laut mehr aus der Gruft. Nachdem sie geöffnet worden ist, sehen sie, dass das Mädchen einen furchtbaren Kampf durchgemacht haben muss: Ihre Hände sind zu Fäusten geballt und weisen Bissspuren auf, sie hat sich die Haare ausgerauft, und das Gesicht ist grässlich entstellt. »Die Eltern und der Onkel wurden von einem unbeschreiblichen Entsetzen erfüllt.« Ebenso erbaulich war die Geschichte von Mrs. Crane, der Frau eines Buchhalters, die 1868 das Zeitliche segnete, wie man glaubte. Ihre Mutter grämte sich bitterlich über ihren Tod, und der tiefe Kummer hatte offenkundig ihren Geist verwirrt. Eines Tages stürzte sie in das Zimmer ihres Schwiegersohns und schrie: »Du hast meine Tochter lebendig begraben! Wehe mir, was soll ich nur tun!?« Um ihre Ängste zu zerstreuen, wurde das Grab geöffnet, doch welch ein Anblick bot sich der armen Mutter: Überall war Blut, die Glasscheibe im Sargdeckel war zertrümmert, die Finger der Leiche waren zerbissen und vom Glas zerschnitten, und die Tochter hatte sich fast das ganze Haar ausgerauft. Nach diesem Schock erkrankte Mrs. Cranes Mutter schwer, und man bangte um ihr Leben.

Das Zentrum der amerikanischen Bewegung gegen verfrühte Begräbnisse lag in New Jersey und Massachusetts: Alexander Wilder war in Newark aktiv und Moore Russell Fletcher in Boston. Die Redakteure eines Magazins namens »Our Dumb Animals« (»Unsere stummen Geschöpfe«), das in Boston erschien, sorgten sich sowohl um arme Hunde, die von grausamen Vivisektoren gequält wurden, als auch um scheintote Menschen, die Gefahr liefen, lebendig begraben zu werden. Die Gruppen der Spiritisten, Vivisektions- und Impfgegner und der Anhänger der Homöopathie waren in dieser Region Amerikas eng miteinander vernetzt, und viele ihrer Mitglieder agitierten auch gegen die Gefahr vorzeitiger Begräbnisse. Im Jahr 1889 sorgten die merkwürdigen Umstände des Todes eines ihrer führenden Mitglieder für eine Welle der Empörung. Washington Irving Bishop, der berühmte Spiritist und Gedankenleser, war nach einem seiner Auftritte in New York ohnmächtig zusammengebrochen und wurde in der Nacht darauf von einem Arzt für tot erklärt. Er litt an einer Art Starrsucht, und angeblich trug er immer eine Notiz bei sich, die besagte, falls man ihn für tot halte, möge man ihn an einen sicheren, warmen Ort bringen und seinen Hausarzt herbeirufen. Unter keine Umständen solle eine Autopsie an ihm vorgenommen werden. Als Bischops Frau die Hawkes-Leichenhalle in der Sixth Avenue aufsuchte, um seinen leblosen Körper in Augenschein zu nehmen, sagte sie zu dem Aufseher, er möge doch bitte Bishops Haar kämmen. Als der Mann ihren Wunsch ausführte, glitt ihm der Kamm aus den Händen und fiel in den hohlen Schädel. Bishop war obduziert worden, und sein Gehirn fehlte. Mrs. Bishop beschuldigte die verantwortlichen Ärzte, sie hätten ihren Ehemann umgebracht, um sich seines Gehirns zu bemächtigen, das aufgrund seiner Begabung zum Gedankenlesen als besonders hoch entwickelt galt. Bishops Mutter, die exzentrische Spiritistin Eleanor Fletcher Bishop, bezichtigte die Ärzte ebenfalls des Mordes durch vorzeitige Autopsie. Bei der gerichtlichen Untersuchung wurden die drei beteiligten Ärzte für nicht schuldig befunden, allerdings wurde einer von ihnen wegen ungebührlicher Eile bei der Autopsie gerügt. Das Gehirn Bishops wurde übrigens in der Brusthöhle der Leiche wiedergefunden. Die empörte Eleanor Fletcher Bishop veröffentlichte daraufhin ein Pamphlet mit dem Titel »Human Vivisection of Sir Washington Irving Bishop«, das mit einer Illustration versehen war, auf der sie den Leichnam ihres Sohnes in seinem Sarg umarmt.[38] Sie warf den Ärzten unverblümt vor, ihren Sohn ermordet zu haben: »Dr. Frank Ferguson (der Jack the Ripper von Amerika) *schlitzte meinen engelgleichen Sohn auf und nahm sein Herz heraus, und er sägte seine schöne Stirn und seinen ebenmäßigen Kopf in zwei Hälften, nahm sein wunderbares Gehirn heraus,* und damit war der *Meuchelmord* an meinem einzigen Kinde *vollbracht* ...«

Der Fall Bishop, der von den amerikanischen Propagandisten der Bewegung gegen vorzeitige Begräbnisse weidlich ausgeschlachtet wurde, sorgte für viele reißerische Kommentare in der Presse. Alexander Wilder und seine Mitstreiter waren der Meinung, Bishop sei bei lebendigem Leibe seziert worden.[39]

Im Jahr 1895 brachte die Occult Publishing Company in Boston ein Buch des Mediziners Franz Hartmann mit dem Titel »Buried Alive« heraus.[40] Dieses Machwerk enthielt mehr haarsträubende Gruselgeschichten als jedes bis dahin erschienene Werk in englischer Sprache, und es übertraf sogar John Snarts »Thesaurus of Horror«. Hartmann war kein gewöhnlicher Mediziner: Er war Spiritist und ein Freund von Madame Blavatsky, ein Freimaurer und Rosenkreuzer, Mitbegründer der Gesellschaft für Magie »Ordo Templi Ordinis« und Erfinder einer wirkungslosen Inhalationstherapie für Tuberkulose. Der gebürtige Österreicher war in den sechziger Jahren des 19. Jahrhunderts in die Vereinigten Staaten ausgewandert und hatte als Sanitätsoffizier im amerikanischen Bürgerkrieg gedient. Später reiste er durch die Südstaaten und praktizierte als Wanderarzt (manche würden sagen: als Quacksalber) und eine Zeit lang als Leichenbeschauer in Georgetown, Colorado. Franz Hartmann hatte viele seiner blutigen Fallgeschichten dem Werk des ihm seelenverwandten Léonce Lenormand entnommen. Er veröffentlichte drei verschiedene Versionen der Legende von der Frau mit dem Ring, die jeweils in Salzburg, Kronstadt und im Beaujolais spielten, und drei Varianten des »jungen Liebespaars«. Die österreichischen Zeitungen lieferten weiteren Stoff: In einer Kleinstadt in der Steiermark starb eine junge Schwangere, und nach der üblichen Wartezeit von drei Tagen wurde sie auf dem örtlichen Friedhof bestattet. Einige Tage nach dem Begräbnis kam das Gerücht auf, ihr Ehemann habe sie vergiftet, und das Grab wurde auf polizeiliche Anordnung hin geöffnet. Man entdeckte Spuren eines furchtbaren Ringens, und die Frau hatte in ihrem Sarg ein Kind zur Welt gebracht. Der Arzt, der ihren Totenschein ausgestellt hatte, wurde zu einigen Wochen Zuchthaus verurteilt. Hartmann hielt alle Todeszeichen, selbst die Fäulnis, für äußerst unzuverlässig, da er als Spiritist glaubte, der Geist könne den Körper nach Belieben verlassen und wieder in ihn hineinfahren. Er selbst habe »einen Neger in Texas« beobachtet, der »einen schrecklichen Gestank verströmte, wie von einer Leiche in einem fortgeschrittenen Stadium der Verwesung«, und der dennoch wiedererwacht sei. Einer seiner Briefpartner, H. R. Phillips, aus der 51 East 50th Street in New York, schrieb, ein Freund, seines Zeichens Schiffskapitän, habe bei seiner Heimkehr die traurige Nachricht erhalten, dass seine Frau in seiner Abwesenheit gestorben sei. Er habe den Leichnam exhumieren lassen und glaube, nachdem er ihre verdrehten Glieder gesehen habe, fest daran, dass sie lebendig begraben worden sei. Diese grauenhafte Erfahrung habe ihn in den Wahnsinn getrieben, und er sei in eine Irrenanstalt eingewiesen worden; die Schwester seiner Frau, die Hellseherin Millie Fancher aus Brooklyn, habe es sogar noch schlimmer getroffen: Sie sei zu Bett gegangen und nie mehr aufgestanden, und sie habe sich viele Jahre lang nur von Flüssigkeit ernährt.

Franz Hartmanns Buch wurde später in London nachgedruckt, allerdings mit wenig Erfolg: In keiner britischen Bibliothek scheint ein Exemplar erhalten geblieben zu sein. Die London Society for the Prevention of Premature Burial nahm eine gewisse Zahl von Exemplaren ab, doch es gab so wenige Interessenten, dass man die Bücher schließlich an neu geworbene Mitglieder verschenkte. Der Rezensent von Hartmanns Buch im »British Medical Journal« kommentierte einen der kurioseren Fallberichte (der in Wirklichkeit von Léonce Lenormand übernommen worden war) mit beißendem Spott: »Was soll man von der Glaubwürdigkeit eines Autors halten, der allen Ernstes den Fall eines Engländers schildert, der 1831 an Fleckfieber gestorben, vier Tage später beerdigt und, nachdem er weitere vier Tage im Grab gelegen habe, exhumiert worden und am Leben gewesen sei? Anschließend habe er erklärt, er sei die ganze Zeit über bei Bewusstsein gewesen, seine Lungen seien gelähmt gewesen, und er habe nicht atmen können, und sein Herz habe nicht geschlagen.« Das abschließende Urteil des Rezensenten war schonungslos eindeutig: »Eine wüstere Sammlung von Kokolores, als sie in dieser Schrift enthalten ist, kommt einem nur selten unter.«[41]

211

DER LETZTE KAMPF

> Ich wage es nicht, laut auszusprechen,
> denn es würd' einsam' Herzen schaudern.
> Wie sie ins Tuch mich hüllten mit 'nem Lächeln,
> um derb und lustig über mich zu plaudern.
> Und wie ich auf des Sarges festen Deckel
> den Hammer schlagen hörte ohne Zaudern!

Die Zeilen des Mottos und die folgenden in diesem Kapitel zitierten Verse stammen aus »Living with the Dead« (»Mit den Toten leben«), einem wahrhaft gruseligen Gedicht in zweiunddreißig Strophen von einem gewissen Mark Melford, das in der Zeitschrift des »Vereins zur Verhütung des Scheintods« in England veröffentlicht wurde.[1] Diese Organisation war nicht die erste ihrer Art. Kurz vor dem Bau des ersten Leichenhauses in Weimar wurde dort eine Gesellschaft gegründet, die den ausdrücklichen Zweck hatte, ihre Mitglieder vor einem verfrühten Begräbnis zu schützen. Ähnliche Vereine gab es während des gesamten 19. Jahrhunderts in Deutschland: Sie beschäftigten Ärzte, die Verstorbene in der Leichenhalle beobachteten, bis die Verwesung eintrat, oder manchmal auch um eine Ader zu öffnen, nachdem der Tod bestätigt worden war. Einer dieser Vereine wurde von Oberst von Falkenhausen im Jahr 1860 in Breslau gegründet, und ein anderer war später in Berlin aktiv. Sie propagierten die Einäscherung als den einzigen sicheren Schutz gegen vorzeitige Begräbnisse. In Frankreich wurde im Anschluss an Kardinal Donnets Aufruf im Jahr 1866 eine Lebensrettungsgesellschaft gegründet, und in Amerika führte die Agitation von Alexander Wilder zu einem ähnlichen Ergebnis. Keine dieser Organisationen hatte jedoch eine besonders breite Wirkung, und wir wissen nur wenig über ihre Aktivitäten. Die London Society for the Prevention of Premature Burial wurde 1896 von Arthur Lovell gegründet, einer schillernden Persönlichkeit: ein Spiritist, Quacksalber und Autor mehrerer Bücher über Selbstheilung und andere Formen von medizinischem Mumpitz. Lovell und die Mitgründer der Gesellschaft formulierten ihre drei Ziele: die wissenschaftliche Erforschung von Scheintod und Starrsucht, Aufklärungsarbeit und ein Serviceangebot für Mitglieder, wonach von der Gesellschaft beschäftigte Ärzte dafür sorgten, dass sie nicht lebendig begraben würden.

Der geistige Kopf der Gesellschaft war eine durchaus angesehene Person: der weit gereiste Polemiker William Tebb.[2] Unter seiner Leitung expandierte die Gesellschaft nach Amerika und gewann auch Mitglieder in Kontinentaleuropa. Tebb, 1830 in Manchester geboren, wurde schon in jungen Jahren zu einem politischen Radikalen und betätigte sich in seiner Jugend als Agitator gegen die Korngesetze und den Protektionismus der Finanzpolitik. Er zog später nach Massachusetts, wo er sich als glühender Befürworter der Sklavenbefreiung und Freund des Vorkämpfers der Bewegung, William Lloyd Garrison, einen Namen machte. Nach dem amerikanischen Bürgerkrieg wandte Tebb seine Aufmerksamkeit den vermeintlich schädlichen Folgen der Impfung zu und schrieb zwei Bücher, in denen er diese Praxis heftig kritisierte. Im Jahr 1879 gründeten er und Alexander Wilder die Anti-Vaccination Society of America. Die intensiven Bemühungen der Impfgegner, den ersten echten Fortschritt in der Präventivmedizin aufzuhalten, wurde von einer bunt gemischten Gruppe von Quacksalbern, Homöopathen und Herstellern patentgeschützter Medikamente unterstützt. Sie behaupteten, die Impfung sei ein Bluff, Millionen von Menschen würden mit schädlichen Erregern vergiftet, die Krebs und Auszehrung verursachten und daher zu Siechtum und frühem Tod führten. Einer von Tebbs Mitstreitern schrieb, durch die Impfung werde

Zwei Propagandisten der Bewegung gegen vorzeitige Begräbnisse:
William Tebb (links) und der finster dreinblickende Dr. Franz
Hartmann. Aus W. Tebb und E.P. Vollum, »Premature Burial and
How It May Be Prevented«, London 1908, beziehungsweise aus
dem Magazin »Burial Reformer«, Juli/September 1905.

ein »tödliches Protoplasma, das sämtliche Laster, Leidenschaf-
ten und Krankheiten des Rindes in sich trägt«, in den Blutkreislauf eingeführt. Er stellte die Impfung auf dieselbe Ebene wie Alkohol, Tabak, Gier und sinnliche Liebe als den zerstörerischsten
Kräften in der Gesellschaft.[3] Die Tatsache, dass Tebb über keinerlei medizinische Ausbildung verfügte, hinderte ihn nicht
daran, seine Argumente mit Nachdruck zu verfechten. Die Ärzteschaft sah in ihm aus nahe liegenden Gründen einen gefährlichen Reaktionär und Fanatiker einer Erscheinung des Zeit-
geistes. Er organisierte in mehreren britischen Städten öffentliche
Demonstrationen gegen die Zwangsimpfung, auf denen er unter
Transparenten mit Aufschriften wie »Ihr merzt nicht die Pocken
aus, sondern die Menschen!« und »Besser eine Kerkerzelle als ein
vergiftetes Kind« marschierte. Tebb begann sich dann für Lepra
zu interessieren und unternahm ausgedehnte Reisen, um diese

214

Krankheit zu erforschen. Im Jahr 1893 veröffentlichte er ein Buch, in dem er behauptete, Lepra sei durch Impfung übertragbar.[4]

Bevor seine unerwiderte Liebe zur Medizin begann, war Tebb zu einem Mitglied der Geologischen Gesellschaft geworden, und die Buchstaben »M. G. G.« prangten auf den Titelseiten seiner Bücher, als stünden sie für einen akademischen Grad in Medizin. Zudem entblödete sich die Königliche Akademie der Medizinischen Wissenschaften in Palermo nicht, diese Karikatur eines Mediziners zu einem korrespondierenden Mitglied zu berufen, und Tebb prahlte bei jeder sich bietenden Gelegenheit mit dieser zweifelhaften Auszeichnung.

Als Tebb Anfang der neunziger Jahre des 19. Jahrhunderts in Indien lebte, lernte er einen verschrobenen Hygieniker namens Roger S. Chew kennen, der ihm die lange, leidvolle Geschichte seines Lebens erzählte, das ganz im Banne der Angst, lebendig begraben zu werden, gestanden hatte.[5] Als Chew zur Bishop's High School in Poonah ging, starb seine Schwester an Krämpfen. Roger war so aufgewühlt, dass es ihm buchstäblich die Sprache verschlug; er nahm keine Nahrung mehr zu sich und verfiel zusehends. Als er an der Bestattung teilnahm, stürzte er sich unter einem markerschütternden Schrei kopfüber in ihr Grab und wurde bewusstlos herausgezogen. Erst einige Tage später kam er wieder zu sich, doch nach einem Rückfall wurde er am 18. Januar 1874 für tot erklärt. Als er in einem Sarg aufgebahrt wurde, behauptete seine andere Schwester, sie habe gesehen, dass er seine Lippen bewege. Daraufhin wurde ein Arzt gerufen, und nachdem er einen großen Abszess an Rogers Hals geöffnet hatte, war er gerettet. Nach einer sehr langen Genesungsphase beschloss Roger Chew, Medizin zu studieren, und wurde 1877 als assistierender Chirurg von der indischen Armee in Dienst genommen. Als er mit drei anderen Chirurgen auf einem Ochsenkarren unterwegs war, zeigte einer seiner Kollegen »ausgeprägte Cholerasymptome« und wurde einige Tage später für tot erklärt.

Sein Sarg wurde in eine Poliklinik gebracht, doch am nächsten Tag stellten die jungen Ärzte zu ihrer Verblüffung fest, dass ihr Freund wieder zum Leben erwacht war. Genau das Gleiche widerfuhr später zwei Soldaten aus dem East-Norfolk-Regiment. Hätte es nicht an Holz für ihre Särge gemangelt, beteuerte Chew, wären sie lebendig begraben worden. Chew wurde bei der Exhumierung der Gräber auf alten Friedhöfen oft hinzugezogen, und es geschah mehr als ein Mal, dass er in den alten Särgen und Grüften Leichen in ungewöhnlichen Stellungen vorfand. Natürlich hatte er keinen Zweifel daran, dass sie lebendig begraben worden waren und versucht hatten, sich einen Weg ans Licht zu bahnen. Doch es sollte noch schlimmer, viel schlimmer kommen.

Ein enger Freund von Roger Chew namens Frank Lascelles fiel während des Abendessens, »inmitten eines Anfalls schallenden Gelächters«, mit dem Kopf in seinen Teller und wurde für tot erklärt. Sechs Monate später erhielt Chew die Erlaubnis, die sterblichen Überreste seines Freundes auf einen anderen Friedhof zu überführen. Als er den Sargdeckel herunternahm, machte er eine grauenvolle Entdeckung: Die Stellung der mumifizierten Leiche deutete darauf hin, dass ein fürchterlicher Kampf unter der Erde getobt haben musste. Ein anderer, erfahrener Arzt meinte, die starken Erschütterungen, denen der Sarg auf dem Weg zum Friedhof ausgesetzt gewesen sei, hätten möglicherweise den Leichnam auf die Seite gerollt, doch Chew fand diese Erklärung nicht überzeugend. Im Jahr 1881 wurde einer seiner Angehörigen, J. A. A. Chew, in der Familiengruft in Kalkutta beigesetzt. Roger konnte der Versuchung nicht widerstehen, einen Blick in die Gruft zu werfen. Er sah, dass der Deckel des Sarges einer seiner Verwandten, der siebzehnjährigen Mary Norah Best, weggerissen worden war und dass das Skelett zur Hälfte aus dem Sarg herausragte. Roger Chew war fest davon überzeugt, der Arzt der Familie habe zweimal versucht, die Mutter der jungen Mary umzubringen, »die nach dem zweiten Anschlag auf ihr Leben von Indien nach England floh, aber leider das Mädchen zurückließ«. Der ruchlose Arzt habe das Mädchen vergiftet und für tot erklärt, doch in der Gruft »kam sie wieder zu Bewusstsein, kämpfte um ihr Leben, drückte den Sargdeckel auf, und nachdem sie in der pechschwarzen Finsternis der Gruft vor Schrecken wahnsinnig geworden war, riss sie sich die Kleider vom Leib, versuchte sich vergeblich selbst zu erdrosseln und schlug endlich so lange mit dem Kopf gegen den gemauerten Sims, bis sie leblos vornüber fiel«. Im Jahr 1894 exhumierte Roger Chew den Leichnam eines elfjährigen Mädchens, dem kurz vor seinem Tod unter merkwürdigen Umständen Chloroform verabreicht worden war. Natürlich gelangte er zu dem Schluss, sie sei in einem durch das Chloroform verursachten kataleptischen Zustand lebendig begraben worden: »Was für einen traurigen Ausblick der Fall der kleinen Sarola doch eröffnet, und wer könnte sagen, wie viele Hunderte in ähnlicher Weise beseitigt wurden!«

Alle würden sich erschrecken,
müsst' ich diese Dinge sagen:
Grausig sank ich tief in Erde,
wo der Kühnste würd' verzagen!
Scheußlich Tat, garstige Folter
Nur die Hölle möcht es wagen!

Wir wissen nicht, ob William Tebb vor seiner Begegnung mit Dr. Chew besonders beunruhigt war wegen der Gefahr, übereilt begraben zu werden, doch offenbar bewegten ihn die düsteren Enthüllungen des Sanitätsoffiziers dazu, sich mit diesem Thema zu beschäftigen. Tebb lernte später den amerikanischen Obersten und Mediziner Edward Perry Vollum kennen, einen ehemaligen Inspektor der Sanitätstruppe der US-Armee, und sie entdeckten ihr gemeinsames Interesse an der Kontroverse über vorzeitige Begräbnisse. Bekanntlich war Tebb eine Art Hansdampf in allen Gassen, der sich mit allen möglichen medizinischen Moden befasste, Vollum dagegen war ein angesehener Sa-

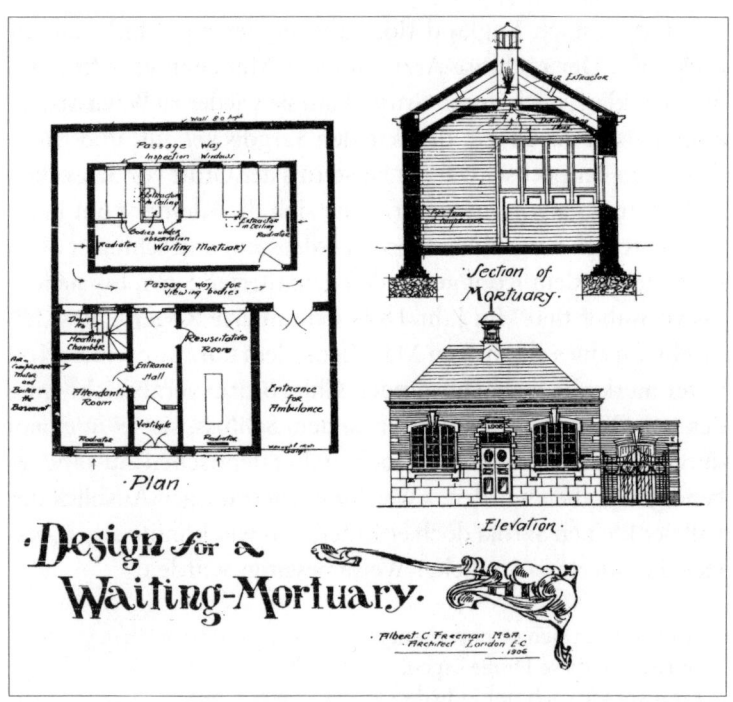

*Bauskizze des Architekten Albert C. Freeman für ein imposantes
Leichenhaus, aus dem Magazin »Burial Reformer«, April/Juni 1906.*

nitätsoffizier. Er hatte für seinen Einsatz im amerikanischen Bürgerkrieg Auszeichnungen erhalten und bekleidete später dreißig Jahre lang führende Positionen im Sanitätswesen der US-Armee. Vollum war einmal als Kind nach einem Badeunfall für tot erklärt und aufgebahrt worden, doch er wachte, von Leichen umgeben, auf einem Tisch in der Totenkammer wieder auf. Dieses entsetzliche Erlebnis prägte ihn verständlicherweise nachhaltig, und er beschloss, gemeinsam mit Tebb ein Buch zu schreiben, um andere vor diesem Schicksal zu bewahren. Der erfahrene Schriftsteller Tebb verfasste den größten Teil des Textes; ihr Buch »Premature Burial and How It May Be Prevented« erschien 1896.[6]

Die erste Auflage dieses Buches hatte über 350 Seiten, und es dürfte damals recht schwierig gewesen sein, es achselzuckend beiseite zu legen. Noch heute ist es ein recht eindrucksvolles Werk: klar geschrieben, in den Einzelheiten und bibliographischen Verweisen überwiegend zutreffend und leidenschaftlich in seinem Plädoyer für eine Reform des Bestattungswesens und den Bau von Leichenhäusern. Mit der ihm eigenen Tatkraft hatte William Tebb die Zeitungen nach aktuellen Sensationsmeldungen über lebendig begrabene Menschen durchforstet, allerdings ohne die leiseste Anwandlung, sie auf ihre Authentizität zu überprüfen. Er hatte auch eine ausgesprochene Begabung dafür, jene Abschnitte medizinischer Aufsätze zu exzerpieren, die seinem Kreuzzug gegen die Bestattung von Scheintoten dienlich waren, wie einige unvorsichtige Autoren von »Lancet« und dem »British Medical Journal«, die missbilligend sensationsheischende kontinentaleuropäische Meinungen zitiert hatten, zu ihrem Leidwesen herausfinden mussten. Tebb gab die Zitate als Meinungen der Autoren aus und gewann auf diese Weise einige traditionsbewusste Mediziner für seine Sache. Nicht wissend, dass die deutschen Leichenhäuser ihre Signalapparaturen schon wieder abbauten, stellte er diese eindrucksvollen humanitären Einrichtungen den wenig anziehenden, düsteren Leichenhallen Londons gegenüber, in denen niemand die Leichen beobachtete und die die Bewohner der Metropole der großen Gefahr aussetzten, lebendig begraben zu werden.

Die medizinischen Fortschritte Ende des 19. Jahrhunderts gingen mit Befunden einher, die die Ungewissheit der Todeszeichen bekräftigten, unter anderem mit der Entdeckung, dass ein stillstehendes Herz durch Herzmassage wieder zum Schlagen gebracht und dass durch Anästhesie eine todesähnliche Trance erzeugt werden konnte, die dem von Hufeland und anderen beschriebenen Zustand glich. Aber Tebb hatte wenig Ahnung von Medizin, und Oberst Vollum war nicht mit den Erkenntnissen der modernen Physiologie und wissenschaftlichen Medizin vertraut. Daher konnten sie die medizinischen Fortschritte, die ihrer Sache in der Tat förderlich waren, nicht angemessen würdigen. Ihre Darstellung der französischen Debatte über die Todeszeichen war schwach und einseitig: Die Ansichten von Josat und Icard zitierten sie beifällig, während sie erklärten, die unbegründete Behauptung Bouchuts, das Fehlen eines vernehmbaren Herzschlags könne als ein sicheres Todeszeichen bewertet werden, sei von kundigen Experten widerlegt worden. Roger Chew war der Ansicht, dass die Geier, die über den »Türmen des Schweigens« nahe Bombay ihre Kreise zögen, über ein unfehlbares Mittel verfügten, die Toten von den Lebenden zu unterscheiden, da sie sich nur über Kadaver hermachten. Tebb waren die diagnostischen Fertigkeiten einer weniger gefährlichen Tierart lieber: Er behauptete, Hunde besäßen ein untrügliches Gespür dafür, ob ein aufgebahrter Mensch in Wirklichkeit noch lebte, und der Hund eines Toten solle immer ans Sterbebett geführt werden, denn er könne spüren, ob noch ein Lebensfunken in dem Menschen glimme. Als Beleg für diese Behauptung führte er einen tragischen Fall an, in dem das Urteil des scharfsinnigen Diagnostikers aus dem Hundevolk unbeachtet geblieben war[7]: Ein Postmeister in Mähren war gestorben, und sein kleiner Schoßhund wollte nicht von seinem Grab weichen und heulte die ganze Zeit herzzerreißend. Selbst wenn man den Hund mit Gewalt wegbrachte, kehrte er zurück, sobald er entwischen konnte. Dies ging eine Woche so und wurde Dorfgespräch. Als die Kirche ein Jahr später erweitert wurde, wurde der Sarg des Postmeisters ausgegraben. Die sterblichen Überreste seien in einem furchtbaren Zustand gewesen, und es könne daher kein Zweifel daran bestehen, dass der Mann lebendig begraben worden sei. Der Arzt, der den Totenschein ausgestellt hatte, wurde wahnsinnig.

Tatsächlich bestand der einzige größere Unterschied zwischen dem Buch von Tebb und Vollum und dem Werk Bruhiers, das hundertfünfzig Jahre früher erschienen war, darin, dass die Zahl gruseliger Fallgeschichten zugenommen hatte. Und Tebb war

auch genauso leichtgläubig wie sein agitatorischer Gesinnungs-
genosse aus dem 18. Jahrhundert. Die Legende von dem »jungen
Liebespaar« wird mit verschiedennamigen Protagonisten zweimal erzählt. Die Legende von der »Frau mit dem Ring« begegnet
uns in vier der wohlbekannten historischen Verkörperungen sowie in zwei modernen Fassungen, die 1889 in New York beziehungsweise 1895 in Irland spielen. Doch diese Variationen über
dasselbe Thema ließen bei Tebb und Vollum nicht etwa den Verdacht aufkommen, dass diese Erzählungen aus dem volkstümlichen Legendenschatz stammen könnten, vielmehr erklärten die
beiden im Brustton der Überzeugung: »Eine eingehende Untersuchung der Befunde zeigt, dass das Plündern von Gräbern und
Särgen in anderen Fällen ähnlich tragische Begebenheiten [der
Beerdigung von Scheintoten] aufdeckte.«[8] Eine andere amüsante
Geschichte dreht sich um einen Missionar in Indien namens
Schwartz, der in seinem Sarg aus einer tiefen Todestrance erwachte, als er hörte, wie die Trauergemeinde unmittelbar vor der
Beisetzung seinen Lieblingschoral anstimmte; er tat seine Wieder-
belebung dadurch kund, dass er mitsang.

William Tebb, der seine Kampagne gegen die Missetaten der
Medizin aus seinem Privatvermögen finanzierte, verschickte
mehrere hundert Besprechungsexemplare an Zeitungen und
Zeitschriften in aller Herren Länder.[9] Er verfiel noch auf eine
weitere, ziemlich raffinierte List, um Reklame für sein Buch zu
machen. So versandte er ähnlich viele Exemplare an Könige,
Magnaten, Politiker und Meinungsführer auf der ganzen Welt.
Da es damals als unhöflich galt, einen Brief nicht zu beantworten, und als noch unhöflicher, sich nicht für ein Geschenk zu be-
danken, schrieben zahlreiche der bedeutenden Männer zurück.
Tebb schnitt daraufhin sorgfältig jene Passagen aus den Briefen
aus, die man als Unterstützung für sein Anliegen deuten konnte,
und verwandte diese Auszüge in seinen Inseraten und Kampag-
nen. Der zurückhaltende Ton ihrer Kommentare deutet darauf
hin, dass einige erfahrene Staatsmänner, wie der britische Pre-

mierminister William Gladstone und US-Präsident Theodore Roosevelt, diese List durchschauten, die vielleicht auch von zahlreichen anderen Schriftstellern angewandt wurde. Andere, etwa Jerome K. Jerome, Graf Leo Tolstoi, Prinz Krapotkin und der Haushofmeister des Königs von Dänemark waren überschwänglicher – und sahen sich kurzerhand zu Anhängern der Bewegung gegen vorzeitige Begräbnisse gestempelt.[10]

> Lebendig – in des Todes Fängen –
> Kein Schicksal birgt schlimmere Arg.
> Kein Feind hätt' je auf mich gelegt
> So grausam' Fluch ganz ohne Zag!
> Noch animiert die Erd' zu riechen,
> Doch bald schon hör ich Würmer kriechen,
> Ein Festmahl wartet hier im Sarg.

Tebbs und Vollums »Premature Burial and How It May Be Prevented« erhielt auf beiden Seiten des Atlantiks zahlreiche anerkennende Besprechungen. Genau wie Bruhier im Jahr 1742 wusste auch William Tebb ganz genau, wann sich ihm eine günstige Gelegenheit bot, und er und seine Freunde in der London Society for the Prevention of Premature Burial taten ihr Möglichstes, um öffentliches Aufsehen für ihre Sache zu wecken. Selbst das angesehene konservative Magazin »Spectator« brachte einen anonymen Leitartikel zu dem Thema, der mit den Worten beginnt: »Es gibt vermutlich keine universellere, intensivere und lähmendere Angst als das Grauen davor, lebendig begraben zu werden.« Der Verfasser behauptete, wenn man zehn gewöhnliche Männer oder Frauen frage, was ihr schlimmster Albtraum sei, würden sie antworten, nach der Beerdigung im Sarg aufzuwachen. Tebb selbst schrieb einen Brief, um den Herausgeber des »Spectator« dazu zu beglückwünschen, dass er auf die Notwendigkeit einer Reform des Bestattungswesens hingewiesen habe. Er erklärte, sein eigenes Interesse an dem Thema rühre daher, dass ein Angehöriger von ihm einmal lebendig begraben worden sei. Einer seiner

Kollegen von der London Society for the Prevention of Premature Burial, James R. Williamson, schrieb ebenfalls einen Leserbrief, in dem er auf die angeblich siebenhundert verbürgten Fälle von Franz Hartmann verwies und eine Version der Legende von der Frau mit dem Ring aus Irland erzählte.[11]

Williamson schrieb später einen ähnlichen Brief an die Zeitschrift »Scientific American«, in dem er eine Reform des Bestattungswesens in Amerika und England forderte.[12] Diesmal antwortete ihm ein praktischer Arzt, J. F. Baldwin aus Columbus, Ohio.[13] Baldwin kannte durchaus die zahlreichen unverbürgten Zeitungsberichte über angebliche vorzeitige Begräbnisse. Er selbst war mehreren nachgegangen und hatte festgestellt, dass sie ausnahmslos frei erfunden waren. So brachte der »Columbus Evening Dispatch« am 12. März 1890 einen Artikel mit dem Titel »Für das Grab gewappnet« über einen vierjährigen Jungen, der im Sarg wiedererwacht war. Der Junge wurde ebenso wie das Dorf, in dem seine Familie lebte, namentlich genannt. Dr. Baldwin begab sich dorthin und fand den jungen Burschen gesund und wohlauf. Seine Familie erzählte ihm, der Kleine sei nie krank gewesen, und sie konnte es sich nicht erklären, wie dieses Gerücht in die Welt gekommen war. In den »Medical News« in Philadelphia wurde der Chefredakteur des »Spectator« unverblümt wegen des Versuches kritisiert, »Sensationsmache in der toten Jahreszeit zu betreiben«, indem er falsche Berichte über Menschen, die angeblich lebendig begraben worden seien, ungeprüft übernehme.[14] Ein namhafter amerikanischer Leichenbestatter hatte persönlich jeden Zeitungsbericht aus den letzten zehn Jahren über vermeintlich lebendig Begrabene überprüft. Ungeachtet der Quantität und detailreichen Ausmalung dieser Berichte hatte er herausgefunden, dass sie alle jeglicher Grundlage entbehrten. Der Chefredakteur des »New York Observer« stellte ähnliche Nachforschungen an. Er wandte sich an führende Presbyterianer und andere ehrbare Bürger, in deren Nachbarschaft nach Meldungen in der Sensationspresse Menschen lebendig begraben worden waren. Obgleich er sich die Mühe machte, Verwandte und andere mutmaßliche Zeugen zu befragen, konnte er keinen einzigen Fall bestätigen.[15] Die in Boston erscheinende Zeitschrift »Our Dumb Animals« konzentrierte sich auf Tiere, die von grausamen Vivisektoren bedroht waren, und auf Scheintote, die dem Grauen der Bestattung bei lebendigem Leibe entgegensahen. Ihre gruseligen Berichte wurden von mehreren Provinzzeitungen begierig übernommen. Ein Arzt warf auch dieser Zeitschrift vor, alte abergläubische Überzeugungen zu nähren, und er wies nach, dass von den drei Sensationsmeldungen über lebendig begrabene Menschen zwei frei erfunden waren und eine dritte aus einem Artikel übernommen worden war, der neun Jahre zuvor in derselben Zeitschrift erschienen war. Er beklagte den beleidigenden Vorwurf gegen die amerikanischen Ärzte, sie könnten einen Lebenden nicht von einer Leiche unterscheiden, und er behauptete zu Recht, dass es um eine Sache, die sich auf erfundene Geschichten stützen musste beziehungsweise Nachrichten aufwärmte, die seit neun Jahren auf Eis lagen, schlecht bestellt sei.[16]

Auch in Großbritannien protestierten mehrere Mediziner gegen einen ihres Erachtens alten Irrtum, der neuen Zulauf bekam. Besonders bestürzt waren sie darüber, dass ausgerechnet zu einer Zeit, in der Deutschland seine Leichenhäuser schloss und die Stimmen, die sich in Frankreich für eine Reform des Bestattungswesens erhoben hatten, beschwichtigt worden waren, das Interesse an diesem Thema sowohl in den Vereinigten Staaten als auch in Großbritannien neuen Auftrieb erhielt. Dies stand in unmittelbarem Zusammenhang mit der Veröffentlichung von Franz Hartmanns »Buried Alive« und Tebbs und Vollums »Premature Burial and How It May Be Prevented«. Im Jahr 1897 schrieb Dr. David Walsh, ein Dermatologe am Western Skin Hospital in London, eine lange Entgegnung auf Tebb und Vollum, die später als Flugschrift veröffentlicht wurde.[17] Wie Dr. Baldwin auf der anderen Seite des Atlantiks war er der zahlreichen Schauermärchen in den Zeitungen über vermeintlich lebendig Begrabene herzlich überdrüssig, und er ärgerte sich über den Erfolg des Buches von Tebb und Vollum. Wie Antoine Louis, der 155 Jahre früher Bruhiers erfolgreiches Buch zu widerlegen versucht hatte, empörte sich auch Walsh über Tebb und Vollums Kritik an der Ärzteschaft und ihrer starrsinnigen Leugnung aller Todeszeichen mit Ausnahme der Fäulnis. Und wie Louis war auch ihm kein sonderlicher Erfolg beschieden. Walsh war kein Kenner der europäischen Mythologie, und so konnte er den fiktionalen beziehungsweise sagenhaften Ursprung einiger der älteren Fallbeispiele in Tebbs und Vollums Buch nicht durchschauen. Auch wusste er kaum etwas über die natürlichen postmortalen Veränderungen an einer Leiche und konnte die gruseligen Zeitungsberichte daher auch nicht aus der Sicht eines Gerichtsmediziners erörtern. In seinem Verriss von Tebbs und Vollums Buch konnte Walsh eigentlich nur einmal punkten, doch sein Erfolg fällt eher in den Bereich des Burlesken als in den der Gerichtsmedizin. Tebb hatte einen Bericht über einen gewissen »Professor« Fricker aufgenommen, einen Hypnotiseur, der im Jahr 1895 in London aufgetreten war. Im Königlichen Aquarium in Westminster hatte er seinen hypnotisierten Assistenten lebendig unter acht Fuß Erde begraben, wobei der Eingeschlossene über eine mit dem Sarg verbundene Röhre Luft holen konnte. Der Assistent, Frederick Howard, hatte Großbritannien in einem Sarg durchreist und war am Beginn jeder Vorstellung »von den Toten erweckt« worden. Später hatte er den »Professor« jedoch auf Zahlung seines rückständigen Lohns verklagt und ihn als Betrüger angezeigt. Im Mai 1897, nach einer possenhaften Gerichtsverhandlung, aus der Walsh ausführlich zitierte, wurde Fricker zur Zahlung des Geldbetrags verurteilt, den er dem ehemaligen Assistenten schuldete.

David Walsh hatte natürlich völlig Recht, dass »Premature Burial and How It May Be Prevented« alles andere als ein wissenschaftliches Werk war: Seine Autoren hatten nicht die geringste Ahnung von Physiologie und Gerichtsmedizin, und die meisten ihrer Fälle, die von »angesehenen Schriftstellern aus unvordenklicher Zeit« stammten, stützten sich in der Tat auf sehr dürftige Belege. Walshs grundsätzliche Ablehnung aller Berichte über lebendig begrabene Menschen ist jedoch nicht überzeugend, und Tebb selbst wies zu Recht darauf hin, dass zweiunddreißig Fälle von lebendig Begrabenen und neunundsechzig Fälle mit knapper Not diesem Schicksal Entronnener in seinem Buch aus medizinischen Quellen stammten.[18] Auch wenn Walshs Abhandlung von der Ärzteschaft mit Beifall aufgenommen wurde, deutet nichts darauf hin, dass sie die unterschwelligen Ängste vor dem vorzeitigen Begräbnis, die durch Tebbs und Vollums Buch wieder geweckt wurden, im mindesten beschwichtigt hätte. In Pamphletform enthielt sie einen Brief des Quacksalbers Arthur Lovell, Sekretär der London Society for the Prevention of Premature Burial, der schilderte, wie die Gräfin Mount Edgcumbe, eine der britischen »Frauen mit dem Ring«, aus dem Grab errettet wurde – ein, wie er betonte, wissenschaftlich erwiesener Fall von vorzeitigem Begräbnis. Kein Geringerer als Sir J. Tollemache Sinclair, Baronet und ehemaliger Parlamentsabgeordneter für Caithness, der die Geschichte von einem Enkel der Gräfin gehört hatte, verbürgte sich dafür. In einem vernichtenden Kommentar zerpflückte Walsh diese Art von zweifelhaftem Beweis, die typisch war für die Propaganda der Bewegung gegen vorzeitige Begräbnisse: »Jeder, der eine wissenschaftliche Hypothese durch Beweise vom Hörensagen über Geschehnisse, die drei Generationen zurückliegen, bekräftigen wollte, würde sich zum allgemeinen Gespött machen.«

Schwere Schläge nehmen für immer
Die Strahlen der Sonne von meiner Stirn!
Meine Wohnstatt ist nun ein Verlies,
Mein Bett ein Sarg aus schwarzem Zwirn!
Dem Lebensreiche bin ich abgestorben,
und leb doch den Tod nicht nur im Hirn!

226

Die öffentliche Aufklärung mit dem Ziel, die Gefahren eines verfrühten Begräbnisses bekannt zu machen, war ein wesentlicher
Teil der Arbeit der London Society for the Prevention of Premature Burial. Das Buch »Premature Burial and How It May Be
Prevented« war ein wichtiges Element dieser Kampagne, und
eine zweite Auflage, von Dr. Walter R. Hadwen erstellt, wurde
1905 veröffentlicht. Damals war William Tebb bereits ein betag-
ter Mann, und die meisten anderen führenden Köpfe der London
Society for the Prevention of Premature Burial waren zaghaft,
fürchteten, sich lächerlich zu machen, und scheuten öffentliche
Auftritte. Ganz anders die polemische schwedische Autorin
Emilie Louise Land-af-Hageby, die 1905 ihren Wohnsitz nach
London verlegt hatte. Sie stammte aus einer bekannten Adelsfamilie und hatte sich bereits in ihren Zwanzigern in Schweden
einen Namen als radikale Vivisektionsgegnerin und Suffragette
gemacht. Die junge, tatkräftige und vermögende Frau, die von
einem glühenden Hass gegen die Missetaten der Medizin und
vom Grauen des vorzeitigen Begräbnisses beseelt war, wurde sogleich zu einem der rührigsten Mitglieder der Gesellschaft. Als
sie auf deren neunter Jahresversammlung, die im Restaurant
Frascati in der Oxford Street stattfand, eine Rede hielt, war sie
bestürzt darüber, dass die Veranstaltung nur so spärlich besucht
war. Sie brüstete sich damit, dass sie in Schweden in eigener Ini-
tiative mehrere Vorträge über den Horror der Vivisektion und
die Qualen begrabener Scheintoter gehalten habe. In ihrer reißerischen Ansprache behauptete sie, alljährlich würden Zehn-
tausende von Menschen lebendig begraben, und sie zitierte ausführlich Franz Hartmanns abscheuliche Berichte. Nach einem
Vortrag in Stockholm hatten Ärzte aus dem Publikum damit ge-
droht, sie zu verklagen, und gesagt, sie gehöre ins Gefängnis dafür, dass sie es wage, solche unwahren Sensationsgeschichten
unter die Leute zu bringen.

Miss Lind-af-Hageby begann sogleich mit ihrer eigenen Kampagne gegen vorzeitige Bestattungen, und sie organisierte eine

aufwändige Vortragsreise auf den Britischen Inseln. Mehrere hochrangige Kleriker, die wünschten, das Gespenst des Begräbnisses von Scheintoten würde ein für allemal zu Grabe getragen, sahen dies mit großem Missfallen. Sie wurde sogar aus mehreren Kirchenversammlungen ausgeschlossen. Auch schickten Kleriker böse Briefe an örtliche Zeitungen. Eine davon veröffentlichte eine Karikatur, die sie in einem Sarg sitzend zeigt, mit der Unterschrift: »Die Lady, die das Grauen des Todes noch schlimmer machen möchte!« Dann wiederum sorgten sie dafür, dass ein gewiefter kirchlicher Redner an dem Treffen teilnahm, um den Standpunkt der Staatskirche zu vertreten. Doch Miss Lind-af-Hageby, eine erfahrene Disputantin, war diesen Zwischenrufern haushoch überlegen. In Bristol wurde sie einmal von einem Kleriker gefragt, ob es wirklich eine gute Idee sei, Leichen wochenlang oberirdisch aufzubewahren und das Einsetzen der Fäulnis abzuwarten, denn dies würde in der Nachbarschaft doch äußerst unangenehme Gerüche hervorrufen. Mit einem Seitenhieb auf die Unreinlichkeit der Engländer erwiderte Miss Lind-af-Hageby, seit sie in dieses Land gekommen sei, habe sie erfahren, dass manch ein Lebender schlimmer stinke als die Toten. In Margate wurde sie immer wieder von Zwischenrufen eines jungen Mannes unterbrochen, der bestritt, dass je ein Mensch lebendig begraben worden sei.

»Haben Sie ein Gehirn?«, fragte die erzürnte Lady.

»Natürlich«, lautete die verdutzte Antwort.

»In diesem Fall ist es so gut in Ihrem dicken Schädel versteckt wie viele scheintot Begrabene in der Erde!«

Als sich ein anderer Bewohner von Margate beschwerte, seine Kinder und Bediensteten wären durch die schauderhaften Flugblätter, die sie in ihren Briefkasten gesteckt habe, schier zu Tode erschreckt worden, entgegnete sie, diese Schriften sollten ihnen lieber sein als die traditionellen Waffen der militanten Suffragette: zwei Pints Petroleum und ein brennendes Streichholz![19] Die Bewegung gegen die Bestattung von Scheintoten erlitt einen herben Rückschlag, als Miss Lind-af-Hageby 1909 beschloss, sich ausschließlich der Propaganda gegen die Vivisektion zu widmen.[20]

Im Jahr 1910 übernahm Miss Ellen Oakes von Miss Land-af-Hageby die Rolle der reisenden Propagandistin, aber mit viel geringerem Erfolg. Nach einem Treffen in Cambridge, bei dem sie von einigen Kirchenmännern mit heftigem Spott überzogen wurde, war sie so tief gekränkt, dass sie gleich den Heldinnen ihrer Schauergeschichten wie erstarrt war und erst ein halbes Jahr später den Kampf wieder aufnehmen konnte. Sie hielt einen weiteren Vortrag auf der Ausstellung über Kirchenkunst in Middlesborough, doch obgleich der Klerus nicht so barsch mit ihr umsprang wie in Cambridge, musste sie viel Spott erdulden. Im Jahr 1913 erlitt sie erneut einen stressbedingten Zusammenbruch, als sie unter sehr schwierigen Umständen bei der Kirchenausstellung in Southampton einen Stand organisierte, an dem sie gegen die Bestattung von Scheintoten zu Felde zog. Später beschloss sie, sich ganz von der aktiven Tätigkeit als Propagandistin zurückzuziehen.[21]

> O grauenhafter Schicksalsschlag!
> Da lieg ich mit verschlagnem Sagen,
> Mit Rasen in erstickter Seele,
> Das lässt die steifen Knochen wagen.
> Schon brech' ich aus dem Sarge aus,
> Doch kalter Stein begrüßt mein Klagen.

Eine andere tragende Säule der Aktivitäten der Society for the Prevention of Premature Burial war ihre Zeitschrift, der »Burial Reformer«, der ab 1905 erschien. Zunächst war das von Mr. Arthur Hallam herausgegebene Blatt ziemlich sachlich: Es enthielt Berichte über die Versammlungen der Gesellschaft, von führenden Mitgliedern verfasste Artikel über die Reform des Bestattungswesens und Berichte in lockerem Ton über scheintot Begrabene oder glückliche Errettungen (»Eine Leiche bittet um ein Bier« oder »Eine Leiche springt aus ihrem Sarg«), die aus Zeitungen aus der ganzen Welt zusammengetragen wurden. Die so genannte Accrington-Sensation im Jahr 1905 sorgte für großes Aufsehen. Mrs. Elizabeth Holden war für tot erklärt und aufgebahrt worden, und sie wäre vielleicht begraben worden, wenn nicht einem Leichenbestatter das Zucken eines Augenlids aufgefallen wäre: »Blass, fahl und außerordentlich schwach erzählte sie mit matter, lispelnder Stimme einem Vertreter des ›Manchester Courier‹ ihre Erinnerungen an das schreckliche Erlebnis.« Dr. Franz Hartmann steuerte ein paar schaurige kontinentaleuropäische Fälle bei: Eine Italienerin hatte in ihrem Sarg ein Kind zur Welt gebracht, und ein Bergarbeiter in Budapest hatte Geräusche aus dem Grab eines kurz zuvor beerdigten Bergmanns gehört, der daraufhin lebendig, aber »in einem unbeschreiblichen Zustand« ausgegraben wurde. Der bereits erwähnte James R. Williamson vermutete, die Anästhesie führe manchmal einen besonders tiefen Trancezustand herbei und viele Menschen, die nach Operationen für tot erklärt würden, würden tatsächlich lebendig begraben.[22]

Die Gesellschaft hatte ziemlich viele Anhänger unter hochrangigen Militärs: General J. M. Earle und Generalleutnant A. Phelps beteiligten sich beide aktiv an ihrer Kampagne, und General John P. Hawkins von der US-Armee war ein weiteres Mitglied. Der Dekan von Llandaff war der führende Kirchenmann unter den Mitgliedern der Gesellschaft. Ihm stand Erzdiakon Colley zur Seite, der behauptete, er sei als Kind beinahe lebendig begraben worden. Dr. Stenson Hooker und Dr. Walter Hadwen waren die führenden Ärzte in der Gesellschaft. Hooker hatte zahlreiche Briefe von Menschen erhalten, die behaupteten, seit der Lektüre des Buches von Tebb und Vollum hätten sie panische Angst davor, scheintot begraben zu werden. Bei einer Versammlung im Jahr 1906 fügte er trocken hinzu, sie müssten eine noch panischere Angst davor haben, eine läppische Summe für die Verhütung dieses schrecklichen Endes zu bezahlen, da es ihm nicht gelungen sei, auch nur einen von ihnen zur Mitglied-schaft in der Gesellschaft zu bewegen.[23] Hadwen war ein um-strittener Arzt aus Gloucestershire, dem wegen seiner Aktivitä-ten als Impfgegner beinahe die Approbation entzogen worden wäre.[24] Der Hauptzweck der Gesellschaft, nämlich eine Reform des Bestattungswesens und die Errichtung von Leichenhäusern, wurde von zwei Parlamentariern unter ihren Mitgliedern geför-dert: Sir Walter Foster und Mr. George Greenwood. Der Erstere brachte 1908 einen Privatgesetzentwurf über Maßnahmen zur Verhütung des Scheintods im Parlament ein, allerdings ohne Er-folg. Er beklagte, während ein Gesetzentwurf über den Bau neuer Schlachtschiffe binnen dreier Tage verabschiedet worden sei, habe sein fünfzehnjähriger Kampf gegen das Gespenst des Schein-tods nichts gebracht: Maßnahmen zur Vernichtung von Men-schenleben würden zügig verabschiedet, ein Gesetzentwurf zur Rettung von Menschenleben dagegen werde ewig hinausge-zögert.[25] Der »Punch« vom 12. Februar 1908 berichtete: Als ein neu gewählter Parlamentsabgeordneter gefragt worden sei, ob er den Gesetzentwurf von Sir Walter Foster unterstütze, habe er vorsichtig geantwortet, er wolle, dass das Pro und Kontra dis-kutiert werde, bevor er sich entscheide: »Dies ist das erste Mal, dass wir von einer Partei hören, die sich für die Bestattung von Scheintoten einsetzt.«

Zu den aktiven ausländischen Mitgliedern der Society for the Prevention of Premature Burial gehörten Dr. Franz Hartmann aus Florenz und unser alter Freund Graf Michel de Karnice-Kar-nicki, der mittlerweile in Viezeggio, Italien, wohnte. Der altge-diente Aktivist Dr. Séverin Icard aus Marseilles war ihr Vize-präsident. Ein anderes führendes französisches Mitglied war Dr. J. B. Géniesse, der eine Abhandlung über den Scheintod des spanischen Jesuitenpaters Juan Ferreres ins Französische über-setzt und mit zahlreichen eigenen Zusätzen und Kommentaren versehen hatte. Géniesse entnahm einige seiner Geschichten Zu-taten aus dem Buch von Tebb und Vollum. Andere liefern einen interessanten Überblick über einige rare französische Bücher und Flugblätter zu dem Thema.[26] Der Papst persönlich lobte Dr. Géniesse für seinen philanthropischen Eifer im Dienst an den Scheintoten. Die Horrorgeschichten des Buches jagten einem wohlhabenden italienischen Adligen, dem Marchese Vitelleschi, einen solchen Schrecken ein, dass er sich in Rom ein privates Leichenhaus errichten ließ, das Vitelleschi-Heim für zweifelhafte Todesfälle. Die Tochter des Marchese, Stella, »starb«, als sie noch klein war. Bevor der Sarg fortgetragen werden sollte, fiel er auf den Boden, und man hörte einen leisen Schrei. Stella überlebte und wurde Hofdame von Königin Margerita von Italien. Sie zog nach London und wurde eine berühmte Schauspielerin. 1937 verfasste sie eine Autobiographie mit dem Titel »Aus meinem Sarg«.

Nach 1910 zeichnete sich der endgültige Niedergang der Society for the Prevention of Premature Burial ab. Die wenigen Mitglieder waren betagt und kaum noch aktiv, und die Zeitschrift, die 1909 in »Perils of Premature Burial« umbenannt worden war, enthielt immer haarsträubendere Geschichten: Laut einem Artikel aus einer Abendzeitung hatte die kürzlich verstorbene Frau eines Arbeiters im böhmischen Dux immer große Angst davor gehabt, lebendig begraben zu werden. Ihr Gatte war jedoch ein frommer Christ, der an die leibliche Wiederauferstehung glaubte, und es hätte ihm das Herz gebrochen, wenn die Leiche seiner Frau eingeäschert oder in einem Leichenhaus der Verwesung preisgegeben worden wäre. Gewissermaßen als Kompromiss wurde sie daher mit dem Kruzifix in der einen Hand und einem geladenen Revolver in der anderen begraben. Es bleibt zu hoffen, dass sie, gemäß den Vorstellungen ihres frommen Mannes, demütig das Kreuz haltend vor dem heiligen Petrus auf die Knie ging, statt den Revolver zu ziehen und Einlass zu verlangen. In Kolpino bei St. Petersburg vernahm man einen Schrei, als der Sarg eines Kindes in die Erde gesenkt wurde. Darin lag ein kleines Neugeborenes, das ruhig an einem Fläschchen nuckelte. Auch die traurige Geschichte des jungen italienischen

Tenors Attioli, der sich aus Liebe zu einer Gräfin erschossen hatte, wurde besprochen. Eine der vielen tausend Frauen, die an dem Leichenbegängnis teilnahmen, behauptete, sie habe den verliebten Sänger in seinem Sarg seufzen hören. Eine noch haarsträubendere Geschichte aus dem »Battle Creek Daily Journal« berichtet, Mr. Frederick J. Harvey, einer der wohlhabendsten Männer in Kansas, sei von Anfang Januar bis Mitte Mai in der Familiengruft lebendig begraben gewesen. Sein Schatz, Miss Lily Godfrey, habe geargwöhnt, er sei in Wirklichkeit gar nicht tot, und ihn lebend in der Gruft gefunden. Da er in einem Trancezustand gewesen sei, so der gelehrte und selbstsichere Kommentar in der Zeitung, habe er weder Nahrung noch Wasser gebraucht. Das Erlebnis, so lange im Sarg eingeschlossen zu sein, heilte auch seine Schwindsucht, so dass der wohlhabende Amerikaner Miss Godfrey heiraten und am 5. September 1906 in die Flitterwochen aufbrechen konnte. Ein echtes Happyend also! Eine andere unglaubliche Geschichte erzählt das traurige Geschick von Mademoiselle Sviscnzadi aus Szilagysombyo(!). Sie war mit einem jungen Mann namens Franz Kasinski verlobt, doch sie wurde von ihrem früheren Geliebten terrorisiert, der schließlich einen Schuss auf sie abfeuerte. Sie fiel in Ohnmacht und wurde für tot erklärt. Als Kasinski den leblosen Körper seiner Verlobten sah, erschoss er sich mit seinem Revolver. Der »Leichnam« der Frau richtete sich mit einem Schrei auf, sie fuchtelte mit ihren Armen im Totenhemd und versuchte, aus dem Sarg zu gelangen. Als sie hörte, dass Kasinski tot war, wurde sie erneut ohnmächtig und »schwebte in Lebensgefahr«.[27] Ein ähnlich aufschlussreicher Beitrag, sowohl hinsichtlich des Mangels an berichtenswerten Neuigkeiten, mit dem sich der Herausgeber der »Perils of Premature Burial« herumgeschlagen haben muss, als auch des intellektuellen Niveaus der Leserschaft, wurde von einer amerikanischen Lady eingesendet, Miss B. E. R. Thomson aus Brattleboro in Vermont, die in einer Nervenheilanstalt lebte. Sie behauptete, von einer Gang katholischer Priester verfolgt zu werden, die versucht hätten, sie zum Katholizismus zu bekehren, indem sie sie abwechselnd verwirrt und drangsaliert hätten. Nachdem sie mit einem Revolver auf einen von ihnen geschossen habe, hätten die hinterhältigen Anhänger des Papsttums dies zum Vorwand genommen, um sie in eine Heilanstalt zu stecken. Ihr Interesse an der Verhütung vorzeitiger Begräbnisse hatte eine große Rolle gespielt, als sie für geisteskrank erklärt worden war, und es hatte vor Gericht viel Spott auf sich gezogen.[28]

Im Jahr 1914 musste der geplagte Herausgeber Arthur Hallam bekannt geben, dass das Magazin »Perils of Premature Burial« seine letzte Nummer veröffentlicht habe, da die Auflage unter eine kritische Schwelle gesunken sei. Doch die Gesellschaft kämpfte weiter, unterstützt durch ihren Präsidenten in den zwanziger Jahren, Sir George Greenwood, der sich entschieden für eine Reform des Bestattungswesens einsetzte. Letztmalig werden ihre Aktivitäten 1936 erwähnt, als sich die wenigen verbliebenen Mitglieder mit einer anderen Gruppe von Enthusiasten zusammenschließen, dem Council for the Disposition of the Dead.[29]

> Die aasigen Leichen noch immer
> Tödliche Ansteckung atmen.
> Wieder steig ich die faulende Erde hinauf
> Wieder weicht sie unter meinen Füßen!
> Und zwischen den modernden Knochen
> Knirsch ich verzweifelt mit den Zähnen!

Die Bewegung zur Verhütung vorzeitiger Begräbnisse in den neunziger Jahren des 19. Jahrhunderts sollte als eine von mehreren miteinander verbundenen Organisationen betrachtet werden, die der medizinischen Wissenschaft ablehnend gegenüberstanden. Merkwürdigerweise lagen die Zentren dieser Bewegung in Großbritannien und in den Vereinigten Staaten, also Ländern, die von der im 19. Jahrhundert grassierenden Angst vor dem Scheintod und dem vorzeitigen Begräbnis weitgehend verschont geblieben waren. Wahrscheinlich erklärt sich dies mit der starken

Verbindung zum organisierten Spiritismus, der damals in den englischsprachigen Ländern florierte. Obgleich einige der Mitglieder ihren politischen Liberalismus beziehungsweise Radikalismus zur Schau stellten, verfolgten sie im Grunde doch reaktionäre Ziele. Sie erachteten Reinlichkeit und Frömmigkeit als Schlüssel zur menschlichen Gesundheit, und sie hielten nichts von den neumodischen Bakterien, Keimen und Impfstoffen. William Tebb und Alexander Wilder lehnten die Theorie von der bakteriellen Verursachung von Krankheiten ab. Beide interessierten sich auch für Okkultismus und Spiritismus, wie es vor ihnen Franz Hartmann und Arthur Lovell getan hatten. Viele Agitatoren der Bewegung zur Verhütung des Scheintods, und niemand mehr als Walter Hadwen und Lizzy Lind-af-Hageby, waren auch Gegner der Vivisektion. Die medizinische Forschung insgesamt war ihnen ebenso ein Dorn im Auge wie die Macht der Ärzte auf gesellschaftlichem und beruflichem Gebiet. Es gab auch Verbindungen zu den Blaukreuzlern und den Vegetariern, zu den organisierten Spiritisten und Quacksalbern und zu den Suffragetten und Anhängerinnen von Kniehosen für Frauen. Die Zeitschrift »Herald of Health« in London wurde herausgegeben von Mrs. C. Leigh Hunt Wallace, der Autorin des Buches »Physianthropy; or, The Home Cure and Eradication of Disease«. Im Jahr 1895 erschienen in dieser Zeitschrift Artikel wie »Schlechte Luft als Krankheitsursache«, »Impfung, der Wahn des Jahrhunderts«, »Protokoll der Versammlung der Liga der Korsettgegner« und »Wie der Staat die Bestattung von Scheintoten verhüten kann«. Letzterer enthielt die üblichen Schauermärchen und den üblichen Aufruf, überall Totenhäuser zu bauen.[30]

Die Kritik, die die wissenschaftsfeindlichen Reaktionäre an der Autorität der Medizin übten, hatte auch ihre positiven Wirkungen: Sie wiesen zu Recht darauf hin, dass die unnötige Grausamkeit vieler Vivisektoren des 19. Jahrhunderts in einer modernen Gesellschaft keinen Platz habe und sie trugen so mit dazu bei, dass die Rechte von Tieren stärker ins Bewusstsein der Öffentlichkeit rückten. Andererseits war die Kampagne, die Tebb und andere gegen Impfungen und gegen die bakteriologische Forschung führten, Ausdruck eines gefährlichen Sektierertums. Wäre sie erfolgreich gewesen, hätte dies zu einem medizinischen Desaster ungeahnten Ausmaßes führen können. Die Propaganda gegen verfrühte Beisetzungen fiel zwischen diese beiden Extreme. Die heftige Kritik, die die Society for the Prevention of Premature Burial am britischen Bestattungsgesetz von 1900 übte, war zugegebenermaßen sachlich gerechtfertigt, da es Ärzten erlaubte, Totenscheine auszustellen, ohne zuvor die Patienten in Augenschein genommen oder untersucht zu haben. Im Gegensatz zu den Behörden in Frankreich und Deutschland, wo bereits seit vielen Jahren relativ moderne Vorschriften über die Ausstellung von Totenscheinen in Kraft waren, betrachteten die Behörden in Großbritannien und den Vereinigten Staaten diese Bescheinigungen als ein Instrument der Bevölkerungsstatistik und nicht als Vorsichtsmaßnahme, die sicherstellen sollte, dass der Begrabene wirklich tot war. Anderseits setzten die Propagandisten der Bewegung viele Fehlinformationen in die Welt und publizierten in ihren Zeitschriften immer wieder scheußlichste, zum Teil frei erfundene Horrorgeschichten und nährten so die völlig irrationale Angst vor dem Scheintod. In einem Artikel, in dem die Gesellschaft heftig angegriffen wurde, zog eine medizinische Fachzeitschrift zu Recht folgendes Fazit: »Der Mensch muss in seinem Leben bereits so viele Prüfungen und Schwierigkeiten ertragen, dass man die Liste nicht um grundlose Schrecken erweitern sollte.«[31] Es ist seltsam, dass die Angst, lebendig begraben zu werden, die mit den Arbeiten von Bruhier und anderen Ärzten des 18. Jahrhunderts aufkam, schließlich zu einem Vehikel des Widerstands gegen die Medizin wurde.

Was aber wurde aus der scheintot begrabenen Frau, deren »verschlagnes Sagen« und verzweifelt knirschende Zähne uns in diesem Kapitel unterhielten? Nun, es ist die alte Geschichte. Eine Bande von Grabräubern lässt ein Seil in die Gruft hinab, in

der sie sich zwischen verwesenden Leichnamen windet, und mit
der Geschmeidigkeit eines Zirkusakrobaten nutzt sie ihre Chance,
um zu entkommen:

> Wie verrückt packt' ich das Seil
> Und vor Wonne außer mir
> stieg ich aus der Grabesstatt –
> Dies Gespenst von einem Tier
> Räuber Aug' gefrieren ließ,
> Liefen schreiend aus der Tür.

Als nun die Frau neun Tage lang,
Im Grabe hat gelegen,
Die Kinder nahmen ihren Gang,
Zum Kirchhof thäten gehen,
Da hörten sie ein lieblich Stimm
Auf ihrer Mutter Grab, vernimm,
Ein Kinder-Liedlein singen.

Nun schlaf mein liebes Kindelein,
Sangs mit der Mutter Tone,
Die Kinder liefen freudig heim,
Mit einer Blumenkrone:
»O Vater, lieber Vater mein!
Geh mit uns auf den Kirchhof ein,
Die Mutter singet schöne.

Sie wiegt im Grab ein Kindelein,
Darum wir Blumen tragen.«
»Ihr lieben Kinder bleibt daheim,
Eur Mutter schläft ohn Klagen.«
Die Kinder ließen keine Ruh,
Der Vater ging dem Grabe zu,
Thät auch die Stimme hören.

Aus »Der Scheintod« in »Des Knaben Wunderhorn« (1806–1808)
von Clemens Brentano und Achim von Arnim

Die früheste literarische Verwendung des Motivs des vorzeitigen Begräbnisses folgt einem vertrauten Muster: Eine junge Frau wird versehentlich lebendig begraben, aber von ihrem Geliebten gerettet. In seinem »Dekameron«, das in den fünfziger Jahren des 14. Jahrhunderts entstanden ist, beschreibt Giovanni Boccaccio, wie ein Wüstling namens Messer Gentile da Carisendi Catharina, die schöne Frau eines Edelmanns namens Niccoluccio Caccianimico, zu verführen versucht, aber keinerlei Ermutigung von ihr erfährt. Sie stirbt wenig später, und Gentile beschließt, ihr Grab zu besuchen, »um ihr jetzt, tot wie sie ist, fürwahr noch einige Küsse zu rauben«, denn nun könne sie sich seinen Avancen nicht länger widersetzen. Er bricht in die Gruft ein und küsst das Gesicht des kalten, reglosen Leichnams, dann, als er schon gehen wollte, wird er von dem Verlangen überwältigt, ihre Brust zu berühren, und er »legt seine Hand auf ihren Busen, und indem er sie eine Zeit lang dort hielt, dünkte es ihn, als fühle er das Herz darin ganz leise schlagen«. Überzeugt, sie sei gewiss nicht tot, hebt er sie auf und bringt sie in sein Haus, wo sich seine Mutter aufhält. Die tugendhafte Dame erwacht aus ihrem Todesschlaf und wird später glücklich mit ihrem Gatten vereint. Auch eine andere der recht gewagten Novellen Boccaccios handelt von dem Missgeschick eines lebendig Begrabenen: Ein gerissener Abt möchte die Frau eines einfältigen, reichen Bauern namens Ferondo verführen, doch der Bauer weiß um die kokette Neigung seiner Frau und hütet sie wie seinen Augapfel. Daraufhin vergiftet der Abt Ferondo mit einem Pulver, das ihn in einen tiefen Schlaf fallen lässt. Er wird für tot erklärt und in einer Gruft beigesetzt, aber der Abt entführt heimlich seinen leblosen Körper und bringt ihn in eine Folterkammer, wo er den unglückseligen Bauern immer wieder mit Ruten auspeitscht, um ihn glauben zu machen, er sei wegen der großen Sünde übermäßiger Eifersucht im Fegefeuer gelandet. Der Abt vergnügt sich indes mit Ferondos Gattin mit dem schönsten Zeitvertreib der Welt, bis die Frau schwanger wird. Der Abt gibt Ferondo nun erneut von seinem Rauschmittel, schafft ihn zurück in die Gruft und lässt ihn am nächsten Tag aus seinem vorzeitigen Grab retten. Zunächst halten ihn alle für ein Gespenst, doch Ferondo erklärt, er sei im Fegefeuer gewesen, und Gott habe sein Leben geschont, nachdem er versprochen habe, die Tugendhaftigkeit seiner Gattin nie mehr anzuzweifeln. Ferondos frivole Gemahlin »versäumte es nicht, sich dann und wann, wenn es sich schickte, mit dem heiligen Abte zu treffen, der sie so gut und so sorgfältig in den wichtigsten Angelegenheiten bedient hatte«.[1]

Auch der Schriftsteller Matteo Bandello bearbeitete im 16. Jahrhundert in einer seiner Novellen das Motiv der lebendig begrabenen Frau.[2] Doch während der Held von Boccaccios Erzählung ein Lüstling ist, sind Bandellos junge Liebende zwei reine, unschuldige Halbwüchsige. Gerardo und Hélène sind die Kinder zweier reicher venezianischer Bürger, deren Paläste sich am Canale Grande gegenüberliegen. Hélène wird nach dem Tod ihrer Mutter von einer Amme großgezogen, die den beiden jungen Liebenden hilft und beisteht. Sie traut die beiden sogar heimlich in einer Scheinzeremonie, bei der sie von einer Madonnenstatue knien. Doch dann läuft für Gerardo und Hélène alles schief: Er wird ins Ausland geschickt, um sich um die Geschäfte seiner Familie zu kümmern, und ihr Vater beschließt, sie mit einem Edelmann zu verheiraten, ohne sie nach ihrer Meinung zu fragen. Die arme Hélène fällt ihn Ohnmacht, als sie die schrecklichen Neuigkeiten vernimmt. Am Tag vor der Hochzeit verschlimmert sich ihr Zustand, und ein Arzt erklärt sie für tot. Sie sei einem »schleichenden Katarrh erlegen, der vom Kopf zum Herzen gewandert ist«. Sie wird in der Familiengruft beigesetzt. Am selben Abend sucht der verzweifelte Gerardo sie dort auf, um sie ein letztes Mal zu sehen. Er trifft sie dort lebendig an und bringt sie ins Haus seiner Mutter, wo sie wieder gesund gepflegt wird. Der Mann, dem sie versprochen wurde, fordert Gerardo zum Duell, als er erfährt, dass seine Frau noch am Leben ist, doch die Sache wird den Richtern von Venedig vorgelegt. Da taucht die allgegenwärtige Amme auf, um ihnen von der heimlichen Eheschließung zu berichten, und die Geschichte nimmt ein glückliches Ende. Bandello ließ sich vermutlich von einer älteren Variante der Erzählung inspirieren, die von seinem italienischen Landsmann Luigi da Porto stammte, doch es gab noch mehrere weitere Varianten, darunter die traurige Geschichte von Romeo und Julia, die von William Shakespeare bearbeitet wurde.

Das Scheintodmotiv taucht in der englischen Literatur zum ersten Mal in Thomas Amorys »John Buncle« auf.[3] In diesem langen und etwas unglaubwürdigen Roman wandert der leidenschaftliche Buncle durch die gefährlichen Moore und Berge Nordenglands, wo er mehreren schönen und begabten Frauen begegnet. Doch eine nach der anderen stirbt, nachdem er sie geehelicht hat. In die Erzählung sind zahlreiche sprachgewaltige Exkurse zu religiösen und literarischen Themen sowie Beschreibungen üppiger Fress- und Trinkgelage in Rabelais'schem Stil eingewoben. Nach dem Tod von Miss Spence, die prägnant als eine Frau beschrieben wird, die »den Kopf des Aristoteles, das Herz einer Urchristin und die Gestalt der Venus de Medici« besitzt und mit der Buncle nach dem Abendessen über Infinitesimalrechnung diskutierte, hält er wieder mal nach einer Gattin Ausschau. Er entführt Miss Agnes Dunk, die Tochter eines vermögenden Geizkragens, die sich bereit erklärt, ihn zu heiraten. Nur wenige Tage nach der Heirat stirbt sie an einem Fieber, und der trauernde Buncle begräbt sie, nachdem er den Leichnam sieben Tage lang über der Erde aufbewahrte. Ein gewisser Dr. Stanvil plündert das Grab und raubt den Leichnam, den er für anatomische Studien verwenden will. Doch als das Messer des Anatomen sie am Anfang der *linea alba,* ihres Leichenhemdes, wie Buncle sich taktvoll ausdrückt, berührt, erwacht Miss Agnes. Sie wird von dem verliebten Arzt wieder gesund gepflegt, und er heiratet sie später. John Buncle staunt nicht schlecht, als er seiner totgeglaubten Frau in Gestalt von Mrs. Stanvil begegnet. Es ist bezeichnend für seine heitere, unbekümmerte Wesensart, dass er keinerlei Gewissensbisse verspürt, weil er sie lebendig begraben hat. Stattdessen erbaut er den Leser mit einem kurzen Diskurs über die Gefahren vorzeitiger Bestattung. *John Buncle* erschien 1756, ein paar Jahre, nachdem Bruhiers Buch über die Ungewissheit der Todeszeichen in englischer Übersetzung erschienen war, und Amory hat einige seiner Fallgeschichten eindeutig diesem populären, viel gelesenen Buch entnommen.

Im Schauerroman des späten 18. Jahrhunderts ist die Bestattung von Scheintoten ein beliebtes literarisches Motiv.[4] In Mrs.

Showes' »The Restless Matron« wird eine Frau von ihrem verruchten Ehemann absichtlich lebendig begraben.[5] Sie erzählt
ihre Qualen der Heldin des Romans mit folgenden Worten:
»›Es war Mitternacht, ich hörte, wie die Uhr zwölf schlug. Ich
öffnete die Augen und hob meine Hand, die undurchdringliche
Finsternis um mich herum erschreckte mich zutiefst … Ich richtete mich auf und blickte mich um: Ich hatte ein Totenhemd an,
ein Sarg, der zwischen zahllosen anderen Särgen stand, war
mein Bett. Eine schwach leuchtende Silberlampe hing an einer
Kette in der Mitte der Gruft – ich war lebendig begraben!‹

Das zarte Gemüt von Agnes konnte diese grauenhafte Schilderung nicht ertragen. Sie stieß einen schwachen Schrei aus und
sank ohnmächtig auf die Couch nieder.«

Wie zu erwarten, taucht der Scheintod auch in der deutschen
Literatur des 18. Jahrhunderts als Thema auf. Der eigenwillige
Erzähler Jean Paul, der zu damaligen Zeit recht populär war, war
einer der ersten, der eine literarische Figur den unsicheren Todeszeichen zum Opfer fallen ließ. In seinem 1796 erschienenen Roman »Tod und Hochzeit des Armenadvokaten Siebenkäs im
Reichsmarktflecken Kuhschnappel« stellt sich die Hauptfigur,
ein junger Rechtsanwalt, tot, um von seiner Frau wegzukommen.
Der Arzt fällt auf diesen einfachen Trick herein, und Herr Siebenkäs wird für tot erklärt, eingesargt und beerdigt, nur um im
nächsten Kapitel wieder ausgegraben und von einem Freund gerettet zu werden.[6] Es gab eine ganze Reihe weiterer deutscher Erzählungen über Scheintote, die von Helfern gerettet wurden. Viele
davon erschienen in den neunziger Jahren des 18. Jahrhunderts
oder zu Beginn des 19. Jahrhunderts. Das Thema wurde auch in
der Dichtkunst behandelt. Die beliebte Anthologie »Des Knaben
Wunderhorn« enthält das rührende »Der Scheintod« über einige
Kinder, die auf einen Friedhof gehen, um ein paar Blumen auf
das Grab ihrer Mutter zu stellen, die unlängst im Kindbett gestorben war. Sie stehen vor einem Rätsel, als sie Geräusche aus
ihrem neun Tage alten Grab hören – keine Schreie des Entsetzens

oder das Kratzen gebrochener Fingernägel, sondern eine klare Stimme, die ein Schlaflied singt. Die Kinder laufen nach Hause, um ihrem Vater davon zu erzählen, und er geht mit ihnen zum Friedhof und hört ebenfalls die Stimme. Wie rasend wuchtet er den Grabstein beiseite und bricht den Sarg auf. Da drinnen liegt seine Frau, lebendig und wohlauf, die ein lächelndes Neugeborenes in den Armen hält, das sie im Schoß der Erde zur Welt brachte.[7] Das Motiv des Begrabens von Scheintoten taucht auch in der skandinavischen Literatur auf. Vermutlich wurde es erstmals von dem dänischen Dichter Adam Oehlenschläger bearbeitet, der nach einem Besuch in Köln im Jahr 1813 eine Kurzgeschichte mit dem Titel »Reichmuth von Aducht« schrieb.[8]

Der Schriftsteller mit den meisten lebendig Begrabenen pro Seite ist zweifellos Edgar Allen Poe, dessen morbide Faszination an diesem Stoff jedem Liebhaber seiner Horrorgeschichten hinlänglich bekannt ist.[9] Man hat die Frage diskutiert, ob er selbst Angst davor gehabt habe, lebendig begraben zu werden, oder ob er lediglich ein bekanntes Gruselthema benutzte, um das Blut seiner Leser in Wallung zu bringen. In den dreißiger und vierziger Jahren des 19. Jahrhunderts war es weder ungewöhnlich noch abnorm, dass man Angst davor hatte, lebendig begraben zu werden. Tatsächlich waren einige der führenden europäischen Fachleute auf diesem Gebiet der Ansicht, es komme häufig vor, dass Menschen lebendig begraben würden. Die populären Zeitungen und Magazine wie »Blackwood's Edinburgh Magazine«, »Casket«, der »Southern Literary Messenger« und der »New York Mirror« veröffentlichten häufig Artikel über verfrühte Begräbnisse, einige davon waren frei erfunden, andere behaupteten, eine wahre Begebenheit zu schildern. Vermutlich versorgten diese Berichte Poe mit den nötigen Hintergrundinformationen zu dem Thema, besonders weil er für verschiedene Auftraggeber als Redakteur arbeitete und er deswegen über den Inhalt von Zeitschriften auf dem Laufenden war.[10]

In Poes Erzählung »Lebendig begraben« schildert der Erzähler einige Fälle von Menschen, die scheintot begraben wurden, um den Leser davon zu überzeugen, dass dieses Phänomen schaurige Wirklichkeit sei. Einer der Fälle ist eine modifizierte Version der Legende von dem jungen Liebespaar, die erzählt, wie Mademoiselle Victorine Lafourcade mit ihrem Geliebten, dem armen Literaten Julien Bossuet, wiedervereint wird, nachdem er ihr Grab geöffnet hat, um ein paar Locken von ihrem Haar abzuschneiden. Die Geschichte soll sich 1810 in Paris zugetragen haben, aber sie endet auf traditionelle Weise: Ihr böser Gatte, ein Bankier, erkennt sie, als sie nach zwanzigjähriger Abwesenheit mit ihrem Geliebten nach Frankreich zurückkehrt, und der Fall endet vor einem Gericht. Poe hat die Geschichte von Mademoiselle Lafourcade nachweislich in einer Zeitschrift aus Philadelphia gelesen.[11] Die zweite Erzählung handelt von dem Engländer Edward Stapleton, der lebendig begraben wird, während er sich in einem Trancezustand befindet. Er wird jedoch von Leichenräubern gerettet, die seine Leiche in ein privates Labor schaffen. Sie beschließen, den Leichnam vor der Sektion mit einer galvanischen Batterie zu reizen, und Staple erwacht aus seiner Trance. Diese Erzählung basiert auf einem Artikel im »Blackwood's Magazine«, und den Namen Edward Stapleton hat Poe vermutlich selbst erfunden.[12] Poes dritte »wahre« Begebenheit ist folgende, brillant geschriebene Schauergeschichte: Die Gattin eines bedeutenden Bürgers aus Baltimore wurde in der Familiengruft beigesetzt. Drei Jahre später wird die Gruft geöffnet, doch als der Gatte die Tür aufstößt, fällt ihm das in ein Totenhemd gehüllte Skelett seiner Frau klappernd in die Arme. Sie hatte sich aus ihrem Sarg befreit, doch die Grufttür erwies sich als unüberwindliches Hindernis. Gegen die Tür gelehnt, starb sie einen zweiten Tod. Nachdem sich ihr Totenhemd an einem der Eisenbeschläge verfangen hatte, verweste sie aufrecht stehend. Auch diese Erzählung lässt sich auf eine erfundene Geschichte zurückführen, die im »Southern Literary Messenger« von 1837 veröffentlicht wurde, sechs Mo-

Die berühmte Illustration von Harry Clarke zu Poes Erzählung »Lebendig begraben«. Abgedruckt mit freundlicher Genehmigung von Jennie Gray, The Gargoyle Press, Chislehurst, Großbritannien.

nate nachdem Poe bei der Zeitschrift als Redakteur ausgeschieden war.[13] Es ist aufschlussreich, dass der unbedeutendere Autor, ein gewisser James F. Otis, in effekthaschender Weise beschreibt, wie die unglückliche Frau sich das Sterbehemd vom Leib reißt und während des verzweifelten Ringens in Todesangst schrie, wohingegen Poe es der Fantasie des Lesers überlässt, die Details der Ereignisse in der Gruft auszuspinnen.

Der Protagonist von Poes »Lebendig begraben« ist ein junger Mann, der an einer seltsamen neurologischen Krankheit leidet, die mit epileptischen Anfällen einhergeht, nach denen er oft in einen Zustand tiefer Lethargie verfällt. Er ist ein eifriger Leser von Büchern über Scheintote, die im Grab erwachen und die grauenhaftesten Qualen durchleiden. Vorsichtshalber kauft er einen Sicherheitssarg, und er trägt immer die schriftliche Anweisung bei sich, man möge ihn unter keinen Umständen übereilt begraben, falls er plötzlich auf der Straße zusammenbrechen sollte. Poe hat möglicherweise einen Aufsatz im »Columbian Lady's and Gentleman's Magazine« über einen luxuriös ausgestatteten »lebenserhaltenden Sarg« gelesen, der im American Institute in New York ausgestellt wurde. Dieser war für Gruftbestattungen gedacht und im Innern mit Federn und Hebeln ausgerüstet, die bei der leichtesten Bewegung des Insassen den Sargdeckel aufspringen ließen.[14] Am Schluss der Geschichte erwacht er in völliger Finsternis in einem moderig riechenden engen Gelass, das rings von Holzwänden umschlossen ist. Sein Kinn ist wie bei einer Leiche hochgebunden. Ihm wird voller Entsetzen klar, dass man ihn lebendig begraben hat. Vergeblich sucht er im Sarginnern nach seiner Sicherheitsausrüstung, aber er findet nichts außer den nicht nachgebenden Wänden seines engen Verschlags. Er erkennt, dass er von Fremden begraben worden sein muss »eingenagelt in einen gemeinen Sarg – und tief, tief und für immer in ein gewöhnliches und namenloses Grab geworfen«. Doch einige Seeleute hören seine wilden Schreie panischen Entsetzens, und es stellt sich heraus, dass er in Wirklichkeit in einer engen Koje an Bord einer Schaluppe liegt. Der moderige Geruch stammt von der Ladung des Schiffs, und die Binde um sein Kinn war sein Taschentuch, das er sich als Nachtmütze um den Kopf gebunden hatte. Diese alptraumhafte Erfahrung ließ ihn seine Ängste davor, lebendig begraben zu werden, vergessen, und machte ihn zu einem geistig und körperlich gesünderen Mann: Er verbrennt seine medizinischen Bücher über die Ungewissheit der Todeszeichen und liest »keine *Nachtgedanken* – keinen Schwulst über Kirchhöfe – keine Gruselgeschichten – so *wie diese*«.

»Lebendig begraben« gehört nicht zu den stärksten Erzählungen Poes. Der Gegensatz zwischen der wachsenden Spannung des Plots und dem glücklichen, unglaubwürdigen Ende mindert die künstlerische Qualität der Novelle. Dennoch wurde sie von wenigstens einem leichtgläubigen amerikanischen Redakteur ernst genommen, der die Fälle mit Zustimmung zitierte. »Lebendig begraben« ist keineswegs die einzige Erzählung von Poe, die sich mit dem Thema befasst, lebendig begraben zu werden. In »Das Faß Amontillado« wird der unglückliche Fortunato von seinem Feind Montresor vorsätzlich eingemauert, und »Der schwarze Kater« erleidet versehentlich dasselbe Schicksal, macht jedoch durch ein gespenstisches Gejaule auf seine Anwesenheit in dem Grab aufmerksam. In mehreren seiner Erzählungen wie »Morella« und »Ligeia« sterben die Protagonistinnen scheinbar an diffusen Nervenleiden, doch sie erwachen wieder zum Leben. In »Der Untergang des Hauses Usher« stirbt Lady Madeline Usher an einem unbekannten Muskelleiden. Ihr Bruder Roderick möchte nicht, dass sie übereilt auf einem abgelegenen Friedhof bestattet wird, und lässt ihren Sarg stattdessen in einer tiefen unterirdischen Gruft beisetzen. Doch sie erwacht aus ihrer Trance, bricht aus der Gruft aus und erscheint, wie der Todesengel, um an ihrem bösen Bruder Rache zu nehmen. Es bleibt unklar, ob Roderick die ganze Zeit über wusste, dass seine Schwester lebendig begraben wurde, und welcher Art die Beziehung zwischen diesen beiden Geschwistern war, die allein in ihrem weitläufigen Schloss lebten. Lady Madelines Auferstehung ist ein ganz anderes Ereignis als die Rettung der passiv schlafenden Schönheit in den Legenden von der »Frau mit dem Ring« oder dem »jungen Liebespaar«. Sie bricht mit roher Gewalt aus der Gruft aus und kehrt zurück, um den Mann zu verfolgen, der sie ins Grab brachte. Dies erinnert an ein anderes Motiv, das in mehr als einem französischen Buch mit Legenden über scheintot Begrabene aus dem 19. Jahrhundert vorkommt: das der Xanthippe, die aus dem Grab entkommt.[15] In ihrer Urfassung handelt die Erzählung von einem unterwürfigen französischen Kanzleischreiber, der von seiner starken, herrschsüchtigen Gemahlin drangsaliert wird. Eines Tages stirbt die Frau, wie man glaubt, doch als die Sargträger an einer schmalen Straßenecke vorbeikommen, lassen sie den Sarg fallen, und die Frau erwacht wieder. Wutentbrannt eilt sie in ihrem Totenhemd nach Hause und schilt ihren Ehemann dafür, dass er sie lebendig begraben lassen wollte. Als die Frau ein paar Jahre später tatsächlich stirbt, sagt ihr Gatte den Sargträgern: »Ich flehe sie an, Messieurs, seien sie sehr vorsichtig, wenn sie um Ecken biegen!«

Eine der stärkeren Erzählungen Poes, »Berenice«, lässt sich auf dem Hintergrund alteuropäischer Legenden über vorzeitige Begräbnisse, die in die Zeitschriften- und Zeitungsprosa des 19. Jahrhunderts eingingen, ebenfalls neu interpretieren. Der Erzähler Egaeus ist ein melancholischer, weltfremder Einzelgänger, der in seiner eigenen Fantasiewelt lebt. Er leidet an einer seltsamen Form von fixen Ideen, die bewirkt, dass »die Geisteskräfte sich in die Betrachtung selbst der banalsten Dinge der Außenwelt verbissen und verstrickten«. So verwendet er beispielsweise lange Stunden darauf, über ein Ornament der Typographie eines Buches zu brüten. Das einzige andere lebende Mitglied der Familie Egaeus ist seine Cousine Berenice. Einst war sie ein fröhliches, lebhaftes Mädchen, doch eine Vielzahl schwerer Krankheiten, darunter eine Art Fallsucht, die mitunter zu einer totenähnlichen Starre führte, machten sie zu eine gebrechlichen Invalidin. Eines Tages betrachtet der finstre Egaeus die ausgemergelte Gestalt und die verblühte Schönheit von Berenice. Der Anblick ihrer Zähne fasziniert ihn auf morbide Weise, und er

Illustration von Alfred Kubin zu Poes »Berenice«.
Aus der Sammlung des Autors.

denkt Tag und Nacht daran. Die Symbolik bleibt unklar, aber
man spekulierte, die Zähne stünden für den unvergänglichen
Teil von Berenice' Gesicht, da sie noch lange nach dem Tod unverändert erhalten blieben.[16] Zwei Tage später erfährt Egaeus

von seinen Bediensteten, Berenice sei gestorben, und sie wird noch in der gleichen Nacht beerdigt. In der abschließenden Szene sitzt Egaeus lesend in seiner Bibliothek, als ein Diener kommt, um ihm »von einem wilden Schrei [zu berichten], der die Stille der Nacht zerrissen habe – vom Herbeieilen der Dienerschaft – von ihrem Suchen, in der Richtung, aus welcher der Schrei gekommen – und dann wurde seine Stimme durchdringend deutlich, und er raunte mir etwas zu von einem geschändeten Grab – von einem verunstalteten Körper im Leichentuch, aber atmend noch – das Herz noch schlagend – *noch immer am Leben!*« Der begriffsstutzige Egaeus reagiert nicht unverzüglich auf diese unmissverständliche Aussage, sondern bleibt ruhig in seinem Lesesessel sitzen. Der entsetzte Diener zeigt dann auf Egaeus schmutzige, blutverschmierte Kleidung, seine Hand, »die gezeichnet war von den Abdrücken menschlicher Fingernägel«, und einen Spaten, der an der Wand lehnt. Mit einem Aufschrei greift Egaeus nach einem Kasten auf dem Tisch neben ihm. Er fällt zu Boden und zerbricht, und er sieht »ein paar Instrumente, wie der Zahnarzt sie braucht, dazwischen zweiunddreißig kleine weiße, elfenbeingleiche Gebilde, die sich hier und dort über den Fußboden zerstreuten.« Der wahnsinnige Egaeus war zu Berenice' Grab gegangen, hatte den Sarg ausgegraben und all ihre Zähne herausgebrochen. Die Tatsache, dass seine Cousine während dieses diabolischen Eingriffs aus ihrer Trance erwacht war, hatte ihn nicht abgeschreckt. Wenn Berenice die Frau mit dem Ring ist, dann ist Egaeus der Grabräuber, der sie verstümmelt, beziehungsweise, nach den Motiven, die ihn zu seinen perversen Handlungen treiben, der lüsterne Mönch. Mehrere Versionen der erstgenannten Geschichte kursierten damals in den Zeitschriften, doch ihr Happyend – die Frau kehrt wohlbehalten zu ihrem sie abgöttisch liebenden Gatten zurück – steht in scharfem Gegensatz zu Poes morbidem, düsteren Ende.

250

Edgar Allan Poes Besessenheit von dem Thema des vorzeitigen Begräbnisses spiegelt sich, wenn auch in seltsam verzerrter Weise, in dem exzentrischen Oeuvre der gelehrten Deutschen Dame Friederike Kempner wider. Die Tochter eines wohlhabenden jüdischen Gutsbesitzers genoss eine privilegierte Erziehung. Sie konnte die deutschen Klassiker studieren, ohne einen Gedanken daran zu verschwenden, eines Tages ihren Lebensunterhalt verdienen zu müssen. Schon in jungen Jahren hatte sie es gewagt, eine schreckliche Schrift über den Scheintod zu lesen, und diese Erfahrung prägte sie fürs Leben. Im Jahr 1853 schrieb sie im zarten Alter von siebzehn Jahren eine eigene »Denkschrift«, die einen leidenschaftlichen Aufruf an die deutschen Staaten enthielt, Leichenhäuser zu bauen, um scheintote Bürger vor der Gefahr zu schützen, lebendig begraben zu werden.[17] Sie behauptete forsch, eine Person könne zwanzig Tage lang ohne das geringste Anzeichen der Verwesung in einem Zustand der Trance verharren. Auch das Abhorchen des Herzens mit einem Stethoskop sei völlig nutzlos, da bei einem scheintoten Individuum möglicherweise kein Herzschlag zu vernehmen sei. Und sie hatte auch keinerlei Skrupel, in der Tradition der Propagandisten gegen vorzeitige Bestattungen die unheimlichsten Fallbeispiele wiederzugeben, die größtenteils unverbürgt waren. Erstaunlicherweise stellte sie sogar Geschichten aus Poes »Lebendig begraben« als wahre Fälle dar. Ein anderes Beispiel stammte aus heimischen Gefilden. Als auf dem Friedhof von Prosenitz in Mähren ein Grab ausgehoben wurde, fand man einen Sarg, der eine unverweste Leiche in einer schrecklichen, unnatürlichen Position enthielt. Die Zähne hatten sich in den Oberarm hineingebohrt. Es waren die sterblichen Überreste einer Postmeisterin, die ein paar Jahre zuvor voreilig bestattet worden war. Der Arzt dieser scheintot begrabenen Frau machte sich wegen dieses grauenhaften Vorfalls so schwere Vorwürfe, dass er noch in derselben Nacht an Cholera verstarb. Eine andere der köstlichen Geschichten Kempners betrifft eine Gräfin, die in einer Gruft beigesetzt wurde, die sich direkt unter der Kirche befand. Nach der Beisetzung war ein Klopfgeräusch zu hören, das aus dem Innern der Gruft kam. Der Küster glaubte, es komme von einem Gespenst, und der Pfarrer schloss die Kirchentüren und verbat ihm, irgendjemanden etwas davon zu erzählen, da die Kirche möglicherweise mit Beschwerden überzogen würde, wenn »Fehler« wie diese nicht unter der Erde verblieben. Das entsetzliche Geräusch war noch sieben Tage lang zu hören, dann trat es zur Erleichterung des unmenschlichen Pfarrers nicht mehr auf. Als die Gruft viele Jahre später geöffnet wurde, fand man ein Skelett auf ihren Stufen, und der Sarg der Gräfin war leer. Hier ist eine kurze Kostprobe der pathetischen Tiraden Kempners.

»Giebt es in Wahrheit einen schrecklicheren, einen trostloseren Gedanken, als den: lebendig begraben zu werden? – ... aber der Lebendigbegrabene, der im Grabe Erwachte, der von der Menschheit unter die Erde Verstoßene, besitzt nichts von all dem, ihm kann in diesem Leben kein Heil mehr ersprießen; er gleicht fast dem Bilde jener Büßenden der mythologischen Unterwelt, denen die Gnade Gottes für immer entschwunden ist. – Der Scheinbartodte, dessen Hilflosigkeit wir gleichsam benutzen, um ihn auch daran: sich selber retten zu können, gewaltsam zu verhindern, bedarf des vorbereiteten gesetzlichen Schutzes, ehe es zu spät ist. Diesem haarsträubenden, unzuermessenden Leid der Menschheit muß endlich vorgebeugt werden, damit nicht auch ferner unzählige als Opfer fahrlässiger Unwissenheit, der furchtbarsten Verzweiflung, dem entsetzlichsten Elend überantwortet werden – einem Elend, welches eigentlich namenlos, weil es geheim ist – weil der Jammer jener Opfer weder gesehen noch gehört werden kann!«

Trotz ihres schaurigen Themas und ihrer sprachlichen Eigenwilligkeiten wurde Friederike Kempners »Denkschrift« zu einem Bestseller. Im Jahr 1857 konnte ihre stolze Autorin die fünfte, überarbeitete Auflage ankündigen, die im gleichen Jahr ins Schwedische übersetzt wurde. Damals war Kempner dem

Friederike Kempner.
Fotografie (Ausschnitt)
aus der Sammlung des
Autors.

edlen Vorbild Hufelands gefolgt: Sie hatte persönlich die Errichtung eines Leichenhauses auf dem Familienanwesen überwacht. Sie schickte Gratisexemplare ihrer Denkschrift an viele Fürsten und Magnaten in ganz Europa, und einige von ihnen, etwa Herzog Eugen von Württemberg, Prinz Friedrich Wilhelm von Preußen und Kaiser Napoleon III. von Frankreich sandten ihr Briefe, in denen sie ihr humanitäres Engagement lobten. Gräfin Humiecka ließ auf ihrem Landgut in Posen ein Leichenhaus errichten, nachdem sie die *Denkschrift* gelesen hatte. Prinz Anatol Demidoff ließ die *Denkschrift* ins Französische übertragen und auf seinen Gütern in Genf ebenfalls ein Leichenhaus bauen. Friederike Kempner bombardierte den Preußenkönig Wilhelm regelrecht mit Briefen, Gedichten und schaurigen Fallbeispielen, und dieser war so höflich, gelegentlich auf ihre Bittschreiben zu antworten. Bei Ausbruch des französisch-deutschen Kriegs im Jahr 1870 erbat sie von ihrem königlichen Briefpartner die Erlaubnis, sich an die Front zu begeben, um die Leichen der tapferen deutschen Soldaten zu untersuchen und so sicherzustellen, dass sie auch wirklich tot waren, bevor man sie bestattete. Diese Mission blieb ihr jedoch verwehrt, obgleich die patriotische Friederike versicherte, hinsichtlich des verfrühten Begräbnisses französischer Soldaten keine ähnlichen Sorgen zu besitzen. Sie musste sich mit der Errichtung eines Militärhospitals auf ihrem Anwesen begnügen, in dem sie persönlich die Verwundeten pflegte. Trotz ihres Engagements als Krankenschwester fand sie die Zeit, König Wilhelm vor der Gefahr zu warnen, dass seine tapferen Krieger möglicherweise lebendig begraben würden. Unter ihren Bittschreiben an Friedrich Wilhelm befindet sich auch das triviale und pathetische Gedicht »Manch Lebend'ges«, dessen Strophen vier bis sieben folgendermaßen lauten:

Drum gewähre heute,
Was der Dichter fleht:
»Wenn des Todes Beute-
feld voll Leichen steht –

Die Gefallnen lasse,
Ob auch scheinbar todt,
(Oft der Todten Masse
Manch Lebend'ges bot!) –

Die Gefallnen lasse
Nicht vergraben bald,
Heldenmienen, blasse,
Sterben nicht so bald;

Dass nicht in der Tiefe
Solch ein Held erwacht
Und nach Hilfe riefe
In dem finstern Schacht!

Im März 1871 verfügte der frisch gekrönte Kaiser Wilhelm I., vielleicht aufgrund der Agitation von Friederike Kempner, eine obligate fünftägige Wartefrist zwischen Tod und Beisetzung im gesamten deutschen Reich. Obgleich sich die Dame lebenslang für vorzeitige Bestattungen und Leichenhäuser interessierte, richtete sie ihre wohlmeinenden Aktivitäten fortan gegen andere Ungerechtigkeiten: Sie kämpfte gegen die Einzelhaft von Strafgefangenen, gegen Antisemitismus und Vivisektion. Der Erfolg der »Denkschrift« stieg ihr zu Kopfe, und Friederike Kempner begann, sich für eine bedeutende Schriftstellerin und Dichterin zu halten. Die dralle spröde alte Jungfer, die schon in ihren Dreißigern eine gewisse Ähnlichkeit mit der ältlichen Queen Victoria besaß, war eine sehr produktive Verfasserin pathetisch-geschraubter Gedichte, die sie selbst als den Werken Schillers und Goethes ebenbürtig erachtete. Sie hatte wenig Sinn für Grammatik oder Metrik und eine fast unheimliche Fähigkeit, knapp, aber sicher die Pointe in einem Gedicht oder den Ton im letzten Moment zu verfehlen. Sie verlegte ihre Gedichte selbst, bat jedoch mit der ihr eigenen Entschlossenheit um Kritiken. Zu diesem Zweck schickte sie Bücher an gekrönte Häupter in ganz Europa sowie an einflussreiche Zeitungen und Literaturkritiker. Einer von ihnen, der Redakteur Paul Lindau, fand die sprachlichen Drahtseilakte Kempners amüsant und empfahl ihre Gedichte wärmstens. Obgleich andere Kritiker monierten, sie tue ihrer edlen teutonischen Muttersprache Gewalt an, fand die lesende Öffentlichkeit ihre Gedichte äußerst unterhaltsam. Eines ihrer Lieblingsgedichte war »Finster und stumm«, in dem ein scheintotes Kind im Grab erwacht und das ganze Grauen des vorzeitigen Begräbnisses durchlebt:

Stürmisch ist die Nacht,
Kind im Grab erwacht,
Seine schwache Kraft
Es zusammenrafft.

»Machet auf geschwind!«
Ruft das arme Kind,
Sieht sich ängstlich um:
Finster ist's und stumm.

Überall ist's zu,
»Mutter, wo bist Du?«
Stoßet aus den Schrei,
Horchet still dabei.

Und in seiner Qual
Klopft es noch einmal,
Sieht sich grausend um:
Finster ist's und stumm.

Streckt die Ärmlein bloß,
Hämmert schnell drauflos,
Ruft entsetzt und laut:
»Hört, ich bin nicht todt!«

Lehnt sein Haupt am Arm:
»Daß sich Gott erbarm',
Lebt man ewig so?
Und wo stirbt man, wo?

Ach, man hört mich nicht,
Gott, ach nur ein Licht!«
Sieht sich nochmals um!
Finster bleibt's und stumm.

Stier und starr es tappt,
Und am Sarg'es klappt,
Horch, da strömt sein Blut
Durch des Nagels Hut.

Aus dem warmen Quell
Sprudelt's rasend schnell:
Endlich stirbt das Kind,
Froh die Engel sind!

Stürmisch ist die Nacht,
Blätter rauschen sacht,
Niemand sah sich um:
Finster blieb's und stumm.

In einem weiteren Gedicht, »Logik«, bedient sich Kempner der
Figur eines tapferen Soldaten, um ihr eigenes Ziel, die Einführung von Leichenhäusern, zu propagieren:

Es hört ein wack'rer Kriegersmann
Sich dies Geschichtchen einmal an,
Dem Tod konnt' er ins Antlitz sehn,
Doch jetzt im Aug' ihm Tränen stehn.
...

Mit dem Ausruf »Ein Leichenhaus, ein Leichenhaus!« vertreibt
der erschütterte Soldat die düstere Friedhofsatmosphäre aus
dem Gedicht. Es endet mit dem für Kempner typischen Protest:

Für Todte haben Gelder wir,
Und um Lebend'ge handelt's hier!
Man sühnt wohl solche Grausamkeit
Nicht mehr, in alle Ewigkeit

Für Tänzer giebt es Raum und Zeit
O, tiefbethoste Menschlichkeit!
Ihr alle seid so schlecht als blind,
Solang nicht Leichenhäuser sind!

Friederike Kempners Eltern war der zweifelhafte literarische
Ruhm ihrer Tochter überaus peinlich. Aus Angst davor, dass
nicht nur die Familie Kempner, sondern die gesamte jüdische
Gemeinschaft in Deutschland Hohn und Spott auf sich ziehen
könnte, nachdem diese hanebüchenen Gedichte so populär geworden waren, kauften sie heimlich den Restbestand der ersten
Auflage auf und ließen ihn vernichten. Doch der Verlag brachte

neue Auflagen heraus, und Friederikes Ruhm war mittlerweile so groß, dass die Familie nicht mit der Nachfrage der Leser nach ergötzlicher Lektüre Schritt halten konnte.[18] Im Jahr 1903 erschien die Sammlung in achter Auflage, doch mittlerweile waren selbst der einfältigen Friederike die wahren Gründe für ihren Ruhm aufgegangen. In einem erbosten Vorwort schwor sie, der Tag würde kommen, an dem man ihren Namen in Bronze stechen und den wahren literarischen Rang ihrer Gedichte erkennen würde. Im folgenden Jahr erlag sie einem Schlaganfall. In ihrem Testament bat sie darum, man möge einen elektrischen Signalapparat in ihren Sarg einbauen, damit sie sich bemerkbar machen könne, falls sie aufwachen sollte. Doch war dieser Apparat überflüssig, da sie eingeäschert wurde.

Einer der Zeitgenossen Friederike Kempners, der berühmte Schweizer Dichter Gottfried Keller, hat selbst sie noch gründlich übertroffen. Er beschrieb die Gedanken eines Mannes, der sieben Fuß tief in der Erde lebendig begraben liegt, in einem eigenen Gedichtzyklus.[19] Es ist ein ästhetisch gelungenes, wenn auch makabres Stück Dichtkunst, in dem einige eindringliche Bilder vorkommen: Der lebendig begrabene Mann tastet die Tannenbretter seines Sarges ab, und sie erinnern ihn zunächst an einen Schiffsmast und dann an den ersten Tannenbaum, den er gesehen hatte, einen Weihnachtsbaum voller Kerzen:

> Wie herrlich wär's, zerschnittner Tannenbaum,
> Du ragest als ein schlanker Mast empor,
> Bewimpelt, in den blauen Himmelsraum,
> Vor einem sonnig heitern Hafentor!
>
> ...
>
> Der ersten Tannenbaum, den ich gesehn,
> Das war ein Weihnachtsbaum im Kerzenschimmer;
> Noch seh' ich lieblich glimmend vor mir stehn
> Das grüne Wunder im erhellten Zimmer.[21]

Er entdeckt, dass er sogar die Rose aufgegessen hat, die man ihm in die Hände gelegt hat, bevor der Sargdeckel verschlossen wurde. Es betrübt ihn, dass er nie wissen wird, ob es eine weiße oder rote Rose war:

> Da hab' ich gar die Rose aufgegessen,
> Die sie mir in die starre Hand gegeben:
> Daß ich noch einmal würde Rosen essen,
> Hätt nimmer ich geglaubt in meinem Leben!
>
> Ich möcht' nur wissen, ob es eine rote,
> Ob eine weiße Rose das gewesen?
> Gib täglich uns, o Herr, von deinem Brote,
> Und wenn du willst, erlös' uns von dem Bösen!

Das abschließende Bild ist das eines wallenden Meers von Leben, einer riesigen Landschaft ohne Horizont. Für den scheintot begrabenen Mann, dessen Lebensuhr rasch abläuft, ist die Ewigkeit in einem einzigen Atemzug enthalten. Der Schweizer Komponist Othmar Schoeck hat Kellers »Lebendig begraben« als Textgrundlage für einen 45-minütigen Liedzyklus mit Orchesterbegleitung benutzt, der mit einer realistischen Wiedergabe von Erde, die auf einen Sargdeckel fällt, beginnt.

Es gibt eine ganze Reihe weiterer bekannter Literaten, die Angst davor hatten, lebendig begraben zu werden. Der berühmte deutsche Philosoph Arthur Schopenhauer räumte freimütig ein, er fürchte sich davor, scheintot begraben zu werden, und er verfügte, dass sein Leichnam fünf ganze Tage über der Erde verbleiben solle, bevor man ihn bestatte. Der österreichische Schriftsteller Johann Nestroy traf noch sehr viel ausgeklügeltere Vorkehrungen. In seinem Testament erklärte er, die Gefahr, lebendig begraben zu werden, sei das Einzige, was er in seiner gegenwärtigen Situation fürchte, und sein eingehendes Studium der einschlägigen Literatur habe ihn gelehrt, dass die Ärzte nicht zuverlässig zwischen Toten und Lebenden unterscheiden könnten. Sein

Leichnam solle zwei Tage lang in einem Leichenhaus aufgebahrt und mit einem Signalapparat verbunden werden, der jedes Anzeichen zurückkehrenden Lebens verkünden sollte. Selbst nach der Beisetzung solle der Sargdeckel nicht zugenagelt werden.[20] Russlands berühmtestes Beispiel für die im 19. Jahrhundert herrschende Angst vor dem Scheintod ist der Autor Nikolai Gogol. In einem Brief an einen Freund schrieb er, es sei erstaunlich, dass der menschliche Organismus, wie er in einem Buch gelesen habe, lange Zeiträume in einem Trancezustand existieren könne. Der Betreffende könne zwar sehen, hören und fühlen, sei aber nicht in der Lage, sich zu bewegen, zu sprechen oder irgendetwas zu unternehmen, um seine Bestattung zu verhindern. In seinem Testament verfügte Gogol, man solle ihn erst dann beerdigen, wenn eindeutige Anzeichen der Verwesung feststellbar seien und wenn sich kein Herzschlag und kein Puls mehr nachweisen ließen. Es wurde vermutet, dass Gogol trotz seiner Vorkehrungen tatsächlich lebendig begraben worden sei. Als seine sterblichen Überreste viele Jahre nach seinem Tod im Jahr 1852 exhumiert wurden, lag das Skelett auf der Seite. Einem deutschen Autor zufolge gab es dafür nur eine Erklärung: Gogol sei in seinem Sarg erwacht und habe sich verzweifelt gegen das unentrinnbare Schicksal aufgelehnt.[21]

Ein irischer Meister der Horrorgeschichte, Joseph Sheridan Le Fanu, der ein Zeitgenosse Poes war, benutzte das Scheintodmotiv in seiner Kurzgeschichte »The Room in the Dragon Volant«.[22] Ein wohlhabender junger Engländer fällt auf eine Bande französischer Betrüger herein. Sie wollen sein Geld stehlen und bringen ihn durch eine List dazu, Gift zu trinken. Er fällt in eine tiefe Trance, wird überwältigt und in einen Sarg gelegt. Obgleich er gelähmt ist, bleibt er bei Bewusstsein und hört, dass die Schurken planen, ihn lebendig zu begraben. Gerade noch rechtzeitig werden sie von der französischen Polizei aufgehalten.

Marie Corelli war eine der populärsten Romanschriftstellerinnen des späten 19. Jahrhunderts. Ihre Bücher waren absolute

Bestseller, und selbst Königin Victoria gab zu, sie begeistert zu lesen. Corellis erstes Buch, »A Romance of Two Worlds«, war auf Anhieb ein Erfolg. Um daran anzuknüpfen, schrieb sie sogleich ein weiteres aufwühlendes Melodram, das den vorläufigen Titel »Buried Alive« erhielt. Es basierte angeblich auf wahren Begebenheiten, die sich während der Pestepidemie in Neapel im Jahr 1884 zutrugen. Der Held des Buches ist Graf Fabio Romani, ein wohlhabender junger neapolitanischer Adliger. Als er während einer Cholera-Epidemie den Armen hilft, steckt er sich selbst an und wird für tot erklärt. Den Leser dieses Buches wird Folgendes nicht überraschen: Romani erwacht in seinem Sarg, der in die Familiengruft gebracht worden war: »Aber was hindert mich daran, Luft zu holen! Luft, Luft! Ich brauche Luft! Ich will die Hände erheben – doch, o Grauen, sie stoßen gegen einen festen, unnachgiebigen Gegenstand direkt über mir. Blitzschnell erkenne ich die Wahrheit! Ich wurde begraben – lebendig begraben. Dieses hölzerne Gefängnis, das mich einschloss, war ein Sarg!«

Mit einer für ein Cholera-Opfer, das mehrere Tage lang in einem Sarg ausharrte, bemerkenswerten Agilität bricht Romani »mit der Kraft und dem Ungestüm eines wütenden Tigers« aus seinem Sarg aus. Nachdem er eine Vampirfledermaus von seinem Nacken heruntergerissen hat, stapft er auf der Suche nach einem Ausgang durch Haufen verwesender Leichname. In der Familiengruft der Romanis gedeiht eine üppige und vielfältige Fauna, und der unglückliche Graf muss vor den vielen Giftschlangen und Reptilien auf der Hut sein. Plötzlich stößt eine Rieseneule auf ihn herab, doch der kräftige Adlige bezwingt sie nach verzweifeltem Kampf. Durch einen »Zufall«, der selbst die Fantasie des Lesers eines trivialen viktorianischen Sensationsromans arg strapaziert, findet er nicht nur einen bequemen Ausgang aus dem Grab, sondern auch einen gewaltigen Schatz, der hier von Grabräubern versteckt wurde. Als der wiedererweckte Graf nach Hause zurückkehrt, trifft er seine treulose Gemahlin in den Armen eines alten Freundes an, Signor Guido Ferrari. Aus dem Gespräch geht hervor, dass sie den Grafen Fabio nie geliebt und ihn schon vor seinem Scheintod mit Guido betrogen habe.

Graf Fabio Romani schwört Rache. Sein Martyrium im Grab hat sein Äußeres völlig verändert: Sein Gesicht ist fahl und verhärmt, und seine Haare sind von einem Tag auf den anderen weiß geworden. Der verruchte Guido und die treulose Gattin erkennen den wiedererstandenen Grafen nicht, als er ihnen unter einem falschen Namen vorgestellt wird. Anschließend verführt Graf Fabio seine eigene Frau und teilt Guido voller Häme mit, was geschehen ist. In einem Duell erschießt er den Rivalen. In der hochdramatischen Schlussszene führt Graf Fabio seine Gattin in das Familienmausoleum und offenbart ihr seine wahre Identität und die Tatsache, dass er lebendig begraben wurde. Sie versucht ihn zu erstechen, wird jedoch von einem riesigen Felsblock zerquetscht, der sich zum rechten Zeitpunkt von der Decke der Gruft löst. Dieses geschraubte Melodram machte auf Corellis Verleger, George Bentley, einen tiefen Eindruck, obgleich er darauf bestand, den Titel in »Vendetta« umzuändern.[23] Als es 1886 veröffentlicht wurde, erregte es recht großes Aufsehen: Sogar der Prince of Wales ließ sich ein Exemplar schicken. Es ist noch heute einer der bekannteren Romane Corellis.

Das Werk des Sensationsschriftstellers Wilkie Collins hat die Zeit weitaus besser bestanden als das Oeuvre Marie Corellis. Er war ein Schriftsteller von beachtlicher Begabung und Fantasie, und seine Bücher haben noch heute eine große Leserschaft. Collins war ein angespannter, nervöser Mensch, der zudem unter Opiumsucht litt. Es ist nicht weiter verwunderlich, dass auch er panische Angst davor hatte, lebendig begraben zu werden. Wie viele seiner fremdenfeindlichen Landsleute misstraute er zumal den kontinentaleuropäischen Ärzten. Immer wenn er sich in einem Hotel im Ausland aufhielt, steckte er eine Notiz an den Schlafzimmerspiegel, die besagte, man möge ihn im Fall seines (vermeintlichen) Ablebens erst nach Konsultation eines fachkundigen englischen Arztes beerdigen. Collins besuchte sehr wahrscheinlich das Leichenhaus in Frankfurt, in dem er seinen 1880 erschienenen Roman »Jezebels Tochter« spielen lässt.[24] Dieser Roman ist eines seiner vielen kommerziellen Prosawerke, das weit hinter seinem spannungsreich verdichteten Meisterwerk »Die Frau in Weiß« zurückbleibt. Das deutsche Leichenhaus soll ein zusätzliches Element des Grauens in die Erzählung hineinbringen, stattdessen verleiht es dem Ganzen eine unglaubwürdige Skurrilität.

Die Handlung von »Jezebels Tochter« beginnt damit, dass eine gewisse Frau Wagner stirbt. Ihr Leichnam wird ins Leichenhaus gebracht, wo er drei Tage lang beobachtet werden soll, bis der Arzt eine Bescheinigung über das Einsetzen der Verwesung ausstellen kann. Ein Findelkind namens Jack, dem die verstorbene Frau viel Gutes getan hatte, trauert bitterlich über den Verlust und weigert sich, den Leichnam zu verlassen, obgleich ihm der Arzt die Messingringe, die an die Finger der Leiche gesteckt wurden, die Fäden und den Rest der Signalapparatur zeigt. Zusammen mit dem alten Nachtwächter des Totenhauses trinkt Jack später gewaltige Mengen Brandwein, und sie singen ein Lied über einen ehemaligen Wächter des Leichenhauses, der durch seine schaurige Tätigkeit in den Wahnsinn getrieben wurde.

> Der Mond schien kalt und hell und klar
> Ins Totenhaus Frankfurts zum Neuen Jahr,
> Und ich war der Wachmann, und ich war allein,
> Und andre, die fanden auf Festen sich ein,
> Ich neidet' ihr Los und verfluchte das mein' –
> Ich arme Seel'!

Keiner dieser versoffenen, lärmenden Kumpanen ahnt, dass sich eine gewisse Madame Fontaine ins Leichenhaus geschlichen hat. Sie hatte Frau Wagner vergiftet und möchte sich an dem Anblick ihrer sterblichen Überreste weiden: »Dort lag, in stummer Größe, ihr Mordwerk. Dort, gespenstisch weiß auf dem schwarzen Kleid, lagen die starren Hände, unter der grässlichen Maschinerie, die es kundtun sollte, wenn sie unter der geheimnisvollen Wiederkehr des Lebens erbebten.« Madame Fontaine sucht Trost bei Jack und seinem betrunkenen Kollegen, aber sie haben nur Hohn und Spott für sie übrig. Sie singen:

> Besser mit Freunden, sprach ich, als allein.
> Sind's die Lebenden nicht, soll'n die Toten es sein.
> Und kaum dass die nächste Sekunde war hier,
> Da lärmte die Glocke vor jeglicher Tür …

Während sie singen und feiern, läutet die Glocke in der Zelle von Frau Wagner immer wieder, doch nur Madame Fontaine hört sie, da die beiden Männer zu betrunken sind. Zu guter Letzt gelingt es der scheintoten Frau, sich Gehör zu verschaffen, und Jack wird glücklich mit seiner Herrin vereint. Madame Fontaine, die versehentlich ein Glas ihres eigenen Giftes trinkt, stirbt unter den schrecklichen Qualen, die einer viktorianischen Schurkin recht geschehen.

Das Münchner Leichenhaus ist der Schauplatz der »Geschichte eines Sterbenden«, einer Kurzgeschichte von Mark Twain.[25] Die Familie eines deutschen Einwanderers in die Vereinigten Staaten wird von zwei Räubern überfallen, die seine Ehefrau und sein Kind töten. Einem der Räuber fehlt der rechte Daumen. Der Einwanderer schwört Rache, und es gelingt ihm, einen von ihnen aufzuspüren und umzubringen. Anschließend kehrt er in sein Heimatland zurück und wird Nachtwächter im Leichenhaus von München. Eines Abends packt ihn panisches Entsetzen, als die große Leichenglocke läutet. Eine der aufgebahrten »Leichen« hat sich aufgerichtet und wiegt den Kopf hin und her. Der Deutsche erkennt in ihm den überlebenden Räuber, der seinen Kollegen dazu anstiftete, seine Frau und sein Kind zu ermorden. Er enthält ihm absichtlich die Stärkungsmittel aus der Apotheke des Leichenhauses vor und trinkt selbst den Weinbrand, der eigentlich für wiedererwachte Scheintote vorgesehen ist, während er seinen hilflosen Feind im Totenhemd verspottet und sich an seinem Todeskampf ergötzt. Der grausige Schluss lautet: »Man ist der Meinung, in den ganzen achtzehn Jahren, seit die Totenwache eingeführt wurde, habe noch nie ein in ein Leichentuch gehüllter Gast seine Glocke geläutet. Nun, diese Annahme schadet keinem. Lassen wir es dabei.«[26]

Es gibt eine weitere altehrwürdige literarische Bearbeitung des Scheintodmotivs: Ein Zauberer oder ein heimtückischer Arzt besitzt eine Substanz, die eine Muskelstarre hervorrufen kann, die sich nicht vom Tod unterscheiden lässt. Nachdem die Person, die dieses Mittel eingenommen hat, für tot erklärt worden ist, kann sie in einem späteren Kapitel wiederkehren, um einen dramatischen Effekt zu erzeugen. Wie wir sahen, hat Boccaccio dieses Thema aufgegriffen. Es kommt auch in Alexandre Dumas' »Der Graf von Monte Christo« vor. Hier wird die junge Valentine de Villefort, die Tochter des arglistigen Prokurators, der Edmond Dantès betrogen hatte, allmählich von ihrer mordlüsternen Stiefmutter vergiftet, die bereits einen großen Teil der Familie um die Ecke gebracht hat, um das Erbe ihres eigenen Sohnes zu sichern. Der allmächtige Monte Christo, der ihren ruchlosen Plan durchschaut hat, begegnet ihm mit einer gewitzten, wenn auch etwas weit hergeholten Gegenstrategie. Jedes Mal, wenn das Gift verabreicht wird, neutralisiert er es mit einem wirkungsvollen Gegenmittel. Schließlich besucht er das Mädchen eines Nachts, um sie vor der drohenden Gefahr zu warnen. Diesmal ersetzt er das Gift durch eine selbstgebraute Substanz, die einen Zustand tiefer Trance hervorrufen kann. Er versucht Valentine mit folgenden Worten zu beruhigen: »Was immer geschieht, Valentine, sei unbesorgt. Selbst wenn du leiden wirst, selbst wenn du blind und taub werden solltest und das Bewusstsein verlierst, fürchte dich nicht. Und auch wenn du aufwachst und nicht weißt, wo du bist, hab keine Angst, magst du auch in einer Gruft oder einem Sarg liegen.« Auf diese Rede, die wenig Gutes verheißt, reagiert das verstörte Mädchen nur allzu verständlich mit dem Ausruf: »Weh mir! Weh mir! Was für eine schreckliche Aussicht!« Doch alles läuft genau nach Monte Christos Plan: Nachdem Mademoiselle de Villefort sowohl vom Arzt als auch vom Leichenbeschauer für tot erklärt worden ist, wird sie in der Familiengruft beigesetzt. Nachdem die Familie Villefort ihrer gerechten Strafe zugeführt wurde, vergisst der bestürzte Graf nicht, Valentine in der Gruft wieder zum Leben zu erwecken und sie mit ihrem Verlobten zu vereinen, nachdem sie fast hundert Seiten lang lebendig begraben gewesen war.[27]

Der französische Schriftsteller Guy de Maupassant bewunderte Edgar Allen Poe, und einige seiner meisterhaften Novellen zeigen deutlich den Einfluss Poes. Die Ungewissheit der Todeszeichen und das grauenhafte Schicksal eines wiedererwachten Scheintoten sind ein beliebtes Thema seiner makabren Erzählungen. In der Novelle »Le souris de Schopenhauer« begegnet der Erzähler einem schwindsüchtigen Deutschen, der einst bei dem großen deutschen Philosophen Arthur Schopenhauer studierte. Obgleich der Franzose Schopenhauers skeptische und sarkastische Ideen ablehnt, lauscht er gefesselt, als der Deutsche schildert, wie sein Lehrmeister im Bierkeller zu sitzen und mit seinem charakteristischen sardonischen Lächeln über Philosophie zu diskutieren pflegte. Nach Schopenhauers Tod hielten seine treuen Studenten abwechselnd bei ihm Totenwache. Der Leichnam wirkte bemerkenswert lebensecht, auf dem Gesicht stand das unvergessliche Lächeln, und wäre da nicht der durchdringende Verwesungsgeruch gewesen, hätten die beiden Studenten erwartet, dass der große Mann jeden Moment aufsteht. Plötzlich hörte einer von ihnen aus dem Raum, in dem die Leiche aufgebahrt war, ein Geräusch, und sie beschlossen, der Sache nachzugehen. Der Student sah voller Entsetzen, dass Schopenhauer das Lächeln vergangen war, stattdessen war sein Gesicht zu einer schauerlichen Fratze entstellt. Der Student rief aus: »Er ist nicht tot!« – doch der entsetzliche Gestank war unbestreitbar. Der andere Student deutet plötzlich auf den Boden und gibt damit die skurrile Antwort auf das Rätsel: Dort liegt die Zahnprothese Schopenhauers zusammen mit ihren Federn, die, als sich die starre Kiefermuskulatur verwesungsbedingt lockerte, aus dem Mund herauskatapultiert wurde. Wir wissen nicht, ob diese kraftvolle, unheimliche Erzählung von einem ähnlichen Zwischenfall bei einer Totenwache in Paris inspiriert worden ist oder ob Maupassant einen Zeitungsartikel über Schopenhauers letzte Tage und seine Vorkehrungen gegen eine vorzeitige Bestattung gelesen hatte.

In einer anderen von Maupassants bekannten Novellen, »Le tic«, ist der Einfluss von Poe sogar noch deutlicher. In einem Kurbad begegnet der Erzähler einem Franzosen, der vorzeitig ergraut ist und der mit seiner gebrechlichen Tochter, Juliette, reist. Der Franzose leidet an einem spastischen Tick: Jedes Mal, wenn er nach etwas greift, scheren seine Hände plötzlich seitlich aus, bevor er das nehmen kann, was er will. Die Tochter trägt an einer Hand immer einen Handschuh. Auf einem gemeinsamen Spaziergang mit dem Erzähler im Park des Heilbads erzählt ihm der weißhaarige Franzose ihre seltsame Geschichte. Die arme Juliette erlitt scheinbar wiederholte Herzschläge, eines Tages brach sie zusammen und konnte nicht wiederbelebt werden. Ein Arzt erklärte sie für tot, und ihr Vater ließ sie nach einer zweitägigen Totenwache in der Familiengruft beisetzen. Sie wurde in ihrem Festkleid und mit dem gesamten Schmuck begraben, den er ihr geschenkt hatte. Als der verstörte Vater, halb wahnsinnig vor Gram, von der Beisetzung nach Hause zurückkehrte, schickte er seinen alten Kammerdiener Prosper in sein Zimmer und saß die ganze Nacht vor dem kalten, leeren Kamin, seine Tochter betrauernd. Plötzlich wurde die Türglocke geläutet, und der laute Klang hallte im leeren Haus wie in einer Gruft wider. Erschrocken und ängstlich ging der alte Mann zur Tür und öffnete sie. Draußen stand eine geheimnisvolle weiße Gestalt. Als der alte Mann fragte »Wer bist du?«, antwortete sie ihm »Vater, ich bin's« und ging auf ihn zu. Überzeugt, einen Geist vor sich zu haben, wich der entsetzte Franzose zurück und versuchte die Erscheinung mit einer Handbewegung abzuwehren, die seither zu einem spastischen Tick bei ihm geworden ist. Juliette gelang es schließlich, zu erklären, dass sie lebendig begraben worden war und dass jemand ihren Sarg ausgegraben und dann einen ihrer Finger abgeschnitten hatte, um sich in den Besitz eines wertvollen Rings zu bringen. Das aus der Wunde strömende Blut hatte sie wieder ins Leben zurückgebracht. Der Vater half ihr ins Haus hinein, läutete nach seinem treuen alten Kammerdiener und trug ihm auf, in den Kaminen Feuer zu machen. Doch als der Diener den Raum betrat und das Mädchen sah, blieb ihm vor Schreck der Mund offen stehen, und er fiel tot auf den Rücken. Natürlich hatte er den Leichnam bestohlen und verstümmelt, und so wie in Maupassants Quelle, der Legende von der Frau mit dem Ring, bekam der diebische Diener unverzüglich seine verdiente Strafe.[28]

Im Jahr 1884, demselben Jahr, in dem Maupassant seine Novellen veröffentlichte, erschien Emile Zolas »La mort d'Olivier Bécaille«.[29] Der Protagonist der Geschichte ist ein gebrechlicher, körperbehinderter Franzose, der regelmäßig unter »Nervenanfällen« leidet. Er heiratet eine viel jüngere Frau und zieht mit ihr nach Paris. Wenig später erkrankt er erneut, und sowohl seine Frau als auch seine Hauswirtin glauben, er sei tatsächlich gestorben. Doch wie das traditionelle Opfer des Scheintodes ist auch Olivier noch immer bei Bewusstsein und hört und spürt alles, auch wenn er sich weder bewegen noch sprechen kann. Seine Frau und seine Hauswirtin halten bei der »Leiche« Totenwache, und sie rufen einen Arzt, um den Totenschein ausstellen zu lassen. Olivier erwartet ungeduldig die Ankunft des Arztes: Zweifellos wird dieser gut ausgebildete, sachkundige Fachmann erkennen, dass er nicht tot, sondern lediglich das Opfer eines epileptischen Anfalls ist. Doch das Vertrauen des armen Olivier in die Medizin ist leider gänzlich fehl am Platze: Ein erschöpfter, nachlässiger Arzt kommt und horcht weder das Herz ab noch fühlt er den Puls. Er stellt einfach den Totenschein aus und geht wieder. Und wie es traditionell bei einem Scheintod der vielzitierte Fall ist, kann auch Olivier nicht klar machen, dass er noch am Leben ist, obgleich die Vorbereitungen für seine Beisetzung um ihn herum weitergehen. Er wird in einen Sarg gelegt, der Deckel wird zugenagelt, und er hört die Stimme des Priesters während der Totenmesse, bevor der Sarg auf unsanfte Weise ins Grab herabgelassen wird.

Als Olivier aufwacht, ist sein Muskelkrampf vorbei, er kann sich wieder bewegen. Als seine Hände über die Holzbretter des Sargs hinwegstreichen, schildert er seine verzweifelte Situation: »Ich schrie, und meine Stimme, die in der Kiste aus Tannenholz widerhallte, hörte sich so schrecklich an, dass ich zutiefst darüber erschrak. Mein Gott! War es denn möglich? Ich konnte sprechen, herausschreien, dass ich am Leben war, doch niemand hörte mich! Ich war ein hilfloser Gefangener unter der Erde!« Er schreit, kratzt mit seinen Fingernägeln am Sargdeckel und beißt sich in blinder Raserei in die Arme. Mit nahezu übermenschlicher Anstrengung gelingt es ihm dann, seine Selbstbeherrschung zurückzuerlangen. Mit Hilfe eines Nagels, den er aus dem Holz herausgezogen hat, versucht er einen tiefen Schnitt in den Sargdeckel zu machen. Er dreht sich auf den Bauch, stützt sich auf den Knien ab und kann so den Deckel von einem Ende bis zum anderen aufbrechen. Doch sein Plan, den Sargdeckel als eine Art Abschirmung zu verwenden, während er sich zu der Erdoberfläche gräbt, misslingt, weil große Erdbrocken auf ihn herabfallen und das Brett sich kaum bewegen lässt. Stattdessen versucht er, mit den Fersen gegen das Sargende zu treten, das erstaunlich leicht nachgibt. Denn unmittelbar neben seinem Grab wurde ein weiteres Grab ausgehoben, Olivier durchstößt die dünne Erdwand und kriecht in das Grab hinein. Er wird gerettet! Mit erstaunlicher Behändigkeit, wenn man das Martyrium bedenkt, das er gerade durchgemacht hat, klettert er aus dem Grab und will nach Hause gehen. Er bricht jedoch auf der Straße zusammen und liegt danach sechs Wochen lang bewusstlos in einer Privatklinik.

Nachdem Olivier von seinem Arzt die Erlaubnis erhalten hatte, einen kurzen Spaziergang zu machen, möchte er herausfinden, was mit seiner jungen Frau passiert ist. Aus Angst, dass der Schock, ihn wiederzusehen, sie umbringen könnte, beschließt er, zunächst seine Hauswirtin ausfindig zu machen. Er hört zufällig mit, wie die Hauswirtin in dem örtlichen Café tratscht, es sei besser, dass Olivier tot sei: Seiner armen Frau gehe es besser ohne diesen unzufriedenen, murrenden Krüppel, und sie solle auf jeden Fall ihren neuen Bewunderer, einen jüngeren und attraktiveren Untermieter, heiraten. Der philosophierende Olivier ist ebenfalls der Ansicht, es sei besser, wenn er tot sei, und er beginnt, durch die Welt zu reisen. Der Tod hat seinen Schrecken für ihn verloren, und wie der Protagonist von Poes Erzählung »Lebendig begraben« geht er gestärkt an Körper und Seele aus dieser Erfahrung hervor. Den beiden Erzählungen ist auch die Ich-Erzählperspektive und die rätselhafte Muskelerkrankung des Opfers gemeinsam. Aber damit hören die Gemeinsamkeiten auch schon auf. Während Poes Protagonist im Grunde eine komische Figur ist, deren übertriebene Angst vor einem vorzeitigen Begräbnis lächerlich gemacht wird, fehlt in Zolas Erzählung jeglicher Hinweis darauf, dass Olivier Bécaille an ähnlichen Ängsten leidet, obgleich sein Gesundheitszustand besorgniserregend ist. Abgesehen von Poe ließ sich Zola vermutlich auch von einer der zahlreichen zeitgenössischen Schriften zur Verhütung vorzeitiger Begräbnisse inspirieren. Oliviers bewegungslose Todestrance wird ganz ähnlich beschrieben wie in den Flugblättern. Zolas Erklärung dafür, dass der arme Teufel nicht in seinem Sarg erstickte, da nämlich ein Mensch in der Todestrance fast keinen Sauerstoff verbraucht, hätte quasi wortwörtlich aus einer dieser Publikationen zitiert sein können, ebenso wie die Begründung für sein Erwachen in der warmen, fruchtbaren Erde.

Die schwedische Schriftstellerin Selma Lagerlöf erhielt 1909 für ihre eindrucksvollen Romane »Gösta Berling« und »Die Löwensköldts« sowie für ihr klassisches Kinderbuch »Nils Holgerssons schönste Abenteuer mit den Wildgänsen« den Nobelpreis für Literatur. Einer ihrer unbekannteren Romane war »En Herrgårdssägen« (1895), der unter dem Titel »Eine Herrenhofsage« ins Deutsche übersetzt wurde.[30] Doch jeden, der dieses Buch in der Erwartung kaufte, eine nüchterne, realistische Darstellung des skandinavischen Landlebens zu lesen, dürfte die unheimliche, dramatische Handlung verstört haben. Der Held des Romans ist der junge Student Gunnar Hede, der sein Studium vernachlässigt, um Geige zu spielen. Um wieder an Geld zu kommen, kauft er eine große Ziegenherde und treibt sie durch die kalte skandinavische Landschaft in ein Marktstädtchen. Sie geraten jedoch in einen Schneesturm, und alle Tiere verenden. Nach dieser Tragödie verliert Hede den Verstand und wird zum »Geißbock«, einem wahnsinnigen Landstreicher, der jedes Mal, wenn er einem Tier begegnet, einen Knicks macht. Eines Tages verirrt er sich auf einen Friedhof und setzt sich neben einem frisch ausgehobenen Grab auf den Boden. Als er seine Geige spielt, hört er ein Geräusch aus dem Sarg und beschließt, den Deckel abzuschrauben. Er bemerkt, dass die junge Frau im Sarg lebendig ist und hebt sie heraus. Es stellt sich heraus, dass sie ein Mädchen namens Ingrid ist, von dem man angenommen hatte, es sei an den Folgen der Misshandlungen durch seine Pflegemutter gestorben. Ingrid wird bewusst, dass sie knapp dem Schicksal, lebendig begraben zu werden, entronnen ist: »Was wäre aus ihr geworden, wenn er das nicht getan hätte? Sie wäre aufgewacht, eingesperrt in dem schwarzen Sarg. Sie hätte geklopft, gerufen. Wer aber hätte sie dort gehört, wo sie lag, sechs Fuß tief unter der Erde?«[31] Der »Geißbock« trägt sie in einem großen Sack zurück ins Haus der Pflegemutter. Dort erzählt diese gerade ihrer Magd, es sei ganz gut, dass Ingrid weg sei, und ihr Tod sei kein großer Verlust. Als die Tochter aus dem Sack her-

271

auskriecht, fällt die Stiefmutter in Ohnmacht, und die Magd flieht vor Entsetzen. Ingrid wird von dem »Geißbock« fortgebracht, und sie erleben bis ans Ende dieser bemerkenswerten Erzählung viele weitere dramatische Abenteuer. Selma Lagerlöf kannte die schwedischen Sagen sehr gut, und sie ließ sich vermutlich von zwei traditionellen Volkslegenden zu »Eine Herrenhofsage« inspirieren: einer Legende über eine scheintote Frau, die aus dem Grab gerettet wurde, sowie einer zweiten Legende über die Liebe einer Frau, die einen Mann, der sich halb in ein Tier verwandelt hat, vor dem Wahnsinn rettet.

Nichts deutet darauf hin, dass Selma Lagerlöf selbst Angst davor gehabt hätte, lebendig begraben zu werden. Aber der etwa zur gleichen Zeit lebende dänische Erzähler Hans Christian Andersen war wie besessen von der Angst, in einem Sarg zu erwachen. Wie Wilkie Collins misstraute auch er ausländischen Ärzten, und er trug immer eine Karte bei sich, auf der stand: »Ich bin nur scheintot« und die er immer, wenn er in einem Hotel im Ausland übernachtete, auf die Kommode legte, um zu verhindern, dass ein achtloser Arzt ihn für tot erklärte. Zwei Tage vor seinem Ableben im Jahr 1875 bat Andersen einen Freund, dafür zu sorgen, dass seine Pulsadern aufgeschnitten würden, bevor man ihn beisetzte.[32] Ein dänischer Zeitgenosse Andersens, der exzentrische Schriftsteller Niels Nielsen, hatte sogar noch größere Angst davor, lebendig begraben zu werden. Er schlug vor, jeden Frischverstorbenen ins Bett zu legen und ein Mahl aus Kuchen, Wein und Bier auf einem Tisch neben dem Bett herzurichten, damit der Verblichene im Falle seiner unerwarteten Wiederbelebung mit einem schmackhaften Mahl seine Lebensgeister wecken könne. Nachdem die Türen und Fenster im Haus des Verstorbenen verschlossen worden seien, sollte dieses Gebäude verlassen und für die Familie des Verstorbenen ein neues unmittelbar daneben errichtet werden![33]

Alfred Nobel war ein weiterer prominenter Schwede, der sich vor dem Scheintod fürchtete. Er beschloss das gleiche Testament, in dem er die Gründung der Nobel-Stiftung verfügte, mit den folgenden Worten: »Schließlich ordne ich als meinen ausdrücklichen Wunsch und Willen an, dass mir nach meinem Ableben die Pulsadern geöffnet werden und dass, nachdem dies geschehen und von kompetenten Ärzten deutliche Anzeichen des Todes festgestellt worden sind, mein Leichnam in einem Krematoriumsofen verbrannt wird.«[34]

Einige zweitrangige Schriftsteller des ausgehenden 19. Jahrhunderts haben ebenfalls das Thema des vorzeitigen Begräbnisses aufgegriffen. Der exzentrische Engländer Frederick Rolfe, der sich selbst Baron Corvo nannte, behauptete, er sei einst als Student der Theologie in Rom irrtümlich lebendig begraben worden. Nachdem ihn eine kleine Eidechse förmlich zu Tode erschreckt habe, sei er in einen tranceartigen Zustand verfallen, eingesargt und in einer Nische in einer alten Kirche eingemauert worden. Doch die Lebensgeister seien zurückgekehrt, er habe aus dem Sarg ausbrechen und aus der Nische hinabklettern können. Diese Geschichte erschien reich bebildert mit Zeichnungen von »Baron Corvos schrecklichem Erlebnis«, die unter seiner persönlichen Aufsicht angefertigt wurden, in einer führenden Zeitschrift.[35] Ähnlich haarsträubend war der Sensationsroman »The Haunted Husband« von Harriet Lewis, in dem unter anderen unwahrscheinlichen Begebenheiten jemand vorzeitig begraben und die Leiche durch eine wächserne Nachbildung ersetzt wird.[36] In Gertrude Athertons Kurzgeschichte »The Dead and the Countess« ist ein abergläubischer Dorfpriester überzeugt davon, dass die Toten auf seinem Friedhof durch die Geräusche der Gleise, die unlängst neben dem Friedhof verlegt wurden, in ihrer Ruhe gestört würden. Jedes Mal, wenn ein Zug vorbeifährt, besprengt er alle Gräber mit Weihwasser und glaubt, die Toten sprächen zu ihm. Eines Abends besucht er einen örtlichen Edelmann, den Grafen de Croisac, dessen Gemahlin am Tag zuvor beigesetzt wurde. Er erzählt dem Grafen, die Toten auf seinem Friedhof fühlten sich durch die Züge in ihrer Ruhe gestört, und der Edelmann hält ihn für verrückt. Dann berichtet er ihm von dem schauerlichen, erstickten Stöhnen, das er gerade aus dem Grab der Gräfin gehört hat, und der Graf stürzt los und rettet seine scheintot begrabene Frau im letzten Moment.[37] In Arthur Conan Doyles Kurzgeschichte »The Disappearance of Lady Frances Carfax« entführen zwei Australier, die sich als Künstler ausgeben, eine vermögende Adelige und wollen sie lebendig begraben. Doch Sherlock Holmes ist ihnen dicht auf den Fersen: Er fängt den Leichenwagen ab, öffnet den Sarg und lässt Dr. Watson die chloroformierte Lady Frances wiederbeleben.[38]

In einem Brief an den mit ihm befreundeten Schriftsteller Clark Ashton Smith, der ebenfalls Schauergeschichten schrieb, erörterte H. P. Lovecraft das Problem, wie man eine Erzählung über das Begräbnis eines Scheintoten so gestalten könne, dass sie für den Leser des 20. Jahrhunderts glaubwürdig sei. Lovecraft schrieb mit Bezug auf eine der Erzählungen Smith', da es mittlerweile allgemein üblich sei, Leichen einzubalsamieren, müsse sich der Schriftsteller einen guten Grund dafür einfallen lassen, dass ein Toter nicht einbalsamiert werde, bevor er dieses schaurige Thema in eine Geschichte einführen könne.[39] Mehrere von Lovecrafts Zeitgenossen taten genau dies. In John Dickson Carrs »The Three Coffins« aus dem Jahr 1935 hecken drei ungarische Brüder, die wegen Bankraubs im Gefängnis sitzen, einen kühnen Fluchtplan aus, vielleicht nachdem sie Dumas' »Graf von Monte Christo« gelesen haben. Unter Mithilfe des Gefängnisarztes werden sie während einer Pestepidemie für tot erklärt und auf dem Gefängnisfriedhof außerhalb der Mauern beerdigt. Die Särge werden zugenagelt, aber die Männer haben Nagelzangen bei sich. Einem gelingt es, seinen Sarg aufzubrechen, und er gräbt sich nach oben durch, herzlos seine Brüder ihrem Schicksal überlassend. Einer von ihnen wird später erstickt in seinem Sarg gefunden, der andere blutüberströmt und bewusstlos, aber lebendig.[40]

Der Amerikaner Cornell Woolrich hat in seiner Kurzgeschichte »Grave for the Living« weitere Horrorelemente eingesetzt. Am Anfang der Geschichte zeigt ein gefühlloser Polizist
seiner Frau und seinem zehnjährigen Sohn den exhumierten
Leichnam eines Kriegsversehrten: Er weist auf die gebrochenen
Fingernägel, den zerkratzten Sargdeckel, das blutverschmierte
Totenhemd und das grauenhaft entstellte Gesicht, und er erzählt
ihnen, der Mann sei in seinem Sarg langsam erstickt, nachdem
er versehentlich lebendig begraben worden sei. Seine Frau fällt
auf der Stelle in Ohnmacht und verliert anschließend den Verstand. Der Sohn dagegen wird wie besessen von der Vorstellung,
man könnte ihn vorzeitig begraben. Als Erwachsener verlobt er
sich mit einer vermögenden Erbin, die die gleiche morbide Sorge
hat. Er engagiert sich auch in einer düsteren Geheimgesellschaft
mit dem Namen »Die Todesfreunde«, die hauptsächlich aus Menschen besteht, die sich wie wahnsinnig davor fürchteten, lebendig begraben zu werden. Sie behaupten, den Schlüssel zum ewi-
gen Leben zu besitzen, und wenn eines ihrer Mitglieder stirbt,
unterziehen qualifizierte Wissenschaftler den Leichnam einer
geheimen Behandlung, bevor dieser in einem Sarg mit einer Luftröhre und einem Signalapparat bestattet wird. Wenn er wiedererwachte, würde er einen Knopf drücken, um die Alarmvorrich-
tung auszulösen, und die anderen »Todesfreunde« würden
kommen und ihn ausgraben. Nach diesem Erlebnis sollte er weder Tod noch Begräbnis fürchten. Im Gegenzug verlangte die
schaurige Gesellschaft kontinuierliche Geldzahlungen und eine
bedingungslose Loyalität von ihren Mitgliedern. Der junge Mann
ist zu keinem von beiden bereit, und die »Todesfreunde« üben
Rache. Sie überwältigen ihn, hüllen ihn in ein Totenhemd und
legen ihn in einen Sarg, worauf sie ihn lebendig begraben wollen, doch er erzählt ihnen von seiner wohlhabenden Verlobten.
Daraufhin lassen sie ihn laufen, entführen sie und begraben sie
lebendig an seiner Statt. Mit Hilfe der Polizei findet er sie jedoch
rechtzeitig, und sie erwacht mit »einem Schrei unbeschreib-

lichen Entsetzens«, als der Sargdeckel entfernt wird. Diese wüste Erzählung endet damit, dass die Polizei die »Todesfreunde« festnimmt. Es stellt sich heraus, dass sie keineswegs das Geheimnis der Unsterblichkeit gelüftet haben, sondern ihren eigenen Mitgliedern ein Rauschgift verabreichten und sie lebendig begruben. Nachdem sie aus ihren Sicherheitssärgen gerettet wurden, hatten sie keine Angst mehr vor dem Tod und berichteten anderen potenziellen Mitgliedern von ihrer Unsterblichkeit. Woolrich selbst hatte Angst davor, scheintot begraben zu werden, und er wandte sich in mindestens einer weiteren Erzählung diesem Thema zu. Vermutlich ließ er sich von Poes Erzählungen oder von einer Broschüre über die Sicherheitssärge des 19. Jahrhunderts zu »Grave for the Living« inspirieren.[41]

Der englische Thrillerautor Dennis Wheatley setzte das Thema des vorzeitigen Begräbnisses in seinem Roman »The Ka of Gifford Hillary« in anderer Weise um.[42] Ein wohlhabender Baronet wird von einem geistesgestörten Wissenschaftler aus Wales umgebracht, der zuvor seine Frau verführte. Der wahnsinnige Waliser erschießt Sir Gifford mit einem Todesstrahl, den er erfunden hat, aber der Baronet ist nicht tot. So wie es die Spiritisten im ausgehenden 19. Jahrhundert befürchtet hatten, hat seine Seele seinen Körper verlassen, muss jedoch nach der Beisetzung wieder zurückkehren. Glücklicherweise hatte Sir Gifford Angst davor gehabt, lebendig begraben zu werden, und er hatte seinen Sarg deshalb mit Luftlöchern versehen. In Michael Crichtons Roman »Der große Eisenbahnraub« wird der Sicherheitssarg, der mit einer so genannten »Bateson-Glocke« ausgerüstet ist, für einen ungewöhnlichen Zweck verwandt.[43] Der Leichnam eines jungen Mannes wird in einem Personenzug befördert, als plötzlich die Glocke auf dem Sarg zu läuten beginnt! Der Deckel wird rasch aufgeschraubt, und seine Schwester stürzt nieder, um ihren vermeintlich wiedererwachten Bruder zu umarmen. »Aber mitten in der Bewegung erstarrte sie, und dies aus verständlichem Grund. Als der Sargdeckel abgehoben wurde, schlug den Anwesenden ein ekelerregender fauliger Gestank in einer geradezu körperlich spürbaren Welle entgegen, und deren Ausgangspunkt war nicht schwer zu erraten ...« Das Mädchen wird ohnmächtig, und der Gestank ist derart unerträglich, dass die Menschen fluchtartig den Bahnsteig verlassen. Der Sarg wird schleunigst wieder verschlossen und in ein Abteil geschafft, das sich unmittelbar neben einem Safe befindet, in dem zahlreiche Goldbarren verwahrt werden. In dem Sarg aber liegt ein Dieb, der sich mit den Eingeweiden eines toten Hundes beschmiert hat, um diesen Verwesungsgeruch zu erzeugen. Er wird von einem Komplizen aus dem Sarg gelassen und beginnt den Safe zu plündern.

Auch eine ganze Reihe von Filmen, von denen sich nicht wenige an Poes »Lebendig begraben« anlehnten, thematisieren vorzeitige Begräbnisses. Der erste war »The Crime of Dr. Crespi« aus dem Jahr 1935, bei dem John H. Auer Regie führte, Erich von Stroheim spielt darin einen verruchten Krankenhausarzt, der sich an einem Rivalen rächen will, indem er ihn lebendig unter die Erde bringt. Eine der Episoden in der populären amerikanischen Fernsehserie »Thriller«, die in den sechziger Jahren von Boris Karloff moderiert wurde, war »Lebendig begraben« von 1961, die ebenfalls Anleihen an Poes berühmter Erzählung machte. Ein wohlhabender Mann leidet an Anfällen von Starrsucht und wird von der zwanghaften Angst befallen, während eines Anfalls lebendig begraben zu werden. Seine untreue Gattin sorgt dafür, dass genau dies geschieht: Er wird scheintot beigesetzt. Karloff selbst spielt in der Episode einen Arzt, der mit dem scheintot Begrabenen befreundet ist und der schließlich die finstren Machenschaften der Frau aufdeckt. Im Jahr 1961 kam Roger Cormans »Lebendig begraben« in die Kinos. Die Handlung weist eine gewisse Ähnlichkeit mit Poes Originalversion auf, insofern der Held, Guy Carrell, gespielt von Ray Milland, ein Neurotiker ist, der panische Angst davor hat, nach einem seiner Muskelkrampf-Anfälle lebendig begraben zu werden. Er lässt sich sogar eine Sicherheitskrypta bauen, um zu überleben, falls der schlimmste Fall eintritt. Um sich selbst zu beweisen, dass er von seiner Phobie geheilt ist, öffnet er die Gruft seines Vaters, doch er erleidet einen Anfall und wird anschließend in besinnungslosem Zustand gefunden. Er wird in einen Sarg gelegt und in ein Grab hinabgelassen, und obgleich eine enge Verwandte bemerkt hat, dass er noch am Leben ist, unterbricht sie die Beisetzung nicht. Es ist aufschlussreich, dass in fast allen filmischen Adaptionen dieses Themas das versehentliche durch ein vorsätzliches Begraben ersetzt wurde. Damals war die Angst, irrtümlich lebendig begraben zu werden, weitgehend abgeebbt, aber das Thema des Wiedererwachens im Sarg übte noch immer eine gruselige Faszination aus.

Während Cormans Film gewisse Ähnlichkeiten mit Poes Vorlage aufweist, gilt für »Edgar Allan Poe's Buried Alive« aus dem Jahr 1990, bei dem Gerard Kikoine Regie führte, das Gegenteil. Die Heldin kommt nach Ravenscroft Hall, einer Schule für psychische gestörte Mädchen, um als Assistentin für den charmanten und zugleich unheimlichen Psychiater zu arbeiten, der diese Einrichtung leitet. Die Schule war früher eine Anstalt für geistesgestörte Verbrecher, und die Heldin hat schon bald Albträume über die brutalen Morde, die einer dieser Geistesgestörten beging. Dann kommt es, wie es kommen muss: Die Schülerinnen verschwinden nacheinander, und es stellt sich heraus, dass der Mörder noch immer sein Unwesen treibt.

Andere Regisseure folgten dem Beispiel, verzichteten auf Poes düstere, morbide Thematik und ersetzten sie durch ein Handlungsmotiv, das dem jugendlichen amerikanischen Kinogänger vertrauter ist: Verängstigte, knapp bekleidete junge Blondinen werden nacheinander auf sadistische Weise ermordet. Eine andere seltsame »Adaption« von Poes Geschichte, »Haunting Fear«, des Regisseurs Fred Olen Ray, die 1993 herauskam, wird auf einer Internetseite von einem begeisterten Amateurkritiker gelobt, der

*Standfoto aus
Roger Cormans Film
»Lebendig begraben«.*

den Film den Fans von »Nightmare III« und anderen zweit-
klassigen »Schlächterfilmen« empfiehlt.

Noch immer auf Video erhältlich ist der Film »Buried Alive –
Lebendig begraben« aus dem Jahr 1990, bei dem Frank Darabont
Regie führte und in dem Tim Matheson einen Mann spielt, der
von seiner untreuen Frau und deren Geliebtem, einem Arzt, vergiftet und lebendig begraben wird. Dieser Film war so erfolgreich, dass eine Fortsetzung gedreht wurde, »Buried Alive II«
(1997), bei dem Matheson selbst Regie führte. Die Handlung ist
weitgehend identisch mit der des ersten Films, außer dass jetzt
Mathesons Nichte, gespielt von Ally Sheedy, absichtlich lebendig begraben wird.

Auch in Wes Cravens »Die Schlange im Regenbogen« von
1987 wird das Thema der »lebenden Toten« behandelt, und Fox
Mulder wird in einer Folge von *Akte X* lebendig begraben. In

einer Folge von »Buffy the Vampire Slayer« ereilt die Heldin dasselbe Schicksal, aber es gelingt ihr, den Sargdeckel zu zerstören und zu entkommen.

Dem Leser, der einen wirklich spannenden Thriller über einen lebendig begrabenen Menschen sehen möchte, sei der niederländische Film »Spoorloos« des Regisseurs George Sluizer nach einer Kurzgeschichte von Tim Krabbé empfohlen, der auch bei der Kritik auf ein viel positiveres Echo stieß als alle vorgenannten Filme. Er kam unter dem Titel »Spurlos verschwunden« 1988 in die Kinos. Ein frischvermähltes niederländisches Paar macht auf dem Rückweg von einem Fahrradurlaub in Frankreich an einer Raststätte Halt. Die Frau geht hinein, um ein paar kalte Getränke zu kaufen, und der Ehemann sieht sie nie wieder. Er möchte sie um jeden Preis finden oder doch wenigstens wissen, was aus ihr geworden ist. Drei Jahre lang reist er auf der Suche nach der Verschollenen durchs Land, gibt Zeitungsanzeigen auf und tritt sogar im Fernsehen auf, um Augenzeugen zu bitten, sich zu melden. Die Ungewissheit über ihr Schicksal treibt ihn in den Wahnsinn. Schließlich nimmt der Entführer, ein gerissener Psychopath, Kontakt zu ihm auf. Er erklärt sich bereit, seine Neugier zu stillen, aber nur wenn der Ehemann bereit ist, die gleiche Erfahrung durchzumachen wie seine Frau. Der Mörder schüttet ein Beruhigungsmittel in den Kaffee und fordert den Mann auf, ihn zu trinken – dann würde er aufwachen und genau das Gleiche fühlen, was seine Frau empfunden habe. Natürlich wissen wir, in welcher Situation er aufwachte. Dieses brutale, verstörende Ende war für die amerikanischen Filmmogule erwartungsgemäß nicht leicht zu verdauen. George Sluizer erhielt daher den Auftrag, ein Remake des Films mit amerikanischer Besetzung zu inszenieren. Kiefer Sutherland und Sandra Bullock spielen in diesem Remake mit dem Titel »Spurlos«, das 1992 in die Kinos kam, das verheiratete Paar, und Jeff Bridges verkörpert den Mörder. Das Happyend am Schluss wirkt allerdings sehr aufgesetzt.

WURDEN MENSCHEN TATSÄCHLICH
LEBENDIG BEGRABEN?

Sterben ist natürlich, aber der lebendge Tod
Derer, die im Sarg erwachen –
Seelenfunken matt entfachen –
Ihren letzten Odem ziehen,
greift uns schauernd in die Herzen,
denn dies lässt sich nie verschmerzen.
Drum, ihr Lebenden, seid auf der Hut,
lasst euch Zeit und habt mehr Mut,
wartet, bis der Leib ganz ruht.

Wie viele sind im Totenhemd erstickt!
Wie viele haben tiefste Finsternis erblickt!
Das Herz erschauderte vor wilden Schreien
Der Totgeweihten, die Gott barmherzig flehten,
laut anklagten den Fehl in heftigen Gebeten:
Nicht einmal der Teufel ersinne solche Pein.

Percy Russell, »Premature Burial«, aus dem »Burial Reformer
Magazine« 1 (1906), S. 33

Noch vor hundert Jahren behaupteten mehrere Schriftsteller, alljährlich würden viele Menschen scheintot begraben. Diese Panikmacher brachten immer wieder das Argument vor, aus der Zahl der Menschen, die fälschlich für tot erklärt, aber durch glückliche Fügungen gerettet worden seien, folge, dass viele weitere Opfer ähnlicher Fehler zu einem grauenhaft Tod unter der Erde verdammt wurden. Niemand geißelte die nachlässigen und herzlosen Ärzte, die die Beweise ihrer Fehler mit dem Scheintoten beerdigten, heftiger als der oben erwähnte John Snart: Er behauptete, auf jeden erretteten Scheintoten kämen eintausend Personen, denen kein so glückliches Schicksal zuteil würde. In Herrn Köppens weiter oben zitierter Abhandlung, erklärte ein deutscher Militärarzt, der für den preußischen Generalstab tätig war, seines Erachtens würde ein Drittel der Menschheit lebendig begraben. François Thiérry, Dozent der Medizinischen Fakultät von Paris, behauptete, ein Drittel bis zur Hälfte all derjenigen, die im Bett stürben, seien bei ihrer Beerdigung nicht wirklich tot. Johann Peter Frank begnügte sich mit der Behauptung, seiner Auffassung nach sei die Zahl der lebendig Begrabenen größer als die der Selbstmorde.

Im 19. Jahrhundert wurde auch viel darüber spekuliert, wie hoch der Prozentsatz der Menschen sei, die scheintot begraben würden. Snart mutmaßte, zehn Prozent seiner Landsleute würden vorzeitig begraben.[1] Ein schwedischer Arzt zog dieselbe vorschnelle Schlussfolgerung: In seinem Heimatland würde jeder Zehnte lebendig beigesetzt.[2] Der Propagandist Hyacinthe Le Guern glaubte, jeder Zweitausendste sei noch am Leben, wenn er zur letzten Ruhe gebettet werde.[3] Sein Kollege Dr. Léonce Lenormand setzte diese Zahl auf jeden tausendsten Beerdigten hinauf.[4] Der Herausgeber des »Journal d'Hygiène«, Dr. de Pietra Santa, korrigierte diese Zahl 1897 nach unten, auf jeden Fünftausendsten.[5] Etwa zur gleichen Zeit behauptete der französische Agitator Gaubert, jedes Jahr würden achttausend Franzosen lebendig begraben: War die Nation so reich, dass sie diesen schweren Aderlass an menschlichen Ressourcen verkraften konnte?[6] Auf der Basis ähnlich fragwürdiger und unklarer Argumente äußerte der Engländer J. C. Ouseley die Vermutung, jedes Jahr würden in England und Wales 2700 Menschen lebendig begraben[8], dagegen meinte Dr. Stenson Hooker, die Zahl der scheintot begrabenen Briten liege eher bei achthundert pro Jahr.[8] Der italienische Geistliche Camillo de Lellis behauptete, jedes Jahr würden viele hundert Italiener lebendig der Erde übergeben.[9] Der amerikanische Rechtsanwalt Marvin Dana erklärte 1897, jede Woche würde ein Amerikaner lebendig beerdigt[10], und Carl Sextus, ein weiterer Amerikaner, war überzeugt davon, dass zwei Prozent seiner Landsleute vorzeitig zur letzten Ruhe gebettet würden. Sextus behauptete, über einen Zeitraum von achtzehn Jahren anderthalbtausend Fälle von scheintot Begrabenen zusammengetragen zu haben.[11] Als der Friedhof von Fort Randall nahe Rochester, New York, 1896 aufgegeben wurde, stellte eine gewisser T. M. Montgomery fest, dass zwei von hundert Leichen Spuren aufwiesen, die dafür sprachen, dass sie lebendig begraben worden waren. Einer davon war ein Soldat, der vom Blitz getroffen worden war. Als der Sargdeckel abgehoben wurde, sah man, dass Arme und Beine so weit ausgestreckt waren, wie es die Wände des Sarges erlaubten. Der zweite Fall war skurriler: Die sterblichen Überreste eines Alkoholikers wurden mit angezogenen Beinen und das Totenhemd umklammernden Händen gefunden. In dem Sarg lag außerdem eine große leere Whiskeyflasche. Mr. Montgomery folgerte daraus, diese Exhumierung zeige, dass etwa zwei Prozent aller Amerikaner scheintot bestattet würden, so wie es Sextus vorhergesagt hatte.[12] Tebb und Vollum zitierten diese Zahl zustimmend und folgerten ihrerseits, dass nicht wenige Menschen lebendig begraben würden. Sie behaupteten, ihre eigenen 161 Fälle und die noch größere Zahl, die Franz Hartmann zusammengetragen hatte, sprächen für sich selbst.

Eine kritische Überprüfung des Schrifttums über Scheintod und vorzeitige Begräbnisse würde eher die gegenteilige Auffassung von Bouchut, Walsh und anderen Skeptikern untermauern, wonach diese Zahlen viel zu hoch gegriffen waren. Viele der Fallberichte, die Hartmann sowie Tebb und Vollum anführten, waren kurze Auszüge aus Zeitungsartikeln, die nacheinander von mehreren Zeitungen abgeschrieben worden waren, ehe sie die Vereinigten Staaten erreichten. Insbesondere die schematisch abgefassten Berichte »Von unserem Auslandskorrespondenten«, in denen der Held am Nachmittag für tot erklärt, am Abend lebendig begraben wird und am nächsten Tag den Reportern bei einem kräftigen Frühstück die Geschichte von seiner Rettung erzählt, müssen mit einem dicken Fragezeichen versehen werden. Es ist bekannt, dass im 19. Jahrhundert so mancher skrupellose Reporter vorsätzlich Sensationsgeschichten erfand, um sie an Zeitungen zu verkaufen, und Berichte über lebendig Begrabene stießen immer auf breites öffentliches Interesse. In den sechziger Jahren des 19. Jahrhunderts führten Eugène Bouchut, Alexander van Hasselt und andere Skeptiker den Nachweis, dass viele dieser Zeitungsberichte frei erfunden waren und dass sich sogar viele ernsthafte medizinische Abhandlungen über Scheintod und vorzeitiges Begräbnis darauf bezogen. Auch Berichte über vermeintliche Scheintote, die mehrere Tage lang in einem luftdicht verschlossenen Sarg unter einer sechs Fuß dicken Erdschicht überlebt haben sollen, sind nicht besonders glaubwürdig. Der deutsche Physiologe Ernst Hebenstreit ging schon im 18. Jahrhundert der Frage auf den Grund, wie lang ein Mensch wohl unter diesen Bedingungen überleben könne. Nach seiner Berechnung wäre der Sauerstoff, der sich im Sarginneren befindet, nach sechzig Minuten aufgebraucht. Die meisten Wissenschaftler, die sich später mit dieser Frage befassten, stimmten ihm zu.[13] Im Jahr 1859 wollte der deutsche Physiologe Dr. von Röser diese Frage mit Hilfe eines Experiments beantworten: Er vergrub mehrere Ratten und Mäuse lebendig in einem Sarg und grub diesen nach einigen Tagen wieder aus, um zu sehen, wie viele noch am Leben waren. Die Tiere hatten jedoch dadurch überlebt, dass sie sich gegenseitig auffraßen, einige hatten Löcher in den Sarg gefressen und sich ausgegraben. Daraufhin wandte Dr. von Röser eine andere experimentelle Strategie an. Er sperrte einen großen Hund in einen luftdichten Sarg mit gläsernem Deckel. Nach zwei Stunden rang das arme Tier immer verzweifelter nach Luft. Schließlich fiel der Hund um und wurde, nach drei Stunden, für tot erklärt. Dr. von Röser folgerte, dass seine Ergebnisse im Einklang mit den Berechnungen Hebenstreits stünden, da der Hundekörper im Sarg weniger Raum einnehme als ein menschlicher Körper.[14]

Die Propagandisten gegen vorzeitige Begräbnisse stützten ihre Argumentation weitgehend auf Zeitungsberichte über Leichen und Skelette, die bei der Exhumierung in unnatürlichen Stellungen gefunden wurden. Oftmals sagen die Zeitungsberichte lediglich, es sei »nur allzu offenkundig«, dass der exhumierte Leichnam lebendig begraben worden sei. Viele der ausführlicheren Berichte sind gänzlich unglaubwürdig. Die Autoren, die auf sensationelle und gruselige Schlagzeilen aus waren, machten viel Aufhebens um eine Leiche, die bei der Exhumierung beispielsweise auf der Seite lag. Dabei ließ sich dies genauso gut damit erklären, dass der Sarg schief ins Grab gesenkt worden war. Wenn das Gesicht der Leiche zu einer schrecklichen Grimasse verzogen oder Arme und Beine aufgerichtet waren, konnte der begabte Journalist bei der Beschreibung des schrecklichen Ringens im Sarg seiner Phantasie freien Lauf lassen, aber diese Veränderungen lassen sich durchaus mit der natürlichen Zersetzung des Körpers nach dem Tod erklären. Es ist bekannt, dass sich die Muskulatur nach dem Tod entspannt, und dies erklärt den heiteren und »lächelnden« Gesichtsausdruck, der so vielen trauernden Hinterblieben Trost spendete und in ihnen den trügerischen Eindruck erweckte, ihre Lieben seien in Frieden mit der Welt entschlafen. Nach diesem Stadium setzt die Leichenstarre ein, und es kommt zu einer allmählichen Kontraktion der Muskulatur, die das Gesicht zu einer scheußliche Grimasse verziehen kann. Kundige Leichenbestatter, die um dieses Phänomen wissen, müssen manchmal verschiedene verdeckte Operationen durchführen, etwa Sehnen durchtrennen und Silikon injizieren, um die matte Illusion des schönen Todes aufrechtzuerhalten. Auch das Zusammenziehen der Arm- und Beinmuskulatur, das den falschen Eindruck erweckt, die Leiche sei erwacht und habe versucht, den Sargdeckel aufzustoßen, ist ein vollkommen natürliches Phänomen. Im Innern der Leiche können sich erhebliche Mengen an Fäulnisgasen ansammeln, und es gibt mehrere wohldokumentierte Fälle von Leichen, die nach einer entsprechenden »Lagerungszeit« förmlich explodierten – etwa die von Wilhelm dem Eroberer – und die Sargwände zum Bersten brachten. Das Phänomen eines zertrümmerten Sargs in einer Gruft, wie im Boger-Fall, den ich zu Beginn anführte, lässt sich daher höchstwahrscheinlich mit natürlichen Zersetzungsprozessen erklären. In einem Fall aus Kronstadt, der großes öffentliches Aufsehen erregte, wurde das Skelett eines Jungen, der vierzehn Jahre zuvor beigesetzt worden war, auf dem Boden, neben seinem Sarg, liegend gefunden. Die anderen Särge in der Familiengruft waren ebenfalls leer und geplündert. Die Aktivisten gegen vorzeitige Begräbnisse hatten einen großen Tag und malten sich aus, der verzweifelte Junge habe die Särge seiner Verwandten nach Nahrungsmitteln durchwühlt, in Wahrheit aber müssen in die Gruft, die einer bekannten und wohlhabenden Familie gehörte, Grabräuber eingebrochen sein, um nach Wertsachen zu suchen.[15] Andere Fälle von mutmaßlich scheintot Begrabenen dürften auf das Konto von Leichenräubern, die frische Leichen zum Sezieren suchten und die verwesenden Leichen ohne viel Federlesens wieder in die Särge stauchten, beziehungsweise von Leinendieben gehen, die die Totenhemden stehlen wollten. Aber ich kann dem Leser nicht all die irrationalen Ängste nehmen, die die vorangehenden Kapitel in ihm geweckt haben mögen. Nicht einmal die streng wissenschaftlichen Gerichtsmediziner der heutigen Zeit konnten ein Phänomen erklären, über das in einigen älteren Fällen von mutmaßlich vorzeitigem Begräbnis berichtet wird: Die Leiche hatte nicht nur ein verzerrtes Gesicht und aufgerichtete Arme und Beine, sondern ihre geballten Fäuste waren auch voller Menschenhaar, das mit den Wurzeln herausgerissen worden und identisch mit dem Haar auf dem Kopf der Leiche war.

In vielen Berichten aus dem 18. und 19. Jahrhundert wurde behauptet, der lebendig Begrabene habe seine eigenen Finger oder auch ganze Arme abgenagt beziehungsweise verzehrt. Die moderne Gerichtsmedizin hat nachgewiesen, dass dies höchstwahrscheinlich auf Nagetiere zurückzuführen war, die an der Leiche fraßen. Sie begannen in der Regel an den Fingerspitzen und arbeiteten sie sich dann an den Armen Richtung Rumpf vor. Im Jahr 1966 sorgte ein Vorfall in einem Dorf in Vorarlberg für großes Aufsehen: Man glaubte, ein Stöhnen aus dem Sarg eines achtundsechzigjährigen einbeinigen Invaliden zu hören, der ein paar Tage zuvor gestorben war. Der Sohn des Mannes bestand darauf, dass ein Arzt gerufen wurde, um den Sarg zu öffnen und die Leiche zu untersuchen. Die Entdeckung, dass der Leichnam Verletzungen im Gesicht und an den Fingern aufwies, löste einen Sturm der Entrüstung aus, und sogleich kam das Gerücht auf, der Mann sei lebendig begraben worden und habe im Todeskampf in seine Hände gebissen. Die Leiche wurde ins Gerichtsmedizinische Institut der Universität Innsbruck überführt, wo Professor F. J. Holzer sie eingehend untersuchte. Er stellte fest, dass Ratten ein Loch ins Fußende des Sargs genagt und der Leiche im Gesicht, an den Knien und Fingern große Bisswunden beigebracht hatten. Es gab keine Anzeichen für eine Vitalreaktion, was bewies, dass der Mann wirklich tot gewesen war, als die Tiere ihn annagten. Professor Holzer besuchte das Haus des alten Mannes, und obgleich der Sohn beteuerte, sie hätten keine Ratten, fand er in dem Raum, in dem der Sarg aufbewahrt worden war, zwei große Rattenlöcher. Die Nager waren also in den Sarg eingedrungen, bevor er in die Leichenhalle gebracht worden war. Man vermutete, dass das vermeintliche Stöhnen, das aus dem Sarg zu hören war, entweder von einer quiekenden Ratte oder von einer miauenden Friedhofskatze herrührte.[16] Weitere Beobachtungen aus neuerer Zeit haben schlüssig belegt, dass die Wunden durch Rattenbisse exakt mit den Verletzungen übereinstimmen, von denen man annahm, dass sie durch den verzweifelten Kampf des Begrabenen verursacht wurden, der in dem rasenden Bemühen, in die Freiheit zu gelangen, an seinen Fingern nage und sich das Gesicht zerkratze. Nun könnten wir uns beruhigt zurücklehnen, wäre da nicht eine Beobachtung des schwedischen Arztes Per Hedenius aus dem 19. Jahrhundert. Einige junge Studenten hatten beschlossen, über den zugefrorenen

Öresund von Lund nach Kopenhagen zu wandern. Doch auf dem Rückweg brach bei einem Sturm die Eisdecke. Alle Studenten wurden gerettet, bis auf einen, den man tot auf einer Eisscholle fand, wo er verzweifelt versucht hatte, in der bitteren Kälte am Leben zu bleiben. Sämtliche Finger fehlten, und der Arzt glaubte, sie seien von einem Raubvogel gefressen worden, der sich an der Leiche gütlich tat, doch bei der Autopsie fand man ihre abgenagten Überreste *in seinem Magen*.[17]

Wie aber steht es mit den Fällen, in denen ein »Hilfeschrei« aus dem Sarg zu hören war. Unter der Überschrift »Geräusche aus dem Grab« schilderten Tebb und Vollum drei solche Fälle. Die »Sunday Times« vom 30. Dezember 1838 berichtete von einem verstorbenen Franzosen aus Tonneins, der ordnungsgemäß für tot erklärt worden war. Doch als der Totengräber die ersten Schaufeln Erde auf den Sarg warfen, war »ein undefinierbares Geräusch« zu hören. Von unbeschreiblichem Grauen gepackt, floh der Totengräber, um Hilfe zu holen. Der Sarg wurde geöffnet, und der grässliche Gesichtsausdruck galt als sicherer Beweis dafür, dass der Mann lebendig begraben worden war. Ein Arzt öffnete eine Ader, doch es floss kein Blut. »Die ärztliche Kunst vermochte dem Leidenden nicht zu helfen«. In einem anderen Fall kamen »unterdrückte Schreie« aus einem Sarg, der im Haus des Friedhofswärters in einem Dorf bei Neapel stand. Bei einem weiteren Fall war aus dem Sarg eines jüngst bestatteten russischen Mädchens ein »Seufzen« zu hören. Doch als die Särge von den zitternden Händen der völlig verstörten Kirchendiener geöffnet wurden, die erwarteten, dass sich ihnen im Innern ein grausiger Anblick biete, war an den Leichen nicht das geringste Lebenszeichen festzustellen.[18] Diese Berichte erinnern an die heulenden Leichen in Garmanns Totenwundern und an Michael Ranfts lärmende Leichen, die ihre Totenhemden verzehrten. Sie alle leiten sich von demselben Phänomen her: In einigen Fällen entweicht das sich in den Eingeweiden ansammelnde Fäulnisgas durch den Hals, wobei es durch den Kehlkopf strömt und dabei den so genannten »Totenlaut« erzeugt: ein manchmal recht lautes Stöhnen.[19] Betrachten wir noch einmal den berühmten Fall der verfrüht begrabenen Madam Blunden aus Basingstoke, deren Stöhnen im Sarg von den spielenden Schülern vernommen wurde. In den zeitgenössischen Quellen heißt es, sie sei sehr korpulent gewesen und der Leichnam habe bei seiner Bestattung einen Fäulnisgeruch verströmt. Interessanterweise spricht die volkstümliche Überlieferung nur von einem Geräusch beziehungsweise einem Stöhnen, das aus der Blunden-Gruft gekommen sei. Die Worte »Befreit mich aus meinem Grab« könnten durchaus eine frei erfundene Zutat des Verfassers der Druckschrift »News from Basing-Stoak« sein, der vermutlich seine Leser das Gruseln lehren wollte. Bestätigt wird diese Vermutung durch die Beschreibung von Madam Blundens Leichnam, der bei der Sargöffnung wie eine volle Blase angeschwollen sei. Dies untermauert zweifelsfrei die Schlussfolgerung, dass die Verwesung weit fortgeschritten war und dass sich eine erhebliche Menge an Darmgasen im Körper angesammelt hatte. Vielleicht sollten die Stadtväter von Basingstoke, nachdem sie über diese neuen Informationen verfügen, gegen die Geldbußen, die 1660 gegen sie verhängt wurden, Einspruch einlegen.

Wie aber verhält es sich mit dem grausigen schwedischen Fall, den ich ebenfalls in der Einleitung schilderte? Das scheintot begrabene Mädchen erwachte im Sarg, rief um Hilfe und brachte später in seinem finstren Verlies ein Kind zur Welt, bevor es unter unvorstellbaren Qualen sein Leben aushauchte. Das Stöhnen und Seufzen aus dem Sarg war vermutlich, wie bei den vorstehend beschrieben Fällen, auf den Totenlaut zurückzuführen. Die Ansammlung von Fäulnisgasen in der Leiche führt auch zu einem stark erhöhten Bauchinnendruck, der manchmal ausreicht, um ein ungeborenes Kind aus der Gebärmutter auszustoßen. In der Sensationsliteratur wurde über eine ganze Reihe solcher Fälle berichtet: Sowohl Hartmann als auch Tebb und Vollum bringen mehrere Beispiele, und die Zeitungen ergötzten sich daran, diese gruseligen Anekdoten abzudrucken (und gelegentlich auch zu erfinden). Im Jahr 1901 starb eine schwangere Französin namens Madame Bobin in einer Klinik in Pauillac in Südfrankreich an Gelbfieber, und sie wurde ordnungsgemäß bestattet. Eine Krankenschwester äußerte den Verdacht, die Frau sei übereilt beigesetzt worden, und Madame Bobins Vater ließ den Leichnam exhumieren. Es zeigte sich, dass sie in dem Sarg ein Kind geboren hatte, und die anschließende allgemeine Empörung führte dazu, dass gegen den Präfekten und die Gesundheitsbeamten der Stadt wegen Amtspflichtverletzung eine Geldbuße von umgerechnet etwa 12 000 Euro verhängt wurde. Dies war vermutlich genauso ungerecht wie das 240 Jahre zuvor gegen den Stadtrat von Basingstoke ergangene Urteil.[20] Die »Sarggeburt« war ein Phänomen, das in gerichtsmedizinischen Schriften schon lange vor diesem Zeitpunkt umfassend beschrieben worden war. Im Jahr 1854 wurde Alexander van Hasselt konsultiert, um einem mutmaßlichen Fall vorzeitiger Bestattung, bei dem eine Frau in ihrem Sarg ein Kind geboren hatte, auf den Grund zu gehen. Er konnte den Nachweis führen, dass das Kind post mortem ausgestoßen worden war.[21] In einem deutschen Fachaufsatz aus der Mitte des 19. Jahrhunderts wird ein gedämpfter Knall beschrieben, der aus dem Sarg einer schwangeren Frau kam, die vierundzwanzig Stunden zuvor verstorben war. Bei der Untersuchung zeigte sich, dass das ungeborene Kind mit erheblicher Wucht aus dem Mutterleib ausgestoßen worden war.[22] Weitere, ähnliche Beobachtungen sind dokumentiert, und wenn Franz Hartmann oder Tebb und Vollum die Zeitungsberichte auf ihren Wahrheitsgehalt hätten überprüfen wollen, so wären ihnen die Fakten leicht zugänglich gewesen. Eine deutsche Zusammenfassung aus dem Jahr 1941 listet einhundert Sarggeburten auf und merkt an, dass viele davon im 18. und 19. Jahrhundert ursprünglich als vorzeitige Begräbnisse beschrieben worden seien.[23]

Aus naheliegenden Gründen können wir die klassischen Fälle angeblich lebendig Begrabener nicht kritisch überprüfen. Die eine Ausnahme kommt aus Dänemark, wo das so genannte Rätsel der Giertrud Birgitte Bodenhoff in den fünfziger Jahren des 20. Jahrhunderts Furore machte. Diese sagenhaft reiche neunzehnjährige Witwe war 1798 nach einer nicht näher benannten Erkrankung, die sechs Tage dauerte, verstorben. Sie wurde in der Familiengruft auf dem Assistens-Friedhof in Kopenhagen beigesetzt. In mehreren dänischen Familien und besonders in Kopenhagen hielt sich beharrlich das Gerücht, dass der jungen Witwe *nach* der Beisetzung etwas Furchtbares widerfahren sei. Zwei Grabräuber seien in die Familiengruft der Bodenhoffs eingebrochen und hätten den Sarg der kürzlich Beigesetzten geöffnet, um ihren Schmuck zu stehlen. Als sie mit roher Gewalt einen ihrer Ohrringe abzogen, sei der Abszess in ihrem Ohr geplatzt, der ihren »Tod« verursacht hatte, und die Frau sei aus ihrer Trance erwacht. Die beiden Räuber hätten mit Schaudern gesehen, wie sie sich in ihrem Sarg aufsetzte und verwirrt um sich blickte, wobei ihr allmählich das ganze Grauen ihrer Situation aufgegangen sei. Die Räuber seien jedoch harte, entschlossene Schurken gewesen, und obgleich die junge Frau sie angefleht und ihnen Geld und eine freie Überfahrt nach Amerika versprochen haben, wenn sie sie am Leben ließen, hätten sie sie mit ihren Schaufeln erschlagen und ihren schlaffen Körper in den Sarg geworfen.

Dr. Viggo Starcke, ein dänischer Schriftsteller und Arzt, war ein entfernter Verwandter der Familie Bodenhoff. Als Kind hatte er gehört, wie seine Mutter erzählte, die scheintote Frau sei in der Gruft ermordet worden, und diese Geschichte machte in diesem zarten Alter verständlicherweise einen starken Eindruck auf ihn. Viel später, im Jahr 1952, beschloss er, der Wahrheit auf den Grund zu gehen. Laut Überlieferung soll einer der Grabräuber kurz vor seinem eigenen Tod, viele Jahre nach der abscheulichen Tat, einem Priester selbige gebeichtet haben. Die Namen des

Priesters und des Räubers sind bekannt: Letzterer war Christian Meusing, Erster Totengräber auf dem Assistens-Friedhof in Kopenhagen. Dr. Starcke entnahm den Friedhofsakten, dass Meusing 1804 seine Stelle verloren hatte, nachdem bekannt geworden war, dass er mit einer Bande von Dieben unter einer Decke steckte, die frisch vergrabene Särge stahlen, um Feuerholz daraus zu machen. Mit diesem eindeutig belegten Beweisstück in Händen beantragte Dr. Starcke, die Familiengruft der Bodenhoffs solle geöffnet und der Sarg der Giertrud Birgitte Bodenhoff untersucht werden. Wenn sie brutal totgeschlagen worden sei, wie es die Legende behauptete, dann sollten dabei Knochen zu Bruch gegangen sein. Ein schwerer Ohrabszess sollte auch irreversible Skelettveränderungen herbeigeführt haben, die noch erkennbar sein müssten.

Als die Grufttür geöffnet wurde, standen die Särge wohlgeordnet da. Als man den Deckel vom Sarg der Bodenhoff hob, wies ihr Skelett keine sichtbaren Deformationen auf. Man fand keinen Schmuck, und natürlich ging Dr. Starcke davon aus, dass die Grabräuber ihn gestohlen hatten. Aber es ist nirgends verzeichnet, dass die Frau mit einem Ring oder mit Schmuck beigesetzt wurde, nur die alte unverbürgte mündliche Überlieferung behauptet dies. Die medizinische Untersuchung erbrachte keinerlei Hinweise auf Knochenbrüche oder auf eine Ohrerkrankung. Es fanden sich jedoch Anzeichen einer schweren Zahnfäule, die ziemlich willkürlich als Todesursache angenommen wurde, obgleich die Originalquellen mit keinem Wort erwähnen, dass Giertrud Birgitte Bodenhoff in ihren letzten Lebenstagen über schwere Zahnschmerzen geklagt hätte. Auch um die Position des Skeletts wurde viel Aufhebens gemacht, und sowohl Dr. Starcke als auch einer weiterer Arzt glaubten, die Tatsache, dass der linke Fuß unter dem rechten Unterschenkel lag, deute daraufhin, dass sie sich noch nach der Einsargung bewegt habe.[24] Doch der oben beschriebene natürliche Verlauf der Verwesung in einem Sarg dürfte diese Schlussfolgerung zweifelhaft erscheinen lassen.

Obgleich Dr. Starcke am Schluss seines Buches über das Rätsel der Bodenhoff erklärte, er halte die alte Überlieferung für zutreffend, mit der Einschränkung, dass die Räuber sie erdrosselt, nicht erschlagen hätten, führte er kaum faktische Belege an, die seine Schlussfolgerung stützten. Zudem hatte er selbst herausgefunden, dass der Leichnam nicht weniger als fünf Tage über der Erde aufbewahrt worden war, bevor man ihn beisetzte: Ist es wirklich vorstellbar, dass sie ihn bestattet hätten, wenn nach dieser langen Zeit keine Anzeichen der Fäulnis feststellbar gewesen wären? Eine weitere Schwierigkeit liegt darin, dass der Grabräuber Meusing, der angeblich nach dem Mord nach Amerika ging, in Wahrheit bis ans Ende seiner Tage friedlich in Kopenhagen lebte. Selbst Mitglieder der Familie Bodenhoff hielten die gesamte Geschichte über die vorzeitige Bestattung und Ermordung ihrer Verwandten für ein Ammenmärchen.[25] Ein anderer dänischer Historiker übte später heftige Kritik an Dr. Starckes Ergebnissen, insbesondere daran, dass er sich ohne hinreichende Beweise der Vermutung angeschlossen habe, Meusing sei der Täter gewesen.[26] Gegen die Überlieferung von der vorzeitigen Bestattung und Ermordung der Bodenhoff spricht jedoch vor allem, dass es, wie der Leser dieses Buches weiß, eine Version der äußerst wirkungsvollen und weit verbreiteten Legende von der Frau mit dem Ring ist.[27]

Nachdem wir viele der alten Schauermärchen über vorzeitige Begräbnisse diskutiert haben, können wir uns einem anderen Angelpunkt in der Argumentation von Hufeland und anderen Schriftstellern des 19. Jahrhunderts zuwenden: dem Scheintod. Diese merkwürdige Erkrankung wurde als ein dem Tod zum Verwechseln ähnlicher Zustand beschrieben, der selbst erfahrene Ärzte in dem Glauben wiegte, ihre Patienten seien gestorben. Der Körper war eiskalt und reglos, der Puls nicht tastbar und die Atembewegungen waren nicht länger wahrnehmbar. Doch zugleich konnte das Opfer nach wie vor alles hören und wahrnehmen, was um es herum vorging, auch wenn es sich weder bewegen noch sprechen konnte. Die moderne Medizin kennt eine solche Krankheit nicht. Historiker haben dies als Argument benutzt, um Hufeland und die anderen Scheintodgläubigen als unglaubwürdig abzustempeln oder gar lächerlich zu machen. Doch wie wir sehen werden, ist es nicht immer gerechtfertigt, ausschließlich anhand von Argumenten aus heutigen Lehrbüchern der Medizin Schlüsse über Krankheiten früherer Epochen zu ziehen.

Ein aufschlussreicher Fall von Scheintod wurde von dem österreichischen Arzt C. Pfendler beschrieben.[28] Im Jahr 1820 konnte er in Wien ein fünfzehnjähriges Mädchen beobachten, das nicht weniger als drei Wochen lang unter intermittierenden epileptischen Anfällen litt, wie man damals glaubte. Die Anfälle dauerten lange und waren schwer, und Johann Peter Frank, der von Dr. Pfendler und seinem Kollegen Dr. Schäfer konsultiert wurde, befürchtete das Schlimmste. Am nächsten Abend brach die Patientin zusammen. Die drei Ärzte bemühten sich mehrere Stunden lang, sie mit starken Riechsalzen und Salmiakgeist wiederzubeleben. Sie kniffen sie erbarmungslos und stachen ihr Nadeln in die Füße, doch die Patientin blieb ohnmächtig. Danach behandelten sie sie mit galvanischem Strom, doch das Mädchen zeigte keine Reaktion. Selbst Frank war nunmehr bereit, seine Niederlage einzugestehen, doch da er die Lehren Hufelands über den Scheintod kannte, empfahl er, sie in einem warmen Bett aufzubewahren, bis die Verwesung offenkundig war. Nach achtundzwanzig Stunden glaubten die Verwandten des Mädchens, der Leiche entströme Verwesungsgeruch, und sie wollten sie für die Beisetzung herrichten. Die Totenglocke wurde geläutet, der leblose Körper wurde in ein weißes Kleid gehüllt, und ihre Freundinnen flochten ihr einen Blumenkranz ins Haar. Dr. Pfendler war jedoch ebenfalls ein Anhänger Hufelands, und er drängelte sich in den Raum und sagte, er wolle den Leichnam ein letztes Mal ausziehen, um sich zweifelsfrei davon zu überzeugen, dass

die Fäulnis eingesetzt habe. Ein solches Verhalten eines Mediziners würde heute als pietätlos empfunden, aber die Deutschen
waren damals an die überzogenen Vorkehrungen gegen vorzeitige Begräbnisse gewöhnt, und die Verwandten des Mädchens
gingen kleinlaut aus dem Zimmer und ließen den Arzt die »Leiche« entkleiden. Aber Dr. Pfendler fand keinerlei Anzeichen von
Fäulnis, stattdessen meinte er, eine schwache Atembewegung der
Brust zu sehen. Nachdem Dr. Pfendler reichliche Mengen eines
starken Juckpulvers verabreicht hatte, gelang es ihm, das Mädchen dazu zu bringen, seine Augen zu öffnen. Mit einem Lächeln
sagte sie: »Ich bin zu jung, um zu sterben!« Sie genas vollständig
und erzählte ihrem Arzt, obgleich es ihr nicht möglich gewesen
sei, zu sprechen, sich zu bewegen oder auch nur ihre Augen zu
öffnen, haben sie alles, was die Ärzte gesagt hätten, gehört und
verstanden. Dr. Pfendler glaubte ihr nicht, aber sie überzeugte
ihn, indem sie einige lateinische Wörter wiederholte, die Frank
während der Konsultation benutzt hatte. Am schrecklichsten
war es für sie, zu hören, dass sie für die Beisetzung hergerichtet
werden sollte, ohne dass sie zu verstehen geben konnte, dass sie
noch am Leben war.

Es gab mehrere ähnliche Fälle von Scheintod im 19. Jahrhundert. In einem Fall, über den Dr. M. Rosenthal aus Wien berichtet, wurde eine vierundzwanzigjährige Frau von einem Arzt für
tot erklärt, und ein anderer Arzt riet ihrer Familie, vor der Bestattung die ersten Anzeichen der Verwesung abzuwarten. Ein
dritter, sachkundigerer Arzt konnte keinen Radialispuls mehr
tasten, und die Pupillen der Augen zogen sich nicht zusammen,
als man eine Fackel vor sie hielt. Es waren keine Atembewegungen der Brust festzustellen, aber der Arzt konnte eine ganz leichte
Bewegung der Seiten des Unterleibes beobachten. Nachdem er
die Anwesenden aufgefordert hatte, den Raum zu verlassen, und
die Tür geschlossen hatte, vernahm er einen ganz schwachen
Herzschlag. Er begann mit energischen Wiederbelebungsmaßnahmen, und nach vierundvierzigstündigem Scheintod erlangte

die Frau das Bewusstsein zurück. Sie hatte gehört, was in der späteren Phase ihrer seltsamen Erkrankung gesprochen worden war und konnte Bruchstücke der Unterhaltung in dem Krankenzimmer wiedergeben.[29] Der irische Arzt Thomas More Madden beschrieb den Fall einer jungen Frau, die fünf Tage lang scheintot gewesen war: ihr Körper war eiskalt, der Puls war nicht tastbar, und es waren keine Atembewegungen festzustellen. Elektrische Stimulation löste keine Reaktion aus, aber starke Senfpflaster führten zu Bläschenbildung. Laien hielten sie für tot, doch Dr. Madden, der sich in der Literatur über Lethargie und krankhafte Schläfrigkeit bei jüngeren Frauen gut auskannte, riet dazu, ihren leblosen Körper weiterhin kontinuierlich zu beobachten. Am Morgen des sechsten Tages erwachte sie plötzlich, verlangte nach ihrer Kleidung und wollte die Treppe hinuntergehen.[30] Der Londoner Arzt Dr. C. H. Miles beobachtete einen ähnlichen Zustand des Scheintods, der sechs Stunden dauerte, bei einer zweiundzwanzigjährigen Frau. Ihre Temperatur war subnormal, ihr Puls war nicht fühlbar, doch beim Abhorchen mit einem Stethoskop waren ihre Herztöne schwach zu vernehmen. Dr. Miles befürchtete, ein scheintoter Patient könnte tatsächlich lebendig begraben werden, wenn der behandelnde Arzt ihn nicht sehr sorgfältig untersuchte.[31]

Der in Philadelphia tätige Neurologe Silas Weir Mitchell wurde einmal von den Eltern einer hysterischen jungen Frau aufgesucht, die an Anfällen litt, bei denen sie in eine totenähnliche Trance verfiel. Diese Anfälle konnten dadurch ausgelöst werden, dass jemand sie neckte oder ärgerte, oder auch dadurch, dass gewisse Gesprächsthemen angeschnitten wurden. Vor der Konsultation wiesen ihre Eltern Dr. Mitchell eindringlich darauf hin, welche Themen tabu seien. Doch Dr. Mitchell war so gemein, eines dieser Themen zur Sprache zu bringen, vermutlich weil seine Neugierde die Oberhand über seine guten Manieren errang und weil er einen ihrer Scheintodanfälle aus erster Hand beobachten wollte. Sie sagte auf der Stelle: »Ich werde gleich einen Anfall bekommen, fühlen Sie meinen Puls! In ein paar Minuten bin ich tot!« Der Puls wurde schneller, und die Patientin fiel in ihrem Sessel zurück. Dann sagte sie mit der typischen Gleichgültigkeit der Hysterikerin, wie es Dr. Mitchell erschien: »Passen Sie jetzt auf, Sie werden erstaunt sein!« Innerhalb weniger Minuten fiel der Puls – ja, er verschwand völlig –, und es war kein Herzschlag mehr zu hören. Sie wurde leichenfahl, reglos und kalt, ohne wahrnehmbare Lebenszeichen. Dieser Zustand dauerte zwei Tage lang, unterbrochen von kurzen Zeiträumen, in denen ihr Herz raste. Dies geschah auch, als sie wieder zu sich kam, und sie trug keinerlei dauerhafte Schäden davon. Für Dr. Mitchell stand außer Frage, dass es sich um eine psychische und keine physische Krankheit handelte.[32] Als der berühmte französische Neurologe Georges Gilles de la Tourette einige dieser bemerkenswerten Fälle von Scheintod aus dem 19. Jahrhundert überprüfte, gelangte auch er zu dem Schluss, es seien Fälle einer seltenen hysterischen Erkrankung, die er »luzide hysterische Lethargie« nannte.[33] Die Durchsicht der einschlägigen Dokumente aus dem 19. Jahrhundert belegt somit zweifelsfrei, dass Hufeland Recht hatte: Es gab ein hysterisches Krankheitsbild, das sich mit seiner Beschreibung des Scheintods deckte. Wie andere schwere Formen der Konversionshysterie ist auch die luzide hysterische Lethargie im 20. Jahrhundert sehr viel seltener geworden, wenn nicht völlig ausgestorben. Es wurde behauptet, dass die Kataplexie, eine Variante der Narkolepsie, die zu einer plötzlichen, reversiblen Lähmung führt, dem alten Scheintod zum Verwechseln ähnele, aber die kataleptischen Attacken bei dieser Störung dauern höchstens dreißig Minuten, und die Beweglichkeit der Augen sowie die Atmung bleiben erhalten.[34]

Wir haben gesehen, dass sich ziemlich viele alte Fälle von vermeintlich vorzeitiger Bestattung auf natürliche Weise erklären lassen. Das Risiko, lebendig begraben zu werden, wurde von den zeitgenössischen Sensationsschriftstellern zweifellos stark übertrieben. Gab es also Menschen, die erwiesenermaßen lebendig begraben wurden? Wir kennen vom 17. Jahrhundert bis zum heutigen Tag zahlreiche Fälle von Menschen, die fälschlich für tot erklärt wurden, die jedoch vor der Beisetzung wiedererwachten. Viele dieser Fälle sind ärztlich dokumentiert, und ihr Wahrheitsgehalt steht außer Frage. Aber diese Rettungen in letzter Minute genügen nicht: Derjenige, der sich über die Angst des 18. und 19. Jahrhunderts vor dem vorzeitigen Begräbnis lustig machen wollte, könnte einfach behaupten, die Wachsamkeit des verantwortlichen Arztes oder die Vorkehrungen zum Schutz gegen ein vorzeitiges Begräbnis hätten ihre gewünschte Wirkung getan. Die im letzten Abschnitt erörterten postmortalen Veränderungen an einer Leiche machen es äußerst schwierig, aus der Stellung eines Skeletts oder eines Leichnams zuverlässige Aussagen darüber zu treffen, ob die betreffende Person lebendig oder tot begraben wurde. Eine weitere Schlussfolgerung aus den vorangehenden Kapiteln besteht darin, dass Zeitungsberichte über vorzeitige Begräbnisse die tatsächlichen Ereignisse oftmals so stark verfälscht wiedergeben, dass sie als Quellen wertlos sind. Das Gleiche gilt für die panikmacherischen Flugblätter gegen vorzeitige Begräbnisse der Lenormand, Le Guern, Hartmann und Konsorten. Wir brauchen Fälle, in denen ein lebender Mensch in ein Totenhemd gehüllt, eingesargt und beerdigt, später aber wieder ausgegraben wurde und ein unvoreingenommener, fachkundiger Arzt seine Lebendigkeit bestätigte. Diese sind nicht leicht zu finden. Es gibt in der modernen Wissenschaft ein Phänomen, das »publication bias«, gemeint ist die tendenziöse Publikation von Studienergebnissen, genannt wird und das bedeutet, dass Fachzeitschriften und Herausgeber eher positive als negative Daten veröffentlichen. So werden zum Beispiel die Ergebnisse einer erfolgreichen Studie über ein neues Medikament oder ein neues Behandlungsverfahren viel eher veröffentlicht als die Ergebnisse einer ähnlichen, aber fehlgeschlagenen Studie. In ähnlicher Weise wird ein Fallbeispiel dann veröffentlicht, wenn ein

Patient geheilt wird, aber abgelehnt, wenn der Patient infolge der Behandlung stirbt. Die gleichen Kräfte waren im 19. Jahrhundert am Werk, wenn auch nicht so extrem wie heute. Das Begräbnis von Scheintoten war ein Thema, das heftige Emotionen weckte, und besonders nachdem Bouchuts Entdeckung in den sechziger und siebziger Jahren des 19. Jahrhunderts allgemein anerkannt worden war, wurde jeder Arzt, der die Aktivisten der Bewegung gegen vorzeitige Begräbnisse tatkräftig unterstützte, von seinen Kollegen als Verräter betrachtet. Nur ein mutiger Autor (und ein mutiger Verleger) würde es wagen, einen Fallbericht über eine Person zu veröffentlichen, die noch am Leben war, obwohl ein Arzt sie für tot erklärt hatte. Die starke Kollegialität unter den Berufsgenossen machte es für jeden Arzt höchst kompromittierend, einen Kollegen wegen eines solchen tödlichen Fehlers namentlich zu benennen und bloßzustellen. Der Arzt, der den Totenschein ausstellte, war natürlich noch weniger geneigt, den Vorfall zu publizieren. Aus verständlichen Gründen sind keine Fallberichte mit Titeln wie »Ich habe meinen Patienten fälschlich für tot erklärt« oder »Mein Patient wurde lebendig begraben« überliefert.

Doch im Jahr 1823 erschien in der Zeitung »Schwäbischer Merkur« eine kurze Meldung über das Begräbnis eines Scheintoten in der Nähe von Stuttgart. Dr. von Jäger, ein praktischer Arzt aus der Region, der der Leichenhausbewegung kritisch gegenüberstand, beschloss, der Sache nachzugehen, in der Hoffnung, den Nachweis zu erbringen, dass es sich um eine Zeitungsente handelte.[35] Er sprach mit den Betroffenen einschließlich des Arztes, der gerufen worden war, um dem vermeintlichen Opfer zu helfen. Ein vierzigjähriger Schuhmacher war nach langer Krankheit am 9. Februar 1822 für tot erklärt und drei Tage später beigesetzt worden. Seine Angehörigen sagten aus, er habe tot ausgesehen, aber der Verwesungsgeruch sei kaum merklich gewesen, und es sei auch keine Leichenstarre eingetreten. Entweder aus beruflicher Loyalität oder aus anderen Erwägungen schwieg sich Dr. von Jäger über die Frage aus, wer genau, ein örtlicher Amtsträger oder ein praktischer Arzt, die Beisetzung veranlasst hatte. Der Mann wurde jedenfalls in einem sechs Fuß tiefen Grab beigesetzt. Als der Totengräber fast die gesamte Grube mit Erdreich aufgefüllt hatte, hörte er ein hohles Klopfgeräusch, das vom Kopfende des Sarges kam. Zwei andere Männer hörten es ebenfalls, und sie begannen fieberhaft zu graben, um den Mann zu retten. Das Erdreich war festgestampft worden, und es dauerte fast eine halbe Stunde, ehe der Sarg aufgebrochen wurde. Als der Totengräber sah, dass sich der Mann im Innern rührte, schrie er: »Er lebt!« Der Mann lag in einer unnatürlichen Stellung, mit angehobenen Armen, und als ein Arzt eintraf, musste er einräumen, dass er keineswegs wie eine drei Tage alte Leiche aussah. Der Mann war nicht kalt und wies auch keine Leichenflecken auf. Als eine Ader geöffnet wurde, floss Blut, das auf dem Totenhemd rote Flecken hinterließ. Sobald man den Mann in das nächstgelegene Haus geschafft hatte, wurden energische Maßnahmen eingeleitet, um ihn wiederzubeleben. Seine Fußsohlen wurden mit einem Messer eingeschnitten und Salmiakgeist wurde in seine Nase geblasen. Aber diese Bemühungen blieben erfolglos, und am späten Abend des 13. Februar wurde der Mann ein zweites Mal beigesetzt. Dr. von Jäger behauptete, der Leichnam habe sich vielleicht im Sarg umgedreht, als dieser auf einem sehr wackligen Ochsenkarren zum Friedhof gefahren worden sei, und an Händen und Füßen seien keine Flecken zu sehen gewesen. Er hatte jedoch keine Erklärung für das Klopfen aus dem Sarg noch dafür, dass aus der Leiche Blut geflossen war. Noch unheimlicher ist, dass der zuständige Arzt offen zugab, dass der Körper des Mannes, nachdem er zum zweiten Mal für tot erklärt worden war, wie eine *einen Tag alte Leiche* Leichenstarre und Leichenflecken entwickelte. Praktische Ärzte wussten damals eine Menge über die körperlichen Veränderungen nach Todeseintritt, und diese Information lässt sich nicht anders interpretieren, als dass der Mann lebendig begraben worden war.

Ein weiterer verbürgter Fall eines vorzeitigen Begräbnisses kommt aus Frankreich. Als die Cholera 1867 im französischen Département Morbihan wütete, wurde die vierundzwanzigjährige Philomèle Jonetre plötzlich krank. Die Hauptsymptome ihrer Krankheit waren allgemeine Schwäche und schwere Kopfschmerzen. Der herbeigerufenen Arzt vermutete Cholera. Als sich Mademoiselle Jonetres Zustand rasch verschlechterte, kam der örtliche Priester, um ihr die letzte Ölung zu geben. Am Abend hielt man sie für tot. Der »Leichnam« wurde eine Stunde nach ihrem mutmaßlichen Ableben in einen Sarg gelegt und fünf Stunden später in einem sechs Fuß tiefen Grab beigesetzt. Auch hier wird nicht erwähnt, ob sie nach dem Tod von einem Arzt untersucht wurde und wer (der Priester?) die überstürzte Beisetzung

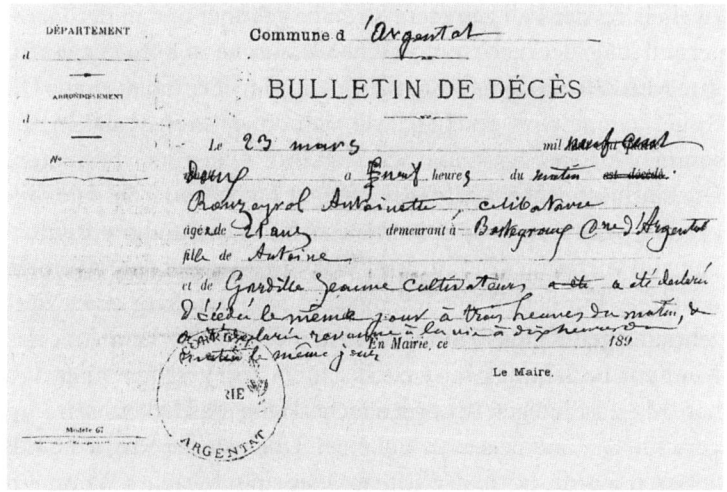

Ein seltsamer französischer Totenschein, den Dr. Séverin Icard in »La Presse Médicale« vom 17. August 1904 abdrucken ließ. Er besagt, dass Antoinette Rouzeyrol, unverheiratet, einundzwanzig Jahre alt, am 23. März 1902 um drei Uhr morgens für tot erklärt wurde. Darunter die zusätzliche Bemerkung, um zehn Uhr morgens desselben Tages sei festgestellt worden, dass sie »ins Leben zurückgekehrt« sei.

veranlasste. Doch als Erde auf den Sarg geschaufelt wurde, klopfte Philomèle Jonetre gegen den Sargdeckel, was der Totengräber zum Glück hörte. Der Sarg wurde rasch ausgegraben und die Frau lebendig daraus befreit. Ein gewisser Dr. Roger untersuchte sie und sprach auch mit allen Beteiligten. Für ihn stand fest, dass sie lebendig begraben worden war. Philomèle Jonetre starb ein paar Tage später und wurde ein zweites Mal beigesetzt. Der Fall wurde 1870 nicht von Dr. Roger, sondern von dem Gerichtsmediziner Alphonse Devergie publiziert.[36] Im Jahr 1874 schrieb der französische Skeptiker M. Tourdes, ein Mitarbeiter von Dr. Bouchut, der Berichten über vermeintliche Begräbnisse von Scheintoten nachging, an Dr. Roger, um zu fragen, ob er sicher sei, dass die Patientin am Leben gewesen sei, als man sie aus dem Sarg barg. Der Arzt antwortete recht unwirsch, dies sei zweifelsfrei der Fall gewesen: Sie habe geatmet und in der Herzgegend seien deutlich rhythmische Geräusche zu hören gewesen. Ihre Muskeln seien nicht steif gewesen. Darüber hinaus habe Dr. Roger zweifelsfrei gesehen, wie sich einer ihrer Muskeln zusammengezogen habe und wie sich ihre Augenlider bewegten. Die einflussreichen Gerichtsmediziner Paul Brouardel und Georg Puppe bestätigten, es handele sich um einen authentischen Fall von vorzeitiger Bestattung.[37] Dr. Puppe berichtet von einem weiteren: Ein deutscher Totengräber trug den Sarg eines vierzehnjährigen Kindes zum Grab. Angeblich hatte kein Arzt das Kind vor beziehungsweise nach seinem Tod gesehen, aber dies hatte die zuständigen Behörden nicht davon abgehalten, den Sarg verschließen und beisetzen zu lassen. Doch als der Sarg ins Grab gelassen wurde, hörte der Totengräber ein schwaches Wimmern und öffnete ihn. Zu seinem Entsetzen war das Kind am Leben und bewegte seine Arme und Beine. Es starb am nächsten Tag.[38]

In den Bildarchiven des Wellcome Institute in London befinden sich zwei kuriose Fotos, die angeblich einen Bettler aus der chinesischen Stadt Nanking zeigen, der vor einem vorzeitigen Begräbnis gerettet wurde.[39] Sie sind undatiert, stammen vermut-

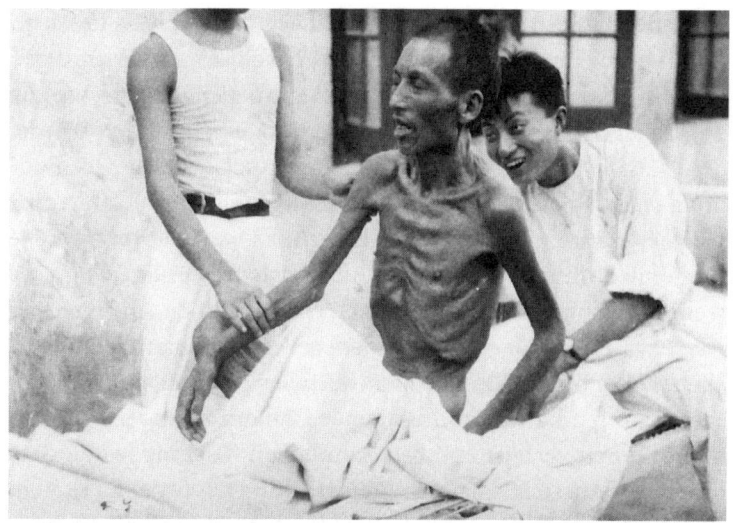

Undatiertes Foto von einem Chinesen, der angeblich ein vorzeitiges Begräbnis überlebte. © The Wellcome Trust.

lich aber mindestens vom Anfang des 20. Jahrhunderts. Laut der Bildunterschrift nahm man an, der Mann sei an Paralyse gestorben, und er wurde ordnungsgemäß in einem vermutlich flachen Grab auf einem Hügel beigesetzt. Mehr als eine Woche später hörten Leute ein Klopfen aus dem Innern des Sargs, und die Polizei und die Friedhofsbehörde wurden alarmiert. Nach der Öffnung des Sarges fanden sie den Mann lebend vor. Obgleich er extrem ausgezehrt war, brachte man ihn in ein Krankenhaus, wo er sich schließlich erholte. Ohne die Fotos würde sich diese Geschichte sehr unglaubwürdig anhören, zumal behauptet wurde, wie in vielen erfundenen Geschichten, der Mann sei durch den langen Aufenthalt in dem engen unterirdischen Gelass von seiner Paralyse geheilt worden.

Es ist sehr unwahrscheinlich, dass die oben geschilderten Fälle die einzigen sind: Seit Särge und Grüfte in Gebrauch kamen, müssen Menschen regelmäßig, wenn auch nicht häufig, irrtümlich lebendig begraben worden sein. Die von Bruhier und seinen Anhängern eingeführten Sicherheitsvorkehrungen verringerten vermutlich die Zahl der scheintot Begrabenen, ebenso wie die Tatsache, dass es im 19. Jahrhundert allgemein üblich wurde, den Verstorbenen von einem Arzt untersuchen zu lassen. Dennoch sind selbst im 19. Jahrhundert einige Fälle verbürgt, besonders während Cholera-Epidemien. Es war während solche Epidemien üblich, die Toten schleunigst zu beerdigen, um die weitere Ausbreitung der Krankheit einzudämmen. Die wenigen Ärzte waren mit der Aufgabe, jeden Verstorbenen zu untersuchen, völlig überfordert. Zudem verfallen Patienten, die sich im so genannten kalten Stadium einer Cholera befinden, manchmal in einen verblüffend todesähnlichen Zustand, ohne dass dies ihre Genesungschancen beeinträchtigen würde. Es ist kein Zufall, dass das berühmte Gemälde »Inhumation précipitée« des belgischen Künstlers Antoine Wiertz ein Cholera-Opfer zeigt, das in seinem Sarg erwacht. Allein die Zahl der Menschen, die jedes Jahr weltweit sterben und die manchmal unsicheren Kriterien, nach denen Menschen in Entwicklungsländern für tot erklärt werden, bedeuten, dass auch heute noch ein gewisses Risiko bestehen könnte, lebendig begraben zu werden.

WERDEN MENSCHEN NOCH IMMER
LEBENDIG BEGRABEN?

Ein junger Mann aus der Tschechei
Erwachte in einem Sarg aus Blei.
»Es ist ganz gemütlich«,
bemerkte er gütlich,
»Vergaß nur zu sterben, jetzt ist's einerlei.«

Anonymer Limerick

Nach dem Ersten Weltkrieg ging die Angst davor, lebendig begraben zu werden, erheblich zurück. Obgleich weiterhin medizinische und populärwissenschaftliche Schriften zu dem Thema erschienen, lösten sich die London Society for the Prevention of Premature Burial und ähnliche Organisationen andernorts auf. Dies war weitgehend auf die großen medizinischen Fortschritte der Zeit zurückzuführen, die zu einem wachsenden Vertrauen in die Ärzte führten. Aber es bedeutet nicht, dass »Unfälle«, wie die zuvor geschilderten, völlig ausgemerzt wurden. Noch immer kam es gelegentlich vor, dass ein vermeintlicher Leichnam im Leichenschauhaus oder auch im Sarg erwachte, aber das Thema hatte etwas von seiner Faszination für die Öffentlichkeit verloren.

Im Sommer 1915 wurde Dr. D. K. Briggs aus Blackville, South Carolina, zu der dreißigjährigen Schwarzen Essie Dunbar gerufen, die einen Epilepsieanfall erlitten hatte. Er fand keinerlei Lebenszeichen und erklärte sie für tot. Der Leichnam wurde in einen Holzsarg gelegt, und die Beisetzung wurde für elf Uhr am nächsten Morgen anberaumt, damit die Schwester Essies, die in der Nachbarstadt wohnte, daran teilnehmen könnte. Obgleich die Totenmesse, bei der sich drei Priester abwechselten, ziemlich lange dauerte, war die Schwester noch immer nicht eingetroffen, als

Essies Sarg in das sechs Fuß tiefe Grab gesenkt wurde. Sie kam jedoch wenige Minuten später, und die Priester waren damit einverstanden, den Sarg ausgraben zu lassen, damit sie Essie ein letztes Mal sehen könne. Doch als die Schrauben entfernt waren und der Sargdeckel geöffnet wurde, richtete sich Essie in ihrem Sarg auf und lächelte ihre Schwester an. Die drei Priester fielen rücklings ins Grab, und dem kleinsten von ihnen wurden drei Rippen gebrochen, als die anderen beiden in ihrem verzweifelten Bemühen, aus dem Grab zu kommen, auf ihm herumtrampelten. Die Trauernden einschließlich der Schwester hielten sie für ein Gespenst und liefen schreiend auseinander. Als sie sahen, dass Essie, die aus dem Grab herausgeklettert war, hinter ihnen herlief, stürzten sie in einem Zustand hysterischer Panik in die Stadt. Viele Jahre lang begegneten die Nachbarn Essie Dunbar mit Argwohn. Es kursierten Gerüchte, sie sei ein Zombie, eine Wiedergängerin. Im weiteren Verlauf ihres Lebens wurde sie zu einer beliebten Persönlichkeit in ihrer Gemeinde. Es ist wahrscheinlich, dass die Geschichte von ihrer Wiedererweckung phantasievoll ausgeschmückt wurde, als sie weitererzählt wurde und schließlich nach ihrem zweiten und endgültigen Tod im Jahr 1955 in den Zeitungen stand.[1]

Der vielleicht bemerkenswerteste Fall eines angeblich vorzeitigen Begräbnisses ist der des Franzosen Angelo Hays aus dem Dorf St. Quentin de Chalais. Im Jahr 1937, so die Zeitungsberichte, auf die wir in diesem Fall angewiesen sind[2], als er neunzehn Jahre alt war, verlor er die Kontrolle über sein Motorrad. Er wurde von seinem Fahrzeug geschleudert und stieß mit dem Kopf gegen eine Mauer. Als ihn der praktische Arzt der Gemeinde, Dr. Bathias, untersuchte, schüttelte er den Kopf: Der junge Hays hatte eine schwere Kopfverletzung erlitten. Weder Puls noch Atmung waren wahrnehmbar, und der Arzt konnte mit dem Stethoskop keine Herztöne hören. Angelo Hays wurde für tot erklärt, und sein Leichnam wurde ins örtliche Leichenschauhaus gebracht. Seine Eltern durften die Leiche nicht anschauen, da sie fürchterlich zugerichtet war. Drei Tage nach dem Unfall wurde sein Leichnam beigesetzt. Der Sarg wurde von acht seiner Freunde von der örtlichen Feuerwehr zu Grabe getragen. Doch im nahen Bordeaux entdeckte eine Versicherungsgesellschaft, dass Angelo Hays Vater eine Lebensversicherung über 200 000 Francs für seinen Sohn abgeschlossen hatte. Ein Inspektor wurde nach St. Quentin de Chalais geschickt, um Nachforschungen über den Unfall anzustellen. Ein Landwirt gestand, sein Traktor habe Öl verloren. Dies sei die Ursache dafür gewesen, dass Hays die Kontrolle über sein Motorrad verloren hatte. Dennoch ließ der entschlossene Inspektor die Leiche exhumieren, um die genaue Todesursache festzustellen. Zwei Tage nach der Beisetzung wurde Angelo Hays Sarg ausgegraben und ins gerichtsmedizinische Institut in Bordeaux überführt. Als der verantwortliche Arzt das Totenhemd entfernte, fühlte er, dass der Körper noch warm war! Hays wurde in einem Krankenwagen in eine Klinik gebracht. Nach mehreren Operationen und einer langen Rehabilitationsphase genas er vollständig. Er hatte die beiden Tage in einem Sarg unter der Erde in tiefer Bewusstlosigkeit verbracht. Das Erdreich war sehr trocken gewesen, und es war über dem Sarg nicht festgestampft worden; vermutlich wäre er erstickt, wenn die Kopfverletzung nicht zu einem verminderten Sauerstoffbedarf geführt hätte.

Nach seiner Wiederbelebung wurde Angelo Hays in Frankreich zu einer echten Berühmtheit. Viele Jahre lang pilgerten Menschen aus allen Gegenden Frankreichs herbei, nur um ihn zu sehen und mit ihm zu sprechen. In den siebziger Jahren wollte Hays den Ruhm, den ihm seine wunderbare Errettung aus dem Grab eingetragen hatte, in klingende Münze umwandeln: Er erfand einen Rettungssarg, der gewisse Verbesserungen gegenüber dem Modell von Graf de Karnice-Karnicki aus dem späten 19. Jahrhundert aufwies. Dieser Supersarg kostete umgerechnet etwa sechstausend Euro und war mit allen Schikanen versehen, wie etwa einer dicken Polsterung und einem weichen Kopfkissen. Er war so hoch, dass sich der Begrabene mit dem Oberkörper aufrichten konnte, und besaß eine kleine Bibliothek mit Büchern, die das Opfer lesen konnte, während es auf Rettung wartete. Das Lebensmittelfach des Sarges war mit einer Art »Astronautennahrung« bestückt. Die Schalter auf dem Armaturenbrett des Sarges steuerten neben der Sauerstoffversorgung aus großen Gasröhren den Belüftungsventilator, die Luftpumpen, die chemische Toilette, den elektrischen Alarmapparat und den Kurzwellensender und -empfänger, der über eine oberirdische Antenne funktionierte. Mehrere weitere Geräte, wie ein kleiner Backofen, ein Kühlschrank und ein mit dem Radio verbundener Hifi-Kassettenrecorder waren auf Wunsch erhältlich. Hays ging mit seinem Sarg auf Verkaufsreise und wurde zum Medienstar. Während der Darbietungen ließ er sich selbst in dem Sarg beerdigen, um dessen Funktionstüchtigkeit zu demonstrieren. Bei einer Vorführung in Bordeaux kamen 25 000 zahlende Zuschauer, um ihn zu sehen. Die Einnahmen aus dieser und mehreren weiteren Vorführungen trugen ihm einen stattlichen Profit ein, auch wenn er nur wenige seiner Sicherheitssärge verkaufte. Hays selbst prahlte damit, eine vermögende dreiundneunzigjährige Französin habe zwei Särge bestellt, einen für sich selbst und einen für ihre Nichte, der dieses makabre Geschenk ihrer düsteren Erbtante nicht sonderlich gefallen haben wird. Bei einer der Vorführungen gab das französische Fernsehen Hays eine Kamera und ein Mikrophon mit in den Sarg, und der muntere Hays schmetterte seine Lieblingslieder life im Fernsehen. Obgleich die Akustik in dem engen Sarg seiner musikalischen Darbietung kaum förderlich gewesen sein dürfte, war das Programm ein voller Erfolg. Die Fernsehanstalt von Monte Carlo nahm ihn daraufhin unter Vertrag, und er zeichnete in fünf Jahren dreizehn Shows für den Sender auf. Niemand bezweifelte die unerhörte Geschichte von Angelo Hays, und die Tatsache, dass ihn auf der Höhe seines Ruhms kein Journalist bloßstellte, könnte darauf hindeuten, dass er 1937 tatsächlich lebendig begraben wurde. Die einzige Unstimmigkeit in den verschiedenen Versionen seiner Geschichte besteht darin, dass in der einen Fassung behauptet wird, sein Körper sei aufgrund versicherungsrechtlicher Formalien exhumiert worden, während es in einer anderen Version heißt, sein Sarg sei ausgegraben worden, damit sein Onkel ihn zum letzten Mal sehen konnte. In einer dritten Variante aus einer bekanntermaßen unzuverlässigen Quelle wird behauptet, er habe einen Herzanfall erlitten und sei in seinem vorzeitigen Grab aufgewacht, bevor er gerettet wurde, weil ein Friedhofsbesucher sein verzweifeltes Hämmern gegen den Sargdeckel gehört habe.[3]

Angelo Hays' Sicherheitssarg war nicht der letzte, der auf den Markt kam. In den sechziger Jahren wurde der Leichnam eines Mannes namens Archibald Maclean in Detroit exhumiert, da einiges darauf hindeutete, dass er vergiftet worden war. Die Leiche wurde in einer schrecklichen, unnatürlichen Stellung vorgefunden, und in den Zeitungen wurden Spekulationen laut, er sei lebendig begraben worden. Nach Darstellung eines deutschen Autors führte dieser Vorfall dazu, dass über dreitausend Amerikaner Vorkehrungen trafen, um nicht lebendig begraben zu werden. Sie verlangten, ihre Leichen mögen eingeäschert, einbalsamiert oder vorsätzlich verstümmelt werden. Ein amerikanisches Bestattungsunternehmen bot auch einen Sicherheitssarg an, der mit einer Signalvorrichtung und einem Sauerstoffvorrat für zweiundsiebzig Stunden ausgestattet war. Der Multimillionär John Dackney ließ sich auf dem Friedhof von Tucson, Arizona, eine riesige Sicherheitsgruft mit einer Signalapparatur und automatischen Stahltüren bauen, die zwölf Wochen lang jede Nacht für drei Stunden aufgingen. Nach seinem Tod 1969 fanden sich allabendlich Hunderte von Schaulustigen ein, um zu sehen, ob Mr. Dackney herauskäme, aber sie warteten vergeblich.[4] Mitte der neunziger Jahre baute der Bürgermeister von Apareidan, Brasilien, eine Sicherheitsgruft mit vier Luftschächten.[5] Etwa zur gleichen Zeit berichtete eine Zeitung, der toskanische Uhrmacher Fabrizio Caselli vermarkte einen Sarg mit einem

Pieper, einem Telefon, einem Blinklicht, einer Sauerstoffröhre und einem Herzstimulator. Er kostete etwa viertausend Euro, und Caselli sagte der Presse, bei einer lebhaften Nachfrage hoffe er, drei medizinische Zentren in Italien zu errichten, die einzig und allein der Notfallversorgung von lebendig Begrabenen dienen sollten.[6]

In Lehrbüchern, in denen die gängigen Kriterien zur Feststellung des Todes erörtert werden, wird in Fällen von Schädelhirntrauma (wie bei Angelos Hays) und Epilepsie (wie bei Essie Dunbar) sowie bei Ertrinken, Blitzschlag und Stromschlag zur Vorsicht gemahnt. Auch bei Unterkühlung bedarf es einer speziellen Versorgung: Eine »erfrorene« Person sollte erst für tot erklärt werden, nachdem sie erwärmt wurde. Insbesondere eine Unterkühlung in Verbindung mit einer Rauschmittelvergiftung kann einen bemerkenswert totenähnlichen Zustand herbeiführen, ohne dass dies die Genesungsaussichten des Betreffenden beeinträchtigen muss. Dieses Phänomen ist seit Mitte des 19. Jahrhunderts bekannt. So hatte beispielsweise einer von Dr. Josats Patienten, bei dem kein Herzschlag mehr zu hören war, eine Überdosis Rauschgift eingenommen. Das Phänomen wurde unmittelbar nach dem Ersten Weltkrieg ein weiteres Mal untersucht. Im Oktober 1919 ging die dreiundzwanzigjährige Krankenschwester Minna Braun in eine Berliner Apotheke, um Morphium und Veronal zu kaufen. Anschließend ging sie bei eiskaltem Wetter in einen Park und versuchte, Selbstmord zu begehen, indem sie eine sehr große Dosis dieser Medikamente schluckte. Sie verlor sofort das Bewusstsein und zeigte keine Lebenszeichen, als sie am nächsten Tag gefunden wurde. Im örtlichen Leichenschauhaus konnte der diensthabende Arzt keine Atmung und keinen Herzschlag feststellen, er konnte keine Reflexe auslösen und beschrieb den Leichnam als totenfahl und starr. Dann ließ er heißes Siegelwachs auf ihre Haut tropfen, um zu prüfen, ob sie noch am Leben war, aber sie zeigte immer noch keine Reaktion. Minna Braun wurde für tot erklärt, und ihr

Leichnam wurde eingesargt. Vierzehn Stunden später kam ein Detektiv ins Leichenschauhaus, um die Verstorbene zu identifizieren. Als der Sarg geöffnet wurde, sah der Leichenwärter voller Entsetzen, dass die »Leiche« ihren Kopf bewegte. Derselbe Arzt, der sie für tot erklärt hatte, stürzte herein, und dieses Mal hörte er mit dem Stethoskop einen langsamen Herzschlag. Braun wurde in ein heißes Bad gelegt und mit einer harten Bürste kräftig abgerieben. Hin und wieder musste sie künstlich beatmet werden. Klugerweise beschlossen die Ärzte, eine Magenpumpe einzusetzen, um erhebliche Mengen an Morphium und Barbituraten aus dem Körper zu befördern. Anschließend wurde die Patientin in ein Krankenhausbett gelegt. Langsam, aber stetig erholte sich Minna Braun und konnte das Krankenhaus verlassen. Hoffentlich hat sie die Tatsache, dass sie knapp dem Tode entronnen war, von künftigen Selbstmordversuchen abgehalten. Für die behandelnden Ärzte war der Fall eine medizinische Sensation: Wie konnte ein Mensch mindestens siebzehn Stunden lang ohne Herzschlag beziehungsweise Atmung überleben?[7]

Wir wissen heute, dass der Sauerstoffbedarf mit sinkender Körpertemperatur abnimmt, vorausgesetzt, dass die natürlichen Schutzmechanismen gegen Unterkühlung wie Zittern nicht funktionieren. Dies ist etwa bei einer Vergiftung mit Barbituraten oder anderen Rauschmitteln der Fall. Bei einer Körpertemperatur von zwanzig Grad Celsius beträgt der Sauerstoffbedarf des Körpers lediglich fünfzehn Prozent der normalen Sauerstoffaufnahme. Dieser lässt sich bei einer gleichzeitigen Vergiftung mit Barbituraten oder anderen Medikamenten, die eine dämpfende Wirkung auf das zentrale Nervensystem (ZNS) ausüben, weiter senken. In einem solchen Extremzustand schlägt das Herz möglicherweise nur zehn Mal (oder noch weniger) pro Minute, und es gibt nur zwei oder drei Atembewegungen. Weder ist der Puls fühlbar, noch lassen sich spontane Atembewegungen nachweisen. Die Elektrokardiographie (EKG), die mindestens seit Anfang der dreißiger Jahre dazu eingesetzt wird[8], in schwierigen

Fällen zwischen Leben und Tod zu unterscheiden, kann in diesen Extremfällen zu Fehldiagnosen führen, da die EKG-Ergebnisse stark verändert sind, dass sie Artefakten gleichen. Auch die Elektroenzephalographie (EEG) kann zu falschen Befunden führen, da die dämpfende Wirkung der Gifte auf das Zentralnervensystem so stark sein kann, dass ein Null-Linien-EEG auftritt, das keinerlei Anzeichen für eine spontane Hirnaktivität erkennen lässt.[9] Alljährlich versuchen sich viele Menschen das Leben zu nehmen, indem sie im Freien eine Überdosis Barbiturate oder anderer Sedativa einnehmen. Die meisten von ihnen sterben an der Überdosis; einige wenige werden entdeckt, während sie noch bei Bewusstsein sind, und daher gerettet. Ein kleiner Prozentsatz wird in einem totenähnlichen Zustand extremer Unterkühlung, der durch die Überdosis Medikamente gefördert und vertieft wird, ins Krankenhaus gebracht. Die meisten dieser Überlebenden haben das Glück, dass sich ein erfahrener Notarzt um sie kümmert und sie intensivmedizinisch betreut werden. Einige andere werden vielleicht von einem jungen unerfahrenen Mediziner in einer hektischen Notaufnahme eines kleinen Krankenhauses untersucht. Dieser Arzt ist vermutlich stärker daran interessiert, jene Patienten in der Notaufnahme, die bei Bewusstsein sind, am Leben zu halten, als den leblosen Körper eines anscheinend weiteren Selbstmordopfers gründlichen zu untersuchen. Es ist durchaus möglich, dass der Patient unter diesen Umständen fälschlich für tot erklärt wird. Dies widerfuhr 1969 einer sechsunddreißigjährigen Frau in Schweden[10] und einer dreiundzwanzigjährigen Frau in Liverpool im Jahr 1970.[11] In beiden Fällen erkannte das Pflegepersonal rechtzeitig vor ihrer Überführung ins Leichenschauhaus, dass sie am Leben waren, und beide genasen vollständig. 1970 wurden in der französische Zeitschrift *La Presse Médicale* drei Fälle von versuchtem Suizid durch Einnahme von Überdosen Barbituraten beschrieben. Trotz gründlicher Untersuchung auf Lebenszeichen, waren sie fälschlich für tot erklärt worden, einer von ihnen war sogar erst im Sarg wiedererwacht.[12]

Nach den frühen siebziger Jahren scheinen diese bemerkenswerten modernen Fälle von Scheintod zu einem Phänomen geworden zu sein, dessen Existenz das medizinische Establishment nicht länger zugeben möchte und tabuisiert. Über die jüngeren Fälle wurde nur in den Zeitungen berichtet. Einige dieser Zeitungsberichte sind recht gut belegt, sie enthalten die Namen und manchmal auch die Fotos der fälschlich für tot erklärten Person. Die Glaubwürdigkeit der geschilderten Fälle nimmt zu, wenn mehrere unabhängige nationale Zeitungen darüber berichten. Im Jahr 1986 wurde ein siebenundzwanzigjähriger Drogenabhängiger in einem Wald nahe Reigate in Surrey, unweit von London, leblos aufgefunden. Laut einem Artikel in der »Daily Mail« wurde er im New East Surrey Hospital, Redhill, für tot erklärt. Im Leichenschauhaus hörte ein Techniker prustende Laute von der angeblichen Leiche, aber Wiederbelebungsversuche blieben erfolglos: Der Mann starb sechsunddreißig Stunden später.[13] Im Jahr 1988 wurde bei einem Mann im belgischen Mons nach schwerer Unterkühlung sowohl der Herz- als auch der Hirntod festgestellt. Er kam jedoch nach einem langen, tiefen Koma, in dem sein Herz sehr langsam geschlagen hatte, wieder zu sich.[14] Nach einem anderen Zeitungsbericht wurde die vierzigjährige Lehrerin Nancy Vitale aus Brooklyn von Mitarbeitern des notärztlichen Bereitschaftsdienstes für tot erklärt, nachdem sie im Juni 1993 nach Einnahme einer Überdosis Drogen leblos in ihrer Souterrainwohnung aufgefunden worden war. Puls und Blutdruck waren nicht feststellbar, und der Körper war leblos und starr. Zwei Stunden später gab sie einen prustenden Laut von sich, als die ärztliche Untersuchung zur Aufklärung der Todesursache beginnen sollte. Zwei Tage später erlangte sie das Bewusstsein zurück und konnte sprechen.[15] Im Jahr 1995 wurde die zweiundsechzigjährige Daphne Banks nach Einnahme einer Überdosis Drogen von ihrem Arzt für tot erklärt. Mrs. Banks wurde in die Leichenhalle des Hinchingbrooke Hospital, Huntingdon, Großbritannien, überführt, doch später hörte ein Freund der Familie, der gekommen war, um von ihr Abschied zu nehmen, ihr Schnarchen. Nachdem man sie schleunigst auf die Intensivstation des Krankenhauses gebracht hatte, genas sie vollständig.[16] Zum Glück gibt es heute zahlreiche Vorsichtsmaßnahmen, um das vorzeitige Begräbnis dieser unglücklichen Individuen zu verhüten – insbesondere die polizeiliche Untersuchung zur Feststellung der Identität des Selbstmörders und die Untersuchung durch die Mitarbeiter des Bestattungsunternehmens, die den Leichnam für die Beisetzung herrichten. Doch wenn der Magen des Patienten nicht ausgepumpt wird, absorbiert der Körper durch die Erwärmung weiterhin ZNS-dämpfende Medikamente, die das Erwachen aus dem Koma hinauszögern. Da der Sauerstoffbedarf des Körpers unter diesen Bedingungen stark vermindert ist, würde dies die Überlebenszeit im Sarg verlängern, und ein Erwachen in dem engen unterirdischen Gelass wäre durchaus möglich.

Den Leser dieses Buches wird es interessieren, zu erfahren, ob mir selbst während meiner fünfzehnjährigen ärztlichen Tätigkeit ein Fall untergekommen ist, bei dem die Todesdiagnose unklar war. Im Jahr 1989 konnte ich eine Frau beobachten, die bewusstlos und mit extrem niedriger Körpertemperatur in die Notaufnahme eingeliefert wurde. Sie war eine ältere Alkoholikerin, die, bei eiskaltem Wetter auf ihrem Balkon sitzend, Silvester mit mehreren Flaschen Wodka begossen hatte. Sie schlief im Freien ein und war, als sie schließlich ins Innere gebracht wurde, dem Tod sehr nahe. Ihre Körpertemperatur lag weit unter der Schwelle, die damals für die Aufrechterhaltung der Vitalfunktionen als kritisch erachtet wurde. Der Körper war kalt und totenähnlich, der Puls war nicht tastbar. Die Polizisten hielten sie für tot, und das Elektrokardiogramm zeigte einen Herzschlag von zwanzig mit abnehmender Tendenz. Durch allmähliche Erwärmung des Blutes mit Hilfe einer Herz-Lungen-Maschine wurde ihr Leben gerettet.[17] Diese Behandlung war bemerkenswert erfolgreich, und die Frau genas vollständig. Dennoch verhielt sie sich ziemlich seltsam, und der herbeigezogene Anästhesist und ich beschlossen, mit ihren Verwandten die Frage zu klären, ob möglicherweise eine Hirnschädigung bei ihr zurückgeblieben war. Sie antworteten: »Nein, sie war schon immer so!« Ihre Rettung verdankt sie vermutlich ihrer ausgeprägten Fettleibigkeit, die die inneren Organe gegen die Kälte isolierte. Ich machte ihr eindeutig klar, sie könne sich äußerst glücklich schätzen, dass sie dem Tod noch einmal von der Schippe gesprungen sei, und erklärte, diese Erfahrung werde ihr hoffentlich den Alkohol ein für alle Mal verleiden und ihr so das Schicksal ersparen, vorzeitig an alkoholbedingter Leberzirrhose zu sterben. Doch anders als die Frau mit dem Ring und die anderen wiedererweckten Heldinnen der Prosa des 18. Jahrhunderts bekam sie später keine sechsundzwanzig Kinder, sie webte keine Berge von Leinen und rühmte den Herrn nicht in eifrigen Gebeten. Ich konnte ihr lediglich die Bemerkung entlocken, diese Erfahrung habe sie in der Tat gelehrt, nie mehr große Mengen Alkohol zu trinken – während sie bei Temperaturen unter Null im Freien säße!

Im Jahr 1930 wuchs die Angst, lebendig begraben zu werden, in Frankreich für kurze Zeit zu einer regelrechten Massenhysterie. Diese Panik schlug sich in einem Aufruf an die Nationalversammlung und in einigen medizinischen Publikationen zu dem Thema nieder.[18] Im Jahr 1943 veröffentlichte ein deutscher Gerichtsmediziner einen Aufsatz über Zeitungsberichte zum Thema Scheintod und vorzeitiges Begräbnis. Selbst inmitten eines verheerenden Kriegs hielt die Faszination der Deutschen an diesen Phänomenen unvermindert an. Er kontaktierte verschiedene Kollegen in den Krankenhäusern, in denen angeblich Scheintote aus ihren Särgen auferstanden oder in der Leichenhalle wiedererwacht waren. Die meisten Zeitungsberichte erwiesen sich als frei erfunden. Eines dieser Schauermärchen trug sich angeblich in Istanbul zu: Ein behinderter alter Bauer wurde von einem Arzt für tot erklärt, erwachte jedoch am nächsten Tag in seinem Sarg. Anschließend ging er in das Krankenhaus und schlug den nachlässigen Mediziner mit einer seiner Krücken auf den Kopf. Der alte Invalide hieb so kräftig zu, dass er den Schädel des Arztes zerschmetterte, der tot zu Boden fiel.[19]

Von 1945 bis 1965 wurde weniger über Scheintod und die Gefahr, lebendig begraben zu werden, publiziert als in jedem anderen Zeitraum nach 1740. Aber das Gespenst des vorzeitigen Begräbnisses kehrte mit voller Kraft wieder: Im Jahr 1979 erschien das erste reißerische Buch zu dem Thema seit über fünfzig Jahren, geschrieben von Jean-Yves Péron-Autret, einem unbekannten Arzt aus Frankreich.[20] Der mit ihm befreundete Professor Louis-Claude Vincent hatte den Auftrag erhalten, die Wasserversorgung der großen amerikanischen Kriegsfriedhöfe in Holland, Belgien, Luxemburg und Frankreich zu untersuchen. Als Vincent sah, dass auf dem Friedhof Ausgrabungsarbeiten großen Umfangs durchgeführt wurden, fragte er nach deren Zweck. Man sagte ihm, dies sei eine streng geheime Operation, um herauszufinden, wie viele der Soldaten lebendig begraben worden seien und in ihren Särgen das Bewusstsein wiedererlangt hätten. Dabei stellte man bei vier Prozent der Gefallenen unverkennbare Anzeichen dafür fest, dass sie lebendig zur letzten Ruhe gebettet worden waren. Sämtliche 150 000 Gräber wurden geöffnet, und die sterblichen Überreste wurden in neue Mahagonisärge umgebettet, nachdem man sie »bearbeitet« hatte, um Spuren von gebrochenen Fingern, im Sargdeckel steckende Fingernägel und Skeletthände voller Menschenhaar zu beseitigen.

Dr. Péron-Autret behauptete des Weiteren, im Vietnamkrieg sei ein ähnlich hoher Prozentsatz amerikanischer Soldaten lebendig begraben worden. In den Vereinigten Staaten würden täglich zweihundert Opfer von Herzinfarkten scheintot unter die Erde gebracht. In blumigem Stil schrieb er, die technischen Fortschritte, die es einigen ihrer Landsleute ermöglicht hätten, auf dem Mond zu landen, hätten diesen unglückseligen Amerikanern nicht jenes entsetzliche Schicksal erspart, das ihre Ahnen am meisten gefürchtet hätten. Dr. Péron-Autret hatte mit sechzig französischen Totengräbern gesprochen, die ihm alle sagten, sie hätten wenigstens einen Sarg ausgegraben, der Anzeichen dafür aufgewiesen habe, dass sein Insasse lebendig begraben worden sei. Laut Professor Vincent wurden zehn Prozent aller Franzosen beigesetzt, bevor sie tot waren. Dr. Péron-Autret behauptete überdies, in Spanien seien zwischen 1976 und 1978 siebenundvierzig Menschen lebendig begraben worden. Einer dieser Fälle, der eine spanische Frau betraf, die angeblich vor einem vorzeitigen Begräbnis errettet wurde, nachdem sie sechs Tage lang unter der Erde gelegen hatte, wurde in allen gruseligen Einzelheiten beschrieben: »Sie hatte so kräftig am Sargdeckel gescharrt, dass ihre Finger nur noch ein Brei aus Blut und Knochen waren, während ihre Ellbogen durch den beständigen Druck so tief aufgescheuert waren, dass die Sehnen frei lagen. War dieser jämmerliche, blutende Klumpen Fleisch noch ein Mensch? ... noch ein Individuum? Oder war er bereits ›ein Ding‹?«

Dr. Péron-Autret führt selbst für seine kühnsten Behauptungen keine Belege und keinerlei Quellen an, und sein Buch steht voll und ganz in der Tradition der Machwerke der fanatischsten Propagandisten gegen vorzeitige Begräbnisse des 19. Jahrhunderts, wie Hyacinthe Le Guern und Léonce Lenormand. Diese beiden waren relativ aufrichtige Menschenfreunde gewesen, doch es gibt Grund zu der Annahme, dass Dr. Péron-Autret eher ein Schurke als ein Narr war. Sein Freund Professor Vincent hatte die »Bioelektronik« erfunden, wie er es nannte, eine Methode, um die Lebensfähigkeit von menschlichen Geweben zu überprüfen, und Dr. Péron-Autret forderte, diese Methode solle weltweit angewandt werden. Um das globale Ausmaß der medizinischen Katastrophe zu unterstreichen, behauptete er, Professor Vincent habe herausgefunden, fünfzig Prozent aller Herzinfarktopfer seien lediglich scheintot, und so würden alljährlich 300 000 Amerikaner lebendig begraben, weil man auf den Einsatz der »Bioelektronik« verzichte.

Dr. Péron-Autrets Buch wurde 1983 ins Englische übersetzt, aber es erregte im Ausland weniger Aufsehen als in seinem Ursprungsland. Es wurde in einigen reißerischen deutschen Artikeln erwähnt, und ein ähnlicher Band erschien bald auf Deutsch. Während Dr. Péron-Autrets erbärmlichem Machwerk vermutlich rein kommerzielle Motive zugrunde liegen, veranlasste den Journalisten Claus Boetzkes eine Reihe von Vorfällen in Deutschland, bei denen Menschen irrtümlich von fachkundigen Ärzten für tot erklärt wurden, das Buch »Scheintot begraben« zu schreiben.[21] Ein Fall war die achtzigjährige Emma Sikorski, die leblos in ihrem eiskalten Haus aufgefunden wurde. Der Körper war starr, der Puls war nicht tastbar, und Herzschläge waren nicht vernehmbar. Ihre Pupillen reagierten nicht auf Licht. Der Arzt unterschrieb einen Totenschein, auf dem als Todesursache »Schlaganfall« stand, und der Leichnam der alten Frau wurde ins Bestattungsinstitut überführt. Dort bewegte sie ihre Hand und seufzte, als man ihr das Totenhemd anprobierte. Es zeigte sich, dass sie wie viele andere Opfer des Scheintods im 20. Jahrhundert eine Überdosis Barbiturate eingenommen hatte. Ihre Pupillen hatten deshalb nicht reagiert, weil an beiden Augen Katarakt-Operationen vorgenommen worden waren. Der nachlässige Arzt gab sein Honorar zurück, aber Frau Sikorskis Tochter verklagte ihn mit Erfolg, und er musste 14 000 Mark Schadensersatz zahlen. Dies war nicht der einzige beinahe tödliche Fehler bei der Feststellung des Todes, der damals in Deutschland vorkam. Nach fünf Fällen, die in den Jahren 1976 und 1977 ein starkes Echo in der Presse fanden, bezog der Gerichtsmediziner Professor Hans Mallach in den Medien entschieden Position und erklärte, die deutsche Ärzteschaft verliere zusehends das Vertrauen der Öffentlichkeit. Ärzte sollten immer ausschließen, dass Patienten eine Überdosis Drogen eingenommen hätten, bevor sie sie für tot erklärten. Professor Mallach behauptete, eine Patientin, die einundvierzigjährige Monika Abelein, wäre möglicherweise lebendig begraben worden, hätte ein Polizist auf der

Fahrt ins Leichenschauhaus nicht gesehen, dass sie sich bewegte. Damals begann man sich in Deutschland wieder verstärkt für den Scheintod und seine Opfer zu interessieren, und es erschienen fast so viele reißerische Zeitungs- und Zeitschriftenartikel wie in den neunziger Jahren des 18. Jahrhunderts.[22] Auch die medizinische Debatte über das Thema wurde mit neuer Intensität geführt: Einige Autoren bedauerten, dass eine alte abergläubische Vorstellung erneut ihr hässliches Haupt erhob, und sie wiesen nach, dass die Sensationsartikel mitunter in der früher beschriebenen altbewährten Manier Fälle erfanden oder einfach abschrieben. Andere schlossen sich der Forderung Mallachs nach einer Reform des Bestattungswesens an, und sie schlugen vor, in ganz Deutschland speziell ausgebildete »Totenärzte« einzusetzen, deren einzige Aufgabe darin bestünde, vor der Beisetzung zu überprüfen, ob die Menschen tatsächlich tot seien.[23]

Dieses plötzliche Wiederaufleben der Angst vor dem Scheintod und dem vorzeitigen Begräbnis in Deutschland und Frankreich steht offenkundig mit der Einführung einer neuen Definition von Tod in Zusammenhang. Der Hirntod, wie er 1968 nach den Harvard-Kriterien definiert wurde, bedeutet den dauerhaften Ausfall sämtlicher Hirnfunktionen: Personen, die diese Kriterien erfüllten, wurden als tot definiert, und ihre Organe wurden zur Transplantation freigegeben. Die neue Definition wurde in den siebziger und achtziger Jahren relativ reibungslos in der gesamten westlichen Welt eingeführt. Für jemanden, der in ständiger Angst davor lebte, lebendig begraben zu werden, war die Vorstellung von einem Arzt, der neben dem bewusstlosen Körper eines Unfallopfers sein Skalpell ansetzte, um die Organe dieses »toten« Menschen, dessen Herz nach wie vor schlug, zu entfernen, nicht sonderlich beruhigend. Ein reißerischer Sonderbeitrag in einem »Newsweek«-Heft aus dem Jahr 1967 trug den Titel »Wann sind Sie wirklich tot?« und beschrieb die Transplantationschirurgen als halbe Monster, die wehrlose Unfallopfer aufschlitzten, um sich ihrer Organe zu bemächtigen.[24] Mit der ihm eigenen Unverblümtheit widersetzte sich Dr. Péron-Autret kühn dem Begriff des Hirntods und behauptete, viele für hirntot erklärte Menschen könnten wieder ins Leben zurückgeholt werden. Er verlangte, den unwissenden Ärzten möge nicht länger gestattet sein, »über eine Gruppe von Zombies zu herrschen, deren Leben gänzlich in ihrer Hand liegt«. Und Claus Boetzkes konnte es auch nicht lassen, einige Zeitungsberichte über Menschen zu zitieren, die wieder zu sich gekommen waren, nachdem man sie für hirntot erklärt hatte. Wenigstens einer dieser Artikel – er betraf Michael McEldowney, der während der Entnahme seiner Nieren zu atmen begonnen hatte –, scheint authentisch zu sein.[25]

Die Feststellung des Hirntods setzt voraus, dass das Gehirn bei der neurologischen Untersuchung keinerlei Reaktion mehr zeigt. In vielen Ländern ist ein EEG gesetzlich vorgeschrieben, in manchen darüber hinaus eine Gefäßdarstellung der Halsschlagader oder ein Test auf evozierte Hirnstammpotenziale. Auch die Funktion des Hirnstamms muss endgültig ausgefallen sein, was sich am Ausbleiben spontaner Atembewegungen und anderen neurologischen Zeichen erkennen lässt. Die Diagnose dieser umfassenden Hirnschädigung muss bekannt sein, und man muss mit absoluter Sicherheit ausschließen, dass eine Unterkühlung, eine Drogenvergiftung oder eine andere Stoffwechsel- oder physiologische Störung vorliegt. In Studien an vielen hundert Patienten fand man heraus, dass eine Person, die diese Kriterien erfüllt, immer innerhalb von zwei Wochen einen Herzstillstand erlitt.[26] In ähnlicher Weise zeigte eine Studie an mehr als eintausend Patienten, dass bei Personen, die schwere Kopfverletzungen überlebten, selbst in ihrem schlimmsten Zustand unmittelbar nach der Verletzung nie der Verdacht auf Hirntod aufkam.[27] Ich habe nur einen Fallbericht in der medizinischen Literatur gefunden, der die Kriterien für den Hirntod direkt in Frage stellt. Dort wird ein Patient geschildert, der diese Kriterien erfüllte und ein EEG hatte, das keine Lebenszeichen aufwies, aber dennoch überlebte und genas.[28] Sachkundige Experten wiesen jedoch nach, dass dieser Bericht gänzlich unglaubwürdig ist, da keine irreversible, strukturelle Hirnschädigung diagnostiziert wurde und weil der Patient zwei Medikamente eingenommen hatte, die eine Atemdepression auslösten.[29] Im Jahr 1980 kritisierte der auf BBC ausgestrahlte Dokumentarfilm »*Panorama*« die gegenwärtigen Hirntodkriterien und führte mehrere Fälle aus Amerika an, bei denen es zu tragischen und unheimlichen Fehlern gekommen war. Die Ärzteschaft protestierte energisch gegen diesen sensationsheischenden Dokumentarfilm und wies nach, dass in den vorgestellten Fällen (deren Authentizität überwiegend nicht angezweifelt wurde) die an sich zuverlässigen Kriterien für den Hirntod schlicht unsachgemäß angewandt worden waren.[30] Von den vier Patienten hatten drei eine Überdosis Drogen eingenommen, und ein vierter war angeblich »knallrot und warf sich hin und her«, als ihn ein amerikanischer Neurologe für hirntot erklärte – ein äußerst unwahrscheinliches Szenario, denn spontane Bewegungen schließen diese Diagnose aus. Dennoch ging in Großbritannien die Zahl der Nierenspender in den Monaten nach Ausstrahlung des »Panorama«-Films deutlich zurück. Dies zeigt sowohl die Macht, über die die Massenmedien heute fraglos verfügen, als auch, wie oftmals unverantwortlich diese Macht eingesetzt wird, was in diesem Fall höchstwahrscheinlich den unnötigen Tod mehrerer Patienten mit schwerem Nierenversagen nach sich zog.[31]

In den achtziger und neunziger Jahren setzte sich der Hirntod als Todesdefinition allgemein durch. Eine 1994 veröffentlichte schwedische Studie zeigt, dass die Angst des hirntoten Organspenders davor, nicht wirklich tot zu sein, keinen wesentlichen Einfluss auf die Einstellung von Menschen zur Organspende hatte.[32] Auch die Angst davor, lebendig begraben zu werden, hat sich weitgehend gelegt, und obgleich in den neunziger Jahren einige reißerische Bücher erschienen sind, haben sie die lesende Öffentlichkeit nicht weiter beeindruckt.[33] In Großbritannien hat sich das wohl definierte Konzept des Hirnstammtods durchgesetzt, wobei der Hirnstamm als das Steuerungszentrum des Gehirns definiert wird, das Vitalfunktionen wie Atmung, Bewusstsein, motorischen Output und sensorischen Input kontrolliert. In den Vereinigten Staaten wurden die vageren Konzepte von »neokortikalem Tod« beziehungsweise »anhaltendem vegetativem Zustand«, in dem die höheren Hirnfunktionen irreversibel ausfallen, viel diskutiert. Doch während eine Person mit einem zerstörten Hirnstamm immer binnen zwei Wochen stirbt, ohne das Bewusstsein zurückzuerlangen, können Menschen mit neokortikaler Hirnschädigung immer noch atmen und Blutdruck und Körpertemperatur aufrechterhalten, auch wenn sie unter einem anhaltenden Verlust von Bewusstsein und Wahrnehmung leiden.[34] Bei Kriterien, die sich auf höhere Hirnfunktionen beziehen, ist die Prognose sehr viel schwieriger: Nicht nur in billigen Fernsehfilmen erwachen Menschen manchmal unerwartet aus einem langen Koma. Mediziner und Philosophen warnen gleichermaßen davor, dass die Einführung von Kriterien, die sich auf höhere Hirnfunktionen beziehen, den ersten Schritt auf sehr unsicheres Terrain bedeuten würde. So argumentieren sie unter anderem, die Vorstellung von Labors, in denen atmende »Leichen« zur bedarfsgerechten Organentnahme aufbewahrt würden, stoße den Durchschnittsmenschen ab und führe zu einem Verlust des Vertrauens in die Ärzteschaft.

Die alten Geschichten über wiedererwachte Leichen, die schon lange vor der Veröffentlichung von Bruhiers Büchern in den vierziger Jahren des 18. Jahrhunderts Bestandteil der europäischen Überlieferung waren, existieren mit Berichten über die Entführung durch Außerirdische, Kornfeldkreise, spontane menschliche Verbrennung und Schlangen, die als Parasiten im menschlichen Magen hausen, in der Boulevardpresse fort.[35] Insbesondere die Legende vom achtlosen Anatomen hat sich in den modernen Sagen bemerkenswert gut gehalten. In einer Version

322

erwacht eine Leiche in einem Leichenschauhaus in New York und packt den Anatomen an der Kehle, woraufhin der Arzt vor Schreck tot umfällt. In einer anderen Version ringt die lebende Leiche mit einem Leichenbestatter, bevor sie einem Herzanfall erliegt, in einer dritten sterben zwei ängstliche Ärzte vor Schreck, als sich eine »Leiche« plötzlich aufrichtet und laut ein Trinklied anstimmt.[36] Eine andere dieser alten Legenden, die vom lüsternen Mönch, wird in einem neueren, geschmacklosen Zeitungsbericht aufgegriffen und so bearbeitet, dass sie der flachen sittlichen Gesinnung des Lesers von Revolverblättern entspricht. Ein scheintotes junges Mädchen erwacht, nachdem es in der Leichenhalle von einem perversen Grabräuber vergewaltigt wurde. In der Regel heißt es dann weiter, die Eltern des Mädchens hätten den Vergewaltiger nicht angezeigt, sondern sich vielmehr bei ihm dafür bedankt, dass er das Leben ihrer Tochter gerettet habe.[37] In einem populären Zeitungsmythos halten die Angehörigen den wiedererwachten »Leichnam« für einen Geist[38], in einem anderen richtet sich die Leiche im Sarg auf, nachdem sie von einem Blitz getroffen wurde.[39]

Die Leser von Boulevardzeitungen lassen sich leicht unterhalten, und die meisten der Ammenmärchen über wiedererwachte Leichen sind noch einfacher gestrickt. Die Schlagzeile ist auf das mutmaßliche ethische und intellektuelle Niveau des Lesers zugeschnitten: »Ein *tödlicher* Irrtum«, »Die *bewegende Geschichte* eines Leichenbestatters« oder »Ein *schlimmer* Fehler«. Es gilt als äußert unterhaltsam, wenn die tote Großmutter im Leichenschauhaus erwacht und alle Anwesenden in panischem Entsetzen hinausstürzen, oder wenn der Tote aus dem Sarg springt und davonläuft. Letzteres Motiv wird in zahlreichen Abwandlungen wiederholt. Viele der Berichte stammen aus Italien oder Australien; aus irgendeinem Grund scheinen die Journalisten diesen Völkern eine erstaunliche Fähigkeit zur Wiederauferstehung zuzuschreiben.[40] Gelegentlich widerfährt den Toten, die aus dem Sarg springen, ein ungewisses Schicksal: In einer Geschichte springt der Malteser Joseph Cremano aus dem Sarg und torkelt durch das Seitenschiff der Kirche, bevor er vor der perplexen Kirchengemeinde tot zusammenbricht.[41] In einer anderen erwacht eine scheintote Rumänin in ihrem Sarg und öffnet den Deckel, während der Sarg ins Grab gelassen wird, sie springt aus dem Sarg und läuft auf die Straße, wo sie von einem Auto überfahren und getötet wird.[42] Eine amüsante Variante, die aus Japan und Australien bekannt ist, dreht sich um einen nackten Flitzer, der von der Polizei festgenommen wird. Er wird freigelassen, nachdem er beweisen konnte, dass er in einem Leichenschauhaus aus einem Sarg gesprungen ist.[43]

Manchmal wird in einer zusätzlichen dramatischen Wendung das altehrwürdige Motiv eingewoben, dass der Sensenmann bekommen muss, was ihm zusteht, auch wenn das Opfer ausgetauscht wird. Als der Sizilianer Antonio Percelli lebendig und wohlauf aus seinem Sarg springt, erleidet seine Mutter einen Herzanfall und fällt neben dem Grab tot um.[44] In einer Geschichte aus Saudi-Arabien fällt ein Mann von einer Windmühle, seine Angehörigen nehmen an, er sei tot, und beerdigen ihn. Nach einem Tag wird er durch das Geräusch grasender Schafe, die über sein Grab ziehen, geweckt. Einige Schäfer hören seine Schreie, und er wird ausgegraben. Mit einer für jemanden, der gerade ein vorzeitiges Begräbnis überstanden hat, bemerkenswerten Vitalität geht er in seinem Totenhemd nach Hause. Als seine Mutter und seine Schwester ihn erblicken, werden sie wahnsinnig und sterben. Laut einer Version dieser Geschichte, »die amtlich nicht bestätigt werden konnte«, wird auch der lebendig Begrabene wahnsinnig und landet in einer Nervenheilanstalt.[45] Jeder Leser, der noch immer bereit ist zu glauben, was in den Zeitungen steht, sollte zwei Ausschnitte aus Londoner Zeitungen vergleichen, die 1992 und 1995 datiert sind: »Die leidgeprüfte Julie Carson fiel in einem New Yorker Bestattungsinstitut tot um, als ihre Mutter Julia das Bewusstsein wiedererlangte, sich in ihrem Sarg aufrichtete und fragte, was denn hier vor sich gehe« und »Connie Palmer starb in einem Bestattungsinstitut in Wellington, Neuseeland, nachdem sich ihre Mutter Carol, die einem Herzinfarkt zum Opfer gefallen war, in ihrem Sarg aufrichtete«.[46] Die Neubearbeitung erfundener alter Nachrichten war eine beliebte Methode viktorianischer Journalisten und ist auch heute noch populär.

Ein ebenso haarsträubender Zeitungsmythos ist »Die holprige Fahrt im Leichenwagen«. Als ein vermögender Amerikaner in einer luxuriösen Karosse zur Bestattung gefahren wird, platzt ein Reifen, und der Leichenwagen schlittert durch die Frontscheibe des Bestattungsinstituts eines Konkurrenten. Die Hintertüren des Leichenwagens springen auf, und der Sarg wird in das Gebäude geschleudert. Der Fahrer des Leichenwagens und die Trauernden sind erschüttert, als sie sehen, wie der vermeintliche Leichnam in seinem weißen Totengewand durch das zerschmetterte Glas geht.[47] In einer Variation stiehlt ein Dieb den Leichenwagen und fährt ihn gegen einen Baum. Das Rettungsteam, das zum Schauplatz des Unfalls kommt, hört mit Erstaunen, wie eine piepsige Stimme aus dem Sarg fleht: »Ich bin nicht tot! Begrabt mich nicht!«[48] In der ausgefeilten Großstadt-Variante dieser Legende wird ein Student als Aushilfsfahrer für den Leichenwagen eingestellt. Er fährt über eine Straße mit vielen Schlaglöchern, die Leiche im Sarg erwacht und klopft gegen den Sargdeckel. Der Student hält an einer Telefonzelle an und ruft einen Krankenwagen, aber es dauert ihm zu lange, und so fährt er den Leichenwagen mit halsbrecherischer Geschwindigkeit zum nächstgelegenen Krankenhaus. Doch auf halber Strecke stößt er mit dem Krankenwagen zusammen, und die Frau im Sarg stirbt endgültig.[49]

Aber nicht alle Zeitungsberichte über Menschen, die irrtümlich für tot erklärt wurden, sind Erfindungen, Ammenmärchen oder Schwindeleien. Bekanntlich sind einige neuere Berichte über Menschen, die nach der Einnahme einer Überdosis Drogen wiedererwachten, über jeden Zweifel erhaben. Außerdem gibt es einige Fälle von Menschen, die aufgrund der groben Nachlässigkeit der Person, die den Totenschein ausstellte, irrtümlich für tot erklärt wurden. So wurde beispielsweise die sechsundachtzigjährige Mildred Clark von einem New Yorker Leichenbeschauer, der kein Mediziner war, für tot erklärt und in ein Kühlfach eines Leichenschauhauses geschoben. Nach anderthalb Stunden sah der Aufseher, wie sie sich bewegte.[50] Der Leichenbeschauer wurde von der Presse gejagt. Im April 1996 brach die neunundfünfzigjährige Diabetikerin Maureen Jones in ihrem Landhaus in Thwing, Humberside, ohnmächtig zusammen. Vermutlich hatte sie zu wenig gegessen, so dass ihr Blutzuckerspiegel gefährlich abgefallen war. Ihr Sohn verständigte ihre Hausärztin, die wenig später eintraf, bei der Patientin aber keine Lebenszeichen mehr feststellen konnte. Sie erklärte Maureen Jones für tot, und ein Leichenwagen kam, um sie abzuholen. Doch als ein Polizist sah, dass sie ihren Fuß bewegte, wurde sie schnell auf eine Intensivstation verlegt. Die nachlässige Ärztin wurde verklagt, wie sie es verdiente. Maureen Jones lebte 2002 immer noch.[51]

Wie wir gesehen haben, fochten die Führer der Bewegung gegen vorzeitige Begräbnisse in den neunziger Jahren des 19. Jahrhunderts einen mühsamen Kampf. Das politische und medizinische Establishment begegnete ihrer reißerischen Propaganda mit einer Mischung aus Abscheu und Spott. Was die Ärzte besonders ärgerte, war das eklatante Misstrauen der Propagandisten gegenüber den Medizinern. In jenen Jahren wurde diese Form abweichenden Verhaltens *pathologisiert*. Im Jahr 1891 beschrieb der italienische Psychiater E. Morselli, was er eine neuartige Form geistiger Verwirrung nannte: Taphophobie oder übersteigerte Angst davor, lebendig begraben zu werden.[52] Der Patient, den er beschrieb, hatte in seinem Testament verfügt, nach seinem vermeintlichen Ableben mögen eine Kerze, Speisen und Getränke in seinen Sarg gelegt werden, und der Sarg solle mit Luftlöchern und einer Signalvorrichtung versehen werden. Da er jedoch die Wirksamkeit dieser Sicherheitsmaßnahmen bezweifelte, wünschte er, man möge ihm zu guter Letzt einen Stich ins Herz beibringen, um so sein Wiedererwachen mit Sicherheit zu verhüten. Wenig später beschrieb ein deutscher Psychiater einen ähnlichen Fall: Ein hypochondrischer, neurasthenischer Mann lebte in der Angst davor, vorzeitig begraben zu werden, und besuchte regelmäßig seinen Hausarzt, um ihm das Versprechen abzunehmen, nach seinem Ableben seine Pulsadern aufzuschneiden.[53] Im Jahr 1942 berichtete ein amerikanischer Psychiater über zwei Fälle von Taphophobie, einer Angst, der man seines Erachtens in der psychoanalytischen Praxis nicht selten begegnete.[54] Die obsessive Angst davor, lebendig begraben zu werden, beginnt in der Regel in der Kindheit und führt oft zu Alpträumen und Bettnässen. Ein Mann, der an schwerer Taphophobie litt, gab sich Tag und Nacht Fantasien darüber hin, lebendig begraben zu werden, und bestand darauf, dass sein Sarg mit einem Stromkabel und einer Luftröhre versehen werde. Ein Aufsatz über Taphophobie aus dem Jahr 1977 fügt zwei weitere Fälle hinzu: eine zweiundfünfzigjährige Frau, die vierzig Jahre lang in der Angst gelebt hatte, lebendig begraben zu werden, und ihre achtzehnjährige Tochter, die unter der gleichen Störung sowie unter einer schweren Angstneurose[55] litt. Es sind keine weiteren Aufsätze über Taphophobie erschienen, doch auch wenn diese Diagnose in der modernen europäischen Psychiatrie nur selten gestellt wird, gibt es Anhaltspunkte dafür, dass dieses Krankheitsbild einigen amerikanischen Angstexperten bekannt ist.[56]

Anders als von Morselli behauptet, war die Taphophobie im Jahr 1891 natürlich keine »neue« Diagnose. Neu waren lediglich die Erklärung, diese Form abweichenden Verhaltens sei krankhaft, und die Benennung der »Krankheit«. Bereits 1862 war ein extremer Fall von Taphophobie beschrieben worden, der eine englische Lady betraf, die so sehr von der Angst, lebendig begraben zu werden, beherrscht wurde, dass ihr Leben völlig davon überschattet war.[57] Einige Historiker haben die Definition der Taphophobie so stark erweitert, dass sie sämtliche Personen, die diese Angst hatten, einschloss, wie Madame Necker, Arthur Schopenhauer und H. C. Andersen.[58] Aber dabei verkannten sie die Definition von Phobie als einer *irrationalen* Angst. Wenn das ganze Leben einer Person im Jahr 2002 von der Angst, fälschlich für tot erklärt und vorzeitig begraben zu werden, überschattet würde, dann würde man davon ausgehen, dass sie oder er an einer äußerst ungewöhnlichen und quälenden psychischen Störung litte. Schließlich weiß heute jeder Arzt, dass das Risiko, versehentlich lebendig begraben zu werden, sehr viel geringer ist als das Risiko, einer der Gefahren der modernen Industriegesellschaft zum Opfer zu fallen: ermordet, bei einem Verkehrsunfall verstümmelt oder von einem Räuber auf der Straße erschossen zu werden. Der moderne Psychiater würde vermuten, dass die Person entweder ein traumatisches Erlebnis in früher Kindheit hatte, bei dem eine lebende »Leiche« im Spiel war, oder dass die Taphophobie eine Art verdrängte Todesangst ist. Aber die Menschen im 18. und frühen 19. Jahrhundert, die wegen der unsicheren Todeszeichen in Sorge waren, wurden von einem erheblichen Teil der Ärzteschaft sowie mehreren prominenten Persönlichkeiten des öffentlichen Lebens unterstützt. Berühmte Ärzte und Naturwissenschaftler wie Winslow, Buffon, Frank, Hufeland und Julia de Fontenelle waren sich darin einig, dass ein erhebliches Risiko bestand, vorzeitig begraben zu werden. Angesehene Leute wie Herzog Ferdinand von Braunschweig, Madame Necker und Kardinal Donnet setzten sich für eine Reform des Bestattungswesens ein, um diese Gefahr auszuräumen. Daher können wir die Ängste dieser Menschen vergangener Epochen nicht einfach als *irrational* abtun, sondern müssen sie als Produkt ihrer Umwelt begreifen. Die tiefe »Urangst« davor, nach der Beerdigung im Sarg zu erwachen, wurde vom medizinischen und sozialen Umfeld geschürt. Da ist es nicht weiter verwunderlich, dass sich die Taphophobie zu einer Epidemie auswuchs, die in ganz Europa herrschte.

Bekanntlich werden die Grundängste in einer Gesellschaft häufig von der zeitgenössischen medizinischen Debatte beeinflusst. So kam beispielsweise die Bakteriophobie (die Angst vor Ansteckung) erst auf, als Mikroorganismen als Krankheitsüberträger identifiziert wurden, und nahm nach der Entdeckung wirksamer Antibiotika wieder ab. In seiner ursprünglichen Abhandlung beschrieb Morselli seine Taphophobie-Patienten zusammen mit einigen Fällen anderer seelischer Störungen wie Dysmorphophobie, dem Wahn, extrem hässlich zu sein. Es ist aufschlussreich, dass die Taphophobie immer seltener wird, während in den Vereinigten Staaten eine regelrechte Epidemie der Dysmorphophobie wütet und sich von dort auf die wohlhabenden europäischen Staaten ausbreitet. Ausgelöst durch unrealistische Körperideale und breitenwirksame Werbung und geschürt durch die Kommerzialisierung der plastischen Chirurgie, ist die Nachfrage nach kosmetischen Operationen ungebrochen. Allerdings ist diese weitverbreitete Verhaltensstörung vermutlich schädlicher als die Angewohnheit ängstlicher Viktorianer, Särge mit Schleudersitzen einzukaufen.

Bekanntlich erleichterte der Prozess der Säkularisierung des Todes in der Mitte des 18. Jahrhunderts die Ausbreitung der Angst vor dem vorzeitigen Begräbnis. Aber sowohl die traditionelle Angst vor der Hölle als auch die neue Angst, lebendig begraben zu werden, waren Ausdrucksformen einer tiefen, elementaren Todesangst. Bei den meisten Erwachsenen bleibt etwas von dem natürlichen Allmachtsgefühl des Kindes, dem Gefühl, unsterblich und der Mittelpunkt der Welt zu sein, erhalten. Dieser irrationale Glaube dient dem Zweck, einen Schutzwall gegen die Todesangst zu errichten. Aber dieser feine psychische Abwehrmechanismus versagt bei einem noch leicht zu beeindruckenden Kind oder Jugendlichen, der durch eine donnernde Predigt über die Seelenqualen in der Hölle oder durch ein sadistisches Pamphlet über zerkratzte Sargdeckel, blutgetränkte Totenhemden und krampfhaft geballte Skeletthände voller Menschenhaar in Angst und Schrecken versetzt wird. Die Angst davor, lebendig begraben zu werden, hat noch eine weitere Parallele in dem traditionellen Glauben an ein Leben nach dem Tod: Weder der arme Teufel, der dazu verdammt ist, in der Hölle zu schmoren, noch die Person, die in einem Sarg erwacht, um unter irrsinnigem Geschrei die fest gefügten Sargwände zu zerkratzen, wird je zurückkehren und anderen über ihre Erfahrungen berichten. Diese sich aus der Natur der Sache ergebende Ungewissheit darüber, wie viele Menschen genau lebendig begraben wurden, erklärt etwas von der Faszination des Themas. Sie wurde von den Propagandisten der Bewegung zur Rettung von Scheintoten hervorgehoben, die kühn behaupteten, bis zu einem Zehntel aller Menschen würden lebendig unter die Erde gebracht. Wie bereits erwähnt, hat die moderne Gerichtsmedizin jedoch enthüllt, dass die seltsamen, makabren Stellungen, in denen Leichen und Skelette manchmal vorgefunden werden, tatsächlich mit verwesungsbedingten Veränderungen nach dem Tod beziehungsweise mit den Fraßspuren von Nagetieren vereinbar sind. Aus den Befunden bei Exhumierungen allein lassen sich keine Erkenntnisse darüber gewinnen, wie viele Menschen im 18. und 19. Jahrhundert tatsächlich lebendig begraben wurden. Es gibt zahlreiche verbürgte Berichte aus dem 17. Jahrhundert bis in unsere Zeit hinein über Menschen, die von Ärzten oder Laien fälschlich für tot gehalten wurden, die jedoch später in Leichenhallen oder Leichenwagen beziehungsweise auch in ihren Särgen wieder zu sich kamen. Es gibt auch einige wenige Berichte über lebendig Begrabene, die in ihren Särgen das Bewusstsein wiedererlangten und durch Klopfen gegen den Sargdeckel auf sich aufmerksam machten, die von zuverlässigen medizinischen Fachleuten bestätigt wurden.

Es ist äußerst unwahrscheinlich, dass diese wenigen Berichte die Gesamtzahl der Fälle in der damaligen Zeit wiedergeben. Angesichts eines starken Widerstands, solche Vorkommnisse publik

Anzahl der Bücher über Scheintod und vorzeitiges Begräbnis in den Jahrzehnten 1740–1900

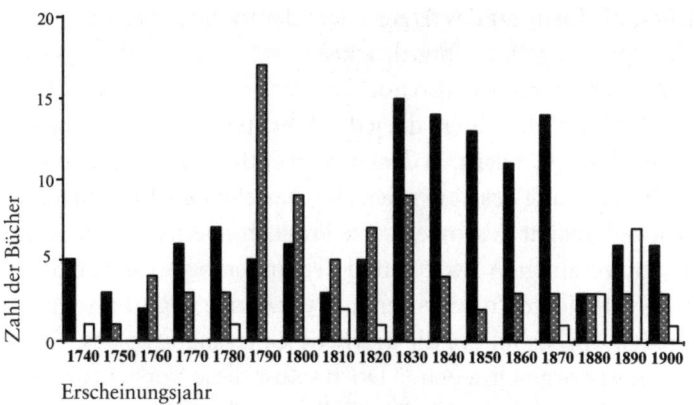

Erscheinungsjahr

Medizinische Aufsätze über Scheintod und vorzeitiges Begräbnis in den Jahrzehnten 1800–1900

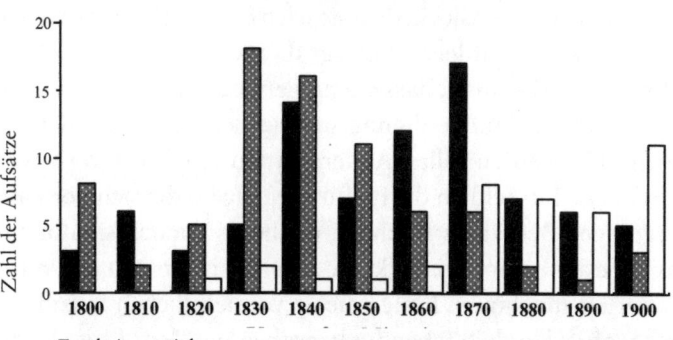

Erscheinungsjahr

Historischer Überblick: Die Zahl der Bücher und Druckschriften (oben) und der medizinischen Aufsätze (unten) über Scheintod und das Risiko des vorzeitigen Begräbnisses in Frankreich (schwarze Balken), Deutschland (gepunktete Balken) und Großbritannien sowie den Vereinigten Staaten (weiße Balken).

zu machen, wurden vermutlich viele Darstellungen aus Sorge um die Familie des lebendig Begrabenen oder wegen des Wunsches, die Identität des Arztes, dem der tödliche Fehler unterlief, nicht preiszugeben, unterdrückt.

Werden Menschen also noch immer lebendig begraben? Allein die Zahl der Menschen, die jedes Jahr sterben, ein Teil davon in Entwicklungsländern, in denen die rechtlichen Vorschriften über die Feststellung des Todes den europäischen im 19. Jahrhundert gleichen, macht es schwer, diese Frage mit nein zu beantworten. In den Vereinigten Staaten und den anderen westlichen Staaten gelten effiziente Vorschriften, um vorzeitige Begräbnisse zu vermeiden, insbesondere die ärztliche Untersuchung des Verstorbenen ist vorgeschrieben.[59] Doch selbst diese Vorsichtsmaßnahmen haben sich in einigen Fällen grober Inkompetenz des behandelnden Arztes und in mehreren Fällen schwerer Unterkühlung nach Vergiftung mit sedierenden Medikamenten als fehleranfällig erwiesen. Die deutsche Krankenschwester Minna Braun hatte großes Glück, dass sie nach einem Selbstmordversuch im Jahr 1919 nicht lebendig begraben wurde. In den siebziger Jahren bemerkte man, dass ein junger Franzose noch am Leben war, gerade als im Beerdigungsinstitut der Deckel auf den Sarg geschraubt werden sollte. Andere hatten möglicherweise weniger Glück. Tatsächlich dürfte für diejenigen, die sich vor einem vorzeitigen Begräbnis fürchten, die beste Vorsichtsmaßnahme darin bestehen, im Freien keine Überdosis Drogen bei kaltem Wetter einzunehmen. Einige dieser vermeintlichen Suizidopfer sind wahrscheinlich lebendig begraben worden. Es ist keineswegs unmöglich, dass einige von ihnen nach der Beisetzung in ihren Särgen erwachten, um einen viel schrecklicheren Tod zu sterben, als sie es ursprünglich beabsichtigt hatten. Heute könnte man theoretisch »Super-Leichenhäuser« bauen, in denen Ärzte Dienst tun, die eigens dafür ausgebildet sind, Scheintote zu erkennen, und die über moderne Technologien verfügen, um die biologische Aktivität verschiedener Organe zu überprüfen. Aber die Kosten für solche Einrichtungen wären gigantisch, und moderne Gesundheitsökonomen würden es kaum als kosteneffizient erachten, überall in den Vereinigten Staaten Leichenhallen zu errichten, nur um ein bis zwei Menschen pro Jahr zu retten.

Während die Einstellung der Ärzte zu Scheintod und vorzeitigem Begräbnis von der Sicherheit abhängt, mit der der einzelne Arzt die gängigen Todeszeichen feststellt, hängt die Angst vor einem vorzeitigen Begräbnis von dem öffentlichen Vertrauen in den Berufsstand der Mediziner insgesamt ab. Ärzte waren Anfang des 18. Jahrhunderts von der Zuverlässigkeit der Todeszeichen weitgehend überzeugt, doch seine Gewissheit wurde nach der Veröffentlichung von Bruhiers Buch erschüttert. Stärkster Ausdruck dieses schwindenden Vertrauens waren die Leichenhäuser, die in Deutschland errichtet wurden. Die erbitterte Debatte über die Gefahr vorzeitiger Begräbnisse, die Mitte des 19. Jahrhunderts in Frankreich geführt wurde, rührte daher, dass das Vertrauen der Ärzteschaft in die Todeszeichen wuchs, während das Vertrauen der Öffentlichkeit in die Ärzte gering blieb, zumindest teilweise, weil die unverantwortliche Presse viele erfundene Fälle von vorzeitigen Begräbnissen veröffentlichte. Erst in den achtziger Jahren des 19. Jahrhunderts konnten Eugène Bouchut und seine Anhänger in dieser Debatte überzeugen. Erst in der zweiten Dekade des 20. Jahrhunderts löste sich die organisierte Bewegung zur Rettung von Scheintoten auf. Ein erneutes leichtes Aufflammen der Scheintodhysterie in Europa Ende der siebziger, Anfang der achtziger Jahre war vermutlich eine Reaktion auf die Neudefinition des Todes als Hirntod. Doch trotz einiger reißerischer Bücher und einer Flut von Zeitschriften- und Zeitungsartikeln war diese Panik nur von kurzer Dauer. Die Ärzte stellten sich geschlossen hinter die neuen Todeskriterien, und das hohe allgemeine Bildungsniveau der Bevölkerung bewirkte, dass die Menschen für Propaganda weniger anfällig waren und der Medizin mehr Vertrauen entgegenbrachten. Im Hinblick auf die Hirntod-Kontroverse wurden die Menschen vermutlich von den gleichzeitigen Schauergeschichten über hirntote Menschen, die künstlich am Leben gehalten wurden, beeinflusst. Die Angst davor, in einem bewusstlosen Zustand am Leben erhalten zu werden, diente als ein wirksames Gegenmittel gegen jede noch eventuell vorhandene Angst vor dem vorzeitigen Begräbnis. Die verstärkt praktizierte Einbalsamierung und Einäscherung wehrten die Angst vor dem Lebendigbegrabenwerden ab. Amerikanische Leichenbestatter behaupteten zu Recht, jede Leiche, die ihren Einbalsamierungssaal durchlaufen habe, würde nie mehr aufwachen. Ein weiterer Gesichtspunkt ist die Tatsache, dass die Distanz zwischen den Toten und den Lebenden zu Beginn des 21. Jahrhunderts größer ist denn je. Viele Amerikaner haben noch nie eine Leiche gesehen, und die anderen haben vermutlich lediglich das Zerrbild eines schönen Todes zu Gesicht bekommen, das im Schönheitssalon des Leichenbestatters hergerichtet wurde. Und auch der heutzutage in den Vereinigten Staaten und weiten Teilen Europas vorherrschende Lebensstil, der von egoistischen, hyperaktiven Menschen geprägt wird, die Geld und Luxusgüter anhäufen, ist düsteren Betrachtungen über den Tod beziehungsweise über ein mögliches Leben nach der Beisetzung nicht förderlich. Dennoch möchte ich dieses Buch mit dem folgenden Gedanken schließen, der John Weevers Buch mit Grabinschriften aus dem 17. Jahrhundert entnommen ist:

So viele Tote, werter Leser, in einem Buch,
Bedenke daher, auch du wirst enden im Leichentuch.

ANMERKUNGEN

Einleitung

1 Edgar Allen Poes Faszination für das Phänomen des Lebendigbegraben-
werdens wird in Kapitel 10 ausführlicher erörtert.

2 J. Snart, *Thesaurus of Horror; or, The Charnel-House Explored,* London
1817, S. 84–87.

3 M. B. Lessing, *Skendöden eller det Osäkra i wår Känndedom on Lifwets
Utslocknande,* Linköping 1837, S. 61 f., 125 f. Die erste deutsche Auflage
lautet: *Ueber die Unsicherheit der Erkenntniß des erloschenen Lebens,* Bre-
men (1836).

4 F. Hartmann, *Premature Burial,* London 1896, S. 2–4.

5 J.-J. Bruhier, *Dissertation sur l'incertitude des signes de la mort,* Bd. 1 und
2, Paris 1746–49.

6 W. Tebb und E. P. Vollum, *Premature Burial and How It May Be Prevented,* London 1905.

7 Vgl. *Burial Reformer* 1(1905): 11, und 1 (1906): 35.

8 Lessing, *Skendöden,* a. a. O., S. 127.

9 P. Ariès, *L'homme devant la mort,* Paris 1975, dt.: *Die Geschichte des Todes,* München 1999.

10 J. McManners, *Death and the Enlightenment,* Oxford 1981, S. 48 f.

11 Die Erstausgabe meines Buches *Cabinet of Medical Curiosities* erschien
1997 in der Cornell University Press; eine Taschenbuchausgabe erschien
1999 bei W. W. Norton. Das Buch wurde außerdem ins Schwedische, Spanische, Portugiesische, Japanische und Koreanische übersetzt.

12 »Buried Alive«, produziert von Dream Catcher Films für den Discovery
Channel. Mein Beitrag wurde in der Krypta unter dem Kensal Green-
Friedhof in London gedreht, in der sich ein zerfallender Sarg an den ande-
ren reiht.

13 Ich möchte den folgenden Bibliotheken danken: der British Library, der Library of the Royal Society of Medicine, der Wellcome Institute Library und
der Guildhall Library in London, der National Library for the History of
Medicine in Washington, D. C., der Staats- und Universitätsbibliothek in
Göttingen und der Deutschen Bibliothek in Frankfurt am Main sowie der
Österreichischen Nationalbibliothek in Wien. In den Niederlanden recherchierte ich in der Universitietsbibliotheik Leiden, der Bibliothek des Mu-
seums Boerhaave und der Königlichen Bibliothek in Den Haag; in Schweden suchte ich die Bibliothek der Universität Lund und die Waller-Bibliothek
in Uppsala auf und in Dänemark die Königlich Bibliothek Kopenhagen.

14 Die Faszination der Deutschen für den Scheintod und das vorzeitige Begräbnis hielt bis weit ins 20. Jahrhundert hinein an, und seit den sechziger

Jahren erschienen nicht weniger als sieben Dissertationen und drei populärwissenschaftliche Bücher zu dem Thema. Die folgenden verdienen dabei besondere Erwähnung: M. Patak, *Die Angst vor dem Scheintod in der 2. Hälfte des 18. Jahrhunderts,* Zürcher Medizingeschichtliche Abhandlungen, Nr. 44, Zürich 1967; I. Stoessel, *Scheintod und Todesangst,* Köln 1983; E. Vogl, *Der Scheintod – eine medizingeschichtliche Studie,* München 1986, und M. U. Stein, *Das Leichenhaus,* Marburg/Lahn 1992. Den populärwissenschaftlichen Büchern fehlt es an wissenschaftlicher Stichhaltigkeit, auch wenn das gruselige *Scheintod: Auf den Spuren alter Ängste* von S. Schäfer, Berlin 1994, und das seltsame *Lebendig Begraben* von T. Koch, Augsburg 1996, recht gut recherchiert sind. Das beste Buch in französischer Sprache ist das gelehrte *Mort apparente, mort imparfaite* von C. Milanesi, Paris 1991. Es gibt keine umfassenden wissenschaftlichen Monographien in englischer Sprache, aber der Artikel von M. S. Pernick in R. M. Zaner (Hg.), *Death: Beyond Whole-Brain Criteria,* Dordrecht 1988, S. 17–74, ist besonders gut recherchiert. Andere erwähnenswerte Artikel aus neuerer Zeit sind die von A de Bernardi und P. B. Bollone im *Giornale di Batteriologia e Virologia* 82 (1969), S. 915–46, der von J. F. V. Deneke in *Herz/Kreislauf* 1 (1969), S. 435–41, 486–94, der von M. Alexander in *Hastings Center Reports* 10 (1980), S. 25–31, der von P. Vecchi in *Revue de Synthèse,* Ser. 3, Nr. 113–14 (1984), S. 143–60, der von P. Mouchet in *Annales de la Société Belge d'Histoire des Hôpitaux et de la Santé Public* 28 (1991), S. 35–49, der von S. M. Quinlan in *French History* 9 (1995), S. 27–47, und der R. Olry in *Vesalius* 2 (1996), S. 111–17.

15 Schäfer, *Scheintod,* a. a. O., und C. E Boetzkes, *Scheintot begraben,* Percha 1984.

16 Boetzkes, *Scheintot begraben,* a. a. O., S. 115–32, und Vogl, *Der Scheintod,* a. a. O., S. 86–88

17 *Transactions of the Royal Humane Society* 1 (1794), S. 441.

Kapitel 1: Totenwunder

1 Für Überblicksdarstellungen über Tod und Bestattung in der klassischen Antike vgl. J. M. C. Toynbee, *Death and Burial in the Roman World,* London 1971, und I. Morris, *Death-Ritual and Social Structure in Classical Antiquity,* Cambridge 1994. Für eine kritische Bewertung der Todeszeichen und ihrer praktischen Anwendung in dieser Epoche vgl. C. Milanesi, *Mort apparente, Mort imparfaite,* a. a. O., S. 67–78, und die Aufsätze von L. G. Stevenson in *Bulletin of the History of Medicine* 49 (1975), S. 482–511, H. Grassl in *Grazer Beiträge* 12–13 (1985–86), S. 213–23, und M. S. Pernick in R. M. Zaner (Hg.), *Death: Beyond Whole-Brain Criteria,* a. a. O., S. 17–74.

2 G. Plinius, *Natural History,* hg. von H. Rackham, Loeb Classical Library, London 1942, Bd. 2, S. 619–31. [Es gibt keine vollständige neuere deutsche Übersetzung der »Naturkunde« des Plinius nach Recherche in Bayerischer

Staatsbibliothek. Dort war lediglich folgende Ausgabe zu finden. Gaius S. Plinius, *Naturgeschichte,* übersetzt von Gottfried Große, Frankfurt am Main 1781–88, A. d. Ü.]

3 C. Celsus, *De medicina,* hg. von W. G. Spencer, Loeb, Classical Library, London 1935, Bd. 1, S. 109–17. [Ebenfalls keine neuere dt. Übersetzung vorhanden]

4 Das interessante Werk des Pseudo-Quintilian wird diskutiert von D. R. Shackleton Bailey in *Historical Studies in the Physical Sciences* 88 (1984), S. 113–37, und Milanesi, *Mort apparente ...,* a. a. O., S. 71–75.

5 Die griechischen Romane werden kommentiert von D. W. Amundsen in *Bulletin of the History of Medicine* 48 (1974), S. 320–37, und die arabischen Quellen von J. C. Bürgel in *Zeitschrift für die Geschichte der Arabisch-Islamischen Wissenschaften* 4 (1987–88), S. 175–94.

6 Diese Romane werden kommentiert von Amundsen in *Bulletin of the History of Medicine* 48 (1974), S. 320–37, und Milanesi, *Mort apparente,* S. 75–78.

7 Allgemeine Monographien über den Tod im Mittelalter sind T. S. R. Boase, *Death in the Middle Ages,* London 1972, P. J. Geary, *Living with the Dead in the Middle Ages,* Ithaca 1994, und C. Daniell, *Death and Burial in Medieval England,* London 1997.

8 M. Wagner, *Die Bedeutung des Scheintodes aus rechtsmedizinischer Sicht,* München 1982, S. 17.

9 R. Wilkins, *The Fireside Book of Death,* London 1990, S. 16.

10 Vgl. C. Gittings, *Death, Burial and the Individual in Early Modern England,* London 1984, S. 30.

11 Vgl. den Artikel von R. C. Finucane in J. Whaley (Hg.), *Mirrors of Mortality,* London 1981, S. 40–60.

12 Daniell, *Death and Burial in Medieval England,* a. a. O., S. 116–24.

13 Vgl. V. Møller-Christensen, *Bogen om Æbelholt Kloster,* Kopenhagen 1954, S. 252–54, und der Artikel von S. M. Hirst in M. Carver (Hg.), *In Search of Cult,* Woodbridge 1993, S. 41–43.

14 Lebendig begraben zu werden war im mittelalterlichen Europa eine Strafe für mehrere Verbrechen – insbesondere Geschlechtsverkehr mit Tieren. Siehe K. von Amira, *Die germanischen Todesstrafen – Abhandlungen der Bayerischen Akademie der Wissenschaften, philosophisch-philologische und historische Klasse,* Bd. 31, Nr. 3, München 1922, S. 150–55, 213–35.

15 H. Kornmann, *De miraculis mortuorum,* Frankfurt 1610; der Abschnitt über Erzbischof Geron findet sich in Kapitel 60.

16 C. F. Garmann, *De miraculis mortuorum,* Leipzig 1709; der Abschnitt über wiedererweckte Leichen befindet sich auf den Seiten 1200–44.

17 Für eine aufschlußreiche Diskussion von Garmanns bemerkenswertem Buch vgl. P. Ariès, *Essais sur l'histoire de la mort en occident,* Paris 1975, S. 123–31, und ders., *Geschichte des Todes,* a. a. O.,.S. 452–459.

18 M. Ranft, *Tractat von dem Kauen und Schmatzen der Todten in Gräbern*, Leipzig 1734. Dies ist die deutsche Ausgabe seines *De masticatione mortuorum in tumulis*, Leipzig 1728.

19 P. Forestus, *Observationum et curationum medicinalium*, Leiden 1590, Buch 17, Anmerkung 9.

20 T. Kirchmaier und C. Nottnagel, *Elegantissimum ex physicis thema de hominibus apparenter mortuis*, Wittenberg 1670.

21 G. M. Lancisi, *Du subitaneis mortibus libri duo*, Rom 1707, S. 52–60. Es gibt eine gute englische Übersetzung dieses Buches unter dem Titel *On Sudden Deaths*, hg. von P. D. White und A. V. Boursy, New York 1971, die auf S. 36–46 einen Abschnitt über Todeszeichen enthält. Vgl. auch M. Hoffmann, *Die Lehre vom plötzlichen Tod in Lancisis Werk »De Subitaneis Mortibus«*, Berlin 1935.

22 F. Bacon, *Historia vitae et mortis*, London 1623, S. 431–33. Die zahlreichen Biographien über den Philosophen erwähnen dessen trauriges Lebensende mit keinem Wort, siehe z. B. C. R. S. Harris, *Duns Scotus*, Oxford 1927, der lediglich erwähnt, er sei im November 1308 verstorben und sei in der Kirche der Minderbrüder in Köln beigesetzt worden.

23 [Anon.], *The Most Lamentable and Deplorable Accident Which on Friday Last, June 22, Befell Laurence Cawthorne ...*, London 1661.

24 [Anon.], *A Full and True Relation of a Maid Living in Newgate-Street in London ...*, London 1680.

25 [Anon.], *News from Basing-Stoak,* London 1674.

26 J. Jefferson, *The History of Holy Ghost Chapel, Basingstoke*, Basingstoke 1819, S. 84–88.

27 W. Tebb und E. P. Vollum, *Premature Burial and How It May Be Prevented*, London 1905, S. 83. Vgl. auch den Artikel von I. A. Girvan in *Hampshire Magazine* 36 (1996), S. 23.

28 Über die ältesten Testamente mit Bestimmungen, die eine verfrühte Bestattung verhüten sollen, vgl. Ariès, *Geschichte des Todes*, a. a. O., S. 508 f., und der Aufsatz von J.-L. Bourgeon in *Revue d'Histoire Moderne et Contemporaine* 30 (1983), S. 139–53.

29 Bourgeon in *Revue d'Histoire Moderne et Contemporaine* 30 (1983), S. 140 f.

30 S. Goulart, *Thresor d'Histoires admirables et mémorables de nostre temps,* Genf 1620.

31 P. Zacchia, *Questiones medicolegales,* Amsterdam 1651. Der Abschnitt über den Scheintod findet sich in Buch 4, Kapitel 1, Quest. 11, »De mortuorum ressurectione«, S. 241–50.

32 I. van Diemerbroeck, *Tractatus de peste,* Amsterdam 1665, Buch 4, Obs. 85.

33 Über die Pestepidemie in Marseille vgl. C. Carrière u. a., *Marseille, ville morte*, Marseille 1980.

34 Über die Einführung einer Nadel als Todesprobe vgl. die Aufsätze von M. Signoli u. a. in *Comptes Rendus de l'Académie des Sciences de Paris,* ser.

2a, 322 (1996), S. 333–39, und G. Leonetti u. a. in *Journal of Forensic Sciences* 42 (1997), S. 744–48.

35 Vgl. W. G. Bell, *The Great Plague in London, 1665,* London 1951, S. 183 f., und P. Slack, *The Impact of the Plague in Tudor and Stuart England,* London 1985, S. 274 f.

36 Die Geschichte über den Metzger findet sich in der British Library, Department of Manusripts, Add. MSS. 4182 f. 39

37 D. Defoe, *A Journal of the Plague Year,* London 1970, S. 107 f.

38 W. Austin, *Anatomy of the Pestilence,* London 1665, S. 38.

Kapitel 2: Die Frau mit dem Ring und der lüsterne Mönch

1 Anonym: *Notes and Queries,* 6. ser., 6 (1882), S. 209–11.

2 Über die Legende von der Richmodis von Aducht vgl. E. Weyden, *Cöln's Vorzeit,* Köln 1826, S. 192–94; F. Bender, *Illustrierte Geschichte der Stadt Köln,* Köln 1924, S. 129 f.; G. P. Gath, *Kölner Sagen, Legenden und Geschichten,* Köln 1939, S. 214–17, und C. Hinte, *Das alte Köln in Sagen,* Köln 1986, S. 127–29. Vgl. auch die Aufsätze von F. Hendriks in *Notes and Queries,* 6. ser., 4 (1881), S. 344 f., und W. E. A. Axon, ebenda, S. 518 f.

3 I. Stoessel, *Scheintod und Todesangst,* Köln 1983, S. 44.

4 M. Misson, *A New Voyage to Italy,* London 1695, 1, S. 40 f.

5 J. C. Risbeck, *Briefe eines reisenden Franzosen über Deutschland,* Zürich 1784, 2, S. 496,

6 F. Bock, *Das heilige Köln,* Köln 1858, S. 8.

7 H. Merlo, *Die Familie Hackeney zu Köln,* Köln 1863, S. 46–52.

8 Für eine kritische Interpretation der Legende vgl. den Beitrag von J. Bolte in der *Zeitschrift des Vereins für Volkskunde* 20 (1910), S. 359–62, und auch die kurze Anmerkung von R. Dieckhoff in *KölnEdition,* Bd. 10. Ich danke Dr. Jost Rebentisch vom Kölnischen Stadtmuseum dafür, dass er mir einen Teil des Originalmaterials zur Verfügung stellte.

9 Die drei Aufsätze von J. Bolte in der *Zeitschrift des Vereins für Volkskunde* 20 (1910), S. 353–81, 21, S. 282–85, und 30–32 (1920–21), S. 127–30, geben einen erschöpfenden Überblick über die deutsche Literatur zur »Frau mit dem Ring«. I. Stoessel, *Scheintod und Todesangst,* a. a. O., S. 42–45, und C. Milanesi, *Mort apparente, mort imparfaite,* a. a. O., S. 42–44, enthalten einige weitere aufschlussreiche Details.

10 Über die Gräfin von Mount Edgcumb vgl. den Beitrag von Mrs. Bray im *Gentleman's Magazine,* Nr. 40 (1853), S. 444–50, und W. Tebb und E. P. Vollum, *Premature Burial and How It May Be Prevented,* London 1905, S. 46.

11 R. Wilkins, *The Bedside Book of Death,* London 1990, S. 32–37.

12 Das Gedicht von Reverend Robert Stephen Hawker in seinen *Records of the Western Shore* (1832), S. 13, wird von W. E. A. Axon besprochen in seinem Aufsatz in *The Reliquary* 8 (1867–68), S. 146–50.

13 Über andere englische Frauen mit Ringen vgl. ebenda und die Aufsätze von W. E. A. Axon in *Notes and Queries,* 6. ser., 4 (1881), S. 518 f., J. Pickard ebenda, vol. 5 (1881), S. 117 f. und H.Tripp, ebenda, vol. 5 (1881), S. 159; ferner Tebb and Vollum, *Premature Burial,* a. a. O., S. 380–84, Wilkins, *Bedside Book of Death,* a. a. O., S. 32–37, und R. Davies, *The Lazarus Syndrome,* London 1999, S. 150 f.

14 Diese beiden schottischen Fälle werden ausführlich beschrieben von K. V. Iserson, *Death to Dust,* Tucson, 1994, S. 31 f.

15 P. Sieveking, »Misidentification of the Dead and Premature Burial, 1991–1997«, (MS), S. 6

16 H. Creighton, *Bluenose Ghosts,* Toronto 1957, zitiert in Davies, *Lazarus Syndrome,* a. a. O., S. 152 f.

17 K. Lithner in *DAST-Magazine* 21, Nr. 4 (1988), S. 4–10.

18 Vgl. die Aufsätze von H. Schirmer in *Tidsskrift for den Norske Loegeforeningen* 94 (1974), S. 2135–39, und M H:son Holmdahl in *Svenska Läkartidningen* 74 (1977), S. 3437–39, und in *Saga och Sed* 11 (1990), S. 35–43, und V. Starcke, *Giertrud Birgitte Bodenhoffs Mysterium,* Kopenhagen 1954.

19 Über diese seltsamen Legenden vgl. J. Bondeson und A. Molenkamp, *The Prolific Countess,* Loosduinen 1996, und J. Bondeson, *The Two-Headed Boy and Other Medical Curiosities,* Ithaca 2000, S. 64–119.

20 Zur Legende von dem jungen Liebespaar vgl. H. Hachette, *La morte vivante,* Paris 1933.

21 Der lüsterne Mönch wird beschrieben von J.-J. Bruhier in seiner *Dissertation sur l'incertitude des signes de la mort,* Paris 1749, S. 74–79.

22 Zitiert nach J. Botte, *Zeitschrift des Vereins für Volkskunde* 20, 353–381, S. 376–377.

23 Über die falsche Beschuldigung des Andreas Vesal vgl. C. D. O'Malley, *Andreas Vesalius of Brussels 1514–1564,* Berkeley 1964, S. 304–6, und Aufsätze von G. Matheson Cullen im *Edinburgh Medical Journal* 13 (1914), S. 324–29, 388–400, und von G. Sarton in *Isis* 45 (1954), S. 131–44, der auch ausführlich auf andere mutmaßliche Opfer achtloser Anatomen eingeht. Milanesi, *Mort apparente,* a. a. O., S. 100–106, nennt einige weitere Quellen der Vesal-Legende. Bemerkenswerterweise haben zahlreiche moderne Autoren die Vesal-Legende für wahr gehalten: Siehe insbesondere die Aufsätze von E. Bendiner in *Hospital Practitioner* 21, Nr. 2 (1986), S. 199–207, und von I. I. Lasky in *Clinical Orthopaedics* 259 (1990), S. 304–11, und die Bücher von K. V. Iserson, *Death to Dust,* Tucson 1994, S. 28 und C. Quigley, *The Corpse: A History,* Jefferson 1996, S. 185.

24 A. Burggraeve, *Étude sur André Vésale,* Gand 1841, der eine unbekannte Arbeit des Spaniers Hernandez Moréjon und Don Antonio Lorentes Geschichte der Inquisition zitiert. Vgl. auch M. Roth, *Andreas Vesalius Bruxellensis,* Berlin 1892, S. 273–78.

25 Über Kardinal Espinosa vgl. den Aufsatz von G. E. Mackay in *Popular Science Monthly* 16 (1880), S. 389–97. Gemäß einigen Geschichten aus dem frühen 19. Jahrhundert stiftete der achtlose Anatom große Unruhe im Vatikan. Ein gewisser Kardinal Spinosa wurde von seinen Ärzten für tot erklärt, doch als man während des Einbalsamierungsprozesses seine Brust öffnete, begann sein Herz wieder zu schlagen, und er konnte gerade noch das Messer des Arztes greifen, bevor er mit einem Seufzer tot umfiel. Genau die gleiche Geschichte erzählte man sich von Kardinal Somaglia, dessen Tod »unter den erbärmlichsten Umständen« auf den August 1837 datiert wurde. Beide Geschichten waren natürlich *formes frustes* der ursprünglichen Legende über Kardinal Diego di Espinosa. Vgl. Tebb und Vollum, *Premature Burial*, S. 273 f.

Kapitel 3: Winslow, der Anatom, und Bruhier, der Gruselmeister

1 Über das Leben von Jacques-Bénigne Winslow vgl. seine *Autobiographie*, hg. von V. Maar, Kopenhagen 1912, E. Snorrasson, *L'anatomiste J.-B. Winslow*, Kopenhagen 1969, und die Aufsätze von E. W. Adams in *Medical Library and Historical Journal* 2 (1904), S. 28–34, und C. Gysel in *Histoire des Sciences Médicales* 19 (1985), S. 151–60.

2 Vgl. P. Schleisner, *Bidrag til Belysning af Asphyxien og Døden*, Kopenhagen 1868, S. 10.

3 Dies ist meine eigene Übersetzung aus dem Lateinischen, die originalgetreuer ist als die Übersetzung aus dem Französischen in der 1746 erschienenen englischen Übersetzung von Winslows Dissertation. Alle folgenden Zitate von Winslow und Bruhier sind allerdings der 1746 in London veröffentlichten Ausgabe von *Uncertainty of the the Signs of Death* entnommen.

4 Diese Fälle werden eingehend geschildert in *Uncertainty of the Signs of Death*, S. 6–9.

5 Die Geschichte von Philippe Peu wird wiedergegeben in *Uncertainty of the Signs of Death*, S. 5 f., und wird diskutiert von C. Milanesi, *Mort apparente, mort imparfaite*, a. a. O., S. 108, 219. Es sollte jedoch nicht unerwähnt bleiben, dass E. Bouchut, *Traité des signes de la mort*, Paris 1849, S. 10 f., behauptete, Philippe Peu habe *beinahe* den tödlichen Schnitt geführt; er habe jedoch innegehalten, als er ein schwaches Lebenszeichen beobachtet habe, und diese Version wird gestützt durch Peus eigene rätselhafte Anmerkung zu dem Fall in seinem *La pratique des accouchements*, Paris 1694, S. 334.

6 Auch Snorrasson, *L'anatomiste J.-B. Winslow*, a. a. O., S. 63, weist darauf hin, dass sich Winslow schon seit langem für die Todeszeichen interessiert hatte.

7 Vgl. Schleisner, *Bidrag til Belysning af Asphyxien og Døden*, a. a. O., S. 9.

8 Für Winslows Ideen über die Wiedererweckung von Leichen vgl. *Uncertainty of the Signs of Death*, a. a. O., S. 21–24.

9 Wir wissen nicht viel über das Leben von Jean-Jacques Bruhier, außer dem,
   was der Beitrag in der *Nouvelle biographie générale*, Bd. 7, Paris 1855,
   S. 586 f., an bibliographischen Angaben enthält, und den zusätzlichen
   Quellen, die Milanesi, *Mort apparente ...*, a. a. O., S. 208 anführt. Bruhiers
   Rolle in der Debatte des 18. Jahrhunderts über den Scheintod wurde übrigens von einigen Historikern unterschätzt, die seine Beziehung zu Winslow
   falsch interpretierten. Insbesondere M. Alexander erwähnt in *Hastings
   Center Reports* 10 (1980), S. 25–31, Bruhier lediglich als Student und
   Übersetzer von Winslow. M. S. Pernick in R. M. Zaner, (Hg.), *Death: Beyond Whole-Brain Criteria*, Dordrecht 1988, S. 17–74, und S. M. Quinlan
   überschätzen in *French History* 9 (1995), S. 27–47, ebenfalls Winslows Beitrag. Tatsächlich bestand – in der Argumentation – kein großer Unterschied
   zwischen Winslows Dissertation über die Unsicherheit der Todeszeichen
   und den Arbeiten von Zacchia und Lancisi. Dagegen schätzen P. Vecchi in
   Revue de Synthèse, ser. 3, 113–14 (1984), S. 143–60, und Milanesi, *Mort
   apparente ...,* a. a. O., S. 13–52, Bruhiers Rolle richtig ein.
10 Vgl. das Vorwort der 1749-er Ausgabe von Bd. 1 von Bruhiers *Dissertation sur l'incertitude des signes de la mort,* a. a. O., S. 8 f., für diese wertvolle Ergänzung zur Publikationsgeschichte seines Buchs.
11 Bruhiers *Additions* beginnen auf S. 34 von *The Uncertainty of the Signs of
   Death*. Seine Abhandlung über Bestattungszeremonien findet sich auf den
   S. 133–202.
12 Für die Diskussion von Kornmanns Abhandlung und die Fallbeispiele von
   Dr. Crafft siehe ebenda, S. 65–68 und 53–57.
13 Für die Geschichte vom heiligen Wasser siehe ebenda, S. 55 f.; die spötti-
   sche Bemerkung über Lazarus findet sich in der 1749er Ausgabe von Bruhiers *Dissertation sur l'incertitude des signes de la mort,* a. a. O., S. 522–53.
14 Die Beispiele aus Durhams Buch werden diskutiert in *The Uncertainty of
   the Signs of Death,* a. a. O., S. 57–63.
15 Bruhiers *Mémoire présenté au Roi* ist wiederabgedruckt in seiner *Dissertation sur l'incertitude des signes de la mort* (Ausgabe von 1749),
   S. 547–88.
16 Bruhier selbst nahm einige der schmeichelhaftesten Kommentare auf,
   ebenda, S. xxxix-l.
17 P.-F. Guyot Desfontaines, in *Observations sur les écrits modernes* 31, Paris 1742.
18 J.-J. Bruhier, *Disseration sur l'incertitude des signes de la mort,* Bd. 2, Paris 1746. Seine Antwort auf Desfontaines findet sich auf den S. 17–94, seine
   weitschweifige Abhandlung über Schweden, die unter Wasser überlebt haben, auf den S. 95–221.
19 M. de la Sorinières *Éloge* ist wiederabgedruckt in Bruhier, *Dissertation sur
   l'incertitude des signes de la mort,* Ausgabe von 1749, S. XXXVII-XXXVIII.
20 Ebenda, S. 608 f.
21 Vgl. *Uncertainty of the Signs of Death,* a. a. O., S. 42–45.

22 Vgl. ebenda, S. 6 f. (Orléans), 41 f. (Poitiers), 42–45 (Köln, der Fall von Aducht), und S. 69 f. (Toulouse); auch *Dissertation sur l'incertitude des signes de la mort*, Ausgabe von 1749, S. 28 f. (Orléans), 53–55 (Poitiers), 61 f. (Toulouse), 98–100 (Dublin), 134–38 (von Aducht), 170–73 (Leipzig).

23 Bruhier, *Dissertation sur l'incertitude des signes de la mort* (Ausg. von 1749), S. 69–74.

24 Vgl. ebenda, S. 49.

25 Ebenda, S. 107–10.

26 Über Graf Richard siehe ebenda, S. 77 f.

27 Ebenda, S. 84–86 (Fall Dole) und 537–46 (Rigadoux).

28 *Gentleman's Magazine* 15 (1746), S. 260.

29 [Anon.], *The Uncertainty of the Signs of Death*, London 1746. Bruhier kannte die englische Ausgabe und zitierte daraus den Basingstoke-Fall in seiner *Dissertation sur l'incertitude des signes de la mort* (Ausg. von 1749), S. 104–6.

30 [Anon.], *The Uncertainty of the Signs od Death*, London 1751, S. III-V.

31 J. B. Winslow, *Afhandling om Dödstecknens Ovisshet*, Stockholm 1751. Für die Ergänzungen zu den beiden schwedischen Fällen vgl. S. 172–78, 189 f.

32 Vgl. den Aufsatz von P. Hedenius in *Upsala Läkareförenings Förhandlingar* 10 (1874–75), S. 31–35.

33 J.-J. Bruhier, *Abhandlung von der Ungewissheit der Kennzeichen des Todes und dem Misbrauche, der mit übereilten Beerdigungen und Einbalsamierungen vorgeht*, übers. und hgg. von J. G. Jancke, Leipzig und Kopenhagen 1754.

Kapitel 4: Die Debatte im 18. Jahrhundert

1 Über das Leben von Antoine Louis und seine bahnbrechenden gerichtsmedizinischen Arbeiten vgl. M. Silie, *Un des promoteurs de la médecine légale française, Antoine Louis*, Paris 1924, und J. Bourakhovitch, *Contribution à la bio-bibliographie d'Antoine Louis*, Rennes 1858, und die Aufsätze von C. B. Courville in *Bulletin of the Los Angeles Neurological Society* 10 (1945), S. 46–69, P. Astruc in *Progrès Médical* 84 (1956), S. 227 sowie K. Egeblad in *Dansk Medicinhistorisk Årbog* 17 (1988), S. 29–44.

2 P. J. B. Previnaire, *Abhandlung über die verschiedenen Arten des Scheintodes*, Leipzig 1790, S. 44, und C. C. Creve, *Vom Metallreize*, Leipzig 1790, S. 24 f.

3 Jancke in seinem Vorwort zur *Abhandlung von der Ungewissheit der Kennzeichen des Todes …*, Leipzig 1754.

4 Sowohl Bruhiers Angriff als auch Louis' Erwiderung sind abgedruckt im *Mercure de France* vom September 1752, S. 210–12.

5 Für einige französische Beispiele vgl. E.-M.-L. Dosias, *Des signes de la mort*, Paris 1858, S. 7, und A.-L.-P. Bonnard, *Des signes de la mort appa-*

rente et de la mort réelle, Montpellier 1844, S. 5 f. Ein Beispiel aus England wird in einem anonymen Aufsatz im *London Medical Record* 2 (1874), S. 205–7 angeführt. M. Augener, *Scheintod als medizinisches Problem im 18. Jahrhundert,* Kiel 1965, ist ein weiteres Beispiel für diese Einstellung.

6   J.-L. Bourgeon in *Revue d'Histoire Moderne et Contemporaine* 30 (1983), S. 139–53.

7   Zum Prozess der Entchristlichung vgl. M. Vovelle, *Religion et révolution,* Paris 1976. Seine Auswirkungen auf die Scheintod-Debatte wurden von P. Ariès, *Geschichte des Todes,* a. a. O., S. 515–17, R. Favre, *La mort dans la Littérature et la pensée française au siècle des lumières,* Lyon 1978, S. 265–71, und in den wertvollen Beiträgen von P. Vecchi in *Revue de Synthèse,* ser. 3, 113 f. (1984), S. 143–60 sowie S. M. Quinlan in *French History* 9 (1995), S. 27–47 diskutiert.

8   Ariès, *Geschichte des Todes,* a. a. O., S. 216 ff., S. 264–66.

9   B. Puckle, *Funeral Customs,* London 1926, S. 42 f.

10   F. P. Wilson, *The Plague in Shakespeare's London,* Oxford 1927, S. 43.

11   Über das Rätsel von der »Kröte in der Steinhöhle« und seine vielfältigen Implikationen vgl. J. Bondeson, *The Feejee Mermaid and Other Essays,* Ithaca 1999, S. 280–308. J.-J. Bruhier erörter die extreme Widerstandsfähigkeit von Amphibien in seiner *Dissertation sur l'incertitude des signes de la mort,* Paris 1746, 2, S. 142 f. Le Cat's Artikel findet sich in Alléon Dulacs *Mélanges d'Histoire naturelle* 3 (1764), S. 95–105.

12   Bruhier, *Dissertation sur l'incertitude des signes de la mort,* 2, a. a. O., S. 116–36.

13   Über »fastende Mädchen« vgl. G. M. Gould und W. L. Pyle, *Anomalies and Curiosities of Medicine,* New York 1956, S. 414–21, und auch die Aufsätze von H. E. Rollins im *Journal of American Folklore* 34 (1921), S. 357–76, W. Vandereycken und R. Van Deth in *History Today,* Nr. 8 (1993), S. 37–39, und Ricky Jay in *Jay's Journal of Anomalies* 4, Nr. 1 (1998).

14   Vgl. die Aufsätze von A. Hj. Uggla in *Lynchos* (1940), S. 302–24, und M. H:son Holmdahl in *Saga och Sed* 11 (1990), S. 35–43.

15   In den *Philosophical Transactions of the Royal Society of London* 2 (1667), S. 539.

16   R.-A. de Réaumur, *Avis pour donner du secours à ceux que l'on croit noyés,* Paris 1740. Es war S. 344–56 in der 1742er Ausgabe von Bruhiers Buch.

17   [Anon.], *The Uncertainty of the Signs of Death,* London 1751, S. v.

18   Vgl. Favre, *La mort dans la littérature,* S. 266–69, und C. Milanesi, *Mort apparente, mort imparfaite,* Paris 1991, S. 123–37. Buffon schrieb über den Scheintod im zweiten Band seiner *Histoire naturelle de l'homme,* Paris 1749, erweiterte Neuauflage 1777.

19   Diese Flugschrift, die ursprünglich den Titel trug *Terrible supplice et cruel désespoir des personnes enterrés vivantes et qui sont présumés mortes,* Pa-

ris 1752, besteht hauptsächlich aus einer französischen Übersetzung von Winslows Dissertation in der Originalfassung.

20 Vgl. F. Lebrun, *Les hommes et la mort en Anjou,* Paris 1971, S. 460 f.

21 Über die Angst vor Vergiftung durch Ausdünstungen zur damaligen Zeit vgl. Milanesi, *Mort apparente ...,* a. a. O., S. 154–57.

22 Über die angebliche Begegnung des Abbé Prévost mit dem achtlosen Anatomen vgl. H. Harrisse, *L'abbé Prévost,* Paris 1896, S. 427–53; ferner A. Billy, *Un singulier bénédictin: L'abbé Prévost,* Paris 1969, S. 303–7. Eine ähnlich reißerische Geschichte erzählte man sich über die Schauspielerin Elizabeth Rachel Felix, bekannter unter dem Namen »Mademoiselle Rachel«. Eines des unwahren posthumen Gerüchte über sie besagte, dass sie, kaum dass man begann, ihren Körper einzubalsamieren, aus ihrer tiefen Todestrance erwacht sei, doch nach zehn Stunden ihren Verletzungen erlegen sei, und zwar unter den schrecklichen Todesqualen, die sie nach Ansicht engstirniger Menschen wegen ihres unsittlichen Lebenswandels verdiente. Vgl. F. Hartmann, *Premature Burial,* London 1896, S. 80. Für authentische Berichte über ihr Leben und ihren Tod, die nichts von diesen theatralischen Exzessen erwähnen, vgl. J. Richardson, *Rachel,* London 1956, und B. Falk, *Rachel the Immortal,* Bath 1974. Hartmann zitiert auch einen amerikanischen Zeitungsbericht aus dem Jahr 1864, in dem es heißt, die »Leiche« sei vom Seziertisch aufgesprungen und habe den achtlosen Anatomen an der Kehle gepackt. Der Schluss gefiel den zeitgenössischen Anti-Scheintod-Propagandisten ausnehmend gut: Der Anatom sei auf der Stelle einem Schlaganfall erlegen, und die »Leiche« habe sich wieder völlig erholt.

23 Vgl. den Aufsatz von E. Lesky in der *Wiener Klinische Wochenschrift* 84 (1972), S. 244 f.

24 J. P. Brinckmann, *Beweis der Möglichkeit, daß einige Leute lebendig können begraben werden,* Düsseldorf 1772.

25 Zu dieser Debatte vgl. M. Herz, *Über die frühen Beerdigungen der Juden,* Berlin 1788, und die späteren Aufsätze von F. Wiesemann in *Leo Baeck Institue Yearbook* 37 (1992), S. 17–31, und J. M. Efron in *Bulletin of the History of Medicine* 69 (1995), S. 349–66.

26 Vgl. den Aufsatz von P. Pasture in *Tijdschrift voor Geschiedenis* 100 (1987), S. 198–217.
Das Gedicht »Logik« von Friederike Kempner ist dem Werk von G. Mostar *Friederike Kempner,* Heidenheim 1953, S. 38–39, entnommen.

27 Über die Gründung von »Lebensrettungsgesellschaften« vgl. den Aufsatz von E. H. Thomson in *Bulletin of the History od Medicine* 69 (1995), S. 349–66.

28 Vgl. den Aufsatz von G. Puppe in *Deutsche medizinische Wochenschrift* 46 (1920), S. 383–85.

29 Jene von J. Janin de Combe-Blanche, *Réfléxion sur le triste sorte des personnes, qui sous une apparence de mort, ont été enterrées vivantes,* Den

Haag 1772, J.-J. de Gardanne, *Avis du peuple sur les morts apparentes et subites,* Paris 1774, und Dr. Pineau, *Mémoire sur le danger des inhumations précipitées,* Paris 1776.

30 W. Hawes, *An Address to the Public on Premature Death and Premature Interment,* London 1984, S. 205.

31 Zitiert in C. Gittings, *Death, Burial and Individual in Early Modern England,* London 1984, S. 205.

32 Über Miss Beswick vgl. Edith Sitwell, *The English Eccentrics,* London 1947, S. 22 f., und die Aufsätze von T. K. Marshall in *Medicolegal Journal* 35 (1966), S. 14–24, und B. Haworth in *Udolpho* 18 (1994), S. 35.

Kapitel 5: Leichenhäuser

1 F. Thiérry, *La vie de l'homme respectée et defendue dans ses derniers moments,* Paris 1787. Die deutsche Übersetzung erschien unter dem Titel *Unterricht von der Fürsorge, die man den Todten schuldig ist,* Lübeck 1788.

2 Über Johann Peter Franck und seinen weiteren Werdegang vgl. H. Haubold, *Johann Peter Frank,* München 1939, und die Beiträge von L. Baumgartner und E. M. Ramsey in *Annals of Medical History,* Nr. 5 (1933), S. 525–32, und Nr. 6 (1934), S. 69–90. Der Abschnitt über Scheintod und Leichenhäuser findet sich in seinem *System einer vollständigen medicinischen Polizey,* Bd. 4, Mannheim 1788, S. 672–749.

3 Vgl. E. Lesky (Hg.), *Johann Peter Frank: Seine Selbstbiographie,* Stuttgart 1969, S. 63.

4 Über Hufeland und seinen bedeutenden Werdegang vgl. K. Pfeiffer, *Christoph Wilhelm Hufeland: Mensch und Werk,* Halle 1968, W. Genschorek, *Christoph Wilhelm Hufeland,* Leipzig 1976, und H. Busse, *Christoph Wilhelm Hufeland,* St. Michael 1982. Es gibt nur wenige englischsprachige Quellen, empfehlenswert ist allerdings der Beitrag von I. A. Abt in *Annals of Medical History,* Nr. 3 (1931), S. 27–38. Bereits mit 21 Jahren hatte Hufeland eine Doktorarbeit über die Rettung von Scheintoten mit Hilfe von elektrischem Strom vorgelegt.

5 In seiner Autobiographie schreibt Hufeland, er sei von Franks Aufruf inspiriert worden. Vgl. W. von Brunn (Hg.), *Hufeland, Leibarzt und Volkserzieher,* Stuttgart 1937, S. 70.

6 Die Sammlung wird beschrieben von Pfeifer, *Christoph Wilhelm Hufeland,* a. a. O., S. 71.

7 C. W. Hufeland, *Ueber die Ungewißheit des Todes und das einzige untrügliche Mittel, sich von seiner Wirklichkeit zu überzeugen: Nebst der Nachricht von der Errichtung eines Leichenhauses in Weimar,* Weimar 1791.

8 Das Bauprogramm für deutsche Leichenhäuser wurde beschrieben von H.-K. Boehlke, *Wie die Alten den Tod gebildet,* Mainz 1979, S. 135–146, und ausführlicher von M. U. Stein, *Das Leichenhaus,* Marburg/Lahn 1992.

9 Über das erste Leichenhaus vgl. Stein, *Das Leichenhaus*, a. a. O., S. 26, und T. Koch, *Lebendig begraben*, Augsburg 1996, S. 101.

10 Über das erste Münchner Leichenhaus und die zeitgenössischen Ansichten über seine zahlreichen Mängel vgl. C. Schwalbe, *Das Leichenhaus in Weimar*, Leipzig 1834, S. 13–15.

11 *Wiederauflebungs-Geschichten von Scheintodten und lebendig begrabenen Menschen. Gesammelt und zur Warnung aufgestellt von einem Freunde der Menschheit*, Wien und Prag in den v. Schönfeldschen Niederlagen, 1798, S. 77 resp. S. 55–57.

12 H. F. Köppen, *Achtung den Scheintodten*, 2 Bde., Halle 1800. Dieses Buch enthält sämtliche Erzählungen aus den *Wiederauflebungs-Geschichten von Scheintodten* und zusätzlich sechs neue.

13 H. v. C., *Wirkliche und wahre mit Urkunden erläuterte Geschichten und Begebenheiten von lebendig begrabenen Personen, welche wiederum aus Sarg und Grab erstanden sind*, Frankfurt und Leipzig 1798. Die Geschichten in dieser unbekannten Sammlung werden diskutiert von S. Schäfer, *Scheintod: Auf den Spuren alter Ängste*, Berlin 1994.

14 C. W. Hufeland, *Der Scheintod*, Berlin 1808. Ein Faksimile-Nachdruck dieses Buches, herausgegeben und mit einem aufschlussreichen Vorwort von G. Köpf, erschien 1986 im P. Lang-Verlag.

15 Vgl. D. C. Bastholm, *En Opfordring til Kiøbenhavens Indvaanere ...*, Kopenhagen 1793.

16 Ein ähnliches makaberes Beispiel dieser pervertierten Menschenfreundlichkeit war die Debatte darüber, ob der Kopf eines Enthaupteten noch längere Zeit lebe und empfindungsfähig sei. Die Philanthropen beteuerten, der weiterlebende und weiterhin empfindungsfähige Kopf mache unvorstellbare Qualen durch. Dies machte die Enthauptung zur schrecklichsten und barbarischsten Hinrichtungsform. Hufeland und andere Ärzte führten einige schaurige Experimente an den abgetrennten Köpfen enthaupteten Verbrecher durch, um ihre Argumentation zu untermauern. Vgl. Koch, *Lebendig begraben*, S. 81–88, und der Beitrag von L. Jordanova in *History Workshop Journal* 28 (1989), S. 39–52.

17 J. D. Metzger, *Ueber die Kennzeichen des Todes*, Königsberg 1792.

18 Von Müller, *Wie sich lebendig Begrabene gar leicht wieder aus Sarg und Grab helfen und ganz bequem herausgehen können*, Prag 1790. Hufeland bespricht die Abhandlung in *Der Scheintod*, a. a. O., S. 230–32.

19 Hufeland, *Der Scheintod*, a. a. O., S. 33 f., 177–79, für Schauergeschichten aus den *Wiederauflebungsgeschichten von Scheintodten*, ebenda S. 5–7, 18–20, 108 f., 134 f., 173–75, für mehrere haarsträubende Geschichten aus Wagingers *Neue Gespenster*.

20 J. Atzel, *Über Leichenhäuser vorzüglich als Gegenstand der schönen Baukunst betrachtet*, Stuttgart 1796. Diese Buch wird in Boehlke einsichtsreich besprochen , *Wie die Alten den Tod gebildet*, a. a. O., S. 135–46.

347

21 Die Baustile der deutschen Leichenhäuser werden gut beschrieben von Stein, *Das Leichenhaus*, a. a. O.

22 Über das erste Frankfurter Leichenhaus vgl. M. B. Lessing, *Skendöden eller det Osäkra i wår Kännedom om Lifwets Utslocknande,* Linköping 1837, S. 137–41.

23 Schwalbe, *Das Leichenhaus in Weimar,* a. a. O.

24 L. A. Kraus, *Das Sterben im Grabe,* Helmstedt 1837. Über die Läusesucht vgl. J.Bondeson, *Cabinet of Medical Curiosities,* Ithaca 1997, S. 51–71.

25 J. C. A. Clarus in *Beiträge zur praktischen Heilkunde* 1 (1834), S. 532–35.

26 Zu diesen fünf Hinweisen auf das mangelnde Vertrauen in die deutschen Leichenhäuser vgl. der Reihe nach C. L. Klose in *Zeitschrift für die Staatsarzneikunde* 19 (1830), S. 143–75, E. Burkel, *Über die Verhütung des Scheintodes,* Berlin 1984, S. 38, A. van Hasselt, *Die Lehre vom Tode und Scheintode,* Braunschweig 1862, S. 75–83, J.-A. Josat, *De la mort et des ses caractères,* Paris 1854, und Dr. Graff in *Zeitschrift für die Staatsarzneikunde* 34 (1837), S. 273.

27 E. G. von Steudel, *Altbau und Neubau des Medizinal-Wesens in Württemberg,* Esslingen 1849. Diese Arbeit wurde später kommentiert von D. Gross in *Würzburger medizinhistorische Mitteilungen* 16 (1997), S. 15–33.

28 Diese Einzelheiten schildert B. Gaubert, *Les chambres mortuaires,* Paris 1895, S. 132–38.

29 Das 1848 neu errichtete Frankfurter Leichenhaus wurde gut beschrieben von Josat, *De la mort et de ses caractères,* a. a. O., S. 170–201, und später von Gaubert, *Les Chambres mortuaires,* Paris 1895, S. 132–38.

30 G. Le Bon, *Om Skindød og om Forhastede Begravelser,* Kopenhagen 1867, S. 95–98.

31 Gaubert, *Les chambres mortuaires,* a. a. O., S. 129–31.

32 Das Münchner Leichenhaus ist gut beschrieben in W. Tebb und E. P. Vollum, *Premature Burial and How It May Be Prevented,* London 1905, S. 341–49.

33 W. Collins, *Jezebels Tochter,* München 1998.

34 Dieser Artikel wird zitiert von Dr. Moore Russell Fletcher in *One Thousand People Buried Alive by Their Best Friends,* Boston 1883, S. 40.

35 Mark Twain, *Leben auf dem Mississippi,* Deutsch von Lore Krüger, Aufbau-Verlag, Berlin und Weimar 1988, 31. Kapitel, »Ein Daumendruck und was sich daraus ergab«, S. 194.

36 E. Vogl, *Der Scheintod, eine medizingeschichtliche Studie,* München 1986, S. 19.

37 Vgl. den Aufsatz von G. Rossow in *Beiträge zur gerichtlichen Medizin* 17 (1943), S. 125. Ein Artikel im *Spiegel* (Nr. 48, 1967, S. 177) bestätigt, dass gewisse deutsche Leichenhäuser noch in den vierziger und fünfziger Jahren des 20. Jahrhundert Signalvorrichtungen für Scheintote besaßen. Laut Schäfer, *Scheintod,* a. a. O., S. 80, befanden sich noch in den sechziger Jah-

ren in den Kühlfächern des Krematoriums von Straßburg, in denen die Leichen aufbewahrt wurden, Alarmknöpfe.

38 S. Necker, *Les inhumations précipitées,* Paris 1790. Madame Necker hatte bis ans Ende ihrer Tage schreckliche Angst davor, lebendig begraben zu werden. In ihrem Testament flehte sie ihren Gatten an, sie niemals zu begraben oder in einen Sarg zu legen. Ihr einbalsamierter Leichnam wurde in eine große, mit Alkohol gefüllte Wanne gelegt, die mit einem Glaskasten bedeckt und in eine fest verschlossene Gruft gebracht wurde. Zehn Jahre später wurde Jacques Neckers Leichnam auf genau gleiche Weise behandelt, und die Tür zum Mausoleum wurde zugemauert. Seither ist sie nur einmal geöffnet worden, um den Sarg von Neckers Tochter Germaine aufzunehmen, besser bekannt als Madame de Staël, die Gastgeberin eines literarischen Salons. Einige moderne Historiker wie P. Vecchi in *Revue de Synthèse,* 3. Serie, S. 113 f. (1984), S. 143–60, und M. S. Pernick, *Death: Beyond Whole-Brain Criteria,* hg. von R. M. Zaner, Dordrecht 1988, S. 17–74, haben die Bedeutung von Madame Neckers Schrift übertrieben und behauptet, sie habe Hufeland und später die deutschen Leichenhäuser beeinflusst. Milanesi, *Mort apparente,* S. 187–91, ist sich der Rolle Thiérrys bewusst und übertreibt dennoch die Bedeutung von Neckers Schrift. In Hufelands Abhandlung von 1791 wird sie mit keinem Wort erwähnt, und es ist ziemlich unwahrscheinlich, dass sie ihn beeinflusst hat, besonders wenn man die richtige Publikationsgeschichte seiner frühen Werke über Leichenhäuser berücksichtigt, wie sie von Stein, *Das Leichenhaus,* a. a. O., S. 22, dargestellt wird. Zudem räumt Schwalbe, der Hufeland kannte und bewunderte, in seinem *Leichenhaus in Weimar,* a. a. O., S. 10, ein, dass dieser von Franks Werken beeinflusst war.

39 L. von Berchtold, *Kurzgefasste Methode, alle Arten von Scheintodten wieder zu beleben,* Wien 1791, veröffentlicht auf Französisch unter dem Titel *Projet pour prévenir les dangers très frequents des inhumations précipitées,* Paris 1791. 1792 erschien eine spanische Übersetzung.

40 Diese Aufrufe zum Bau von Leichenhäusern in Paris sind chronologisch dokumentiert in Gaubert, *Les chambres mortuaires,* a. a. O., S. 56–80.

41 Bastholm, *En Opfordring til Kiøbenhavens Indvaanere,* a. a. O.

42 Das Leichenhaus in Kopenhagen wird beschrieben von P. A. Schleisner, *Bidrag til Belysning af Asphyxien og Döden,* Kopenhagen 1868, S. 65 f., und von V. Starcke, *Giertrud Birgitte Bodenhoffs Mysterium,* Kopenhagen 1954.

43 Für Beispiele skandinavischer Propaganda für den Bau von Leichenhäusern vgl. die Schriften von N. L. Nissen, *Om Skindød, levendes Begravelse og Lighuise til Forebyggelse heraf,* Kopenhagen 1827, und [Anon.], *Uppmaning till Menniskovennen …,* Uddevalla 1840.

44 Vgl. A. V. Zarda, *Patriotischer Wunsch für die Wiederbelebung vertodtscheinenden Menschen,* Prag 1797.

45 Das Wiener Leichenhaus wurde beschrieben im *Illustrierten Wiener Extrablatt,* 5. Oktober 1874, und später von H. Schmölzer, *A Schöne Leich: Der*

Wiener und sein Tod, Wien 1980, S. 95–100, und E. Burkel, *Über die Verhütung des Scheintodes,* Berlin 1984, S. 33–36. S. Jellinek, *Dying, Apparent Death, and Resuscitation,* London 1947, S. 37, schildert, wie er das Alarmsystem aus der alten Leichenhalle eines Wiener Krankenhauses 1899 in seine Privatsammlung aufnahm.

46 Vgl. Josat, *De la mort et des ses caractères,* a. a. O., S. 171 f.
47 [Anon.], *Iets over het Levend-begraven en de Lijkenhuizen,* Haarlem 1837, S. 31.
48 Über diese Einzelheiten berichtet E. Bouchut, *Traité des signes de la mort et des moyens de prévenir les inhumations prématurées,* Paris 1883, S. 410–14. Vgl. auch Gaubert, *Les chambres mortuaires,* a. a. O., S. 155.
49 Über das alte *Schijndodenhuis* von Den Haag vgl. die Artikel von E. M. Terwen-Dionysius in *Jaarboek die Haghe* (1986), S. 67–99, R. Spruit in *Spieghel Historiael* 21 (1986), S. 444–49, und C. van Raak in *Maatstaf* 42, Nr. 2 (1994), S. 32–38.
50 Stein, *Das Leichenhaus,* a. a. O., S. 141, 143.
51 Vgl. Frorieps Beitrag in *Notizen aus dem Gebiete der Natur- und Heilkunde* 24 (1829), S. 255.
52 R. Brandon in *Medical Times* 16 (1847), S. 574, und [anon.] in *British and Foreign Medico-Chirurgical Review* 15 (1855), S. 74.
53 Ich benutze das Wort »vergessen« im gleichen Sinne wie der originelle Philosoph und Erforscher makabrer Phänomene – Charles Fort –, nämlich zur Bezeichnung eines unerklärten Phänomens, das bewusst übersehen wird, oder eines historischen Zeitabschnitts, an den man sich am besten nicht erinnert.
54 Über Varrentrapps Aufruf vgl. van Hasselt, *Die Lehre vom Tode und Scheintode,* a. a. O., S. 65.
55 L. Lenormand, *Des inhumations précipitées,* Macon 1843, S. 149.
56 Le Bon, *Om Skindød og om Forhastede Begravelser,* a. a. O., S. 95–98.
57 Dr. Hofmann in *Allgemeine medicinische Central-Zeitung* 16 (1847), S. 612–14.
58 Josat, *De la mort et de ses caractères,* a. a. O., S. 204–7.
59 Le Bon, *Om Skindød og om Forhastede Begracvelser,* a. a. O., S. 95–98.
60 Gaubert, *Les chambres mortuaires,* a. a. O., S. 178–81.
61 Tebb und Vollum, *Premature Burial,* a. a. O., S. 348 f.
62 Vgl. van Hasselt, *Die Lehre vom Tode und Scheintode,* a. a. O., S. 73 f.
63 Brouardel, *Death and Sudden Death,* a. a. O., S. 23; vgl. auch Vogl, *Der Scheintod,* a. a. O., S. 19.

Kapitel 6: Sicherheitssärge

1 Der Sicherheitssarg des Herzogs wird beschrieben von C. W. Hufeland, *Der Scheintod,* Berlin 1808, S. 93.

2 Vgl. zur deutschen Obsession mit Sicherheitssärgen H. Schmid, *Historische Analyse des Scheintodes,* München 1983, S. 55–66 und Anhänge, ferner E. Burkel, *Über die Verhütung des Scheintodes,* Berlin 1984, S. 44–70.

3 P. G. Pessler, *Leicht anwendbarer Beystand der Mechanik, um Scheintodte beym Erwachen im Grabe zu erretten,* Braunschweig 1798.

4 Collenbuschs *Rathgeber für alle Stände,* Bd. 1 (1799), und Poppes, *Allgemeines Rettungsbuch,* Hannover 1805, S. 495–514, 533–46, beide zitiert in Hufeland, *Der Scheintod,* S. 8 f., 198 f.

5 J. G. Hypelli, *Ein Wecker als Rettungsmittel für Scheintodte,* Burghausen 1804, besprochen von E. Burkel, *Über die Verhütung des Scheintodes,* Berlin 1984, S. 44–46.

6 Diese Idee und andere wurden erörtert in Poppes *Noth- und Hülfslexicon,* 1, S. 338, vgl. auch die anonyme niederländische Schrift *Iets over het Levend-begraven en den Lijkenhuizen,* Haarlem 1837, S. 28 f.

7 Über die Aktivitäten von Dr. Gutsmuth und Dr. von Hesse vgl. Schmid, *Historische Analyse des Scheintodes,* a. a. O., S. 57 f.

8 J. G. Taberger, *Der Scheintod,* Hannover 1829. Dieses wichtige Buch wird besprochen von Schmid in *Historische Analyse des Scheintodes,* a. a. O., S. 58–62.

9 Die Beschreibung der tragbaren Totenkammern ist entnommen aus M. U. Stein, *Das Leichenhaus,* Marburg/Lahn 1992, S. 19 f., der als Quellen einen Artikel in einer wenig bekannten Publikation, der Dresdner *Abend-Zeitung* von 1829, und einen Bericht im Staatsarchiv Weimar B 7655 anführt.

10 Diese Sicherheitsvorrichtungen werden diskutiert von Schmid, *Historische Analyse des Scheintodes,* a. a. O., S. 63–65, und von E. Burkel, *Über die Verhütung des Scheintodes,* Berlin 1984, S. 46–70. In beiden Dissertationen sind die Original-Patentanträge und Zeichnungen der betreffenden Särge abgedruckt.

11 Der »Batesonsche Glockenstuhl« wird beschrieben von M. Crichton in *The Great Train Robbery,* London 1975, S. 187–93, und L. G. Stevenson in *Bulletin of the History of Medicine* 49 (1975), S. 482–511.

12 Vgl. *Burial Reformer* 3 (1911), S. 23.

13 Für einen Überblick über amerikanische Sicherheitssärge vgl. den Artikel von H. Dittrick in *Bulletin of the History of Medicine* 3 (1948), S. 161–71.

14 Dieser amüsante Bericht stammt aus der Londoner *Times* vom 16. September 1868, S. 7c, und 29. September 1868, S. 7a.

15 Die Legende von Mary Baker Eddys Telefon wird auf einer Internet-Homepage über vorzeitige Begräbnisse (snopes.simplenet.com/horrors/gruesome/buried.htm) diskutiert. Eine ähnliche Geschichte kursierte über eine weitere berühmte Predigerin, Aimée McPherson. Zur Geschichte über Mrs. Pennord vgl. R. Davies, *The Lazarus Syndrome,* London 1999, S. 241. Laut einem Artikel im *American Mercury* von 1926 ließ der Wertpapiermakler Martin A. Sheets in seinem Mausoleum elektrisches Licht und ein Telefon installieren.

16 Vgl. die Aufsätze von H. Valbel im *Journal d'Hygiène* (Paris), 22 (1897), S. 106–108, und Dr. de Pietra Santa, ebenda, S. 157–63.

17 M. de Karnice-Karnicki, *Vie ou mort*, Paris 1900, S. 28–31. Über die italienischen Aktivitäten des Grafen vgl. auch *Ingegneria sanitaria* 8 (1897), S. 121 f.

18 M. de Karnice-Karnicki, *Vie ou mort*, a. a. O. Sein Mitarbeiter Horace Valbel verfasste eine weitere Druckschrift mit dem Titel *Der Scheintod besiegt durch »Le Karnice«: Ein Werk der Menschlichkeit*, das 1900 veröffentlicht und später ins Italienische übersetzt wurde.

19 Der Artikel von E. Camis erschien im *Medico-Legal Journal*, New York, 17 (1899–1900), S. 296–99.

20 N. R. Aronstam und L. J. Rosenberg in *Medical and Surgical Monitor* 4 (1901), S. 55–59.

Kapitel 7: Die Kennzeichen des Todes

1 A. Louis, *Lettres sur la certitude des signes de la mort*, Paris 1752, S. 153–56.

2 Vgl. für diesen Bericht R. Wilkins, *The Fireside Book of Death*, London 1990, S. 39.

3 Für einen Überblick über die groben Wiederbelebungsmethoden im 18. Jahrhundert vgl. Winslow und Bruhier, *The Uncertainty of the Signs of Death*, London 1746, S. 21–24.

4 D. G. Björn, *Medel at förekomma lefwande människors begrafning*, Linköping 1795.

5 Louis, *Lettres sur la certitude des signes de la mort*, Paris 1752.

6 P. J. B. Previnaire, *Abhandlung über die verschiedenen Arten des Scheintodes*, Leipzig 1790. Es handelt sich um die deutschen Übersetzung einer französischen Ausgabe, die einige Jahre früher erschien.

7 R. A. Gorter, *De Tabaksrook-klisteer voornamelijk als Reanimator*, Amsterdam 1953. Dieser Autor hat auch eine Reihe von Artikeln über Klistiere mit Tabakrauch geschrieben, die in verschiedenen niederländischen Zeitschriften erschienen, Nachdrucke dieser Artikel befinden sich in der British Library.

8 Siehe Wilkins, *Fireside Book of Death*, a. a. O., S. 43 f.

9 Vgl. die Artikel von D. C. Schechter in *Surgery* 69 (1971), S. 360–72, und N. Roth in *Medical Instrumentation* 14 (1980), S. 322. Im Jahr 1788 behauptete Dr. Charles Kite in seinem *Essay on the Recovery of the Apparently Dead*, London 1788, S. 125, die elektrische Reizung eines Muskels wäre eine sinnvolle Todesprobe, denn wenn die Person wirklich tot sei, würde der Muskel nicht zucken.

10 C. C. Creve, *Vom Metallreize*, Leipzig 1796.

11 A. V. Zarda, *Patriotischer Wunsch für die Wiederbelebung vertodtscheinender Menschen*, Prag 1797, S. 54.

12 C. W. Hufeland, *Der Scheintod,* Berlin 1808, S. 35 f.

13 C. A. Struwe, *Der Lebensprüfer,* Hannover 1805. Im Jahr 1804 hatte Dr. J. A. Heidmann in einem Buch mit dem Titel *Zuverlässige Prüfungsmittel zur Bestimmung des wahren Scheintodes,* Wien 1804, einen ähnlichen Apparat wie Struwe vorgestellt. Über weitere elektrische Geräte zur Lebensprüfung vgl. auch das Typoskript von M. Augener, »Scheintod als medizinisches Problem«, Kiel 1965, S. 74–82.

14 F.-M.-X. Bichat, *Recherches physiologiques sur la vie et la mort,* Paris 1800, ins Englische übersetzt unter dem Titel *Physiological Researches upon Life and Death,* Philadelphia 1809. Es ist seltsam, dass Bichat selbst sich nicht zu der Bedeutung seiner Arbeiten für die Debatte über die Ungewissheit der Todeszeichen äußerte, außer, dass er den diagnostischen Wert der Leichenstarre anzweifelte. Und auch E. Haigh tut dies nicht in *Xavier Bichat and the Medical Theory of the Eighteenth Century,* Medical History Suppl. 14 (London 1984).

15 Vgl. M. Orfila, *Secours à donner aux personnes empoisonnées ou asphyxiées,* Paris 1818, und F. E. Fodéré, *Traité de Médecine légale,* 2. Bd., Paris 1813, S. 343–73.

16 F. Gannal listet diese Dissertationen auf und würdigt sie kritisch in *Mort réelle et mort apparente,* Paris 1868, S. 26–30.

17 Pietro Manni hatte selbst eine Abhandlung über Scheintod veröffentlicht: *Manuale pratico per la cura degli apparentementi morte,* Neapel 1835. Es gibt eine deutsche Übersetzung: *Praktisches Handbuch zur Behandlung der Scheintoten,* Leipzig (1839). Über die Begründung und die ergebnislos verlaufenden ersten Wettbewerbe um den Prix Manni vgl. den Aritkel von M. Rayer in *Comptes Rendus de l'Académie des Sciences* 26 (1848), S. 550–73.

18 R. Laënnec, *De l'auscultation médiate ou traité du diagnostic des maladies des poumons et du coeur,* Paris 1819.

19 C. F. Nasse, *Die Unterscheidung des Scheintodes vom wirklichen Tode,* Bonn 1841.

20 J. N. Hickmann, *Die Elektricität als Prüfungs- und Belebungsmittel im Scheintode,* Wien 1841.

21 Der *pince-mamelon* oder Brustwarzenkneifer ist beschrieben und abgebildet in J.-A. Josat, *De la mort et de ses caractères,* Paris 1854.

22 Einen Überblick über die weiteren vorgeschlagenen Todeszeichen beziehungsweise Lebensprüfungen geben T. K. Marshall im *Medico-legal Journal* 35 (1966), S. 14–24, und M. S. Pernick, *Death: Beyond Whole-Brain Criteria,* hg. von R. M. Zaner, Dordrecht 1988, S. 17–74.

23 M. Rayers Bericht wurde in den *Compted Rendus de l'Académie des Sciences* 26 (1848), S. 550–73, veröffentlicht. Für seine Rezeption im Ausland vgl. den Artikel von C. G. Santesson in *Hygiea* 10 (1848), S. 667–70.

24 E. Bouchut, *Traité des signes de la mort,* Paris 1849, neue Ausgaben erschienen 1854 und 1883. Eugène Bouchut wurde 1818 geboren und starb 1891. Er war einer der vielen bedeutenden französischen Ärzte dieser Zeit.

25 Vgl. z. B. M. Lassere in *Annales de Démographie Historique* (1992), S. 339–42.

26 Vgl. z. B. R. Olry in *Vesalius* 2 (1996), S. 111–117.

27 T. Plugge in *Memorabilien* 5 (1860), S. 71.

28 W. B. Kesteven in *British and Foreign Medico-Chirurgical Review* 15 (1855), S. 71–77.

29 Über den französischen Widerstand gegen Bouchut vgl. Gannal, *Mort réelle et mort apparente*, S. 38–47, S. Icard, *La mort réelle et la mort apparente*, Paris 1897, S. 73–95, und J. B. Geniesse, *la mort réelle et la mort apparente*, Paris 1905, S. 392–94.

30 Icard, *La mort réelle et la mort apparente*, a. a. O., S. 87 f.

31 Ebenda, S. 45.

32 Zum Nadeltest von Cloquet und Laborde vgl. den Artikel von Pernick in *Death: Beyond Whole-Brain Criteria*, a. a. O., S. 39.

33 Über den Test von Marteno vgl. Wilkins, *Fireside Book of Death*, a. a. O., S. 40 f.

34 U. Magnus, *Di un segno certo della morte*, Mailand 1879; vgl. auch A. Monteverdi, *Vita e Morte*, Cremona 1892, S. 146 f.

35 A. Monteverdi, *Note sur un moyen simple, facile, prompt et certain de distinguer la mort vrai de la mort apparente de l'homme*, Cremona 1874.

36 L. Collongues, *Traité de dynamoscopie; ou, Appréciation de la nature et de la gravité des maladies par l'auscultation des doigts*, Paris 1862, insb. S. 348–70.

37 J.-V. Laborde, *Le traitement physiologique de la mort*, Paris 1894, und *Le signe automatique de la mort réelle*, Paris 1900. Die Methode wurde besprochen in Geniesse, *La mort réelle et la mort apparente*, a. a. O., S. 110 f.

38 Diese unverdiente Anerkennung in den *Études Fransiscaines* wurde zitiert in Geniesse, *La mort réelle et la mort apparente*, a. a. O., S. 151.

39 Der Wettbewerb um den Prix d'Ourches wurde besprochen im *London Medical Record* 2 (1874), S. 205–7, 221–223.

40 A. Devergie in *Annales d'Hygiène Publique* 34 (1870), S. 310–27.

41 Vgl. den *London Medical Record* 2 (1874), S. 205–7, 221–23, und den Artikel von Carrington in *Annals of Psychical Science* 9 (1910), S. 255–67.

42 Über den Prix Dusgate vgl. W. Tebb und E. P. Vollum, *Premature Burial and How it May Be Prevented*, London 1905, S. 312 f., 319.

43 Bouchut, *Traité des signes de la mort*, Paris 1883.

44 Icard, *La mort réelle et la mort apparente*, a. a. O., S. 92 f., 261–63.

45 Ebenda. Dr. Icard beteiligte sich viele Jahre lang als einer der letzten seriösen französischen Ärzte an der Kampagne gegen vorzeitige Begräbnisse: Von 1897 bis 1919 schrieb er viele Bücher und Aufsätze über Leichen, Verwesung, Beisetzungen und Autopsien. Im Jahr 1932 veröffentlichte er mit 72 Jahren ein Buch über Wappenkunde.

46 Vgl. den Artikel von L. A. Parry im *Medical Magazine* 23 (1914), S. 11–23.

Kapitel 8: Skeptische Physiologen und phantasierende Spiritisten

1 J. Taylor, *The Danger of Premature Interment,* London 1816. Die Titelseite von Dr. Anthony Daniels Exemplar dieses Buches enthält die folgende handschriftliche Anmerkung: »Jeder Mensch, der Spaß an gutem Unsinn und ungereimten Geschichten hat, kann sich hier nach Herzenslust ergötzen.«

2 W. Whiter, *A Treatise on the Disorder of Death,* London 1817.

3 J. Snart, *Thesaurus of Horror; or, The Charnel-House Explored,* London 1817. Es wurde neu aufgelegt unter dem ausgewogeneren Titel *A Historical Inquiry concerning Apparent Death and Premature Interment,* London 1824. Es ist bezeichnend, dass Exemplare dieser Ausgabe viel seltener sind als Exemplare des *Thesaurus of Horror.*

4 Snart, *Thesaurus of Horror,* a. a. O., S. 95–96.

5 Diese Beispiele werden zitiert von W. Tebb und E. P. Vollum, *Premature Burial and How It May Be Prevented,* London 1905, S. 186–89, 379. Einige Ergänzungen stammen von »Grime« in *Notes and Queries,* 3. Ser., 2 (1862), S. 110, und von M. Pallot in *Udolpho* 26 (1996), S. 3–5.

6 Vgl. N. Longmate, *King Cholera,* London 1966, S. 54, R. J. Morris, *Cholera 1832,* London 1976, S. 105–7, und M. Durey, *The Return of the Plague,* Dublin 1979, S. 168 f.

7 Dieser Bericht stammt aus der Londoner *Times* vom 4. Mai 1842, S. 7b.

8 H. Le Guern, *Rosoline, ou les mystères de la tombe,* Paris 1834.

9 H. Le Guern, *Danger des inhumations précipitées,* Paris 1844.

10 Für ein Beispiel vgl. H. G. Du Fay, *Des vols d'enfants et des inhumations d'individus vivants,* Paris 1847.

11 J.-S.-E. Julia de Fontenelle, *Recherches médico-légales sur l'incertitude des signes de la mort,* Paris 1834.

12 Für diese Geschichte vgl. ebenda, S. 101 f. und 106 f.

13 R. Ferguson in *Quarterly Review* 85 (1849), S. 346–99.

14 L. Lenormand, *Des inhumations précipitées,* Macon 1843. Die Geschichte der Richmodis von Aducht findet sich auf S. 91 und drei Versionen des »jungen Liebespaares« finden sich auf den S. 34–50, 50 f. und 60–65.

15 Drei traditionelle Versionen der Legende vom achtlosen Anatomen finden sich ebenda, S. 32–34, die neue steht auf S. 51 f.

16 Für diese beiden Geschichten vgl. Lenormand, *Des inhumations précipitées,* a. a. O., S. 27–30 und S. 52–58.

17 Vgl. für diese interessante Information B. Gaubert, *Les chambres mortuaires,* Paris 1895, S. 89 f.

18 J.-A. Josat, *De la mort et de ses caractères,* Paris 1854.

19 Darauf hat P. Schleisner hingewiesen in *Bidrag til Belysning af Asphyxien og Døden,* Kopenhagen 1868, S. 14–16. Er zitiert dabei die *Comptes Rendus de l'Académie des Sciences* 35 (1852), S. 914.

20 W. B. Kesteven in *British and Foreign Medico-Chirurgical Review* 15 (1855), S. 71–77.

21 Für die Appelle aus den jahren 1866 und 1869 vgl. Gaubert, *Les chambres mortuaires,* a. a. O., S. 93–96.

22 Kardinal Donnets Rede ist abgedruckt in *Catholic World* 3(1866), S. 805–10, und wird zitiert von Tebb und Vollum, *Premature Burial,* a. a. O., S. 109–13.

23 Der Artikel von Charles Dickens erschien in seinem *All the Year Round,* n. s. 2 (1869), S. 109–14.

24 Diese Aufrufe werden ausführlich von Gaubert behandelt in *Les chambres mortuaires,* a. a. O., S. 104–23.

25 Vgl. Bouchut, *Traité des signes de la mort,* a. a. O., S. 5–14, für den achtlosen Anatomen und S. 21–28 für die Zeitungsberichte. In der 1883er Ausgabe seines Buchs, S. 28–90 und 183 f., kritisierte Bouchut auch die traditionellen Fälle aus Bruhiers Buch, die von vielen späteren Autoritäten wiederholt wurden.

26 Vgl. den Artikel von E. Bouchut in *Paris Médical* 9 (1884), S. 133–35.

27 P. Brouardel, *Death and Sudden Death,* London 1902, S. 40.

28 A. van Hasselt, *Die Lehre vom Tode und Scheintode,* Braunschweig 1862. Diese Arbeit erschien ursprünglich auf Niederländisch.

29 Ebenda, S. 70–73. Professor Göpperts Nachforschungen wurden zitiert in Frorieps *N. Notizen,* Nr. 23 (1857).

30 Schleisner, *Bidrag til Belysning af Asphyxien og Døden,* S. 4.

31 Diese drei Artikel erschienen in der *Union Médical,* 3. Reihe, 30 (1880), S. 680 f., 785 f., 909 f. Sie wurden in einer dänischen Zeitschrift, *Ugeskrift for Laeger,* 4. Ser., 3 (1881), S. 36–38, von einem Arzt kommentiert, der behauptete, ähnlich vagen, weitgehend erfundenen Geschichten begegne man in Dänemark häufig auf dem Lande. Ähnliche Vorfälle in England wurden beschrieben in *Lancet* 1884, Bd. 1, S. 968, 1058 und 1908, Bd. 1, S. 1431 und in der *Medical Press and Circular,* n. s. 87 (1909), S. 259.

32 Für die Laurens- und Lee-Fälle vgl. Tebb und Vollum, *Premature Burial,* a. a. O., S. 45, 188.

33 Vgl. die Artikel von H. W. Ducachet in *American Medical Recorder* 5 (1822), S. 39–53, und N. M. Schreck in *Transylvania Journal of Medicine* 8 (1835), S. 210–20.

34 Vgl. den Beitrag von J. G. Kennedy in *Studies in the American Renaissance* (1977), S. 165–78, für eine aufschlussreiche Bibliographie früher amerikanischer Prosa zum Thema vorzeitiges Begräbnis.

35 Vgl. *Littell's Living Age* 13 (1847), S. 357 f.

36 A. Wilder, *The Perils of Premature Burial: A Public Address Delivered before the Members of the Legislature, at the Capitol, Albany, New York* (London 1895). Diese Streitschrift wurde unter dem Titel *Faran för att lefvande begrafvas,* Lund 1897, ins Schwedische übertragen. Wilder engagierte sich im Jahr 1900 noch immer aktiv in der Kampagne gegen vorzeitige Begräbnisse, wie aus einem reißerischen Aufsatz von ihm im *Eclectic Medical Journal* 60 (1900), S. 388–96, zu entnehmen ist.

356

37 M. R. Fletcher, *Our Home Doctor,* Boston 1883.
38 E. F. Bishop, *Human Vivisection of Sir Washington Irving Bishop, the First and World-Eminent Mind-Reader,* Philadelphia 1889. Das Zitat ist auf den Seiten 14 f., Zitate aus der Presse über Bishops Tod finden sich auf den S. 29–54.
39 Das seltsame Leben und der makabre Tod von Washington Irving Bishop wurde von Ricky Jay wunderbar beschrieben in *Learned Pigs and Fireproof Women,* London 1987, S. 156–89, vgl. auch den Artikel von A. Wilder in *Eclectic Medical Journal* 60 (1900), S. 388–96, T. J. Hudson, *The Law of Psychic Phenomena,* London 1893, S. 309–20, und Tebb und Vollum, *Premature Burial,* a. a. O., S. 274 f.
40 F. Hartmann, *Buried Alive,* Boston 1895, neu aufgelegt unter dem Titel *Premature Burial,* London 1896.
41 *British Medical Journal,* 1896, Bd. 1, S. 540.

Kapitel 9: Der letzte Kampf

1 Vgl. den *Burial Reformer* 3 (1913), S. 75 f.
2 Das ereignisreiche Leben von William Tebb wurde von M. R. Leverson beschrieben, *Vaccination in the Light of the Royal British Commission,* Philadelphia 1900, S. 57–81. Für zwei Beispiele seiner Bücher, in denen er Propaganda gegen Impfungen macht, vgl. W. Tebb, *The Results of Vaccination,* London 1887, und *Brief Story of Fourteen Years' Struggle for Parental Emancipation from the Vaccination Tyranny,* London 1894.
3 J. F. Banton, *Vaccination Refuted,* Cleveland 1882, S. 9–14. Über Impfgegner im Allgemeinen vgl. W. Tebb, *The Results of Vaccination,* London 1887, und *Brief Story of Fourteen Years' Struggle for Parental Emancipation from the Vaccination Tyranny,* London 1894.
4 W. Tebb, *The Recrudescence of Leprosy and Its Causation,* London 1893.
5 Die Erzählungen des finsteren Dr. Chew werden eingehend geschildert von W. Tebb und E. P. Vollum, *Premature Burial and How It May Be Prevented,* London 1905, S. 82 f., 118–20, 124 f., 155, 362 f.
6 W. Tebb und E. P. Vollum, *Premature Burial and How It May Be Prevented,* London 1896.
7 Tebb und Vollum, *Premature Burial* (Ausgabe von 1905), S. 173 f.
8 Ebenda, S. 383.
9 Einige dieser Rezensionen sind abgedruckt ebenda, S. 29–36; weitere finden sich in *Perils of Premature Burial* 3 (1912), S. 28.
10 Vgl. J. Stenson Hooker und E. P. Vollum, *Premature Burial and Is Prevention,* London 1911, für eine Auswahl von Kommentaren berühmter Persönlichkeiten, andere finden sich großzügig verstreut in *Perils of Premature Burial* 2 (1909), S. 32, und 3 (1911), S. 15, sowie in den Inseraten der Gesellschaft.
11 Diese Artikel erschienen im *Spectator* 75 (1895), S. 332, 399, 520, 638 f.

12 J. R. Williamson in *Scientific American* 74 (1896), S. 294. Williamson war viele Jahre lang aktiv und schrieb Briefe an verschiedene Zeitschriften, in denen er vor dem Grauen eines vorzeitigen Begräbnisses warnte. Vgl. den *Sanitary Record*, n. s. 31 (1903), S. 567, und *Perils of Premature Burial* 3 (1912), S. 31.

13 J. F. Baldwin in *Scientific American* 75 (1896), S. 315. Für andere Reaktionen aus dem ärztlichen Establishment vgl. *British Medical Journal*, 1895, Bd. 1, S. 730, 787 f., und 1896, Bd. 1, S. 540.

14 *Medical News* 67 (1895), S. 657–59.

15 W. M. Weidman in *Lehigh Valley Medical Magazine* 11 (1900), S. 151–64.

16 *Journal of the American Medical Association* 52 (1909), S. 1859.

17 D. Walsh in *Medical Press and Circular*, n. s. 54 (1897), S. 286–89, 316–18, 340–44. Dieser Artikel wurde später unter dem Titel *Premature Burial: Fact of Fiction*, London 1897, als Flugblatt veröffentlicht. Eine amerikanische Ausgabe erschien ein Jahr später.

18 *Medical Press and Circular*, n. s. 54 (1897), S. 413 f.

19 Diese Anekdoten über die Agitation von Lizzy Lind-af-Hageby stammen aus dem *Burial Reformer* 1 (1906), S. 35, 45–48; 1 (1907), S. 64, 80.

20 Lizzy Lind-af-Hageby wurde Präsidentin der Gesellschaft für Tierschutz und gegen Vivisektionen sowie Herausgeberin ihrer Zeitschrift, der *Anti-Vivisection Review*. Die anfänglichen Erfolge der britischen Vivisektionsgegner verdankten sie größtenteils ihrer unaufhörlichen Agitation und ihrem beachtlichen Organisationstalent. Ihre Intelligenz und Schlagfertigkeit wurden in ihren Debatten mit einigen führenden Verfechtern der Vivisektion deutlich, aus denen die medizinischen Kapazitäten oftmals verunsichert herauskamen. In beiden Weltkriegen betrieb sie Kliniken für kranke und verwundete Tiere. Sie setzte ihr Engagement für das Wohl der Tiere bis zu ihrem Tod im Jahr 1967 fort. Für eine Darstellung ihres Werdegangs vgl. *Who Was Who* 6 (1979), S. 678.

21 Über die entmutigenden Erfahrungen von Miss Oakes vgl. *Perils of Premature Burial* 3 (1911), S. 1–3, 3 (1912), S. 49 f., und 3 (1913), S. 78.

22 Für diese drei Artikel vgl. *Burial Reformer* 1 (1905), S. 3–5, 11, 24.

23 Diese Rede wird ausführlich in *Burial Reformer* 1 dokumentiert (1906), S. 45–48.

24 Hadwen bekam wegen seines Engagements als Impfgegner mehrmals Ärger. Er wurde wegen standeswidriger Werbung aus der British Medical Association ausgeschlossen. Er wurde einmal wegen Totschlags angeklagt, aber freigesprochen, nachdem ein Kind, das sich bei ihm in Behandlung befunden hatte, unter mysteriösen Umständen gestorben war. Vgl. B. E. Kidd und M. E. Richards, *Hadwen of Gloucester*, London 1953. Ein weiteres ärztliches Mitglied der Londoner Gesellschaft zur Verhütung vorzeitiger Begräbnisse war Dr. L. A. Parry, der 1914 vor der Gesellschaft der Ärzte und Chirurgen von Brighton und Sussex einen Vortrag mit dem Titel »Die Möglichkeit einer verfrühten Beisetzung« hielt. Vgl. *Medical Magazine* 23 (1914), S. 11–23.

25 Über den Gesetzentwurf des Abgeordneten zur Verhütung vorzeitiger Begräbnisse vgl. *Burial Reformer* 1 (1906), S. 37–39, und 2 (1908), S. 6, 9. Ein ähnlicher Versuch war schon 1899 im Staat New York gescheitert; vgl. den Artikel von H. G. Chapin in *Medico-Legal Journal* (1899), S. 1–9.

26 R. P. Ferreres und J. B. Géniesse, *La mort réelle et la mort apparente,* Paris 1905. Eine Neuauflage erschien drei Jahre später. Es gibt auch eine deutsche Übersetzung mit dem Titel *Der wirkliche Tod und der Scheintod,* Koblenz 1908. Diese seltene Ausgabe beeinhaltet auch Géniesses Ergänzungen. In der amerikanischen Ausgabe dieses Buches mit dem Titel *Death Real and Apparent in Relation to the Sacraments,* St. Louis 1906, fehlten Géniesse' wertvolle Ergänzungen.

27 Diese fünf Geschichten stammen aus dem *Burial Reformer* 1 (1908), S. 100, 2 (1908), S. 4, 3 (1911), S. 6, 1 (1906), S. 53, und 1 (1907), S. 71.

28 Vgl. die *Perils of Premature Burial* 3 (1912), S. 28

29 Vgl. die Londoner *Times* vom 24. Juli 1926, S. 14e, 26. Juli 1926, S. 14 s, 31. März 1927, S. 16 f., 31. Okt. 1928, S. 10d, und 5. Febr. 1936, S. 9a.

30 E. Conner in *Herald of Health* 19 (1895), S. 189 f.

31 *Medical Press and Circular,* n. s. 87 (1909), S. 259.

Kapitel 10: Lebendig Begrabene in der Literatur

1 Alle Zitate aus G. Boccaccio, *Das Dekameron,* München (20. Aufl.) 1991, 10. Tag, 4. Geschichte, S. 763 ff. und 3. Tag 8. Geschichte, S. 271 ff.

2 Bandellos Kurzgeschichte und die späteren Variationen über dieses Thema werden erörtert von H. Hauvette, *La morte vivante,* Paris 1933.

3 T. Amory, *The Life of John Buncle, Esq.,* Bd. 1–2, London 1756.

4 M. Lévy, *Le roman »Gothique« anglais,* Paris 1995, S. 413, 632.

5 Mrs. Showes, *The Restless Matron,* Bd. 1–3, London 1799.

6 Jean Paul, *Siebenkäs* in *Werke,* 2 Bde., München 1959.

7 A. von Arnim und C. Brentano (Hg.), *Des Knaben Wunderhorn,* Bd. 1–3, Heidelberg 1806–8.

8 A. L. Oehlenschläger, *Eventyr, Fortaellinger, Noveller og Roman,* hg. von F. L. Liebenberg, Kopenhagen 1861, S. 93–107.

9 Zu Poes Vorstellungen von Tod und (vorzeitigem) Begräbnis vgl. J. G. Kennedy, *Poe, Death and the Life of Writing,* New Haven 1987, und die Artikel von R. Mayer in *Poe Studies* 29 (1996), S. 1–8, und J. E. Pike in *Studies in American Fiction* 26 (1998), S. 171.

10 B. K. Brown hat in *ANQ* 8 (1995), S. 11, behauptet, dass John Snarts *Thesaurus of Horror,* London 1817, eine der Quellen für Poes »Lebendig begraben« gewesen sei, aber die Indizien, die dafür sprechen, sind nicht sonderlich überzeugend. Eine seiner vermeintlichen Quellen, das »Chirurgische Journal aus Leipzig« ist erfunden, es gab in der fraglichen Zeit keine Zeitschrift dieses (oder eines ähnlichen) Namens.

11 Im *Philadelphia Casket* vom September 1827 laut A. H. Quinn, *Edgar Allan Poe*, Baltimore 1998, S. 418. Unverständlicherweise behauptet C. Quigley, *The Corpse: A History*, Jefferson 1996, S. 246, dieser Fall habe sich tatsächlich zugetragen.

12 »The Buried Alive«, in *Blackwood's Magazine* 10 (1821), S. 262–64. Dieser Artikel wurde später von mehreren anderen Zeitschriften in den zwanziger und dreißiger Jahren des 19. Jahrhunderts übernommen. Vgl. die Artikel von L. King in *University of Texas Studies in English* 10 (1930), S. 128–34, und J. G. Kennedy in *Studies in the American Renaissance* (1977), S. 165–78.

13 Vgl. die Artikel von Kennedy in *Studies in the American Renaissance* (1977), S. 165–78.

14 Vgl. den Artikel von W. T. Bandy in *American Literature* 19 (1947), S. 167 f.

15 Diese Geschichte wurde zitiert von R. Ferguson in *Quarterly Review* 85 (1849), S. 364, und von vielen anderen Schriftstellern des 19. Jahrhunderts, unter anderem William Hone in seinem *Every-Day Book*, Bd. 2, London 1830, S. 981 f. Sie erschien unter dem Titel »The Dead Alive« im *New-York Mirror and Ladies Literary Gazette* 4 (1826), S. 26 f., laut dem Artikel von Kennedy in *Studies in the American Renaissance* (1977), S. 165–78.

16 A. A. Brown in *Nineteenth-Century Literature* 50 (1996), S. 448–63.

17 F. Kempner, *Denkschrift über die Nothwendigkeit einer gesetzlichen Einführung von Leichenhäusern*, Breslau 1856, erweiterte Neuauflage 1867. Die schwedische Übersetzung trug den Titel *Om Skendöd och Likhus*, Stockholm 1857. Das Zitat stammt von S. 34 dieser Ausgabe.

18 Eine gute Ausgabe der Gedichte Kempners ist *Friederike Kempner, der schlesische Schwan*, hg. von G. Mostar, Heidenheim 1953. Über ihre Biographie vgl. die Artikel von G. H. Mostar in *Frankfurter Hefte* 7 (1952), S. 692–700, M. Krohn in *Jahrbuch der Schlesischen Friedrich-Wilhelms-Universität zu Breslau* 8 (1962), S. 233–46, und T. V. Laane in *Dictionary of Literary Biography* 129 (1993), S. 174–81.

19 Gottfried Keller schrieb sein Gedicht »Lebendig begraben« im Jahr 1846, doch es wurde erst 1883 in seinen *Werken* veröffentlicht. Die folgenden Zitate aus dem Gedichtzyklus stammen aus *Gottfried Keller – Der Gedichte erster Teil*, o. N., München 1921, S. 113 ff. Vgl. auch I. Stoessel, *Scheintod und Todesangst*, Köln 1983, S. 88 f. Über Kellers Leben und Werk vgl. L. Gessler, *Lebendig begraben*, Basel 1964, und J.-M. Lindsay, *Gottfried Keller*, London 1968.

20 Vgl. Stoessel, *Scheintod und Todesangst*, a. a. O., S. 117–21, und E. Vogl, *Der Scheintod, eine medizingeschichtliche Studie*, München 1986, S. 20–28, die Quellen über einschlägige biographische Werke anführen.

21 Vgl. über Gogol G. Prause, *Genies ganz privat*, Düsseldorf 1975, S. 324, und Vogl, *Der Scheintod*, a. a. O., S. 26 f. C. Boetzkes erklärt in *Scheintot begraben*, Percha 1984, S. 139 f., er sei überzeugt davon, dass Gogol le-

bendig begraben worden sei, aber es ist durchaus möglich, dass der Sarg beim Absenken ins Grab in Schräglage geriet oder dass sich der Leichnam während der Verwesung drehte.

22 J. S. Le Fanu, *Ghost Stories and Mysteries*, hg. von E. F. Bleiler, New York 1975, S. 1–93.

23 Marie Corelli, *Vendetta*, London 1886. Zur Publikationsgeschichte des Romans vgl. B. Masters, *Now Barabbas Was a Rotter: The Extraordinary Life of Marie Corelli*, London 1978, S. 61–69, 123.

24 W. Collins, *Jezebels Tochter*, München 1997. Vgl. auch C. Peters, *The King of Inventors: A Life of Wilkie Collins*, London 1992, S. 397.

25 M. Twain, *Leben auf dem Mississippi*, a. a. O., die »Geschichte eines Sterbenden« ist Teil von Kapitel 31., »Ein Daumenabdruck und was sich daraus ergab«, S. 193–206.

26 Ebenda, S. 204 f.

27 A. Dumas, *Der Graf von Monte Christo*, Würzburg 1999. Ein anderer Roman von Dumas *Père*, *Pauline*, Brüssel 1838, schildert das Schicksal einer Frau, die absichtlich von ihrem verruchten Ehemann in einer Familiengruft beigesetzt wurde.

28 Vgl. Guy de Maupassant, *Gesamtausgabe der Novellen und Romane*, 10 Bde., München 1986–87. Vgl. auch Stoessel, *Scheintod und Todesangst*, a. a. O., S. 90–92.

29 E. Zola, »La mort d'Olivier Bécaille«, 1884.

30 S. Lagerlöf, *Eine Herrenhofsage*, München 1950.

31 Ebenda, S. 54 f.

32 Über Andersen vgl. Stoessel, *Scheintod und Todesangst*, a. a. O., S. 118 f.

33 Über Nielsen vgl. den Artikel von O. Hagelin in *Bokvännen* 434 (1996), S. 19–25.

34 Über Nobel vgl. Stoessel, *Scheintod und Todesangst*, S. 118 f.

35 F. Rolfes »How I was Buried Alive« erschien im *Wide World Magazine* 2 (1898), S. 139–46.

36 H. Lewis, *The Haunted Husband*, New York 1899.

37 G. Atherton, *The Bell in the Fog, and Other Stories*, London 1905.

38 A. Conan Doyle, *His Last Bow*, London 1917, S. 199–233.

39 H. P. Lovecraft, *Selected Letters*, Bd. 4, Sauk City, Wisc., 1976, Brief 371.

40 J. Dickson Carr, *The Three Coffins*, New York 1935.

41 C. Woolrich, *Nightwebs*, hg. von F. M. Nevins jr., London 1973, S. 3–52.

42 D. Wheatley, *The Ka of Gifford Hillary*, London 1956.

43 M. Crichton, *Der große Eisenbahnraub*, München 1998.

Kapitel 11: Wurden Menschen tatsächlich lebendig begraben?

1 J. Snart, *Thesaurus of Horror*, London 1817, S. 27 f.

2 [Anon.], *Uppmaning till Menniskovännen …*, Uddevalla 1840.

3 H. Le Guern, *Danger des inhumations précipitées*, Paris 1844.

4   L. Lenormand, *Des inhumations précipitées,* Macon 1843.
5   Dr. de Pietra Santa in *Journal d'Hygiène* 22, Paris 1897, S. 157–63.
6   B. Gaubert, *Les chambres mortuaires,* Paris 1895.
7   J. G. Ouseley, *Earth to Earth Burial,* London 1895.
8   J. Stenson Hooker und E. P. Vollum, *Premature Burial and Its Prevention,* London 1911.
9   Zitiert von G. E. Mackay in *Popular Science Monthly* 16 (1880), S. 389–97.
10 M. Dana in *Arena* 17 (1897), S. 935–39.
11 E. P. Vollum in *Undertaker's Journal,* April 1904, zitiert von R. Davies, *The Lazarus Syndrome,* London 1999, S. 132.
12 T. M. Montgomery in *The Casket,* Rochester, N. Y., 2. März 1896, zitiert in W. Tebb und E. P. Vollum, *Premature Burial and How it May Be Prevented,* London 1905, S. 81 f.
13 Hebenstreits Beobachtungen werden besprochen in A. van Hasselt, *Die Lehre vom Tode und Scheintode,* Braunschweig 1862, S. 65 f.
14 Dr. von Röser veröffentlichte seine Beobachtungen in Sachs' *Medizinische Jahrbücher* von 1859, zitiert ebenda.
15 T. K. Marshall in *Medicolegal Journal* 35 (1966), S. 14–24.
16 F. J. Holzer in *Deutsche Zeitschrift für die gesamte gerichtliche Medizin* 62 (1968), S. 95–100.
17 P. Hedenius in *Upsala Läkareförenings Förhandlingar* 10 (1874–75), S. 1–45, insb. S. 35 f.
18 Diese drei Fälle wurden zitiert in Tebb und Vollum, *Premature Burial* (Ausgabe von 1905), S. 84–87.
19 Zum Totenlaut vgl. E. Vogl. *Der Scheintod, eine medizingeschichtliche Studie,* München 1986, S. 53.
20 Der Fall Bobin wurde beschrieben von Tebb und Vollum, *Premature Burial* (Ausgabe von 1905), S. 55 f., nach einem Artikel in der *Hereford Times* vom 16. November 1901. Er wurde auch in der *Gazette Médicale de Paris,* Ser. 11, Bd. 2 (1899), S. 581, besprochen, wo er als ein Fall eines lebendig begrabenen Menschen anerkannt wurde.
21 Van Hasselt, *Die Lehre vom Tode und Scheintode,* S. 70–73. Über den Fall berichtete das *Nederlandse Weeklb. V. Geneeskundigen* 1854, S. 252.
22 Diese Fall wurde beschrieben von Dr. Löscher in *Vierteljahrschrift für gerichtliche und öffentliche Medizin* 14 (1858), S. 170–72.
23 Für Informationen über das Phänomen der Sarggeburt vgl. auch die späteren Zusammenfassungen von Jungmichel und Musick in *Deutsche Zeitschrift für die gesamte gerichtliche Medizin* 34 (1940–41), S. 236–56, und M. Wagner, *Die Bedeutung des Scheintodes aus rechtsmedizinischer Sicht,* München 1982, S. 14 f.
24 V. Starcke, *Giertrud Birgitte Bodenhoffs Mysterium,* Kopenhagen 1954; V. Møller-Christensen in *Medicinsk Forum* 6 (1953), S. 184–91.
25 E. Bodenhoff, *Den Gamle General,* Kopenhagen 1914, S. 10–13, und N. Lange, *Den Bodenhoffske Slægtebog,* Kopenhagen 1914, S. 63.

26 A. Fabritius in *Personhistorisk Tidsskrift*, Ser. 13, Bd. 3, Nr. 3 (1955), S. 1–19.
27 Vgl. die Aritkel von H. Schirmer in *Tidskrift for den Norske Loegeforeningen* 94 (1974), S. 2135–39, K. Lithner in *DAST-Magazine* 21, Nr. 4 (1988), S. 4–10, und M. H:son Holmdahl in *Saga och Sed* 11 (1990), S. 35–43.
28 C. Pfendler, *Quelques observations pour servir à l'histoire de la léthargie*, Paris 1833.
29 M. Rosenthal in *Medizinische Jahrbücher*, herausgegeben von der k. u. k. Gesellschaft der Ärzte, 2 (1872), S. 389–99.
30 T. M. Madden in *Medical Magazine* 4 (1897), S. 857–62, 922–29.
31 C. H. Miles in *Medical Times and Hospital Gazette* 33 (1905), S. 423 f.
32 S. Weir Mitchell, *Diseases of the Nervous System*, 2. Aufl., London 1895, S. 189 f.
33 G. Gilles de la Tourette, *L'hypnotisme et les états analogues au point de vue médico-légal*, Paris 1887. Vgl. auch die Diskussion von P. Vinge in *Norsk Magasin for Laegevidenskaben*, Ser. 4, Bd. 4 (1889), S. 486–502, 558–75, 829–41.
34 Zum Verlust des Spannungszustandes vgl. die Artikel von C. Guilleminault u. a. in *Archives of Neurology* 31 (1974), S. 255–61, J. G. van Dijk u. a. in *British Journal of Psychiatry* 159 (1991), S. 719–21, und C. Guilleminault und M. Gelb in *Advances in Neurology* 67 (1995), S. 65–77.
35 Dr. von Jägers Aufsatz erschien in der *Zeitschrift für Staatsarzneikunde* 6 (1823), S. 241–52.
36 A. Devergie in *Annales d'Hygiène* 34 (1870), S. 310–27.
37 Vgl. P. Brouardel, *Death and Sudden Death*, London 1902, S. 26 f., 40, und den Aufsatz von G. Puppe in *Deutsche Medizinische Wochenschrift* 46 (1920), S. 383–85.
38 Vgl. die Aufsätze von Puppe, ebenda, und J. Fog in *Ugeskrift for Loeger* 92 (1930), S. 11–15.
39 Wellcome Institute, Bildarchiv. Nr. 30192–3.

Kapitel 12: Werden Menschen immer noch lebendig begaben?

1 Die Geschichte der Essie Dunbar wird erzählt von P. Sieveking in *Fortean Times* 49 (1987), S. 55–60, der sich auf die in Augusta, Georgia, erscheinende *Gazette* vom 25. August 1955 und 5. Dezember 1985 bezieht.
2 Über Angelo Hays vgl. einen Artikel im Magazin *Stern* (1979, Nr. 13), S. 80–82, ferner C. Boetzkes, *Scheintot begraben*, Percha 1984, S. 9–16, und E. Vogl, *Der Scheintod: Eine medizingeschichtliche Studie*, München 1985, S. 50 f.
3 Für diese drei Versionen vgl. in dieser Reihenfolge Boetzkes, *Scheintot begraben*, S. 9–16, S. Schäfer, *Scheintod: Auf den Spuren alter Ängste*, Berlin 1994, S. 64–68, und J.-Y. Péron-Autret, *Buried Alive*, London 1983, S. 63 f.

4 Boetzkes, *Scheintot begraben*, a. a. O., S. 145–47.

5 Schäfer, *Scheintod*, a. a. O., S. 8

6 P. Sieveking, »Misidentification of the Dead and Premature Burial, 1991–1997«, (Ms.), S. 4.

7 Vgl. die Aufsätze von E. Rautenberg in *Deutsche medizinische Wochenschrift* 45 (1919), S. 277 f., und G. Puppe, ebenda, 46 (1920), S. 383–85. C. Quigley, *The Corpse: A History*, Jefferson 1996, S. 186, behauptet fälschlicherweise, Minna Brauns Sarg sei tatsächlich beerdigt worden.

8 Der Aufsatz von M. Duvoir und L. Pollet in *Bulletin de la Société Médicale des Hôpitaux de Paris* 3. Ser., 50 (1934), S. 801–5, ist ein frühes Beispiel von EKG-Untersuchungen bei Scheintoten.

9 Vgl. die Aufsätze von D. J. Powner in *Journal of the American Medical Association* 236 (1976), S. 1123, und P. M. Black in *New England Journal of Medicine* 299 (1978), S. 338–44.

10 *Läkartidningen* 68 (1971), S. 11–15.

11 H. A. Edwards u. a. in *British Journal of Anaesthesiology* 42 (1970), S. 906–8.

12 *La Presse Médicale* 78 (1970), S. 1291, 1585.

13 Sieveking in *Fortean Times* 49 (1987), S. 55–60.

14 Über diesen Fall berichtete die schwedische Zeitung *Dagens Nyheter* am 16. März 1988.

15 *New York Post*, 16. Juni 1993 und weitere Zeitungsberichte.

16 *Daily Telegraph*, 5. März 1996 und weitere Zeitungsberichte.

17 Über dieses Verfahren vgl. die Artikel von P. Husby u. a. in *Intensive Care Medicine* 16 (1990), S. 69–72, und B. H. Walpoth u. a. in *European Journal of Cardiothoracic Surgery* 4 (1990), S. 390–93.

18 Vgl. T. Koch, *Lebendig begraben*, Augsburg 1996, S. 193, und der Artikel von H. de Varigny in *Revue Générale des Sciences Pures et Appliqués* 43 (1932), S. 367–71.

19 G. Rossow in *Beiträge zur gerichtlichen Medizin* 17 (1943), S. 121–26.

20 Péron-Autret, *Buried Alive*, London 1983. Das französische Original erschien 1979.

21 C. Boetzkes, *Scheintot begraben*, a. a. O.

22 Vogl, *Der Scheintod*, a. a. O., S. 71–85, führt nicht weniger als achtzehn reißerische Artikel aus deutschen Zeitschriften und Zeitungen an.

23 Vgl. die Aufsätze von H.-J. Mallach u. a. in *Medizinische Welt* 28 (1977), S. 1905–8, H.-J. Mallach in *Deutsches Ärzteblatt* 78 (1981), S. 839–98, U. Stirner in *Medizinische Welt* 32 (1981), S. 1460, W. Eisenmenger u. a. in *Beiträge zur gerichtlichen Medizin* 40 (1982), S. 49–53, und H.-F. Brettel und H. von Lüpke, ebenda, 42 (1984), S. 359–62. Die Dissertation von E. Vogl, *Der Scheintod*, a. a. O., beschreibt speziell das Wiederaufleben der Angst vor dem Scheintod in Deutschland und die Panik auslösenden Argumente von Boetzkes und anderen.

24 *Newsweek,* 18. Dez. 1967, S. 87.
25 Boetzkes, *Scheintot begraben,* a. a. O., S. 115–32, ferner Vogl, *Der Scheintod,* a. a. O., S. 86–88. Über die gerichtsmedizinische Untersuchung berichtete die Londoner *Times* vom 27. Februar 1974, S. 1 g, und vom 16. März 1974, S. 1 h.
26 Vgl. die Aufsätze von J. B. Posner in *Annals of the New York Academy of Sciences* 315 (1978), S. 215–27, P. M. Black in *New England Journal of Medicine* 299 (1978), S. 338–44, C. Pallis und B. MacGillivray in *Lancet,* 1980, Bd. 2, S. 1085 f., und C. Pallis in *British Medical Journal* 286 (1983), S. 123 f.
27 B. Jennett u. a. in *British Medical Journal* 282 (1981), S. 533–39, und andere Studien, die D. Lamb in *Death, Brain Death, and Ethics,* London 1988, S. 63–69, kritisch würdigt.
28 Vgl. den Beitrag von C. F. Bolton u. a. in *Lancet,* 1976, Bd. 1, S. 535.
29 Lamb, *Death, Brain Death, and Ethics,* a. a. O., S. 63 f.
30 Vgl. den Leitartikel des berühmten Neurologen Dr. C. Pallis in *British Medical Journal* 281 (1980), S. 1084. Mehrere Briefe empörter praktischer Ärzte, die den Dokumentarfilm *Panorama* gesehen hatten, wurden ebenda, S. 1139–41, veröffentlicht.
31 Vgl. den Artikel von B. A. Bradley und P. M. Brooman in *Lancet,* 1980, Bd. 2, S. 1258 f.
32 M. Sanner in *Journal of the American Medical Association* 271 (1994), S. 284–88.
33 Schäfer, *Scheintod,* a. a. O., kennt sich zwar gut in der älteren deutschen Literatur aus, nimmt aber die älteren und neueren Mythen über das Thema zu ernst. Darüber hinaus mangelt es ihm an medizinischer Sachkunde. Dieser Autor betreibt auch eine Website www.scheintot.de. R. Davies, *The Lazarus Syndrome,* London 1999, mangelt es sowohl an medizinischem als auch an historischem Verständnis. Für aktuelle Beispiele unverantwortlicher Panikmache in Zeitschriften und Zeitungen vgl. die Artikel von T. Grove in *Daily Mail,* 4. Sept. 1999, S. 28 f., und P. Michalski, *Bild-Online,* 9. Sept. 1999.
34 C. Pallis und D. H. Harley, *ABC of Brainstem Death,* London 1996, gibt einen hilfreichen Überblick über diese Fragen.
35 In dem Abschnitt über diese Zeitungslegenden stütze ich mich in erheblichem Umfang auf das Archiv von Zeitungsausschnitten, das Paul Sieveking, der Herausgeber der *Fortean Times,* zusammengetragen hat, und auf ein Manuskript Sievekings mit dem Titel »Misidentification of the Dead and Premature Burial, 1991–1997«.
36 Für diese drei modernen Versionen des achtlosen Anatomen vgl. *Independent on Sunday,* 14. Jan. 1996, *People,* 11. Sept. 1994, und *Celebrity,* 31. März 1988.
37 Vgl. den Artikel von P. Sieveking in *Fortean Times* 63 (1992), S. 36–38. Die Geschichte geht auf eine AFP-Meldung zurück.

38 Vgl. die Artikel von P. Sieveking in *Fortean Times* 49 (1987), S. 55–60, und 63 (1992), S. 36–38.

39 Vgl. P. Sieveking in *Fortean Times* 63 (1992), S. 36–38, der einen Fall anführt, der sich 1901 in Kansas zutrug. Für einen späteren, dramatischen Bericht vgl. *Weekly World News,* 24. Sept. 1991.

40 Für einige dieser dummen Berichte über wiedererwachte »Leichen« in Italien und Australien in verschiedenen britischen Zeitungen vgl. *Sun,* 23. Aug. 1992, *Sunday Sport,* 10. Sept 1992, *Star,* 11. Jan 1993, *Today,* 19. April 1994, und *Daily Star,* 5. Jan. 1998.

41 *Weekly World News,* 30. Aug. 1988.

42 Sieveking, »Misidentification of the Dead and Premature Burial, 1991–1997«, S. 2.

43 *News of the World,* 26. April 1992, und *Daily Record,* 24. Dez. 1994.

44 *Sunday Mail* (Schottland), 31. Dez. 1995.

45 Sieveking, »Misidentification of the Dead and Premature Burial, 1991–1997«, S. 1.

46 Für die beiden Geschichten von »Mamas tödlicher Bewegung« siehe *Daily Mirror,* 30. März 1992, und *Daily Star,* 15. Sept. 1995. Paul Sieveking hat in *Fortean Times* 63 (1992), S. 36–38, eine ähnliche Wiederverwertungsstrategie aufgedeckt; sie betrifft zwei ältere Italiener, die aus ihren Särgen sprangen.

47 Sieveking, »Misidentification of the Dead and Premature Burial, 1991–1997«, S. 2.

48 *International Daily Express,* 11. Mai 1999.

49 J. H. Brunvand, *Curses! Broiled Again!,* New York 1996, S. 66–68.

50 Vgl. *New York Post,* 18. Nov. 1994, und viele andere US-amerikanische Zeitungen.

51 Siehe *Daily Mail,* 18. Juli 1996, S. 35, und mehrere andere britische Zeitungen. Der Fall wurde von Davies in *The Lazarus Syndrome,* S. 55–57, untersucht. Er fand heraus, dass Maureen Jones noch lebte, und druckte ihr Foto ab.

52 E. Morselli. *Sulla dismorfofobia e sulla tafefobia,* Genf 1891, übersetzt und kommentiert von L. Jerome in *History of Psychiatry* 12 (2001), S. 103–114.

53 L. Löwenfeld, *Die psychischen Zwangserscheinungen,* Wiesbaden 1904, S. 121.

54 S. Feldman in *Psychiatric Quarterly* 16 (1942), S. 641–45.

55 H. Dietrich in *Schweizer Archiv für Neurologie, Neurochirurgie und Psychiatrie* 120 (1977), S. 195–203.

56 Persönliche Mitteilung von Holly Stadtler, Dream Catcher Films.

57 *Notes and Queries,* 3. Ser., 2 (1862), S. 110.

58 Vgl. insbesondere I. Stoessel, *Scheintod und Todesangst,* Köln 1983, S. 102–121, und Vogl, *Der Scheintod,* München 1986, S. 19–22.

59 Zu den anderen Vorsichtsmaßnahmen gehören natürlich Einbalsamierung und Einäscherung. Laut J. J. Farrrell, *Inventing the American Way of*

Death, 1830–1920, Philadelphia 1980, S. 163, ist die Angst vor dem vorzeitigen Begräbnis neben dem Wunsch nach Erhaltung und Desinfektion eine der drei Ursachen für die Zunahme der Einbalsamierungen in den Vereinigten Staaten.